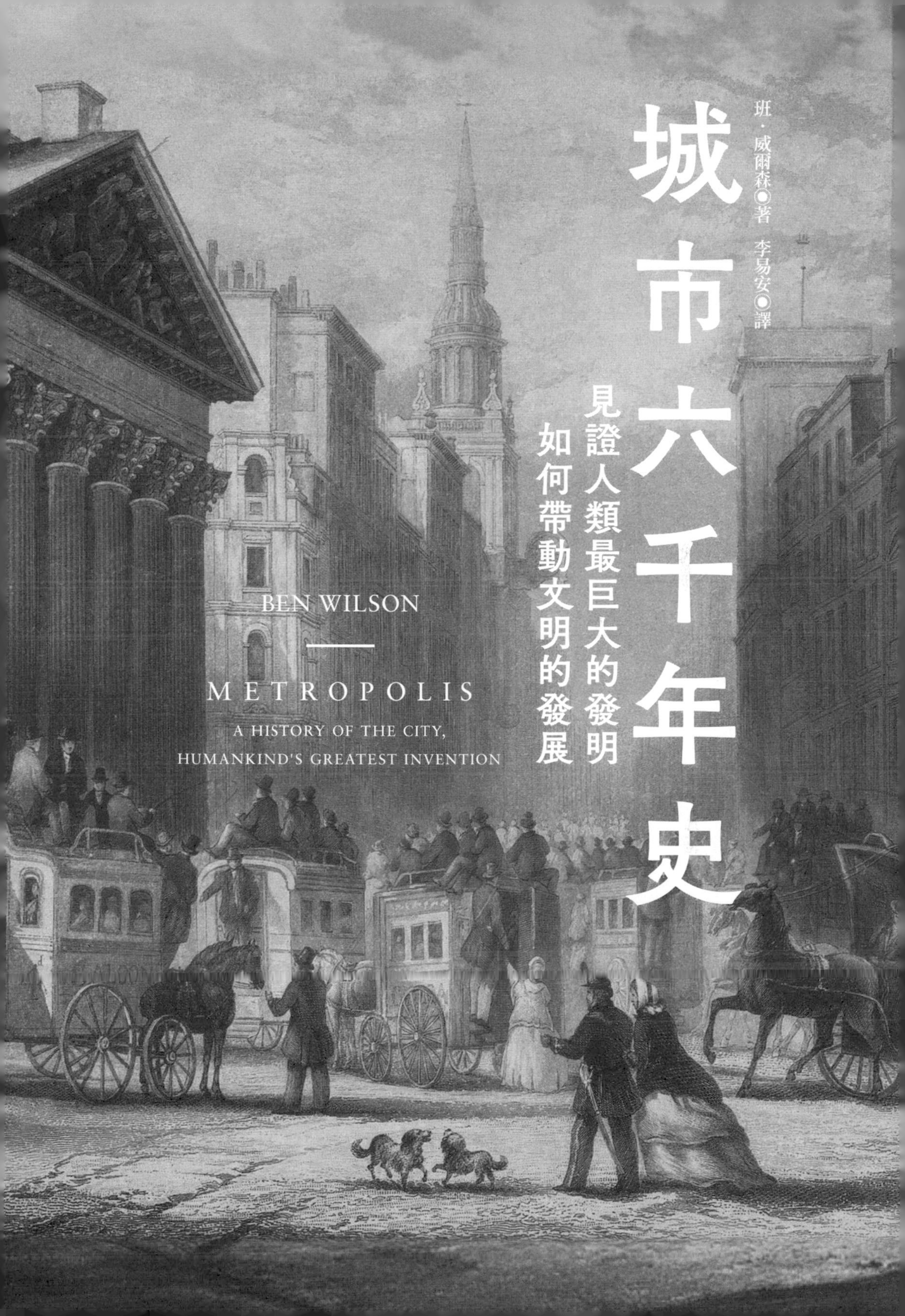

城市六千年史

見證人類最巨大的發明如何帶動文明的發展

班・威爾森◎著
李易安◎譯

BEN WILSON

METROPOLIS

A HISTORY OF THE CITY, HUMANKIND'S GREATEST INVENTION

好評推薦

一項巍然的成就……閱讀這本書就像初次參觀一座令人振奮的城市，令人炫目又使人疲累，有時則兩者兼具。

——《華爾街日報》

威爾遜帶領我們參觀了二十多座城市和數千年的歷史……本書是一個大膽的嘗試，引人入勝的閱讀之選。

——《紐約時報書評》

這是一首對城市和國際化生活的頌歌……威爾遜是博學、有創意的文明史嚮導。

——《時代》雜誌

威爾遜做了廣泛的調查，探討過去六千年來城市的崛起如何塑造了人類歷史……他是一位和藹可親且博識的導遊，書中積累了許多引人入勝的知識和分析。讀者將受益匪淺，並收穫閱讀的愉悅。

——《出版者周刊》

信息豐富且易於理解。對於尋求全球視野下世界各大城市影響的歷史和公共政策讀者而言，這本書非常有價值。

——《圖書館期刊》

在本書中，威爾森提醒了我們，大都市的脆弱……但他也出色地闡述了讓都市繁榮的力量。

——《金融時報》

威爾森徘迴於多座城市之中，跨越了數十個世紀，將各種歷史數據、史料、軼事和藝術完美交織在這本書中。

——《明星論壇報》

譯序　一封獻給城市的情書

李易安

這本書不只是一部關於人類城市的歷史，也是一封獻給城市的情書，處處流露出作者對城市的眷戀。

我和作者一樣，也對城市非常傾心——只不過在很長的一段時間裡，我更感興趣的是經過理性規劃的「現代化」城市。早在還沒學會認字的時候，我就已經對地圖非常著迷，可以埋頭瀏覽紙上複雜交錯、亂中有序的地鐵路線和快速道路，一整天都不會累；每次經過興建中的台北一〇一大樓，我也都會仰著頭一層層地數，彷彿工程進度比課業進度還值得關心。

對於當時的我來說，以效率為圭臬、由工整的幾何狀街廓和摩天大樓所組成的城市，就是「最好的城市」。

直到上了大學後，我在一門關於都市地景的課程裡讀到珍．雅各的著作，以及西方都市規劃史上的各種實驗與辯論，才知道現代城市的理想狀態，並不如我想像的那樣線性。

不過真正改變我對城市的認識論的，其實是青井哲人的《彰化一九〇六》和蘇碩斌的《看不見與看得見的台北》。和遙遠的西方案例相比，這兩本書以我相對熟悉的台灣城市為例，讓我意識到人類聚落的有機生命力，即使是日本殖民政府的理性規劃和「都市改正」，都無法完全抹除。自此，我開始關注城市猶如「羊皮紙」般，不斷被刮除複寫、卻又無法完全抹除舊有痕跡的趣味。

大體上來說，本書作者偏好由居民自發營造的聚落模式，以及看似混亂、但富含有機秩序的街道生活；對於現代西方的理性規劃以及過度膨脹的「郊區化」現象，他則抱持著相對批判的態度。作者認為，人類為了回應工業革命以及人口往都市集中所造成的弊病，曾進行過許多城市模式的實驗，然而這些理性規劃的實驗，卻又經常以失敗收場，剝奪了讓城市得以繁榮的元素：街道生活和群聚密度所帶來的活力、便利和思想交流。（不過值得一提的是，作者並沒有一味吹捧、過度浪漫化「前現代」的城市——他在關於巴黎的章節裡便提到，對於女性來說，過去的城市生活其實非常不便，甚至充滿危險。）

在章節的編排上，本書乍看依照時代的先後順序，但實際上每個章節都是獨立的主題，用一個個實際的城市案例，反映出形塑城市樣貌的內在動力和歷史背景。

比如關於羅馬帝國城市的章節，就生動地描繪了羅馬城市的一個重要特徵：浴場。很有意思的是，羅馬時代的浴場和今天我們習慣的很不一樣，因為當時的人們會在浴場裡吃東西、調情和社交。雖然浴場展現了羅馬人文明的一面，甚至是「羅馬認同」的一部分，但有些歷史學家卻認為，沐浴這種休閒活動就是羅馬帝國衰亡的原因之一。

但不論如何，羅馬浴場的案例都反映了一個很重要的事實：人類之所以會創造城市、之所以想搬進城市，除了因為城市是人員物產聚集之地，能提供維生機會之外，也是為了感官享受和社交需求。

除了對感官享受的追求之外，讀者應該也能在本書中辨識到另一個形塑城市的力量：戰爭。比方說，在中世紀之前，歐洲城市就是為了抵禦遊牧民族入侵，而形成的一個個堡壘；又比方說，來自西歐的基督徒，就是在十字軍東征的時候，見識了東方和穆斯林的偉大城市；再比方說，漢薩同盟之所以能靠聯合壟斷的方式繁榮發展，就是依靠軍事力量和商船網絡在歐洲創造出的城市群。換言之，雖然戰爭經常能摧毀一座城市，但在歷史上，許多城市就是因為軍事上的需求而誕生的。

此外，本書關於倫敦咖啡館的段落，對我來說也尤其有趣：原來倫敦的證券交易所，最初竟是在咖啡館裡誕生的，因為咖啡館本就是各路人馬聚集、交換情報的地方，也是新聞資訊的集散地。

另一個讓我尤其感到饒富興味的章節，則是洛杉磯這座城市的發展史——原來洛杉磯的繁榮，竟和冷戰時期的軍工業有關，而在冷戰末期移民到美國的台灣人和香港人，又對洛杉磯的房地產榮景推了一把。然而戰爭的威脅，卻也讓洛杉磯政府有更多誘因，將人口疏散到更廣闊的區域，甚至透過房貸政策、交通規劃來達成這個目的，從而促進了美國的郊區化浪潮，讓擁有草坪、獨立車道的郊區獨棟洋房，成為美國住宅的典型標誌，並逐漸擴散到其他國家，形塑了世人對中產階級生活的想像。

循此，讀者應該不難看出作者在整本書裡貫穿前後的倡議：我們必須提高郊區的密度、盡可能讓郊區也城市化，藉此維繫城市的街道生活和活力，同時減緩郊區持續向外擴張，從而降低人類活動對環境造成的影響。

不過話說回來，人類的城市史終究很難避免一個「規範性」（normative）的價值問題：到底什麼樣的聚落形式才是「最好的」？我們應該如何「規劃」城市？人類聚落的「烏托邦」形式到底存不存在？

關於這個問題，我至今沒有答案——我雖然喜歡生猛活跳的市井，卻也能欣賞工整街區的理性規劃。但我總覺得，繪畫技巧裡的「透視」概念，或許可以為這個問題提供一個隱喻式的注腳。

我在研究所修「景觀描繪」這門課時，其中一個單元教的是「單點透視圖」。老師當時說，「透視作圖法」可以幫助我們，將三維的空間轉換到二維的平面上，而在這個轉換過程中，我們必須先想像出一個「消失點」，也就是所有平行線交會的地方，好讓愈遠的東西在圖紙上看起來愈小，藉此製造出立體感。

當時我在練習「消失點」技巧的時候，突然意識到一件事：就某個意義上來說，所有企圖解決工業化城市問題的規劃者，也都在試圖將抽象的社會模型，轉換到我們實際身處的空間中，因此需要想像出一個烏托邦城市的「理想型」。

而這個「理想型」，就和透視圖中的「消失點」非常類似——它們終究都是人類想像出來的抽象產物，在物理空間中不可能真正存在，因而也是我們永遠不可能抵達的位置，注定會因為我們的移動和視角變化，而跟著不斷位移。

但這不代表「理想型」和「消失點」沒有意義：它們依然能幫助我們理解、想像、安排自己所處的空間，並驅使我們持續前進。人類對於「更好的城市」的追尋，終究是不會終結的。

推薦序　用城市考古學考古城市

屈慧麗

現代城市考古學一般而言被用來考古城市的前世今生，前世是指發掘、研究史前的大型聚落／城市的雛型，如陶寺遺址、良渚古城等有圍牆之大聚落，或如本書提及的烏魯克、巴比倫、雅典、羅馬等歷史記載的各式城堡皇宮。的確，城市隨漸進式的發展過程不斷被重建，運用「城市考古學」考古城市，是指在層疊的文化層與遺物中，找尋各期文化產生的主要推動力（prime mover），並解讀不同世代密集交織更迭的都市紋理。

事實上城市考古學也以考古學思維、方法研究近代設施機構之發生學，如傅柯（Michel Foucault）考掘精神病診所、病院、西方監獄等之淵源。本書貫穿人類（尤其西方世界）的城市演變，深刻描述其中重要之多項面貌。其實從考古學與社會人類學角度看，史前人從開始馴化植、動物發展出農、畜業，生產力增加使「定居」成為可能，因而人群組織社會從部落起始，進而部落聯盟擴及酋邦，城市雛型於焉產生。

當金屬器時代來臨，城邦、封建社會出現，為防禦保護資產，城市間的爭戰、堡壘開始林立。一旦大勢力者統一各地區領主，帝國即出現，大都城更相應而生。不僅城市硬體擴增，人文薈萃易加衍生屬於人類文明之諸範疇：政治、經濟、宗教、社會、教育、娛樂、婚姻、科技、文藝等充滿多樣性與複雜性。誠如作者所述，這些造就了都市的魅力以及其正反面，甚而恐怖至極，其中更夾雜垃圾、貧民窟、犯罪、環境破敗甚至病原、流行病毒、藥物濫用等。這樣看來巴別塔、索多瑪、高譚市甚至羅剎國，都不只是寓言了。

本書作者考掘人類城市軟、硬體營運史，搜尋出具代表性的城市，這中間以歐洲的較多，其次中東、北美、非洲、中美、亞洲、東南亞，均與西方文明發展歷史有關。古今中外城市儘管大相逕庭，但也有非常多的共通性。有意思的是，比較其論述仍然圈限西方人的視野，反而令讀者更期待作者能進一步及於東方亞洲城市的種種現象與內涵。作者在緒論廣泛論及世界各地都市所遭遇的各式各樣境遇、面向，以彰顯出都市人的順境與困境。值得注意的是，這些困境似乎眾多而且愈趨嚴峻，甚至氣候變遷的「天怒」正挑戰著全人類的生存，其中城市是它的肇因，似乎也正是解方。

★

文明產生的主要推動力隨各地生態環境不同，如宗教認同、治水糾結群力、人口壓力或是戰爭，而作者認為帶動人類文明的發展是城市，因此他看城市未來的發展是樂觀的，確實城市能嵌入數百萬個感應器，用人工智慧來管理交通流量、調節公共運輸、消除犯罪以及減少汙染。成功的城市能讓整個經濟獲得轉型，城市是困境的產生者，但也可能推出問題的解決之道。知識經濟和超快速的通訊讓大企業、小公司、新創公司，以及創意的自由工作者，像蜜蜂一樣地聚集在一起，久而久之更放大人類的極限包括城市規模的繁衍。

然而從城市六千年來的演化，觀看人類消費文化到規劃都市、都市更新，從中產階級到社會流動，從廢墟到網絡，城市居民的心情是否有如娃娃那首《飄洋過海來看你》所述「陌生的城市啊！熟悉的角落裡……」。摩天大樓的角落是7-11，午夜燈光吸引人趨進碰到值夜班的猴子*，都市在天際線上突顯雄風，猴子最後為何未能征服山道而滴下了眼淚？大都市裡早有諸多小角色靠著勤奮和一點幻想在底層工作，維持城市的運作，他們才是都市的打造功臣吧！

雖然城市的功臣、動力、沒落原因諸多無法一一說明，本書作者抓取重點，若讀者好奇烏魯克名字叫庫欣的管理人員在城市扮演什麼角色，還有斜口碗長什麼樣可上網查，總之這是一本值得反覆閱讀，讓人持續探索文明發展的書。

屈慧麗　國立自然科學博物館人類學組主任。

*編按：二〇二三年七、八月在YouTube上爆紅的網路影片《山道猴子的一生》，內容講述一名在超商上班的年輕人，因虛榮心而花錢改裝重機，且在感情中迷失自我，最後眾叛親離並在山道飆車意外身亡的故事。

推薦序 台灣在全球城市史之中有無獨特的角色？

邱秉瑜

二十一世紀開始以來，英語世界有多本以全球城市史為主題的書籍問世，各書乍看之下雖很類似，但作者的專攻領域各自不同，因此寫作視角相異也就可期。依英文原文版上市的時間順序排列，已譯介至台灣的書包括：二〇〇二年英國都市計畫學者霍爾（Peter Hall）的《明日城市：二十世紀城市規劃設計的思想史》（*Cities of Tomorrow: An Intellectual History of Urban Planning and Design in the Twentieth Century*）；二〇〇八年美國經濟學者格雷瑟（Edward Glaeser）的《城市的勝利：都市如何創造人類文明，讓生活更富足、健康、環保？》（*Triumph of the City: How Our Greatest Invention Makes Us Richer, Smarter, Greener, Healthier, and Happier*）；二〇一一年加拿大政治學者貝淡寧（Daniel A. Bell）及以色列政治學者德夏里特（Avner de-Shalit）的《城市的精神》（*The Spirit of Cities: Why the Identity of a City Matters in a Global Age*）；以及二〇二〇年英國歷史作家威爾森的這本書。本書在眾著作中值得一讀，除因出版最為晚近，亦因其就本世紀至今最重大的全球事件COVID-19對都市發展的影響提出了觀點。

本書的主要論點為何？意外地，學歷史出身的作者，提出了頗具都市計畫專業者色彩的多核心都市發展主張。作者呼籲，在都會區邊緣地帶的郊區進行都市化開發，以打造多個與都心同樣高密度、土地使用多元並適宜步行的自給自足的都會新中心，此與我研究台北機車交通的博士論文結論之一不謀而合。作者在書末以此主張呼應了美國的「新都市主義」（New Urbanism）運動，還讚揚美國的洛杉磯為最能體現他主張的模範城市。

另一個作者大加推崇的城市，是日本的東京。雖然作者並未將東京列為本書任何一章的主題城市，但他在書中頻繁提及東京，也在多座亞太城市之中特別強調了東京作為一座城市的具體優點及作為一種城市發展模式的貢獻。作者認為，東京能從歷來不斷的災害或戰禍之中快速復甦，並在摩天大樓逐漸主導城市天際線之餘還能維持街道生活的高度活力，靠的正是以非正式或有機為特色的都市發展模式，而鄰里組織「町內會」的興盛即體現了這種社區自主性或市民自發性。倚賴龐大且密集的軌道運輸網而發展出多個副都心的東京，確實也與作者的理想一致，是個多核心的大都會。

令人遺憾的是，這本全球城市史專書對台灣的都市發展並未著墨。台灣僅在寥寥數處被提及，先是作為十七世紀荷蘭海上商業帝國的據點之一，而後則是作為二十世紀美國進口工業零件及塑膠製品並接受移民的來源地之一。

其實，宏觀而言，台灣在全球城市史上亦有至少三種獨特角色。第一，二十世紀前半積極擴張的日本帝國對其領土各城市的建設，是有別於西方而自成一格的現代都市計畫模式，因此，台灣的城市，與日本及韓國各城市，乃至於舊滿洲國範圍內的大連與長春等中國城市，其各自的規劃特色與發展軌跡實足比較並歸納。第二，台灣的機車持有率長居世界各國首位，而台北又是全球機車交通興盛城市中最早開通大眾快捷運輸系統者，因此，在台灣，怎樣的都市計畫歷程及都市環境特色導致了機車交通的興盛，而軌道運輸建設又如何影響了機車交通，對於其他交通特徵類似地區如東南亞、南亞及拉丁美洲而言，有很大的政策參考價值。第三，來自台灣的移民，雖不像中國人或韓國人常在移居城市中發展出特色鮮明的種族社區，但在其聚居且具顯著經濟影響力的地區，城市發展如何受其影響，亦是可研究的題目。總之，台灣在全球城市史上的地位，目前受到關注較少，尚需未來的研究者與書寫者努力闡明。

邱秉瑜　美國賓州大學都市與區域規劃博士、台灣都市議題作家。

城市六千年史：見證人類最巨大的發明如何帶動文明的發展

目次

塔林
列寧格勒／聖彼得堡
諾夫哥羅德
莫斯科
明斯克
華沙
基輔
史達林格勒／伏爾加格勒
霍爾果斯
君士坦丁堡／伊斯坦堡
撒馬爾罕
烏魯木齊
北京
加泰土丘
哥貝克力石陣
梅爾夫
巴爾赫
首爾
比布魯斯
巴格達
德黑蘭
艾哈農
蘭州
松島
泰爾
呼羅珊
東京
巴比倫
烏魯克
上海
開羅
埃里都
烏爾
忽里模子
哈拉帕
摩亨佐達羅
杜拜
廣州
香港
麥加
孟買
班加羅爾
卡利卡特
阿迪斯阿貝巴
俱蘭
吉隆坡
麻六甲
新加坡
奈洛比
蒙巴薩
印度洋
巨港
基爾瓦
雅加達
普敦
南冰洋

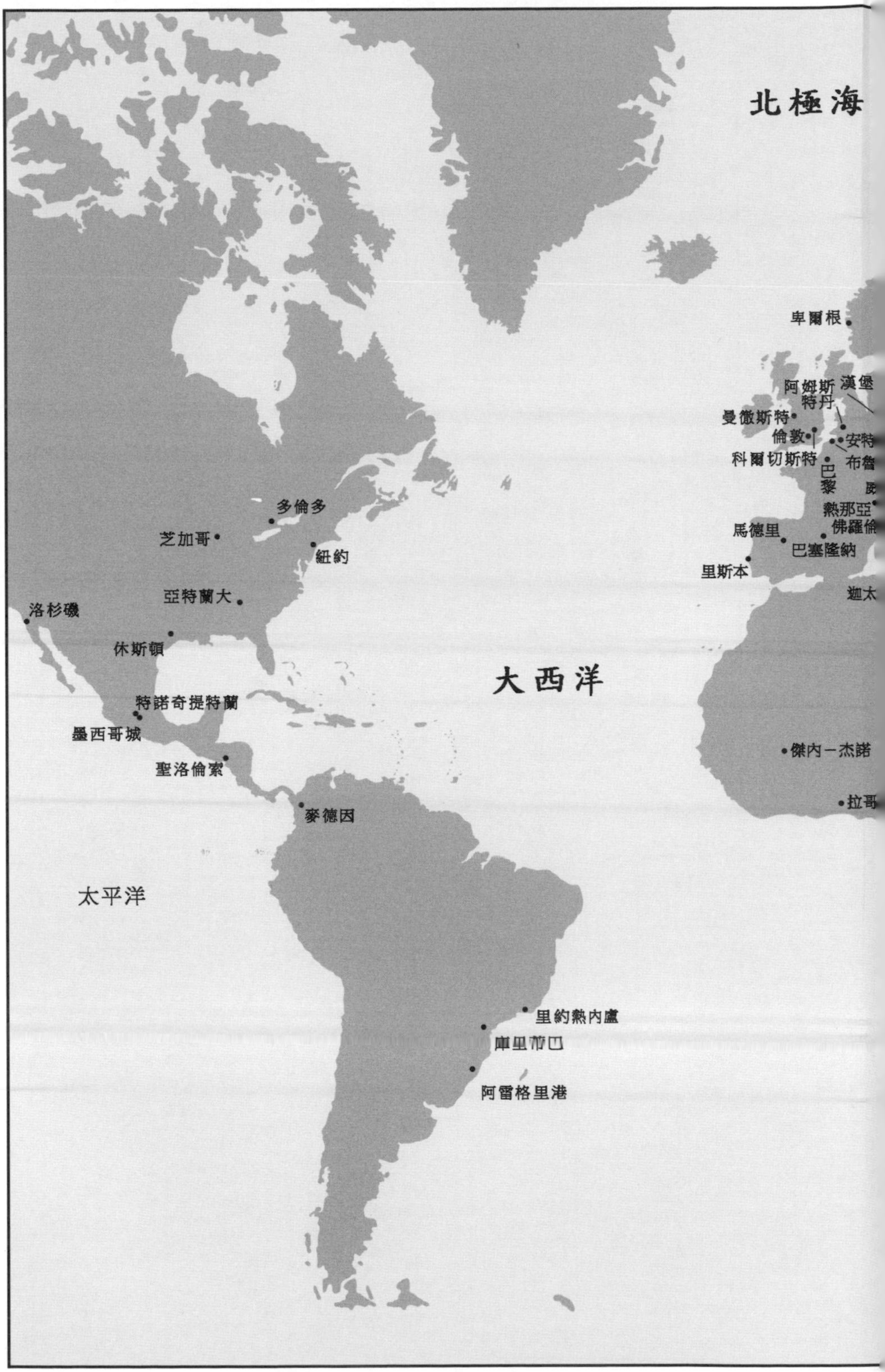
北極海
卑爾根
阿姆斯特丹
漢堡
曼徹斯特
倫敦
安特
科爾切斯特
布魯
巴黎
熱那亞
佛羅倫
馬德里
巴塞隆納
里斯本
迦太
多倫多
芝加哥
紐約
亞特蘭大
洛杉磯
休斯頓
大西洋
特諾奇提特蘭
墨西哥城
聖洛倫索
麥德因
傑內－杰諾
拉哥
太平洋
里約熱內盧
庫里蒂巴
阿雷格里港

緒論　大都會的世紀

就在今天，全世界住在都市裡的人口，又成長了將近二十萬人。明天也將會繼續如此增長，後天亦然，而在那之後的每一天，也都將會是如此。到了二〇五〇年，有三分之二的人類將會住在城市裡。我們正在見證史上最大規模的遷徙，這是一個長達六千年的歷程的巔峰；這個歷程將在本世紀末之前，讓人類變成一個都市化的物種。[1]

我們如何居住，以及住在哪裡，就是我們可以自問的最重要的問題之一。我們對歷史以及對我們所處的這個當下的理解，很大一部分是源於對這個課題的探詢。自從第一批都市聚落在公元前四千年左右出現在美索不達米亞之後，城市就是龐大的資訊交流運作中心；在人口密集、空間狹窄的都市裡，居民頻繁的互動造就了思想、技術、革命和創新，成為驅動歷史前進的力量。直到一八〇〇年為止，世界上只有不超過百分之三至百分之五的人居住在一定規模的城鎮地區裡；但這個為數不多的少數群體，卻對全球的發展有著不成比例的影響。城市一直都是人類的實驗室，也是讓歷史加速發展的溫室。就像每個星期都有數百萬人被吸引進城市裡那樣，被城市磁力吸引的我，以一個前提開始進行研究並書寫**大都會**，那就是我們的過去和未來，不論是好是壞，都和城市緊密地連結在一起。

當我投入這個龐大、多面向而且複雜的課題時，都市正壯觀地復興，而都市紋理也出現了前所未見的挑戰。在二十世紀初，傳統的城市是個令人悲觀，而非讓人充滿希望的地方；折磨人的工業城市囚禁著眾人，毒害他們的身心；這樣的城市當時導致了社會的崩潰。到了二十世紀後半，社會對於工業化恐怖之處的回應如火如荼：那時的我們似乎正在向城市外的地方疏散，而非向城市集中。諸如紐約和倫敦這樣的國際大都會，都在經歷著人口衰退。汽車、電話、便宜的機票、資本在全球暢通無阻的流通，以及近年出現的網路，都讓我們得以分散居住，不再需要擠在繁忙擁擠的傳統市中心裡。如果有無限的虛擬社群網絡，誰還會需要都市裡的社群網絡呢？苦於犯罪潮和環境破敗的市中心，將被郊區的商業園區、校園、居家辦公室，以及城外的購物中心逐漸取代。然而在上個世紀末以及本世紀的最初十年裡，這些預測卻被逆轉了。

最值得注意的是在中國，三十年來好幾個古老的（以及一些全新的）城市，在四億四千萬農村人口的湧入，以及毫無節制的摩天大樓工程之下熱鬧了起來。世界各地的城市重新奪回了他們在經濟中的核心地位。知識經濟和超快速的通訊不但沒有造成人口散居，反而讓大企業、小公司、新創公司，以及創意的自由工作者，像蜂窩裡的蜜蜂一樣聚集在一起。當專家們聚在一起，科技、藝術和金融上的創新就會發生：在面對面的情況下分享知識、合作和競爭，尤其是在能促成資訊流通的地方，人類就能興旺。城市以往試圖爭取大工廠設廠，或在世界貿易中分到一杯羹，現在卻正在爭奪人才。

後工業社會對人力資本的依賴，以及都市密度所帶來的經濟利益，正在重塑現代都會。一如令人欽羨的、以都市帶動成長的中國所示，成功的城市能讓整個經濟獲得轉型。一個地區的人口密度增加一倍時，生產力也會隨之提升百分之二至百分之五：城市所蘊含的能量，能讓我們一起變得更有競爭力、更具創業精神。這種力量不僅會因密度而放大，城市的規模也能夠加以強化。[2]

過去三十年來，這個世界面臨的其中一個重大變革，就是大都會正以驚人的方式，從它們所屬的國家中脫離出來。世界經濟正向幾個城市和都會區集中：到了二〇二五年，全世界有一半的國民生產毛額，將來自總人口達六億人、占人類總數百分之七的四百四十個城市。在許多像聖保羅、拉哥斯、莫斯科和約翰尼斯堡這樣的新興市場裡，光是一個城市所生產出來的財富，就占全國的三分之一到一半。拉哥斯的人口只占奈及利亞全國的百分之十，卻擁有全國百分之六十的工業和商業活動；如果拉哥斯宣布獨立並成為一個城邦，那麼它將會是全非洲第五富裕的國家。在中國，有百分之四十的經濟產出，來自僅僅三個特大型都會圈。這不是什麼新奇的現象。其實我們正目睹，人類歷史上大多數時間中一個常見現象的回歸：超級巨星城市在人類的事務中，本來就扮演非常重要的角色。在古美索不達米亞或哥倫布抵達之前的美索美洲地區*，希臘城邦（*polis*）的崛起或中世紀城邦最興盛的期間，幾個都市壟斷著貿易行為，並在競爭之中都勝過了民族國家。

縱觀歷史，這種大城市和國家之間的分離不只是經濟意義上的。它們如渦輪加速般的成功，意味著它們能將人才和財富從狀況較差的城鎮或地區吸引過來；它們在文化上引領風騷；而且正如歷史名城，它們比以往都更具有其他地區無法匹敵的多元性。在今日一些最繁榮的大都會裡，出生於外國的居民比例介於百分之三十五至百分之五十之間。那些國際都市裡的居民，都比所屬國家的整體人口更年輕、受過更好的教育、更加富裕，文化背景也更加多元，因此和自己所屬的國家相比，這些城市彼此之間反而更為相像。在許多現代社會裡，最深刻的對立並不是年齡、種族、階級或城鄉間的對立，而是在全球化

---

*譯按：Mesoamerica，指西班牙殖民者抵達之前的美洲中部地區，涵蓋範圍從今日的墨西哥中部，一直延伸到哥斯大黎加北部，馬雅文明就是存在於該地區的文明之一。

知識經濟中被拋在後頭落隊的鄉村、市郊、城鎮和城市，與那些大都會之間的差距。就某個意義上來說，「大都會」這個詞意味著魅力和機會，但它同時也是某種令人愈來愈不滿的菁英主義（政治上、文化上和社會上的）的代名詞。當然，對大都市的憎恨並不是什麼新鮮事；在歷史上，人類花了很長的時間在擔心大都會對我們的道德、心理健康所造成的腐蝕效果。

二〇一九／二〇年在全球以驚人速度快速擴散的嚴重特殊傳染性肺炎（COVID-19），則是二十一世紀對城市勝利的一種諷刺；這種病毒透過複雜的社會網絡擴散，在城市裡面，也在城市之間傳播，這種複雜的社會網絡立刻就讓病毒成功壯大，對我們來說卻非常危險。當都市人開始從巴黎、紐約這樣的城市，逃到看似比較安全的鄉間時，他們通常會感受到來自鄉村居民的敵意；不僅因為他們帶來疾病，也因他們拋下了城市裡的其他居民而遭到謾罵。鄉村地區的強烈反應，提醒了我們城市和非城市之間貫穿歷史的對立——大都會是特權之地和汙染之源，雖向人承諾了財富，然而一旦出現危險的跡象，城裡的居民也會立刻逃跑。

打從第一批城市出現以來，沿著貿易路線傳播的瘟疫、傳染病和疾病就無情地摧殘人口密集的城鎮地區。一八五四年，有百分之六的芝加哥人口死於霍亂。但這並沒有阻止世人湧向這個十九世紀的奇蹟都會：一八五〇年代初，那裡的人口還只有三萬；到了一八五〇年代末，這個數字暴增為十一萬兩千人。至於在我們所處的年代裡，就算遇上了疫情，都市的成長也都沒有放緩的跡象；為了分享城市所帶來的利益，我們一直都在付出高昂的代價，即使是在城市的開放性、多元性和密度開始對我們不利的時候，也都是如此。

從太空中可以看見人類近期都市化的規模：夜裡的地球表面上，到處都是一簇簇明亮的光點。我們在街道上也能看見都市的復興。許多城市在二十世紀中至晚期，都還是危險且有些破敗的地方，卻因高檔餐廳、街邊小吃、咖啡館、藝廊和音樂演出空間而重生，變得愈來愈安全、愈來愈備受喜愛，而且更時髦，也更昂貴。與此同時，數位革命則為我們帶來了大量的新科技，而這些科技將會消除都市生活的許多缺點，創建由數據驅動的未來「智慧城市」；這類城市嵌入了數百萬個感應器，用人工智慧來管理交通流量、調節公共運輸、消除犯罪以及減少汙染。城市再次成為大家趕著湧入而不是必須逃離的地方。從川流不息的都市地景之中，很容易就能看出這個時代的都市復興：窳陋地區的縉紳化（gentrification）*、高漲的房租、建築物的再利用，以及幾乎隨處可見、直聳入天的摩天大樓。

一九九〇年代初，上海仍是霧霾瀰漫的一灘「第三世界死水」（引用當地一份報紙的說法），後來卻搖身一變成為二十一世紀後工業都會革命的標誌，布滿著閃閃發亮的高聳大樓。為了仿效上海和其他中國的大都會，從本世紀初開始，全世界的摩天大樓工程數已經成長了百分之四百零二，而樓高超過一百五十公尺、四十層的大樓總數，已經在十八年內從六百多棟增長到了三千兩百五十一棟；到了二〇五〇年，世界上將會有四萬一千棟摩天大樓俾倪著各個城市。全世界任何一處都能明顯看到都市地景的突然垂直化：從倫敦和莫斯科這類傳統上以低矮建築為主的大都會，到阿迪斯阿貝巴和拉哥斯這類處於快速增長期的城市，它們全都強烈渴望在天際線上凸顯雄風。[3]

城市在向上拔高的同時，也在向外征服土地。從前市中心和郊區之間的區隔已經被打破了。許多郊

*編按：縉紳化指一個地區經過重新規劃後，吸引更多富裕的居民湧入，使這地區的生活水準提高，卻讓原本居住的低收入居民受歧視或無法負擔生活開銷而被迫遷離。是都市規劃中一個常見而又富有爭議的話題。

區已經不再是單調乏味的沉悶地方，自一九八〇年代起變得愈來愈像都市，工作機會與族裔多樣性增加，還有街頭生活、猖獗的犯罪率，以及藥物濫用的現象——換言之，郊區承襲了內城區的許多優點和缺點。傳統上被廣大郊區住宅腹地包圍的小巧城市已經擺脫了束縛並正快速擴張。這個現象的產物，就是占據整個區域的大都會。就經濟上來說，倫敦和東南英格蘭許多地區之間今日已經很難看見其中的區隔。美國喬治亞州的亞特蘭大占地近五千兩百平方公里（相較之下，巴黎的面積則是大約一百平方公里）。東京是世界上最大的都會，在一萬三千五百平方公里左右的地區擠了四千萬人。但即使東京是個如此龐大的城市，在中國規劃的超大都會區面前也相形見絀，比如京津冀這個由北京、河北和天京等彼此連結的城市所組成的都市群，占地約二十一萬七千五百平方公里，住著一億三千萬人。當我們提及二十一世紀的「大都會」時，我們指的不是如曼哈頓或東京市中心的中心商業區，這種經典的權力和財富所在之地的概念，而是一個廣大、彼此連結的地區，在那些地區裡，城市正在融進其他城市裡。

我們很容易沉醉於嶄新自信城市的亮眼願景當中。對垂直式居住的追求，已經成為有錢人的特權；這象徵著一種想要逃離下頭混亂、擁擠的城市街道生活，並在雲端尋求避風港的需求。根據聯合國的說法，貧民窟以及缺乏基礎設施的非正式聚落，正在成為人類「最常見而特有的聚落種類」。大多數人類未來的生活方式，更容易在孟買或奈洛比那種超級密集、由居民自行興建或組織的區域裡看到，而不是在上海或首爾亮眼的中心區，或休士頓、亞特蘭大蔓延擴張的郊區。今日有十億人（亦即全球都市居民總數的四分之一）住在貧民窟、棚屋聚落、法維拉*、巴里歐†、小鎮、甘榜‡、帳篷城◎、格傑孔度§、悲慘村※，或是其他這類未經規劃的自營城區裡。全世界有百分之六十一的勞動力（亦即二十億人）在非正式經濟部門裡工作，其中許多人都在為不斷擴張的都市人口提供衣食住行。市政府根本無法處理湧入的大量人口，而這種ＤＩＹ都市主義填補了城市政府力有未逮的空缺。我們大量關注於那些在國際大都市中心如魚得水的知識經濟創新者。但還有其他的創新者，就是那些靠著勤奮和才能，維持城市運作的底層工作者。[4]

摩天大樓和棚屋區的快速擴張，就是今日「都市世紀」的預示。就算是在最差強人意的大城市，其中的居民也還是比他們在鄉下的親戚賺得更多、讓小孩受到更好的教育，同時享有更好的物質生活。落腳在里約熱內盧中法維拉的第一代農村移民，其文盲率為百分之七十九；如今他們第三代則有百分之九十四的人能識字。在人口超過一百萬、位於撒哈拉以南的城市裡，新生兒死亡率比起規模較小的聚落裡還要低三分之一。年紀介於十三至十八歲，且家庭每天收入低於兩美元的印度農村少女裡，只有百分之十六會上學；相較之下，在海德拉巴則是百分之四十八。自從中國快速都市化後，平均餘命增加了八年。如果你住在上海，你可以預期自己活到八十三歲，比中國西部偏遠省份的居民還要多十年。[5]

每天移民到城市的二十萬人裡頭，有些是想要逃離農村貧窮的人。他們被迫離開土地之後，城市成了維持生計的唯一選擇。而城市也一如既往地提供了其他地方所沒有的機會。城市也需要足智多謀及堅

＊譯按：*favela*，巴西對貧民窟的稱呼。
†譯按：barrio，原為西班牙文的區域、社區之意，在美國語境中，則指西語人口聚居的地方。
‡譯按：*Kampung*，馬來語的村子之意。
◎譯按：*campamento*，原意為帳篷，在智利指的則是由帳篷組成的聚落。
§譯按：*gecekondu*，土耳其語的違章建築之意。
※譯按：*villa miseria*，為阿根廷對違章聚落的稱呼。

強的心理素質。在發展中的城市裡，骯髒、不衛生的貧民窟就是這個世界上最具有企業家精神的地方。但他們也培養了複雜的相互支持網絡，能夠減緩在大都市裡生活的衝擊和壓力。孟買的達拉維是亞洲最大的貧民窟之一，有近百萬人擠在僅約兩平方公里的範圍裡。當地約有一萬五千個單間工作坊以及數千個微型企業，共同創造了每年達十億美元的內部經濟產值。其中有許多人從事垃圾回收工作，處理超過兩千萬的孟買人所製造出來的廢棄物。儘管和其他印度的大型貧民窟一樣，擁有極高的人口密度和缺乏維持治安的人員（或其他基本服務），但在達拉維裡頭走動卻非常安全。從一九九〇年代末開始，幾個自學的電腦宅男將拉哥斯的一條街翻轉成為非洲最大的資通訊科技市場，也就是歐提戈巴電腦村，擁有數以千計的實業家，每日營業額超過五百萬美元。群集效應（clustering effect）不只是對華爾街或上海浦東新區的銀行家、倫敦蘇活區的創意工作者，或矽谷和班加羅爾的軟體工程師有利而已，隨著都市化變得愈來愈普遍且明顯的同時，改變了全世界千千萬萬人的生活和生活方式。不論是在快速成長的拉哥斯街頭，還是在洛杉磯這種富裕的大都會裡，這種ＤＩＹ的非正式都市經濟，都證明了人類從無到有建造出城市的能力，即使是在看似混亂的情況之中，也都能組織一個運作無礙的社會。這就是人類六千年來都市經驗的本質。

雖然城市有許多成功之處，但其環境依然殘酷無情。它們雖然能提供更高的收入和更好的教育，但也會扭曲我們的靈魂、磨損我們的心志、汙染我們的肺葉。它們是我們竭盡所能生存、協商的地方，融合了噪音、汙染和令人緊張的過度擁擠。像達拉維這樣的地方，裡頭有像迷宮一般彎彎曲曲的巷弄、複雜的人類活動和互動、為了生存而奮鬥不懈、人口過度集中、看似混亂卻又有種自發的秩序，讓人想起了人類史上的都市生活，不論是美索不達米亞城市裡錯綜複雜的街道、古代雅典可怕的無政府狀態、歐洲中世紀城鎮壅塞的混亂狀態，或是十九世紀充滿工業氣息的芝加哥貧民窟。城市生活令人難以承受：它的能量、永不止歇的變化，以及它成千上萬的麻煩事，不論是小是大，都在將我們推向極限。在人類歷史上，城市基本上被視為與我們的本質和天性相對立的地方，是滋生邪惡、孕育疾病的溫床，也會引起社會病變。巴比倫的神話故事流傳了世世代代：不論城市再怎麼亮眼成功，都依然能壓垮個體。大都會再怎麼吸引人，也總是有許多醜陋之處。

如何面對這個充滿敵意的環境，並將它塑造成為己所用的方式非常令人著迷。我在本書裡的取徑，不只將城市視為權力和利益的地方，也將其視為人類的住所，這些城市對居民的形塑產生了深遠的影響。這不只是一本談論偉大建築或都市規劃的書；它想討論的是在城市裡落腳的人們，他們如何面對猶如壓力鍋的都市生活，以及在其中生存下來的方法。這並不代表建築不重要，但建築環境和人類之間的互動才是都市生活以及這本書的核心。我對於那些將有機體結合在一起的細胞組織更感興趣，而不是只關注外顯的樣貌或重要的器官。

城市被建築在人類歷史的各個層面之上，也被建築在人類生命和經驗近乎沒有疆界、永無止境的交纏之上，它們雖然深不可測，卻也同樣迷人。在它們的美麗與醜陋、歡樂與悲傷，以及各種複雜性和矛盾之中，城市是人類景況的縮影，是個讓人又愛又恨的東西。它們是多變的區域，總在永無止境的變化和適應過程之中。當然，城市用雄偉的建築和地標掩蓋自己的不穩定性，但在這些用來象徵永久性的符號周圍，卻有無止境的變化盤旋著。這種因為潮流的力量而不斷進行的毀滅和重建，讓城市變得迷人，卻也難以理解。我在本書裡試圖捕捉的，就是這種流動中的城市，而非靜態的城市。

為了本書的研究工作，我走訪了歐洲、美洲、非洲和亞洲的許多城市，如孟買和新加坡、上海和墨西哥市、拉哥斯和洛杉磯，而那些城市彼此存在著不小差異。在這個以時序安排的敘事裡，我選擇了一系列的城市，它們不只能讓我們認識其各自所屬的年代，也能說明城市的整體狀況。有些城市之所以被選中的原因顯而易見，比如雅典、倫敦或紐約；有些城市讀者則可能不是那麼熟悉，比如烏魯克、哈拉帕、呂貝克和麻六甲。在檢視城市的歷史時，我會在市場、市集、集市街道（bazaar）、游泳池、體育館、公園、小吃攤、咖啡館、小餐館、商店、購物中心和百貨公司裡找尋素材。除了官方紀錄之外，我也在繪畫、小說、電影和歌曲裡找尋城市的生活經驗，以及日常生活的飽和度。你必須透過感官來體驗一座城市，比如觀看、嗅聞、觸摸、行走、閱讀和想像，如此才能獲得完整的理解。因為在歷史上的大部分時間裡，城市生活都圍繞著各種感官：飲食、性愛、購物、流言和玩樂。所有這些為都市生活打造舞台的事物，都是本書的核心關懷。

城市之所以能成功，有很大一部分的原因是：它們除了提供權力、金錢和安全之外，也提供了歡樂、刺激、魅力以及引人好奇的事物。一如我們將看到的，六千多年來，人類一直都在不斷實驗居住在如漩渦般的都市裡的方式。我們擅長住在城市裡，而城市是禁得起戰爭、災害的韌性創造。但與此同時，我們卻又非常不擅於建造城市：我們以進步之名，規劃建造了許多地方，但那些地方卻更像是監禁、讓我們變得更加貧困，而非解放、增進我們的福祉。許多沒有必要發生的悲劇，都是專家為了追求完美的夢想、追尋以科學規劃的大都會所造成的結果。在其他不那麼極端的案例中，規劃則通常會打造出過度整潔單調的環境，卻導致讓都市生活迷人的能量消失殆盡。

我們所在的這個時代裡，不只有更多的大城市，還有大量的人類居住地正在都市化；「應該如何住在城市裡」的這個問題，從未如此迫切。只有理解不同時代、不同文化中的各種不同都市經驗，我們才能開始處理這個千禧年之後人類的大挑戰之一。城市從來就不是完美的，也不可能變得完美。確實，城市的許多歡樂和活力，都來自其空間的混亂性。所謂的空間混亂性，指的是建築物、人員和活動的多樣性都混合在一起，而不得不和彼此互動。整齊有序，在本質上就是反都市的（anti-urban）。城市之所以吸引人，就是因為它的漸進式發展過程；城市在平地上被從頭建造、不斷被重建，並在好幾個世代的努力之後，創造出密集交織而豐富的都市紋理。

這種混亂的狀態是城市的核心要素。想像一下香港、東京這樣的城市，摩天大樓在街邊聳立，行人、市集、小商店、小吃攤、餐廳、洗衣店、酒吧、咖啡店、輕工業和小作坊則熱鬧地擠在街上。或者我們也可以想像達拉維這樣的聚落，位在充滿噪音的大都市裡，街道上總有各種熱鬧的活動，能在很短的距離之內供應各種基本需求。一如美裔加拿大作家珍・雅各於一九六〇年代所主張的，一個城市的密度和街道生活，可以創造出都市性（urbanity），也就是成為一名市民的藝術。適合步行的都市街區，是都市生活的其中一個要素。我們也可以再想想世界上的各個現代都市，它們的零售活動、輕工業、住宅區和辦公大樓，都被嚴格地區隔開來。在許多案例裡，這種將不同功能分配在不同分區的做法，雖讓城市變得更加整潔卻也失去了活力。除了規劃之外，汽車可能也造成了這種結果。自用汽車的普及化首先出現在美國，然後是歐洲，後來又擴散到拉丁美洲、亞洲和非洲，這種現象從根本上重塑了城市。高速道路不只促成了郊區化和城外的零售業，也在市中心裡帶來了寬闊而繁忙的街道，以及一座座的停車場，讓僅存的街道生活所剩無幾。

當我們在提及世界上有超過一半的人口正在城市化時，可能會落入一個誤區。如果所謂的都會生活方式，指的是住在一個可以步行的社區，或是能輕易取得文化服務、娛樂、休閒活動、就業機會、公共空間和市場的話，那麼現代的都市人，其實有很大一部分不是以都市（urban）或高雅*的方式生活著。這些超過全體一半的人口，有許多其實過著不如城市的郊區†生活方式，不論是住在有草坪圍繞的、浮誇的單一家庭住房裡，還是住在所謂的「落腳城市」（arrival cities），也就是依附在快速發展的都會區邊緣的棚屋區裡。

二十一世紀的問題並不是我們都市化的速度太快，而是我們都市化程度仍不足夠。這件事為何重要？如果我們的地球能讓我們隨心所欲的生活，這個問題或許真的不太重要。這個世界平均每天都有二十萬人會搬進城市裡（或者這麼說吧，有半數的人類已經在二〇一〇年左右成為都市物種），這個事實非常引人注目。但這並不是故事的全貌。更令人擔憂的是，當都市人口在二〇〇〇年至二〇三〇年間增加一倍之際，水泥叢林占據的面積也將增加兩倍。光是在這三十年裡，我們的都市足跡如果以面積來計算，將會和南非的國土面積不相上下。[6]

這種全球都市蔓生的現象，正在將我們的城市往溼地、荒野、雨林、河流出海口、紅樹林、氾濫平原和農業用地推進，對生物多樣性和氣候將造成災難性的後果。山地正在被遷徙，為這場史詩級的都市化擴張讓路。這是正在發生的事情，而不只是某種譬喻修辭而已：從二〇一二年起，位於中國西北部的偏遠地區已有超過七百座山峰遭到無情剷平，而那些土石則被傾倒進山谷裡製造出人工高原，為一個耀眼新穎的摩天大樓城市提供用地，那裡被稱為蘭州新區，也是新絲路上的一個補給站。

就像之前的美國城市一樣，由於道路和辦公樓的開發計畫迫使人從擁擠、混合用途的城區遷往郊區，中國城市的核心地區裡的人口密度也在逐漸下降。這反映了一個全球性的趨勢，那就是低密度、仰賴汽車的都市化，以及都市的蔓生擴展。一旦變得更加有錢，人就會想要更多的居住空間。如果中國和印度的城市居民，也想和美國人一樣享有稀疏的居住密度，那麼他們的汽車使用和能源需求將會使全球碳排放增加百分之一百三十九。[7] 二〇二〇年冠狀病毒的爆發，以及未來其他傳染病大流行的隱憂，可能會再次讓城市變得不受歡迎，鼓勵人逃離大都會區，因為這些地方的長期隔離和封城期間幾乎令人難以忍受，而且感染的風險也更高。但如果居民真的開始離開大城市，也會對生態造成極大的破壞。

在更炎熱、更潮溼、更極端的氣候條件下，城市或許能為我們提供一個解方。一如我在本書描繪的漫長歷史所示，城市是充滿韌性和適應力的實體，能抵禦、回應所有種類的災害，而我們也是一個適應能力很強的都市物種，長期習慣於都市生活的壓力和可能性。我們也最好要持續進行創新。本世紀超過五百萬人口的主要都會裡，如香港、紐約、上海、雅加達和拉哥斯，有三分之二正面臨海平面上升的威脅；還有更多則飽受氣溫上升與破壞性暴風的侵襲。迫在眉睫的環境浩劫正在逼近，而我們的城市就位在最前線，但也正因為如此，城市就是減緩氣候變化效應的關鍵所在。城市最了不起的其中一點就是它們的變形能力。縱觀歷史，城市適應了氣候變化、貿易路線改變、科技革新、戰爭、疾病以及政治動盪。比方說，十九世紀幾場疾病的大流行就塑造了現代都市的樣貌，因為那些傳染病迫使土木工程、衛生措施和都市規劃的發展。而二十一世紀的幾場大流行疾病，也會以我們始料未及的方式改變城市。它們必然會在氣候危機的年代裡適應新局。

我們的城市這次會出現哪些變革呢？自從城市存在以來，其規模就取決於最主要的交通模式、外部

---

*譯按：urbane，和 urban 詞源相同，但帶有「都市人特有的優雅、高貴」之意，也隱含了過去對城市人和鄉下人之間的差異的想像。

†原文為 *sub*-urban，除了字面上近似英文的「郊區」一詞之外，sub 也有「次一級」、「從屬」之意。

威脅、資源的可用性以及鄰近農業用地的價格等因素。在歷史上的大多數時間裡，這些都是限制城市成長的原因；只有富裕、和平的社會才能寬裕度日。在本世紀裡，對我們安全造成威脅的並不是軍隊的入侵，而是不穩定的氣候。人口密集且擁有公共交通路線的城市、適合步行的社區，以及多樣的商店和服務，其製造出的二氧化碳和消耗的資源都比蔓延擴散的居住型態少得多。前者的密集型態能避免都市蔓生之惡，因而在某個程度上減少了和大自然的衝突。我並不是在建議大家都搬進市中心，因為空間顯然並不足夠。我想說的是，我們應該對都會區的社區（亦即郊區、都市邊緣地帶的社區）進行都市化，使其也能擁有和市中心相似的樣貌、功能、密度、多元用途，以及空間的混雜性。

不過在二〇二〇年各地封城期間，都市的密度卻反倒從利多變成了威脅。住在城市裡的其中一個樂趣就是方便社交，然而卻成了一個必須竭力避免的事情，其他市民彷彿都成了死敵。在命令之下，數十億人被迫與彼此分開，無法見面聚會；都市生活一夕遭到翻轉。不過城市人口在面對疾病的脆弱性，以及封城造成的結果，都不該讓我們忽略一件事：增加人口密度，是達成環境永續性的重要方式。不論是經濟學家還是都市規劃者，都在讚揚讓現代都會得以在知識經濟之中成功的「群聚效應」（clustering effect）。然而這種效應不只局限在科技新創公司上面，也正以許多不同的方式運作。緊湊的城區能激起各種創新和創意，不只那些擁有大量資金的金融與科技新貴，而是日常生活的層面也是如此。歷史已經證明了這些。換言之，當我們需要有彈性、適應性強的城市以應對氣候變化和流行病的嚴峻新挑戰時，功能齊全且資源豐富的社區將有助於提高城市的彈性。達拉維、拉哥斯的歐提戈巴電腦村，以及數千個非正式社區的活力，都證明了都市的創造力每天都在發揮作用。

這種解方，需要確實進行大規模的生活都市化。最重要的是，需要我們拓展想像力，擁抱城市的多元可能性。歷史就是讓我們大開眼界的生動途徑，能讓我們看見各式各樣的都市經驗。

第一章　城市的黎明

烏魯克，公元前四〇〇〇至公元前一九〇〇年

恩奇杜總與大自然和諧共存。他強壯得有如「天上來的石塊」，而且擁有俊俏的容貌，和野生動物一起自由奔跑時，心裡總是非常歡喜。一直到看見莎瑪特裸著身子在一個水池裡沐浴時，他才終於停下了腳步。這是恩奇杜第一次見到女人，神魂顛倒的他和莎瑪特纏綿了六天七夜。

在縱情癡迷的交合後，心滿意足的恩奇杜試著回到無拘無束的野外。然而他對駕馭自然的威力卻消退了。獸群開始躲著他，他的力量也減弱了；他頭一次感受到孤單的痛楚。困惑的他，回到了莎瑪特的身邊。她向她的愛人描述自己的家鄉：烏魯克這個神話般的城市有許多壯觀的建築物、有成蔭棕櫚樹林，雄偉的圍牆後面還住著許多人。在這座城市裡，男人們在工作時會使用大腦而不只是他們的肌肉。大家穿著華美的服裝，而且每天都有節慶、「鼓聲奔騰」。那裡有全世界最美麗的女人，「散發著迷人光彩，滿心喜悅」。莎瑪特教導恩奇杜如何食用麵包、飲用麥芽酒。莎瑪特告訴他，他那天神一般的潛能，在城市裡將會轉化成真正的力量。於是他刮除了身上的毛髮、在皮膚上抹了油，並用奢華的衣物蓋住了自己的裸體，隨後便往烏魯克出發。他拋棄了自由和自然的天性，被性愛、食物和奢華的生活吸引

到了城市裡。

從烏魯克和巴比倫，到羅馬、特奧蒂瓦坎和拜占庭，從巴格達和威尼斯，到巴黎、紐約和上海，當想像中的理想化城市成真、成為人類創造力的巔峰時，這些城市都會使人目眩神迷。恩奇杜所代表的，就是處在原始狀態的大自然中的人類，他們被迫在自由的野外，以及人造的城市之間做出選擇。莎瑪特則是精緻都市文化的化身。許多城市都和她一樣，既令人陶醉，又充滿誘惑；它們都承諾會實現我們的力量和潛能。[1]

恩奇杜的故事出現在《吉爾伽美什史詩》的開頭，這本著作是人類現存最古老的文學作品，出現在公元前二一〇〇年。這本史詩是蘇美人的產物，他們充滿文化修養，並且高度都市化，居住在美索不達米亞，也就是現在的伊拉克。如果有人在大約公元前三〇〇〇年，也就是烏魯克的全盛時期前往那裡，大概也會像恩奇杜這位虛構人物一樣，覺得感官受到不小的衝擊。烏魯克的人口在五至八萬之間、占地近八平方公里，是當時世界上人口密度最高的地方（彩圖1）。就像蟻丘一般，這座城市座落在一個由好幾代的人類活動所堆疊起來的土丘上，一層又一層的垃圾和廢棄建材創造了一個人造的衛城（acropolis），在一片平原之中特別顯眼，從好幾公里遠外的地方都能看見。

早在抵達這座城市的許久之前，你就會意識到它的存在了。烏魯克的周邊區域都有農耕活動，利用鄉間來滿足城市裡的需求。數十萬公頃的田地透過溝渠進行人工灌溉，生產小麥、羊隻和椰棗以供養城市，並為居民提供釀啤酒所需的大麥。

其中最引人注目的，是供奉愛情和戰爭女神伊南娜，以及天空之神安努的幾座高聳神廟，這些神廟座落在一個高出城市地面的巨大平台上。與佛羅倫斯的鐘塔和圓頂，以及二十一世紀上海的摩天大樓叢林一樣，這些神廟都是顯眼的視覺標誌。安努雄偉的白色神廟以石灰岩建成，表面還覆蓋著灰泥，在陽光下閃耀動人，就和今日任何一座摩天大樓一樣壯觀。這座神廟猶如平原上的一座燈塔，輻射出文明和力量的訊息。對古代的美索不達米亞人來說，這座城市象徵著人類戰勝了大自然；氣勢凌人的人工地景，讓這個意義變得更加顯著。周長九公里、高七公尺的城牆上有城門和防禦塔。若從其中一道城門進去，立刻就能看見城市居民戰勝自然的方式。城區周圍有整齊的農園，生產水果、藥草和蔬菜。他們設置了一個廣大的溝渠網絡，從幼發拉底河將水引入市中心，還有地下的陶管系統將數萬人製造出來的廢水排到城牆外。農園和椰棗樹適時的讓位給內城區。狹窄蜿蜒的街道和巷弄上，簇擁著許多無窗的小型房屋，那些如迷宮般的街道看起來可能窄得嚇人，而且很少有開放空間，但這種空間設計其實是為了創造都市微氣候（urban microclimate），因為狹窄的街道和房舍的密度可以提供陰影和微風，緩和了美索不達米亞炙人的陽光。[2]

吵雜、擁擠、繁忙的烏魯克，以及它在美索不達米亞的幾個姐妹城市，在當時的地球表面上都顯得十分特殊。和《吉爾伽美什史詩》差不多同個時期出現的另一個文學作品裡，作者想像著伊南娜女神

> 能確保倉庫補給無虞；住宅可以在城市裡奠基；願人民的伙食極佳、能飲上瓊漿玉液；為了節日而沐浴的人能在庭院裡盡興；大家會湧入慶典舉行的地方；熟識的好友們會一起用餐；外地人可以像天上不常見的鳥兒那樣一起漫遊……猴子、壯碩的大象、水牛、奇特的外來動物，以及訓練有素的狗兒、獅子、山羊和留著大量長毛的綿羊會在廣場上彼此推擠。[3]

這位作者接著描繪，這座城市擁有幾個巨大的小麥糧倉，還有存放金、銀、銅、錫和青金石（lapis lazuli）的儲藏庫。在這位作者高度理想化的描述裡，世上所有的好東西都會流向城市、供城裡的人享用。與此同時，「城裡聽得到提基鼓（tigi）的聲音，城外則有笛子和贊贊（zamzam）這種樂器的樂聲。它的港口裡停泊著船隻，氣氛歡騰。」[3]

「烏魯克」就是「城市」的意思。它是世界上第一座城市，也是一千多年來最強大的城鎮中心。當人群聚集在一個大型的社群裡，事物就會以令人難以置信的速度發生變化；烏魯克的市民率先開創了改變世界的科技，並激進地實驗了新的生活、衣著、飲食和思考方式。在幼發拉底河和底格里斯沿岸城市的誕生，在歷史上釋放了一股無人能擋的嶄新力量。

★

地球的上一個冰河時代大約結束在一萬一千七百年前，深刻地改變了人類的生活。在世界各地，原本以狩獵、採集維生的社會，開始種植、馴化那些受益於地球變暖的野生作物。但最適合作為農業用地的，其實是肥沃月灣地帶，也就是西起尼羅河，東至波斯灣的這道半圓弧形，其範圍包括現代的埃及、敘利亞、黎巴嫩、以色列、巴勒斯坦、約旦、伊拉克、土耳其東南部和伊朗的西部邊境地區。這個相對不大的地區，擁有種類多樣的地形、氣候和海拔高度，進而提供了豐富的生物多樣性。對人類社會的發展而言最重要的是，這個地區擁有許多現代農業的野生始祖，比如二粒小麥（emmer wheat）、單粒小麥（einkorn wheat）、大麥、亞麻、鷹嘴豆、豌豆、扁豆和苦豌豆，以及適合馴化的大型哺乳動物，比如牛、山羊、綿羊和豬。在幾千年的時間裡，這個農業的搖籃也成了都市化的搖籃。

一九九四年，由施米特指揮的考古工作於土耳其的哥貝克力石陣（Göbekli Tepe，土耳其語的意思是「大肚丘」）展開。他們發現了一個巨大的儀式用建築群，由巨大的T形石柱組成，呈圓形排列。這個壯觀的遺址並不是由一個先進、定居的農業社群所建造的。在一萬兩千年前，有人開採了二十噸重的巨石，並將它們運到了山上（相比之下，英格蘭知名的巨石陣是在五千年前開始建造）。這個發現顛覆了我們的傳統觀念。這座遺址是狩獵採集者大規模聚集和合作的證據。據估計，若要開採石灰岩、並將巨石運到山上的話，必須要有來自不同群體或部落的五百人共同合作。而他們的動機，是為了崇拜我們所不知道的神祇（不論他們是一神論還是多神論），並履行祭祀的神聖職責。沒有證據顯示曾有人住在哥貝克力石陣裡：這是一個朝聖和舉行敬神儀式的地方。

在傳統的詮釋裡，我們一般相信，只有在糧食作物出現剩餘，讓一部分社群得以從日常生存的重擔中解放出來、允許他們專門從事非生產性的工作之後，才能出現這樣的成就——換言之，就是在農業和村莊被發明出來之後。然而哥貝克力石陣卻顛覆了這種想法。山頂上最早的建造者和祭拜者，其實是靠大量的獵物和植物在維持生計的。當野生的食物和複雜的宗教體系共存時，只要大量的野生食物，就能促進智人徹底改變已經存在超過十五萬年的生活方式和部落結構。

神廟出現的時間在農耕活動之前；它甚至還可能就是讓農耕出現的原因，因為若要養活獻身於祭拜的定居人口，就必須要有農業。基因圖譜則顯示，人類第一個馴化的單粒小麥品種，就起源於距離哥貝克力石陣約三十公里遠的地方，而出現的時間則是在神廟開始建造的五百年之後　當時，T形柱已經在其他地區的山頂上豎起，附近也都建立起了村莊。

哥貝克力石陣之所以能被保存下來、被現代考古學家發現，是因為它在大約公元前八〇〇〇年的時候，因為某個未知的原因而被故意埋了起來。直到蘇美人於五千年後在美索不達米亞南部建造神廟之前，都沒有人試過建造如此大規模的紀念性建築物。在那之間的幾千年裡，居住在肥沃月灣的人類也嘗試了其他新的生活方式。

新石器時代的革命進展速度很快。公元前九〇〇〇年左右，肥沃月灣的大多數人都仍依靠野生食物維生；然而到了公元前六〇〇〇年，該地區就已經建立了農業體系。擁有各種不同飲食和移動生活方式的狩獵採集部落，經過幾代人的努力，逐漸變成只種植幾種主食、飼養幾種牲畜的定居農業社區。耶利哥起初就是由一群結合狩獵和種植野生穀物的人所建造的營地；在大約七百年間，這裡都居住著數百個人，他們種植二粒小麥、大麥和豆類植物，還有堅固的城牆和塔樓提供保護。位於現代土耳其的查塔爾赫玉克，在公元前七〇〇〇年的人口大約在五千到七千之間，以史前時期的標準來看，它已經是個超大型的社區。

然而耶利哥和查塔爾赫玉克都沒有一舉躍升為城市。它們依然只是過度擴張的村莊，但缺乏我們心目中城市化會有的許多特徵和用途。儘管它們擁有肥沃多產的田地，也能取得建築用的材料，但好的地理位置似乎不代表就會產生城市。或許那裡的生活就是過得**太**好了。土地能供應那些社群所需的一切，就算有不足的部分，也可以透過貿易來彌補。

最早的一批城市出現在美索不達米亞的南部，也就是肥沃月灣的邊緣上。有個歷久不衰的理論解釋了這個現象：那裡的土壤和氣候不太好，降雨量少，而且土地既乾燥又平坦。他們必須利用幼發拉底河和底格里斯河的水源，才能釋放這片荒地的潛力。於是大家著手合作進行灌溉計畫，從河流引水開墾田地。於是這片土地突然可以生產出大量剩餘的糧食了。因此，城市不是溫和氣候與富饒環境的產物，反而是條件嚴苛之地區的產物，因為條件嚴苛的地方，才能將人類的才能和合作推向極致。於是世界上第一座城市，就這樣誕生於美索不達米亞的南部，它是人類戰勝逆境的結果。那座城市的中央矗立著寺廟，以及負責協調地景改造並管理高度集中人口的神職人員和官僚菁英。

這是個很有說服力的理論。但就像我們對早期文明發展的許多見解一樣，這個理論近期也受到了一些革命性的挑戰。讓城市得以誕生的條件，其實要再更潮溼一點，而且帶有更多平等主義的色彩。

蘇美人以及逐漸開始跟他們信奉同個宗教的人相信，第一座城市是從原始的沼澤地裡冒出的。他們的故事裡有個水鄉澤國的世界，居民都靠著船隻移動；他們的石碑上刻劃著青蛙、水禽、魚類和蘆葦。他們的城市今日都被埋在荒涼、不適人居之沙漠的沙丘之下，距離海洋和主要河川都很遙遠，因此早期的考古學家根本不相信那些沙漠城市誕生於沼澤地的神話。然而這座城市的兩棲起源傳說，卻與我們近期對美索不達米亞南部生態變化的發現相當符合。

氣候變遷也推動了城市化的進程。公元前五〇〇〇年的波斯灣水位，比現在還要高出約兩公尺，這是全新世（Holocene）氣候最適宜期（climate optimum）所帶來的結果：在這段期間，全球的氣溫飆升，海平面也跟著上升。當時波斯灣的頂點，在現在位置的北邊兩百公里處，涵蓋了今日伊拉克南部的乾旱地區和大片溼地。底格里斯河和幼發拉底河入海的三角洲溼地因為當時的氣候變遷而改變之後，就成了吸引移民的磁石。那些地方擁有豐富多樣且容易取得的營養食品。鹹水裡盛產魚類和軟體動物；溪流兩岸茂密的植被以及三角洲上的小溪，則為獵物提供了掩蔽。這裡不只擁有一個生態系統，而是擁有好幾個生態系統。翠綠色的沖積平原能支持穀物的種植，而半沙漠地帶則可以進行放牧。這個三角洲讓來自肥沃月灣地區的不同文化的社群賴以為生；這些人從北方帶來了關於泥磚建築、灌溉和陶瓷生產的知識。定居者在沼澤中狀似龜背、以沙地為主的島上建造了村莊，並且使用以瀝青強化的蘆葦地基來固定地面。4

在比那更早的幾千年前，靠著狩獵採集維生的社群曾在哥貝克力石陣，利用他們的狩獵天堂，建造出比自己更巨大的東西。而在公元前五四〇〇年之前，位在沙漠與美索不達米亞沼澤交界處的潟湖旁的沙洲上，也發生了類似的事情。眾人起初可能認為這個地方具有神聖性，因為潟湖就是賦予生命的力量。人類生活在此的最早蹤跡，出現在一個被稱為埃里都的沙島上，那裡有魚類、野生動物的骨頭遺跡，還有貝殼，表示這個神聖的地方是用來進行儀式盛宴的。隨著時間演進，那裡又建造了一座小神廟，用來供奉淡水之神。

這座原始的神廟，在幾個世代間經歷過數次重建，每一次都變得更大、更精美。最後這座神廟屹立在一個磚造平台上，在周遭地景之中顯得特別突出。三角洲出產了野生食物與耕種作物，而這些豐富的食物來源，為這些更具雄心的建築計畫提供了支持。於是大家開始對埃里都抱持崇敬之心，認為那裡就是世界被創造出來的確切位置。

蘇美人的信仰體系認為，在恩基神建造出一個蘆葦框架並在裡頭填入泥土之前，世界都只是一個混沌的水體。但在那之後，眾神便開始可以在蘆葦和泥土打造出來的乾燥地面上定居，就像一開始的沼澤居民建造了村莊那樣。埃里都的水域也變成了陸地，於是恩基選擇在埃里都建立了祂的神廟。為了「讓眾神安住在祂們喜悅的住所裡」（也就是安住在祂們的神殿之中），恩基創造了人類來為祂們服務。

沼澤地位於大海和沙漠之間，代表秩序與混亂、生與死的交匯處。三角洲是這片惡劣環境之中的一處綠洲，它令人讚嘆的資源，讓他們相信那裡就是天神創造出的最神聖的地方。然而，儘管它能提供豐富的資源，但住在那裡也充滿風險。當遠方的亞美尼亞、托魯斯和扎格羅斯等山脈的大量積雪被春天的陽光融化時，三角洲的河道就會變得難以預測且充滿危險。布滿蘆葦屋的村落以及所有的田地，都可能會被劇烈變動的河道給沖走。在其他時候，迅速侵入的沙丘則會將地表埋在沙中。在大自然反覆無常的變動之中，屹立於平台上、不受洪水侵襲的神廟，肯定是個很有力的符號，能作為永恆的象徵。埃里都不僅是世界顯現的地方，那裡的神廟也被視為恩基神實際居住的地方。磚造建築需要不斷維護保養，因此在埃里都負責敬神儀式的人，也都得要同負一軛一起幫助恩基神、避免動盪發生。[5]

這些為天神工作的人需要食物供應和住處，也需要某種祭司的權威來分配糧食。神廟周圍的工坊變得愈來愈多，他們會製作適合神殿的裝飾品。埃里都從未變成一座城市。蘇美神話則解釋了原因：恩基神並沒有分享文明和都市化這些餽贈，而是自私地將它們鎖在自己的神廟裡。直到伊南娜這位神聖的盜賊兼掌管愛、性、生育和戰爭的女神，乘船前往埃里都、將恩基灌醉之後，事情才有了變化。恩基因為喝了太多啤酒而睡著後，伊南娜便偷走了神聖的知識，並穿過鹹水水域回到自己的沼澤島嶼烏魯克。在回到家後，她便將那些神聖的智慧釋放了出來。

這個故事，是實際發生之事的神話版本。埃里都啟發了其他的模仿者；類似的神聖地點也開始出現在沼澤中的島丘上。當時的人在幼發拉底河岸畔的一個人造土丘上，為伊南娜建造了一座神廟。它被稱為埃安娜，也就是「天堂之家」的意思。附近還有一座名為庫拉巴的土丘，上頭矗立著另一座神廟，那裡住著天空之神安努。大約在公元前五〇〇〇年，沼澤地的人開始在這個地方敬拜神明和定居。

在接下來的幾個世紀裡，埃安娜和庫拉巴這兩個神廟區經歷了多次的建造和重建，每一次的企圖心都變得更大、在建築上也更為大膽。這兩座彼此相距約八百公尺的土丘於是融合在一起，形成一個大片的定居區，名為烏魯克。雖然埃里都的神廟也按照同樣的方式陸續重建，但烏魯克人卻用更大、更宏偉的東西取代了它。這個文化的特色，就是破壞與活力。

這一切的動力，是為了創造輝煌作品所做的群體努力。三角洲本來就有生產過剩的糧食，因此能釋放出許多人力，讓他們從事艱難的建築工程，同時也讓他們的大腦有餘裕來規劃公共工程。這種水鄉澤國的環境也讓船運變得容易。雖然溼地為城市化提供了燃料，但推動城市化的，其實是一個強大的意識形態。若非如此，我們要如何解釋他們為何會投入大量的體力勞動和時間呢？埃安娜和庫拉巴的神廟群並沒有任何實用性。那裡早期的神廟和埃里都的神廟很相似。不過烏魯克的建造者，卻在建築上取得了驚人的進展，開發了全新的技術。他們使用夯土來製作基座，並使用瀝青來防水。他們用石灰石塊（開採的地點距離城裡超過八十公里）建造地基和牆壁，並澆築混凝土。外牆和柱子的泥磚，還裝飾著由數百萬個彩繪陶土錐所構成的幾何圖案馬賽克。

當新神廟要開工時，他們會將瓦礫填滿舊的神廟，讓舊神廟成為新神廟基座的主體，而下一個版本的神廟就會在這個基座上建造。這些巨大的衛城忠於其建築所帶有的集體性質，被設計成容易讓人親近，而非遠離一般民眾。巨大的階梯和坡道將神廟和地面相連；主建築排列著一排排的柱子，向世界敞開它們的內部空間；建築的外緣則被庭院、走道、露台、工坊和灌溉式的花園包圍著。這些宏偉的建築成了城市的核心，而圍繞著那裡發展出來的城市，則逐漸成為一個占地四百公頃、布滿狹窄街道的地方，可容納數萬名市民。[6]

然而，就在公元前三五〇〇至三〇〇〇年間，美索不達米亞南部又經歷了另一波快速的氣候變化。由於年均氣溫快速上升，降雨量又逐漸減少，兩條大河的水位都有所下降。波斯灣的海岸線從全新世中期的高峰向後退縮。賦予烏魯克生命力的沼澤和小溪也開始淤塞乾涸。

這片地景在五千年前的轉變，長久以來掩蓋了城市化起源於沼澤地的歷史。但如果我們從全球的脈絡來看並結合近期的一些發現，就會知道美索不達米亞的經歷其實並非獨一無二。城市如果單獨出現，都是出現在溼地的最佳條件之中。美洲的第一個城市中心位於今日墨西哥的聖洛倫索，那裡位於一處高地上，俯瞰蜿蜒穿過三角洲沼澤地流入墨西哥灣的河流網絡。公元前二〇〇〇年住在聖洛倫索的奧爾梅克人，和埃里都以及烏魯克的早期建造者一樣，都是漁民和採集狩獵者，受益於炎熱、潮溼的水生環境。此外，和埃里都一樣，聖洛倫索也是一個宗教場所，以巨大的神頭石像而聞名。中國在商朝出現的第一批城市，位於黃河下游的沼澤沖積平原上，而商朝大約就和奧爾梅克人所處的年代（公元前一七〇〇至公元前一〇五〇年）屬於同個時期。而在古埃及，宏偉的首都孟菲斯則建在三角洲與尼羅河的交匯處。撒哈拉以南的非洲也有類似的軌跡：最早的城市化發生在公元前二五〇年左右的傑內－杰諾，那裡是尼日三角洲內陸的沼澤地，現在則位於馬利的領土範圍內。[7]

當然，最早出現的城市並不是完全從沼澤中形成的；如果沒有和其他地方的社會進行大量互動，這些城市化的現象也不會發生。這些吸引人的溼地利基，將來自不同文化的人牽引至此。他們帶來了建築技術、信仰、工具、農業、手工藝、貿易和思想。不斷變化的氣候讓美索不達米亞南部成了地球上人口最稠密的地方。

在這些潮溼、難以預測的環境中，永久性的城市是個極具吸引力的提議。它們是人類戰勝自然的證據。埃里都是在信仰和地形的碰撞之中被創造出來的。溼地那豐富滋養而且能自我補充的資源，不僅讓城市得以誕生，還為它們提供了能量，讓它們變得比其他任何一個定居聚落都更大、更複雜。[8]

當美索不達米亞南部的環境發生劇烈變化時，與溼地關聯的生活方式便跟著消失了。然而此時的城市文明，在歷經千年的發展之後已然成熟。沼澤的退卻消失讓烏魯克變成一個地勢較高且乾燥的地方。但城市化的歷史，大多就是人類對不斷變化的環境的適應過程，以及人類為了滿足需求而對環境所進行的改造。

溼地上的農民在失去以往的生存方式之後，便在城市裡找尋棲身之地，這使得下美索不達米亞地區（lower Mesopotamia）有百分之九十的人口都住進了城市裡。這群人擁有悠久的建築和工程傳統，能建造足以養活大量人口的大型灌溉系統，藉此克服氣候變化的挑戰，並利用沖積平原的新潛能。當然，農業的出現還是先於城市的，但如此激烈的農業革命依然是城市革命的產物。

★

一座城市絕不僅僅是建築物的集合體：它和其他定居聚落區的分別，與其說是它的物質性，還不如說是它所孕育出來的人類活動。在城裡，居民可以從事一些在鄉村或在農地上不可能從事的職業。烏魯克被稱為「眾神的鐵匠工坊」，以技藝高超的金匠、銅冶煉師、冶金學家和珠寶商聞名。那裡的人口中有很大一部分是熟練的工匠，他們會使用各種材料來創作，比如石頭、金屬和寶石。大城市所需的奢侈原料，是無法在城市附近取得的。然而氣候變遷不只帶來了豐收，曾在鹹水沼澤上蜿蜒的小溪渠道也成了城市的運河網絡，將城市和幼發拉底河這個強大的貿易管道連接在一起。[9]

今日被稱為巴林的島嶼，出產珍珠母和稀有的貝殼。金、銀、鉛和銅則來自安納托利亞東部、伊朗和阿拉伯。烏魯克工匠亟需黑曜石、石英、蛇紋石、滑石、紫水晶、碧玉、雪花石膏、大理石和其他吸引人的材料。需求很高的深藍色青金石，則來自兩千多公里以外的阿富汗和巴基斯坦北部山區。紅玉髓和瑪瑙則來自更遠的印度。眾神的殿堂需要以這些奢華的材料來進行裝飾。但凡人同樣可以享有裝飾華麗的珠寶、武器、酒杯和器皿。他們還可以品嚐用船運抵的葡萄酒和食用油。10

古代的烏魯克被劃分成幾個區域，每個區域都有其特定的專門職業。個人和家庭在有庭院的家中或在作坊裡工作。住宅的密度和城市的布局，以及涼爽陰涼的街道，促成了社交活動和人際往來，並伴隨著思想交流、實驗、合作和激烈的競爭。烏魯克的強勁活力和快速增長，大部分要歸功於它作為貿易發動機的角色。

《吉爾伽美什史詩》對這座城市所提出的問題，似乎現代得令人驚訝。大家最初為何會像恩奇杜那樣，選擇在城市定居？他們交出原始的自由、換取城市的舒適，又付出了怎樣的代價？城市是個相對較新的發明，我們關於城市的體驗，只占我們在地球上存在時間的一小部分而已。為什麼我們願意割捨無拘無束的生活方式，去換取在擁擠建築環境中的停滯狀態？在一個環境中歷經了數千年進化的物種，又是如何適應另一個幾乎完全不同的環境的？他們付出了什麼樣的心理代價？

《吉爾伽美什史詩》的作者也對自己提出了類似的問題。半神祇、半凡人的烏魯克國王吉爾伽美什，和歷史上的許多人一樣，都覺得城市生活非常煩人。他以野牛般的能量統治著這座城市的人民。野人恩奇杜是眾神為了馴服吉爾伽美什所創造出來的同伴。在某個意義上，恩奇杜和吉爾伽美什形成了一種二元性：那是我們來自鄉村的自然本能，正在與我們文明、屬於城市的自我交戰。溫文儒雅的吉爾伽美什和野蠻的恩奇杜，彼此的長處與力量正好互補，於是他們成了堅定的朋友。恩奇杜鼓勵吉爾伽美什冒險前往數百里外的黎巴嫩山上的雪松林，也就是眾神的祕密禁地，在那裡和可怕的巨人守護者胡姆巴巴戰鬥，藉此作為抒發熱情的出口。他們告訴我們，要成為一個真正的人，必須與大自然對抗、遠離城市裡令人麻木的奢侈品。征服森林，將為吉爾伽美什帶來他一直渴望的永垂不朽的名聲和榮耀。

征服森林能帶來的還不只這樣。像烏魯克這樣位於美索不達米亞南部的城市，一般都缺乏建築材料，而黎巴嫩山的雪松，就是建築師和建屋者的珍貴商品。比方說，在烏魯克眾多的神廟裡，光是一個屋頂就要用到三千至六千公尺長的木材。吉爾伽美什和恩奇杜開始代表這座城市向大自然發動戰爭。剛成為文明人的恩奇杜，宣示要砍下最壯麗的雪松，然後紮成筏子、越過數百里沿著幼發拉底河運送過來。回到城市之後，他會將這棵雪松變成一座雄偉的神廟大門。

英雄們成功擊敗並殺死了巨人，為這座城市砍伐了大量的雪松。然而，這兩位過於自大的英雄卻觸怒了眾神。吉爾伽美什拒絕了女神的求歡，而女神為了進行報復，派出天堂之牛去摧毀烏魯克並要殺害吉爾伽美什。但吉爾伽美什和恩奇杜最後殺死了這隻野獸。這個狂妄舉動後來真的激怒了眾神，於是祂們便用疾病擊倒了恩奇杜。

恩奇杜在垂死之際不斷詛咒莎瑪特，因為他就是在這個妓女的引誘之下，離開了原本在大自然裡自由快樂的生活。他咒罵著自己用神聖雪松所製作的門。他決定以自己在大自然中的生活換取文明世界的生活，但這個決定卻削弱了他的力量，讓他變得非常虛弱。[11]

城市一直是致命的殺手。像烏魯克這樣的城市裡，有大量的人類和動物排泄物被排放到露天的死水之中，那簡直就像為微生物專門打造的溫床。在十九世紀的工業化曼徹斯特和芝加哥，有百分之六十的嬰兒會在五歲之前死亡，預期壽命為二十六歲；至於在鄉村地區，在五歲之前死亡的嬰兒只有百分之三十二，預期壽命則是四十歲。在人類歷史上的大部分時間裡，城市一直都是大家想要逃離的地方。二十世紀的美國和歐洲，人民從犯罪猖獗、擁擠的城市裡，逃往綠樹成蔭的郊區樂土。到了一九九〇年代，在歷經數十年的城市危機後，有百分之六十的紐約人和百分之七十的倫敦人表示自己寧願住在別的地方。近期有人使用核磁共振成像掃描（MRI scans）來理解城市人生活的神經運作過程，而該研究顯示，那些在混亂的城市環境的社會壓力中成長的人，右背外側前額葉皮層（right dorsolateral prefrontal cortex）和前扣帶迴皮質膝部（perigenual anterior cingulate cortex）的灰質會比較少。這些部位都是大腦中調節情緒和壓力處理能力的關鍵區域。城市改造了我們的大腦，而城市人也比鄉村地區的人更容易情緒不穩、感到焦慮。犯罪、疾病、死亡、抑鬱、身體衰退、貧窮和過度擁擠，常常使城市成為一個讓人受苦和勉強生存的地方。[12]

直到醫藥和衛生水準在二十世紀獲得改善之前，城市都需要人源源不絕地移入，才能維持並彌補因疾病而失去的人口（主要是嬰兒、幼兒和孩童）。和許多人一樣，恩奇杜也發現進入城市需要付出高昂的代價。他的身亡，讓他摯愛的戰友吉爾伽美什非常傷心。這位心煩意亂的英雄，此時認為城市代表著人類的消亡，而非人類成就的巔峰。他離開了烏魯克，在大自然之中尋求慰藉，並模仿他死去的摯友，穿著野生動物的毛皮在荒野中流浪。

吉爾伽美什相信，只要能和大自然合為一體，就能騙過死神。他對永生的追求，讓他不斷地尋找烏特納比什汀，並將他帶到了世界的邊緣。回到時間迷霧中，恩利爾神對城裡人類的喧囂和嘈雜感到惱怒。為了追尋和平與寧靜，他打算用一場大洪水來消滅他們。然而這個計畫卻被另一位天神恩基給破壞了：他命令烏特納比什汀建造一個大方舟，然後在裡頭載滿他的家人、種子和成對的動物。洪水消退之後，倖存者被允許繼續在地球上重新繁衍，因為眾神發現如果沒有人為祂們服務，祂們就得挨餓。為了回報烏特納比什汀保存並解救了這麼多生命，他和妻子獲得了永生。吉爾伽美什想知道他們的祕密。歷經許多險難之後，吉爾伽美什終於抵達了烏特納皮什蒂姆的住所。在那裡，英雄最終獲得了一個痛苦的教訓：死亡無可避免地就是生命的前提。

這篇史詩的開頭，是一首對烏魯克的讚美詩。但到了最後，吉爾伽美什還是回到了原點。在經歷了艱辛的探索以及對文明的拒斥之後，他再次回到了自己的城鎮，並獲得了真正的頓悟。一個個體或許注定會死亡，但人類的集體力量，卻可以透過他們所建造的建築物以及他們刻在泥板上的知識而得以流傳。吉爾伽美什為烏魯克建造了宏偉的城牆，並用文字（文字本身就是在烏魯克發明的）向後代講述他的故事。城牆和史詩都是永恆的紀念碑，保證了他在荒野中努力追尋的永垂不朽。

就算他去了天涯海角，烏魯克的磁吸力依然將他拉了回來：這座城市已經成為主宰人類命運的力量。在史詩的終章裡，吉爾伽美什自豪地邀請將他從天涯海角帶回家的擺渡人「走上烏魯克的城牆……人類能與其匹敵嗎？走上去吧，繼續走，然後四處逛逛——看看城牆的地基。它們難道不偉大嗎？七賢人＊不都是自己設計出這些的嗎？」[13]

吉爾伽美什從天涯海角回來，目的是要提醒烏魯克的市民，他們的城市是眾神的禮物，是世界上創造出來的最美好的東西：他的追尋終究是為了重拾對城市生活的信心。

蘇美人的神祇並不居住在泉水、林間空地或是雲霧之中，而是居住在像烏魯克這樣真實存在的城市中心。蘇美人是獲選在非常發達的城市中和神一起生活的民族，至於其他的人類則是以披著毛皮的游牧民族，或是以勉強糊口的農民身分繼續艱難前行。面對城市生活的種種壓力，都市人都享受著神的慷慨餽贈，比如文字，以及種種特權，如啤酒、異國美食、科技、奢侈品，以及奢華的藝術品等。

對蘇美人來說，城市和人類是在世界誕生的那一刻同時被創造出來的。世界上沒有伊甸園；城市就是天堂，而不是懲罰，也是一個幫助他們對抗大自然的不可預測性，和其他野蠻人類的堡壘。對城市神聖起源的信念，賦予了城市文明真正非凡的持久性。[14]

在城市化初次發生的所有地方裡，城市都被規劃成一種能將人類活動與宇宙的基本秩序和能量結合起來的途徑。早期中國城市以正方形排列，其內部會再劃分成九個較小的正方形，而街道平面則依據指南針的方向進行布局，反映了天堂的幾何形狀。在城市就像在天堂一樣，神靈的能量（也就是「氣」）會從中心輻射到外圍。在中國，這種模式從公元前二千年或一千年，一直持續存在到公元一九四九年中華人民共和國宣告成立時。馬雅城市在規劃時，則會讓街道與春分點（equinox）對齊，並且透過複製星辰的圖樣來利用宇宙的神聖力量。這些地方不只是聖地而已：它們和美索不達米亞的大都市一樣，都是凡人與神直接聯繫的地方。天堂是組織完整的構造，能馴服原始混沌的力量，而人類有秩序地模擬天堂的動力，就能部分解釋為何世界不同地區的居民，都各自建造起了定居聚落。

城市又大，又沒有人情味，給人一種疏離的感覺。它們依賴成千上萬（後來則是數百萬）無名個體之間的合作；它們的密度和規模，將我們容忍陌生人的能力推到了極限。它們很容易受到飢荒、疾病和戰爭的影響。它們需要用殘酷的強迫手段才能建造城牆、神廟，或是挖掘、維護灌溉系統。它們應該無法運作才對。

＊編按：七賢人（Seven Sages）在美索不達米亞文化中是具有非凡智慧的聖賢，他們都曾經是上古國王的顧問，吉爾伽美什曾說烏魯克城牆由七賢人所建。

但它們確實能夠運作。烏魯克的歷史，以及第一批城市誕生的原因，都為我們提供了答案，能讓我們理解為何會如此。烏魯克開創的美索不達米亞城市文明，曾歷經戰爭、環境災難和經濟崩潰，卻依然持續了將近四千年；它見證了許多帝國和王國的興衰，比這些強大的帝國和王國都還要長壽。與其說這樣的文明仰賴的是建築物的韌性，倒不如說，它們仰賴的是穩健的意識形態。生活在城市是一件艱苦的事情，而且非常不自然。吉爾伽美什的傳說，是城市人世世代代對自己述說的故事之一，被用來提醒自己城市的力量和能力。城市生活這種大多數人都無緣經歷的生活方式，是一種神聖的特權，而不是一種詛咒。

★

一個擁有大量需求、資源又貧乏的城市必須自食其力。在公元前四千年至三千年期間的所謂「烏魯克時期」，來自烏魯克的文物在美索不達米亞、安納托利亞、伊朗、敘利亞乃至巴基斯坦都很常見。這座城市擁有手藝精湛的工匠，他們製作的華貴奢侈品可以用來進行交易。不過它也會出口一些實用的物品。烏魯克有龐大的人口並採用了新的技術，因此能以前所未見的規模，使用第一批大規模生產的技術做到這一點。

在烏魯克發現的許多溝渠和坑洞，都表明那裡曾經存在一座大型鑄銅廠，裡頭可能僱用了大約四十人。這座城市的許多女性市民，都會使用水平地面織機（horizontal ground looms）將羊毛編織成優質的紡織品，這種方法使她們能夠維持很高的產量。烏魯克的陶匠社群則出現了兩個重要的創新：美索不達米亞蜂巢窯（beehive kiln）和快速陶輪。這種窯能夠提供更高的燒製溫度，同時保護陶鍋不會受到火焰的傷害。早期的陶匠會使用轉盤，也就是一種安裝在低樞軸上、必須用手來驅動的石盤。但在烏魯克時期，陶輪則是由棍子或是以腳來驅動的。這種陶輪使用一個轉軸來連接上部用來放置陶土的工作用轉輪。這個技術讓烏魯克人能夠更快速地製作陶鍋，品質也更好。他們能為奢侈品市場生產質地細緻、重量較輕的餐具，但也能大量生產較粗糙的商品，比如標準化的陶鍋，和可以大宗出口的大型儲存罐。

只要人類聚集在一個人口密集且高度競爭的環境裡，一系列快速的發明和改進就可能發生。創新能帶來更多的創新。陶窯的高溫，原本是在冶金和化學過程中實驗出來的。第一個使用船帆的人，就是美索不達米亞的船夫。有件事情非常特別，而且不太符合我們的直覺：城市的發明，其實比輪子的發明還要早得多。事實上，這座城市很可能創造了需求，並提供了技術和集體腦力，才讓這個輪軸組合得以誕生。烏魯克擁有技藝純熟的木匠，能使用最新的鑄銅工具，來精細雕鑿完美的圓孔和轉軸。烏魯克人還需要製作大量的陶鍋來運送出口商品並換取珍貴的原物料。

訊息當時正在跨越長距離被傳遞：在烏克蘭、波蘭、高加索地區和斯洛維尼亞，以及西南亞的城市中心地帶，都發現了載貨推車的輪子。毫不令人意外的是，技術發展以及思想在各個陸塊之間的傳播，在公元前四千年至三千年間迎來了高潮。而輻射到廣大地區的貿易網絡就是思想的載體。烏魯克的商人沿著這些路線旅行，在他們採購原料、銷售商品的地方設立貿易站。隨之而來的不僅是財富的誘惑，還有關於如何生活的激進思想。

烏魯克的突破，刺激了許多追隨城市化潮流的模仿者。烏魯克的西北部已經有人口密度各異的城鎮：耶利哥、查塔爾赫玉克以及泰爾布拉克，都是大型定居聚落的最佳例子。但烏魯克則完全不同。考古學家在今日伊拉克、伊朗、土耳其和敘利亞的許多遺址，都發現了以烏魯克為範本建造的神廟和公共建築，它們採用的也是烏魯克所率先使用的建材。幾十座新城市在美索不達米亞南部的肥沃平原上拔地而起，其中一些城市最終將會媲美，甚至是超越烏魯克，如烏爾、基什、尼普爾、烏瑪拉加什以及舒魯帕克。如果烏魯克是個探詢人類如何共同生活並一起繁榮的實驗，那麼最後事實證明，城市確實非常有吸引力。大家接受了烏魯克的宗教意識形態、飲食習慣和社會結構。烏魯克就像一個強大的種子穗，能跨越遙遠的距離傳播文化。它是城市之母，也是世界上的第一座大都會。[15]

現在這已經不是一個城市的故事了，而是一個彼此連結城市網絡的故事，這些城市共享同樣的文化和貿易體系。一個城市化定居聚落的叢集能增加互動，以及思想和技術交流精進的機會。隨著人類活動變得愈來愈複雜，任何一個細微的發展都和車輪一樣重要。

要證明烏魯克所造成的文化影響，證據主要有兩種。一是所謂的斜口碗（bevel-rim bowl）。它的粗糙質地表明了其量產速度，當然也表明了它一次性的用途。用後即丟，這是紙咖啡杯的史前版本。後來在西南亞各地都發現了無數由烏魯克製造的斜口碗。

這些碗有標準劃一的尺寸和形狀。它們的用途引發了激烈辯論。似乎可以肯定的是，起初的功能是宗教性的。裝滿食物或啤酒的斜口碗被當作每天向寺廟供奉的容器。後來神廟的工作人員將它們當作計量單位，用來分配食物給那些完成工作或提供服務的人。這些神廟成了一個複雜且高度儀式化的食物分配網絡的中心，在這個網絡裡，社群成員可依他們的貢獻獲得報酬。這個不起眼的斜口碗還有另一個功能。一個標準規格的碗，其容量被稱為錫拉（sila）。錫拉於是成了價值的普遍衡量標準，是種背後以大麥為支持的貨幣，它確立了各種東西的價格，如一天的勞動、一隻羊，或是一罐油。烏魯克首先創立了這個錫拉體系，而這個體系作為一種促進貿易的方式，後來又被傳播到了各個地區。於是我們看到了另一個從城市創意發酵中出現的新發明：金錢。

然而將大量穀物當作支付方式運送到各地的做法，其實不太有效率。這就引出了在古城遺址中被大量發現的第二種烏魯克手工藝品：滾筒印章。

這些一吋高的圓柱體印章由各種材料製成，包括石灰石、大理石、青金石、紅玉髓和瑪瑙等，上頭雕刻著精細而複雜的圖案，如神像、日常生活場景、船隻、神廟，以及真實存在和傳說中的動物。當印章滾過，溼黏土上便會留下平面的圖像。用這種方式製造出來的黏土板，是識別標記和訊息的傳達載體。在這個擁有長途貿易的新世界裡，這些泥板被用來當作出口的品牌標誌、購貨收據，以及避免貨物和倉庫遭竊的封條。

此外，我們在被稱為「布萊（*bullae*）」的小型泥質容器上也發現了印章的印記。這些容器裡存放著黏土做的代幣，每個都代表某種商品，比如一塊布，或者一罐油或穀物。布萊其實是種合約，用來指明將會交付的商品或是將要執行的勞動，締約方在溼黏土上蓋了印章，就算是談成了一筆交易。在烏魯克，神殿就是放置這些「合約」和借據的倉庫，也是金融信用的堡壘，其威力堪比後來的英格蘭銀行。對神的信仰和對金融體系的信仰是齊頭並進的。為了接近那些金融交易進行和儲存的地方，當時的人必定會被吸引到城市裡定居。交易完成後，那些布萊會被打破，裡面的會計代幣會被移除，確認合約履行並終止合約。

如果說斜口碗是人類社會貨幣的開端，那麼布萊則標誌著金融的起源。但城市生活愈來愈複雜，光是代幣和印章依然不足以記錄事物。印章和布萊開始對愈來愈多的訊息加以編碼。首先出現的是確定時間和貨物數量的方法。布萊和泥板開始用抽象的數字代碼記錄數量，這是歷史上的第一個數字系統。但是數字本身並沒有用。每一種被儲存或交易的商品（如穀物，或啤酒、紡織品和金屬）都有一個圖案和數值用來表示數量、消耗的勞動力、支付的配給量和交易的距離。在早期的形式中，這些符號是相關商品的簡單圖案，可以是玉米、羊、罐子，或者表示液體的波浪線，會用鋒利的尖筆在溼黏土上刻畫，並附上數字。

但黏土並不是個適合刻畫精確圖像的媒材，有些「東西」無法用簡單的方式畫出來；隨著時間推移，圖像變成了和它們原本代表的對象截然不同的符號。他們根據口語使用的發音，用烏魯克三角筆在黏土上留下了楔形標記。透過這種躍進，作者可以傳達比圖像更多的資訊。這些楔形標記被稱為楔形文字，它們是人類邁向書寫的第一步。

烏魯克不只是人類的一個倉庫，它還成了一個數據處理中心。截至當時為止，歷史上還沒有出現過哪個社會必須管理這麼大量的訊息。黏土上的記號是烏魯克的會計師發明的，用來彌補人類記憶力的不足，因為人類記憶無法保存如此大量的資料。《吉爾伽美什史詩》的作者在大約一千五百年之後，對烏魯克的城牆和紀念性建築讚譽有加。這部史詩開頭對這座城市的頌歌結束後，緊接著這樣一段話：「尋找銅板盒、解開它的青銅鎖，然後打開它的祕密之門，取出青金石板並閱讀吉爾伽美什這個男人的故事，他曾經歷過各式各樣的痛苦。」

這就是烏魯克為這個世界帶來的兩項禮物：城市化和文字。第一個成就造就了第二個成就。這個社會並不害怕激進的創新，也不害怕攻擊既定的思維方式。書寫和數學作為一種管理複雜事物的管理技術，在城市的大鍋爐裡誕生了。最早發現的石板之一，是一份寫在黏土上的收據。上頭寫著：「兩萬九千零八十六單位的大麥。三十七個月。庫欣。」[16]

它陳述了商品的數量、交付或預定交付的時間，還有會計人員的簽字。都是些常規的內容。但請記住這個名字：在我們所知的歷史人名之中，庫欣就是最古老的一個。庫欣並不是一位國王，也不是牧師、戰士或詩人。沒有什麼比這更崇高的了：我們所知的最古老的一個人，其實是個計算豆子的勤奮烏魯克人，他一生都在城裡記帳和寫收據。

庫欣和他的同業就像一個個步兵，在對舊的行事方式進行激烈攻擊。他們和不斷擴張的城市裡的建築師、冶金師、釀酒師、織布工和陶工一樣，都在努力改良他們的工作方式。對庫欣來說，他所進行的試驗，就是最早的書面語言和數學。他或許能詳細記錄貨物的所有權和流動情形，或許能草擬法律合約並進行付款、預測作物產量、計算利息和管理債務，但無法刻畫內心深處的想法。這需要好幾個世代的時間，而且需要每個人都持續積累知識，一點一滴地調整他們的符號，這種會計用的半文字才能演變成真正的文字，傳達出《吉爾伽美什史詩》的情感深度和詩意創造力。

在不斷擴張的城市的喧囂裡，像庫欣這樣的專業行政人員和官僚，在人類事務中是個全新的種類。他們管理著激增的貿易、制定並執行合約，還要確保付款和公平。他們的印章在貿易路線上隨處可見。但他們對社會還產生了更深層次的影響。書面記錄標誌著人類正在從以口頭交流和記憶為基礎、仰賴面對面交流的社會，轉變成一個更加匿名、以記錄和檔案為基礎的社會。

一代又一代像庫欣這樣的管理人員，為運行良好的管理系統做出了貢獻。公元前四〇〇〇年的烏魯克是各種技術發明的溫床，其中當然有生產技術和移動的技術，如織布機和輪子。但最重要的其中一項，或許就是控制的技術。書寫、數學和金融是被嚴密保護的技術，也是只有行政菁英和神職菁英才能擁有的專利技術。擁有了它們，就能掌握權力。

隨著社會在接下來的數百年內變得更加複雜，這種力量也發生了變化。像庫欣這樣的專業官僚擁有高度專業化的技能，那是經過畢生訓練所累積而來的。隨著這座城市不斷的發展、貿易活動持續繁榮，金匠、建築師、藝術家或陶藝大師也有類似現象。這座城市根源於食物的儀式性分配，而在這樣的城市裡，某些人應該分配到的東西也顯然會比其他人多。烏魯克成了一個層級分明的社會，根據財富、技能和市民權力來分級。

這就是人類歷史中城市化的陰暗面。一開始可能是自願、雙方同意的事，後來卻演變成一個高度集中、高度不平等的社會。這可能不是一夕之間突然發生的變化或權力爭奪：每個世代都建立在上個世代的成果之上，而效率進步的代價，就是稍微犧牲自由與平等。仁慈的神廟原本是為了獎勵勞動而提供食物，後來卻演變成透過控制糧食來強制人民努力工作。書寫紀錄確立了所有權，也創造了債務以及必須執行的義務。如果你工作所使用的是肌肉而不是大腦，你會發現自己比專家和管理階層更貧窮，地位也更低。

規模和烏魯克差不多的城市，總會需要更多的身體來從事骯髒的工作，但光靠自然生育並無法滿足這樣的需求。除了庫欣之外，會計師的板子也提供了其他三個名字，他們分別是：噶爾．薩爾、恩帕普．X和蘇卡爾吉爾。和庫欣一樣，他們也都在告訴我們，在城市這個大鍋爐裡，人類社會的變化速度有多快。恩帕普．X和蘇卡爾吉爾兩人是噶爾．薩爾的奴隸。強迫勞動成了一種大宗商品，因為這座城市需要更多的勞動力來建造神廟、挖掘灌溉溝渠、耕種田地，並讓複雜的城市機器保持運轉。在公元前大約四千年末，烏魯克印章上的圖像開始顯現出城市生活險惡的一面：雙手被綁的畏縮囚犯，受到武裝警衛的嚴密監視。

這些可憐的奴隸證實了這座城市的另一個副產品：組織性的戰爭。烏魯克的城牆建於公元前三千年初期。這些城牆標誌著一個新的現實：烏魯克勢力無可匹敵的時代早已過去了。在這個愈來愈嚴酷的世界中，它的貿易體系和建立在神廟之上的官僚機構變得難以為繼。烏魯克所散布的種子早已發芽，但現在卻在收割苦果；美索不達米亞平原上開始出現許多競爭對手。他們的出現標誌著一個新的時代：一個各種軍事技術、軍隊和軍閥相互競爭的時代。

考古學家在烏魯克神廟的遺址中發現了狼牙棒、彈弓和箭頭。而宏偉的埃安娜神廟則可能是在戰爭中或是被叛亂的民眾給摧毀了。公元前三千年至兩千年期間，美索不達米亞有幾個不斷變動的聯盟，由十幾個高度組織化的城邦所組成。他們常會為了爭議領土和水源而大動干戈，和平狀態經常被打破。戰爭促進了這座城市的成長：愈來愈多人為了獲得保護而湧向城市。在這個充滿城市暴力事件，而來自山區和草原的游牧民族也會攻擊城市的時代裡，巨大的防禦牆相當常見。而王權也是這個時代的特徵。

在古蘇美語裡，「lu」的意思是人、「gal」是巨大的意思，而「路嘉爾（Lugal）」，也就是「巨大的人」，則是一群半職業戰士的領袖，那些戰士們致力於保護城市及其耕地不受入侵者的侵害、為敵對城市所犯下的錯報一箭之仇，並保護劫掠來的戰利品。權力於是從神廟移轉到了宮殿，從神職人員和官僚的手上傳到了軍閥的手上。隨著時間推移，「路嘉爾」也逐漸變成世襲國王的意思。[17]

現藏於羅浮宮的幾個雕塑碎片，揭示公元前三千年至兩千年間的血腥歷史。禿鷹石碑（Stele of Vultures）紀念的是烏瑪和拉加什兩座城市間的一場戰爭，而衝突之因乃是爭奪一塊位於雙方勢力範圍之間、歸屬權存在爭議的農業用地。這塊石碑是一塊兩公尺高的石灰石板；頂部呈圓形，側面有浮雕。雕刻描繪了拉加什國王乘著戰車、手持長矛，率領一群全副武裝的士兵前往戰場的景象。士兵們踩著被他們擊敗、倒臥在地的敵人屍體前進，頭上還有嘴裡叼著敵軍士兵頭顱的禿鷹在盤旋。我們在此看見了這座城市在公元前三千年至兩千年期間所取得的成就：被當作戰爭技術使用的車輪、軍隊和組織性戰鬥，以及用於國家宣傳的文字和藝術。

★

早在國家、帝國或國王出現的很久之前，城市就已經出現了。城市是政治組織的基本組成部分，並孕育宗教和官僚機構，將人民組織成為一個團體，也催生了保護城市、投射其權力的國王和軍隊。對城市的熱愛、對其成就的自豪，以及對外來者的恐懼，都培養出集體認同感，而這種認同感終將隨著時間推移而擴展到各個領地和帝國裡。在數百年間，文字從記錄交易的符號系統逐漸演變成為書面語言。第一部文學作品來自公元前三千年左右的美索不達米亞，那是一首用來頌揚國王、城市和諸神的史詩。《吉爾伽美什史詩》一再地將英雄的家鄉稱為「羊圈烏魯克」，那裡是個安全的庇護所，也是一個可以讓人在充滿敵意的世界裡找到歸屬感的地方，並在牧羊人時時刻刻的注視之下團結在一起。如果說人類的部落本能地渴望小家族的保護和團結，那麼這座受到戰爭威脅，也受戰爭影響的城市，便複製了部落的一些特徵。這座城市將自己呈現為家園和家庭的放大版，是個提供庇護的所在，也是種新的親屬群體。《吉爾伽美什史詩》旨在讚頌一座城市，一個強大的國王和強大的天神的家園，以及一群有凝聚力的公民。就像從中而生的國家一樣，城市需要這些神話來將他們的人民捆綁在一起成為一個超級部落。

在無止境的爭霸戰之中，即使是最有力的強權也未能持續多久；許多城市因不願屈服而反抗，另一個城邦則在此時崛起奪取了烏魯克原本的地位。公元前二二九六年，烏瑪的國王盧嘉爾札格西征服了基什、烏爾、烏魯克，以及許多其他城邦。因其神聖性和古老血統，盧嘉爾札格西將首都定於烏魯克，恢復了它原本失去的大都市地位。他以一個單一王國的形式，從烏魯克統治美索不達米亞的大部分地區。但盧嘉爾札格西隨後便面臨挑戰，一座名為阿卡德的全新城市，以及其充滿領袖魅力、白手起家的統治者薩爾貢。這位挑戰者後來圍困烏魯克、摧毀城牆並囚禁了盧嘉爾札格西。薩爾貢接著又擊敗了烏爾、拉加什和烏瑪。

薩爾貢的阿卡德是人類史上的第一個帝國，誕生於成熟而古老的蘇美城市文明；它是在城牆後面醞釀了近兩千年力量的延伸。阿卡德是人類第一個刻意專門建造的首都，而這個帝國的城市網絡，就是以壯觀的阿卡德為中心，從波斯灣延伸到地中海。就像古往今來的帝國大都會一樣，阿卡德被描繪成一座擁有巨大建築、充滿世界主義和驚人財富的城市。縱觀古美索不達米亞的歷史，阿卡德在神話中被視為某種如神話般傳奇的卡米洛特，而薩爾貢的名字則成了強大而正直統治者的代名詞。在薩爾貢和其繼任者的統治之下，阿卡德帝國繁榮了近兩個世紀。

這個偉大帝國的崩潰之因存在許多爭議。至少部分原因似乎是一段被稱為四千兩百年事件（4.2 kiloyear event）的全球氣候變遷時期。山區降雨量減少，導致幼發拉底河和底格里斯河的流量也隨之下降，這對作為城市生活基礎的灌溉農業來說是個嚴重的災難。被稱為庫提人的部落戰士從扎格羅斯山脈傾瀉而下，就像貪婪的狼群嗅到了虛弱但肥壯的獵物一般。

「誰是國王？誰不是國王？」歷史紀錄淒涼地問道。庫提人迎來了一段混亂的時期，貿易量逐漸減少，城市機器轟然倒塌。「這是建城以來，我們首次看見廣袤的農田歉收、水塘無魚，灌溉果園也產不出糖漿酒液。」原本強大的阿卡德被占領和摧毀後，其一切痕跡都從地球表面上被抹除了。[18]

城市是非常堅韌的創造物。阿卡德帝國的崩潰對一些人來說是場災難，但對另一些人來說，卻是個大好的機會。庫提人並沒有統治美索不達米亞，卻對鄉村地區進行了數十年的摧殘。一息尚存的文明餘燼在幾個城市的城牆後方苟延殘喘，這些城市雖然衰弱了，卻依然保持著獨立的表象。烏爾最後成了一個地區性王國的領袖。因掌控著對印度和其他地方的遠洋貿易權而變得非常富有，可以用巨大的金字形神塔（ziggurat）來表現自己的力量，而這個高聳多層的神塔，也成了蘇美文明的標誌。

但就在烏爾的勢力和名聲如日中天之時，它也遇上了和阿卡德一樣的命運。這一次，他們遇到的挑戰者是亞摩利人。他們是一群游牧部落民族，來自位於今日的敘利亞境內；由於氣候變遷造成的長期乾旱，使他們在公元前二一〇〇年左右開始大批遷徙。在蘇美人的眼裡，亞摩利人是「帶著野獸本能的劫掠民族……不知世界上有城鎮和房屋的存在……而且會生吃獸肉」，而他們此時也開始蠶食烏爾的帝國。在面對另一個掠奪性民族，也就是來自現代伊朗的埃蘭人時，因入侵者而轉移注意力的烏爾根本就無能為力。[19]

當時地球上最富有、規模最大的城市的城牆，在公元前一九四〇年被蠻族攻破了。神廟被洗劫一空，住宅區則慘遭焚毀。倖存者或遭囚禁，或留在受創嚴重的城市裡猶如月球表面般殘破的環境中挨餓。「以往用來舉行慶典的大道上，到處都是人的頭顱。曾經有人散步的街道上也堆滿了屍體。曾用來舉行敬土慶典的地方，也是成堆的屍體。」連狗兒都逃離了那些廢墟。[20]

城市的興衰、毀滅和復甦，深刻地交織進美索不達米亞人的心靈之中。一方面，泥磚的降解速度非常快，這意味著即便是偉大的紀念性建築，也無法存續很久。接著則是生態學上的問題。幼發拉底河或底格里斯河經常會突然改變河道，導致某個城市遭人遺棄。然而河道也可能在幾年，甚至幾個世紀後回歸，讓世人再次回到那些荒廢的城市。[21]

在經過兩千年之後，也就是公元前一九四〇年，烏魯克和烏爾不論以哪個標準來衡量，都已經成了古老的城市（和今天的倫敦和巴黎一樣古老，甚至是更加古老）。在歷史的洪流、戰爭的風暴、強大帝國的興衰、蠻族的入侵、大規模的遷徙和氣候變遷這些背景之下，這些城市依然屹立不倒。它們仍然富有生命力。不但沒有被游牧部落入侵和摧毀，反而還吸收了「野蠻人」，並使其文明化。亞摩利人定居在古老的城市裡，接受了他們的被征服者那種溫文儒雅的生活方式、宗教、神話和知識。原本被認為是野蠻人的勝利者，卻在烏爾重建了九座新的神廟和許多座紀念碑；至於其他的城邦，則由之前的游牧部落首領所統治。由蘇美人在烏魯克開啟的城市文明，在美索不達米亞倖存了下來，並傳播給了新的民族，如亞摩利人、亞述人和赫梯人。像尼尼微和巴比倫這樣宏偉的新城市，都保留了烏魯克和烏爾所開創的城市建設技術、神話和宗教。

烏魯克自己則迎來了漫長的衰落過程，儘管長期以來它都仍是一座運作無礙的神聖城市。到了基督即將誕生的時代，幼發拉底河已開始改道，而烏魯克則深受環境災害之苦。在當時，讓烏魯克和其他城市顯得如此重要的宗教早已消亡。沒有理由讓這座城市持續運作下去；到了公元二〇〇年，烏魯克幾乎蕩然無存。陽光、風雨和沙塵一起將那裡雄偉的磚造建築給磨成了灰；到了公元七〇〇年，也就是烏魯克從沼澤中崛起的近五千年後，這個神祕的廢墟已經被完全遺棄了。

失去了灌溉系統，廣大的麥田便會被沙漠吞噬。當這座城市於一八四九年被人發現時，它是一個被埋在沙丘裡的廢墟。這座廢墟的發現者很難相信，一個偉大的城市文明，竟然可以在聖經時代這麼久之前、在如此惡劣的環境中蓬勃發展。儘管近代的伊拉克一直飽受暴力和戰爭之苦，但自烏魯克重見天日後，伊拉克境內那些失落的城市便向我們吐露了更多的祕密，講述一個被遺忘已久的文明，揭示了我們之所以走向城市化的起源，而且至今仍在不斷提供新的訊息。

烏魯克和美索不達米亞城市都強而有力地向我們訴說。那些曾經強盛的城鎮中心，最後因氣候變遷和經濟衰退而傾頹，但在裡頭遊蕩的幽魂至今仍提醒著我們所有城市的最終命運。它們的悠久歷史是令人目眩神迷的偉大發現，證明了人類的成就、對權力的渴望，也證明了複雜社會的韌性。它們是接下來即將發生一切的序曲。

第二章 伊甸園與罪惡之城

哈拉帕與巴比倫，公元前二〇〇〇至公元前五三九年

希伯來聖經《那鴻書》如此驚呼：「禍哉！這流人血的城，充滿謊詐和強暴——搶奪的事總不止息。鞭聲響亮，車輪轟轟，馬匹踢跳，車輛奔騰」（編按：本書使用和合本翻譯）。在聖經裡，天堂是一座花園。根據希伯來聖經，城市是在罪惡和叛變之中誕生的。據說，該隱在殺害他的弟弟後便遭到驅逐，並被扔到了荒野之中，接著他建造了第一座城市，並用他兒子的名字將那座城市命名為以諾，把那裡當作躲避上帝詛咒的地方。在希伯來聖經裡，叛變和城市緊密地交織在一起。寧錄成了青銅時代的暴君，因為他透過為人提供城市，成功地引誘人遠離上帝。據說就是寧錄在美索不達米亞建造了城市這種邪惡、不敬虔的東西，而那些城市包括了以力（烏魯克）、阿卡德和巴別。

在《創世記》裡，城市是人類狂妄自大的終極象徵。上帝命令人前進，讓人能夠充滿世界各地。然而，人類後來卻直接違逆了這個命令，開始湧入城市，並在城市中填滿了他們自大的符號。巴別的居民說道，「來吧！我們要建造一座城和一座塔，塔頂通天，為要傳揚我們的名，免得我們分散在全地上。」於是上帝摧毀了這座城市，而這並不是上帝最後一次這麼做。叛逆的巴別人民於是被分隔開來，

被賦予不同的語言，從此四散各地。城市代表著腐敗、混亂和分裂。

希伯來聖經提出了一個很好的論據：在公元前二千年之後的兩千年裡，城市就是暴力和慾望的根源，與田園牧歌和美好生活無法相容。這種想法直到現在仍影響著我們對城市的看法。西方文化存在著深刻的反城市主義傾向。當盧梭充滿厭惡地看著城市時，他聽起來幾乎就像舊約聖經裡某位先知；他寫道，這座臃腫的大城市裡「滿是詭計多端、沒有信仰或原則的懶人，他們的想像力因為懶惰、無所事事、對於聲色娛樂的喜愛，以及巨大的需要而墮落，只會造就怪物並激發犯罪。」[1]

隨著自身的發展和層層疊疊的人類活動，城市變得愈來愈擁擠，它們也開始被認為是臃腫、過時且混亂不連貫的。一位作家在一八三〇年代觀察巴黎時，他看見的是「一場巨大的撒旦舞會，男人和女人在裡頭以各種方式廝混，像螞蟻般擁擠、腳踩著爛泥、呼吸著致病的空氣，試圖穿過擁擠的街道和公共場所」。城市的髒亂造就了身心不健全的骯髒之人。[2]

美國民族學家和行為研究者卡爾霍恩，曾於一九五〇年代建造了幾個精心設計的「老鼠城」，迫使老鼠在這個和城市條件類似的高密度環境中生活。隨著時間推移，這個「嚙齒動物的烏托邦」逐漸淪為一個「地獄」。母鼠出現虐待並忽視幼鼠的現象。年齡較輕的老鼠成了邪惡的「少年犯」，或沒有活力的「社會不適應者」和「輟學者」。占有主導地位的老鼠則利用社會混亂來成為當地的「老大」。城市的強度讓許多這些城市老鼠開始變得性慾亢進，成為泛性戀或同性戀。

和人類一樣，老鼠也在城市裡過得很好，卻也被城市給腐蝕了，因為牠們的進化史還來不及讓牠們做好準備，以面對生活在擁擠和混亂的建築環境之中的衝擊和壓力。或許這也是許多建築師和城市規劃師從卡爾霍恩的實驗結果中得到的啟示。對他們來說，現代城市在人類身上引發了和那些老鼠一樣的病狀。這個實驗預示了一件事：城市社會徹底崩潰的時代即將到來。

老鼠是城市生活的象徵。居住在城市陰暗處、具有威脅性的擁擠群眾，經常會被比作老鼠：被困在人滿為患的大都市、與自然隔絕的他們，活得愈來愈不像人類，這對整體社會秩序構成了威脅。然而，每個時代都相信，若能根據科學或哲學原則來拆除並重建那些混亂、無計畫的、自己組織起來的城市，城市就可以變得更加完美：只要適當地規劃城市，它便能讓我們成為更好的人。儘管文學作品和電影中充滿反烏托邦城市的夢魘景況，但城市也可以是完美的展望，因為技術或建築已經清除了阻礙我們前進的所有障礙。這種二元論貫穿了人類的歷史。[3]

儘管對於實體城市充滿敵意，聖經卻也想像了一個完美的城市，亦即新耶路撒冷，那裡沒有人類的罪惡，而且充滿了敬虔的崇拜。如果說聖經的開頭在花園，那麼它的結尾便在天國的城市裡。柏拉圖和摩爾以哲學理性來想像建構出完美的城市。達文西設計了一座功能齊全、衛生優良的城市，以此回應十五世紀重創米蘭的毀滅性瘟疫。卡納萊托所想像出的威尼斯願景，則呈現出城市文明盛世的頂峰，是城市應有樣式的烏托邦描繪：擁有令人讚嘆的建築、在視覺上充滿活力，但同時又乾淨得一塵不染。

只要用正確的方式規劃城市，就能造就更好的人民。雷恩爵士希望拆除中世紀倫敦那錯綜複雜的巷弄，創造出一座擁有寬闊大道和筆直馬路的城市，以促進交通和商業活動，同時表達出現代理性。瑞士建築師柯比意則夢想著要剷除那些纏繞並扼殺城市的歷史糾葛，以理性規劃的現代幾何城市環境取而代之。他說：「我們的世界就像一座墓室，到處都是死去的時代碎屑。」英國社會改革家霍華德爵士想要拆解汙染嚴重、工業化、壓垮人類靈魂的大都市，創建出人口不超過三萬人的郊區田園城市，其中有規劃良好的產業、宜人的小屋和豐富的綠地。「城鎮和鄉村**必須聯姻**，」他如此宣稱，「新的希望、新的生活、新的文明，將從這種令人喜悅的結合之中脫胎而出。」[4]

歷史上經常充斥著烏托邦式的計畫，試圖要拆除混亂的城市，並以科學規劃的替代方案取而代之。柯比意從未有機會拆除巴黎或紐約，並從頭創造一個新的城市。然而，現代主義建築的實驗，亦即在公園裡興建高樓，卻改變了世界各地的城市面貌，也改變了二戰後城市居民的生活。

透過烏托邦式的都市主義來讓人性變得更美好的這種願景，被稱為「磚塊救贖（salvation by bricks）」。儘管形式不盡相同，但這種自上而下的城市規劃手法，在每個時代裡都很令人著迷。但這種手法很少能夠完全成功。在許多的案例裡，善意的規劃甚至對城市生活造成嚴重破壞。歷史經驗並沒能為我們提供太多的希望。但這個世界上是否曾經存在某個城市文明，是打從一開始就沒有那些其他城市社會的陋習和弊病呢？考古學家迄今仍在努力找到這樣的文化遺跡。

在今日的巴基斯坦、阿富汗和印度，在超過一百萬平方公里的土地上，我們已發現了超過一千五百個定居聚落分布其中。高度發達的城鎮位處貿易路線上的戰略要地，不論那些貿易路線是位於海岸邊，還是河流水系當中；有五百萬人以這些城鎮為家。這些城鎮以五個主要大都市為核心，分別是我們所熟知的哈拉帕、摩亨佐達羅、拉奇嘎日、朵拉維拉和甘維里瓦拉，均有萬人以上的人口。這個文明就是以哈拉帕這座城市為名，被稱為哈拉帕文明。直到一九二〇年代，我們才終於發現這些城市的規模；雖然在那之後又有其他新發現，但我們對這個社會的了解仍處於起步階段。[5]

哈拉帕人從印度次大陸和中亞各地採購黃金、白銀、珍珠、貝殼、錫、銅、紅玉髓、象牙、青金石，和許多其他令人嚮往的物品。他們以複雜而美麗的珠寶和金屬製品聞名於世，這些工藝品都是他們利用那些進口材料以精密工具所製成的。哈拉帕商人也會前往美索不達米亞城市化的核心地帶設立商店。阿卡德、烏魯克、烏爾和拉加什等城市的國王、宮廷、天神和菁英們，都非常喜歡來自印度河流域作坊所製造的奢侈品，以及他們帶有異國風情的動物、紡織品和精美陶瓷。美索不達米亞城邦繁華的榮景，正好也是印度河流域自公元前二六〇〇年開始加速建造城市的時期。印度河流域的商人當然也會帶回散布在底格里斯河和幼發拉底河谷那些夢幻之城的故事。那裡的城市化，也在其他地方引起了類似的進程。哈拉帕和摩亨佐達羅等城市之所以會出現，就是為了回應美索不達米亞和波斯灣地區對於豪華工藝品的強烈需求。6

然而，那些越過海洋、在烏魯克或烏爾的街道上行走的各類商人冒險家，他們帶回的只是城市的概念而非藍圖。哈拉帕人居住在固定的聚落裡，其中有精心建造的房屋，也享有各種野生和耕作的食物來源。印度河水系和底格里斯河、幼發拉底河、黃河、尼日河、尼羅河流域一樣，都生產了大量剩餘的糧食。他們擁有先進的技術、書寫系統和高度專業化的工匠。最重要的是，有一套管理社群關係的複雜信仰來約束這個幅員廣闊的社會。如果說他們是從美索不達米亞的故事中粗略借用了城市的概念，那麼他們所創造出來的城市則完全是自身文化和智慧的產物。就很多方面而言，他們都超越了中國、美索不達米亞和埃及的其他城市居民。考古學家逐漸相信，摩亨佐達羅的人口曾多達十萬人，是青銅器時代最大的城市，或許也是當時地球上技術最先進的地方。7

然而，和青銅器時代的其他主要文明相比，哈拉帕文明的城市有個很明顯的差異：哈拉帕文明沒有宮殿或神廟，也沒有令人敬畏的金字形神塔或金字塔，甚至完全找不到祭司或國王曾經存在的證據。那裡的大型公共建築並不耀眼懾人，也不具有紀念性。就功能和精神性而言，那些公共建築都是為市民而設置的，如糧倉、倉庫、聚會所、浴場、市場、花園和碼頭。這個民族似乎沒有奴隸，也沒有明顯的社會階級差異：就大小或擁有的工藝品的數量來說，城市裡的房子並沒有太大差異。

美索不達米亞的城邦很快便陷入無止境的自相殘殺，而城市也遭到大規模毀滅，並建造出了帝國；然而，相較之下，印度河流域的城邦除了狩獵所需的用具外，並沒有其他武器。我們沒有發現任何關於戰爭的描述，考古遺址裡也沒有戰鬥的痕跡。同樣地，也沒有找到統治者或官僚機構存在的直接證據。

哈拉帕文明的城市居民，是那個時代裡基礎設施和土木工程的佼佼者。大型城市都建造在巨大的磚造平台上，高於印度河流域的洪水水位；摩亨佐達羅座落的平台，據估計就花費了四百萬個工時。城裡的主要幹道以直角交會，形成以正方位為導向的棋盤格局。這些主要幹道將城市劃分成幾個住宅區，住宅區裡頭的街道較窄，還有多層的住宅。這種整齊劃一的風格並不僅限於街道的格局，也包含了房屋的大小和外觀，以及磚塊的尺寸。城裡甚至還有公共垃圾箱。最了不起的是覆蓋全市的下水道系統，那是印度河流域城市規劃的至高成就。

但還是先把那些比屋頂還高的宏偉公共建築拋諸腦後吧。摩亨佐達羅最重要的地方，其實位在地面街道的下方。一個城市每天處理大量人類排泄物的嚴肅態度，具體呈現出市民的集體努力的極致程度。印度河流域的城市建設者把排泄物的處理當作是首要考量。早在公元前三〇〇〇至公元前二〇〇〇年間，那裡的家家戶戶就已經有抽水馬桶了，普及率比四千年後的同個地區（亦即今日的巴基斯坦）還要高，甚至高於十九世紀歐洲的工業城市：一八五〇年代的曼徹斯特貧民窟裡，一百個人才能共用一個公共廁所。直到十九世紀中葉，倫敦和巴黎這兩個當時世界上最強盛的城市，才開始試圖解決大規模的衛生問題。在摩亨佐達羅和哈拉帕，家庭廁所產生的廢物會經由陶土管道排放到較狹小街道上的排水溝裡，而這些排水溝則會流入主幹道下方的大型地下水道系統。這些大型排水溝會利用重力將穢物從城牆上沖走。每個家庭裡的廁所汙水也經由那些排水溝排放出去。

清潔的重要性並不亞於虔誠的信仰；清潔本身就是一種虔誠的信仰。水能淨化靈魂的力量就是這個信仰體系的核心。摩亨佐達羅和其他城市的居民，會在自己家裡專門設計的防水浴室裡享受淋浴。這座大城市的中心，是一個長十二公尺、寬七公尺、深度達二點四公尺的大型不透水水池；它是史上第一個公共浴池。這些城市並沒有神廟，但我們或許可以說，這座城市本身，或者至少它的排水溝、水井、蓄水池和浴室等基礎設施就構成了一座水之神廟。

新的證據表明，哈拉帕之所以會走向城市化，是他們針對氣候變化所做的一系列調適而造成的結果。雖然這些城市大約在公元前二五〇〇年至一九〇〇年間處於全盛時期，但環境卻變得愈來愈難以預測，河流不斷改道，季節性降雨強度的變化也很大。因此，找尋新的方法來獲取和儲存用水，並使農作物多元化，成為了印度河流域城市化的一個重要特徵。這些城市的設計初衷，是能讓它們在日益炎熱且乾燥的環境中具備韌性。[8]

座落在險惡沙漠中的朵拉維拉則建造了一套先進的節水系統。一個水壩網絡會將每年雨季的洪水，導向十六個巨大的矩形石砌水庫裡。在漫長的旱季裡，洪水會儲存在水庫中，透過水道橋輸送到城裡，或用來灌溉農地。雨季的降雨也會被存放在地勢較高之堡壘頂部的蓄水池中，再利用重力根據需求將水向下輸送到地勢較低的城裡。摩亨佐達羅至少有七百口地下水井。這些水井非常深，製作工法也很精良；近年被挖掘出來後，它們甚至還能像瞭望塔般持續聳立。[9]

水資源的管理相當複雜，也必須以性命為代價來維持運作。這些城市實際上建造在事先規劃好的水利系統之上，而就意識形態而言，它們也建立在對水的神聖崇敬，以及對汙物的憎惡之上。商業上的成功再加上先進的土木工程，無疑有助於建立一個平等、和平的社會。

美索不達米亞的城市雖也令人印象深刻，但卻沒有如此複雜的城市規劃，更別提管道和中央汙水處理系統。一直要等到兩千年後，羅馬人的水利工程和城市規劃才超越了印度河流域的民族。最早期的考古學家認為，這些城市是為孩子們所建造的，因為他們在裡頭發現了大量的玩具和遊戲。哈拉帕人有各種食物和調味料，包括薑黃、生薑和大蒜。從骨骼中獲取的證據來看，這個社會並不存在某些人吃得比其他人好的現象，而哈拉帕文明的城市裡的預期壽命也確實很高。大家穿得也很不錯：至今發現最古老的棉線，就是來自這些城市。[10]

摩亨佐達羅和哈拉帕有著很高的生活水準，而這不僅在他們所處的時代，從整個人類歷史來看也都是如此。誰不嚮往這種整潔有序的社會呢？也許這個文明真的是個被遺忘的烏托邦，是我們城市旅程中一個被錯過的轉折點。或許伊甸園其實是一座城市，一個能滿足我們的需求、確保人身安全，又無需支付高額費用的地方。

大約自公元前一九〇〇年左右起，這些城市開始遭到遺棄，但沒有任何跡象顯示曾發生過災難事件、外來入侵或大規模死亡。這些人自願離開了他們的城市，而這也讓他們的去城市化過程（de-urbanisation），聽起來就和他們城市化的過程一樣和平、充滿了烏托邦的色彩。當時的季風開始向東移動，導致雨季降雨變少。在這種新的氣候之下，亟需糧食和清潔用水的大城市難以為繼。這些大城市的居民並沒有因為日益減少的資源而展開爭奪，而是乾脆四散到規模較小的農業社區裡，並開始向恆河平原遷徙。來自城市生活的供氧量斷絕後，印度河流域的文字也不再被使用。這些城市帶著自己的祕密，消失在沙漠不斷進占的沙塵之中。

神祕的哈拉帕文明仍舊激起我們的好奇心。世界各地都傳出了關於城市廢墟的新發現，但哈拉帕文明似乎是個技術先進且和平的社會。我們之所以會對這個看來如烏托邦般的社會重新感到興趣，並非沒有原因。在我們的這個時代裡，大家都全神貫注於設計出一個屬於我們自己的新耶路撒冷、一個能解決我們問題的理想城市。「不再只是科幻小說：完美的城市正在興建中」，近期某篇新聞的標題曾如此寫道。哈拉帕的城市化兌現了這樣的許諾：如果你能從一開始就做好設計，那麼你的城市就能成為人類史上最棒的地方，並讓居民得以繁榮發展。印度河流域的居民似乎解決了一個連達文西、霍華德和柯比意都束手無策的難題。而我們認為：現代技術將可以重現摩亨佐達羅的精神。如果說哈拉帕人的城市是奠基於對水的崇敬之上，那麼我們的城市則建立於對數位化未來的信心。11

想像一下，一座擁有曼哈頓那樣壯觀的天際線和人口密度，又有波士頓市中心那種宜人舒適、適合步行規模的城市。再想像一下，這座城市和威尼斯一樣有運河縱橫交錯，到處都有綠意盎然的公園。那裡有巴黎式的林蔭大道，上頭卻沒有汽車，還有蘇活區的街道生活和創意氛圍。在那裡你不需要汽車，可以步行或騎自行車到城裡的任何地方上班上學。也不需要垃圾車或快遞貨車，因為垃圾會被吸進氣動管（pneumatic tubes）分類回收，而無人機和小船則可以送來你需要的一切東西。人類排泄物還能轉化成為生質能，為城市提供動力。

這個綠樹成蔭的科技夢幻地景之中，嵌入了數百萬個感應器和監控攝影機，從私人住宅和辦公室，到街道和水管裡；這些感應器和攝影機會將城市運作的即時數據，反饋到一個單一平台的城市電腦。在一座摩天大樓裡，一個擁有大量數據螢幕的高科技控制室不斷監控著這座城市。你可以在智慧型手機上下載一個方便的城市ＡＰＰ；當你在城市中移動時，你就會變成一個在電腦螢幕上閃爍的亮點，行經的路線也會被測量、記錄，為城市應該如何演進的這個課題提供數據。上述的這座城市被稱為「無所不在的城市（ubiquitous city）」：它的感應器就是神經末梢，而電腦則是都會區的大腦。運作系統會監控能源和自來水的使用狀況，可以自動關閉電燈、空調和電器來減少浪費。任何無法重複使用的廢水，都會被用來灌溉隨處可見的綠地。即使只是水龍頭漏水，也會自動向主電腦報告。如果監測到事故、犯罪或火災，系統也可以在無需人員干預的情況下派出緊急服務。與其說這是個聰明的城市，不如說它是個有感官知覺的城市。

截至目前為止，上述文字都像是科幻小說裡的場景。然而，這個像烏托邦（或反烏托邦，端看你的品味）一般的城市其實已經存在，或者至少根據宣傳材料及其推崇者的說法，它存在於一個以高速經濟增長、每棟大樓都長得一樣、因城市毫無靈魂而聞名的國家：韓國。韓國的松島就是按照上述規格在黃海上填海造陸所建造出來的，耗資三百五十億美元。它被稱為二十一世紀的「高科技烏托邦」，是一座富有生機的城市，被譽為亞洲過度擁擠大都市的解決方案。松島的人口預計將達六十萬人（不過在本書撰寫時，那裡的人口只有十萬餘人）；居民們被高水準生活的許諾吸引而來。但更重要的是，松島既是個實驗室，也是個城市展示間，正向全世界展售一個清潔、永續、安全且環保的未來。松島被設計成可以在任何一個地方複製。許多新城市的規劃師和嘗試解救舊都市的人員都在前往松島，觀看這些最新城市花樣的測試實況。你可以用將近一百億美元購買這套現成的城市運作系統。12

★

城市烏托邦在術語上無疑是個自相矛盾的說法。像哈拉帕或松島這樣的科學臨床城市（clinic city）

或許可以滿足我們的一些需求，但卻也忽略了更多。確實，我們未必會希望城市可以讓我們變成更好的人。情況往往正好相反；有人可能會說，城市的意義就在於提供匿名性和迷宮般的神祕感，也就是一種獨特的自由。十六世紀的威尼斯人口超過十萬，曾有位訪客指出：「那裡沒有人會留意其他人在做什麼，或……干涉別人的生活……沒有人會問你為什麼不去教堂……不論是已婚、還是未婚，都沒有人會問你為什麼……一般而言，只要你不去冒犯任何人的私事，別人也不會來冒犯你。」[13]

城市也能提供一些能夠滿足人類基本慾望的事物，如物質主義、享樂主義和性。這些都是城市吸引力的一部分，也是城市控制我們的力量來源。紐約的格林威治村、巴黎的蒙馬特、舊金山的田德隆、兩次世界大戰之間狂野的上海和柏林、現代的阿姆斯特丹和曼谷，以及拉斯維加斯這座「罪惡之城」，就曾提供或仍在提供我們想從城市中獲得的荒唐冒險以及逃離傳統規範的機會。

在十八世紀初的倫敦裡，匿名的城市生活和非法活動被劃上了等號，尤其這座城市當時就和色情的意象緊密相連。商業化的化妝舞會和嘉年華變得非常流行。當成千上萬奇裝異服的人耳鬢廝磨時，社會等級、階級差異、慣習道德和約束也都跟著崩潰了。誰又是誰？一位記者寫道，「我發現自然定律被顛覆了，女人變成男人、男人變成女人，綁著學步引導繩的孩子卻有兩公尺高，朝臣成了小丑，賣春婦成了聖人，上層階級成了野獸或鳥類、天神或女神。」[14]

對於那些擔心城市會扭曲人性、顛覆道德的人來說，不斷變化的身分和偽裝，就是定義城市的特徵，而化裝舞會則是一個生動的隱喻，也是對這種身分變動和偽裝如噩夢一般的幻覺。最能體現混亂、物質主義、毫無節制和邪惡的城市就是巴比倫，那裡既是遠古世界的光榮所在，也是原始的罪惡之城。巴比倫在希伯來語裡的名字就是「巴別」，那裡的人興建了一座高塔，卻因為試圖登上天堂而受到上帝的懲罰，語言也變得非常混亂，於是巴別便成了一座居民難以彼此溝通的大城市，其特點是它的世界主義，令人眼花撩亂的建築象徵著原始帝國權力，以及褻瀆神明的感官耽溺。「有何城能比這大城呢？」《啟示錄》在驚嘆之餘，還列出了那裡所提供的商品：黃金、白銀、寶石、珍珠、細麻布、絲綢、象牙、大理石、香水、酒、油、麵粉、牲畜、戰車和奴隸。連「人的靈魂」也有販售。

巴比倫「因他的罪惡滔天」。其中最主要的罪孽，是不當的性行為和「不敬虔的私慾」，一如尼尼微、所多瑪和蛾摩拉等其他可憎的享樂之地。巴比倫的其中一位神祇名叫伊什塔爾，她是位放蕩的愛神，會與「她的子民、跳舞唱歌的女孩、神廟的廟妓、交際花」一起閒逛。希羅多德講述了一些關於寺廟賣淫的色情故事。根據他的敘述，年輕的巴比倫婦女會因為在街上賣淫而失去童貞。女孩必須坐在伊什塔爾神廟外頭，等待男人把銀幣扔到她的大腿上，以獲得與她發生性關係的權利。完事之後，她才可以自由返家。「高挑貌美的女子很快就能回家，但貌醜的無鹽女卻得在那裡等很久……有些甚至待了三、四年。」《巴錄書》也記載了巴比倫神廟外的一個場景。以賣淫為業的妓女（而不是希羅多德描述的那種一次性的犧牲者）腰間繫著繩子在街上等待：「當妓女被某個路人相中時，她還會洋洋得意地嘲笑一旁的妓女，說她在路人眼中不如自己有價值，腰上的繩子沒人想碰。」

巴比倫從未擺脫它難堪的名聲。《啟示錄》將這座城市給擬人化，比喻為巴比倫的妓女：「奧祕哉！大巴比倫，作世上的淫婦和一切可憎之物的母。」如果說哈拉帕人被視為是住在城市烏托邦裡，那麼巴比倫從那個年代至今，則一直是城市反烏托邦的符號。

我們對公元前一千年的大城市的歷史認知，乃是由希伯來聖經的描述所形塑出來的，而那些描述也和古希臘的著作相符。公元前五八八年，巴比倫帝國攻占了耶路撒冷，並摧毀了所羅門神殿。猶太人菁英成了被驅逐到巴比倫的階下囚。這個災難性的事件關鍵性的形塑了猶太人的世界觀，尤其是他們對城市的觀感。希伯來聖經有很大的一部分是受巴比倫影響的產物。巴比倫是個擁有二十五萬人口、龐大且多元的大都市，也是一切世俗邪惡和腐敗的縮影，而猶太人則作為人質，生活在這座敵人的首都裡。耶利米寫道：「萬國喝了他的酒就顛狂了。」聖約翰則在這句話中加入了性的面向：「因為列國都被他邪淫大怒的酒傾倒了。」

古時候的城市和性是攜手並進的。巴比倫的全盛時期，幾乎正好就位於本書所涵蓋的歷史跨度的中點。換言之，埃里都建城的年代與巴比倫人的距離，就和巴比倫人距離我們一樣遠。儘管如此，巴比倫人依然非常熟悉埃里都的歷史，以及數千年來將他們與埃里都、烏魯克這些人類最早的城市聯繫起來的城市傳統和慣習。我們必須記住，在《吉爾伽美什史詩》裡（那也是巴比倫人最喜歡的著作），野人恩奇杜之所以會從純真的大自然被引誘到歡樂的烏魯克去，就是因為縱情的性愛承諾。

★

在《吉爾伽美什史詩》中恩奇杜的故事裡，或許還有其他可信的地方。性的樂趣具有強大的吸引力，可以彌補生活在城市裡的缺點。無論城市如何對待我們，至少都提供了尋找樂子的新方法。將背景各異的人聚集在人口稠密的城市地區有利於人類發明，也有利於讓人找到志同道合的伴侶，對前所未聞的性行為方式大開眼界（和張開大腿）。

城市能為各路人馬提供庇護、讓他們找到彼此，也能為不正當的相遇提供隱私和匿名性。舉例來說，現代的統計學家發現，在一七七〇年代的英國切斯特，三十五歲以下的人口裡有百分之八患有某種性病，然而這個比例在鄰近的鄉村地區只有百分之一。切斯特之所以是個罪惡之城，並不是因為其妓女數量通常較高。男性和女性感染性病的人數相差不多，這表示配偶以外的性行為很常見。同樣的，二〇一九年的一項研究顯示，在十九世紀的比利時和荷蘭，農村裡非婚生子的比率是百分之〇・五，而工業城市裡則有百分之六。我們無法確定城市人是否比鄉下人更容易墮落。他們只是有更多的機會（和更多的隱匿之處）可以進行不正當的接觸。[15]

統治烏魯克的女神名叫伊南娜，她也是巴比倫眾神之中的一個關鍵人物。性感、誘人、耀眼動人的伊南娜，是個獨一無二、與眾不同的女神。她為烏魯克帶來了性愛的自由和充沛的能量。她的魅力無人能敵，就連其他神祇亦然。當太陽西下時，大家會發現她穿著一件輕薄的衣服在城裡的街道上徘徊，在小酒館裡物色可以勾搭的男人。她經常光顧那些小酒館，那裡是年輕男女、凡夫俗子恣意發生性接觸的地方。就算這位女神沒有真的在夜晚的街上徘徊過，烏魯克也仍舊以其性開放，以及「擁有普遍而言唾手可得、留著華麗捲髮，而且貌美又性感的女性」而聞名於世。天黑之後，在城裡的街道上做愛似乎是件稀鬆平常的事。[16]

如果要為那些作為性愛遊樂場的不夜城製作編年史，沒有誰能比十八世紀的博斯韋爾做得更好、更坦率。他在一七六三年五月十日的日記中寫道：「我在乾草市場的盡頭撿到一個健壯、有點醉意的年輕少女，我把她夾在胳膊下，帶她到西敏橋，然後全副武裝地（也就是戴上保險套的意思）在這座宏偉的建築上與她結合。泰晤士河在我們腳下滾滾而去，這讓我感到非常欣喜。」博斯韋爾的大部分對象都是貧窮的女人，他會付她們一點錢，或買杯飲料請她們喝。但情況也不一定總是如此。有天晚上他沿著斯特蘭德街散步時，一個「漂亮的小姑娘」拍了拍他的肩膀，她是一位軍官的女兒。「我忍不住陷入她的溫柔鄉裡，」博斯韋爾寫道，並記錄了他們一起回家發生一夜情的過程。[17]

自從烏魯克以來，像博斯韋爾這樣與人恣意勾搭的行為一直是城市生活的一大特色。博斯韋爾只是最早寫下這些現象的人之一。大多數城鎮地區都有各式各樣的紅燈區，城裡其他地方的約束和禮教在那裡都不適用。早在博斯韋爾於夜裡物色女性的幾個世紀之前，倫敦就有南華克這座位於泰晤士河南岸的自治市，倫敦的法令在那裡並不適用。大家就是衝著南華克的劇院、鬥熊、低俗的小酒館和妓院而來的。被稱為「燉菜」（stews）的妓院，是向溫徹斯特主教租來的（主教會從妓女充滿罪惡的工資中收取一大部分），並受亨利二世於一一六一年所頒布的〈涉及南華克妓院管理條例〉的監管。中世紀時，南華克有的街道名為婊子的洞、通姦巷、襠袋巷*和淫婦窩。在倫敦的其他地方，有些街道則是被命名為狎褻巷，而許多其他英國城市和市集小鎮的中心也能看到類似的命名。

所多瑪徑是倫敦摩爾菲爾茲一條幽暗狹窄的小路，之所以如此命名，是因為男人們會在那裡流連、尋找以「粗野交易」維生的男人，和他們恣意性交。一直以來，城市對同性戀來說既是個避難所，也是個危險的地方，尤其是在那個同性戀不能公開的年代。一七二六年，一個同性戀俱樂部（那個年代的稱呼是「娘娘腔之家」〔molly house〕）遭到突襲搜查；三名男子因雞姦罪而受審並被處決。隨之而來的道德恐慌，讓狗仔記者開始揭發散布在城裡各處的許多娘娘腔之家，以及其他性場所，比如性虐待和變裝癖的俱樂部。正如一位憤怒的記者所說的：「所多瑪只有一種惡名昭彰的罪行，但倫敦卻是各種邪惡行為的共同淵藪。」[18]

---

*譯按：襠袋為中世紀的一種流行物件，用來覆蓋男性下體，起初作為「遮羞」用，後來演變成帶有華麗裝飾的炫耀物。

對於倫理學者來說，這些城市裡蓬勃發展、散布廣泛的地下同性戀文化的證據，證實了他們對城市生活已知的一切：城市是男性權威和家庭價值觀的死敵，會鼓勵縱慾墮落。同性戀社群就是城市環境的縮影：他們利用大都市的混亂來尋求自己的快樂，卻違背了傳統的道德。但這個案例也揭示了一個非傳統的城市，那是一個可以讓人安全做自己的地下世界，一個可以提供保護的人際網絡。同性戀城市與異性戀城市並存著。想要在裡頭生存下來，就必須構建一個完全不同的城市思維地圖和行為準則，以避免遭受暴力對待、勒索和逮捕的危險。你必須知道哪些酒吧、咖啡館、澡堂和俱樂部是安全的；你得學習一系列的視覺符碼和線索，以及講話的措詞方式。他們知道在哪裡可以找到和他們一樣、具有相似性傾向的人。換言之，同性戀者必須比任何人都還要了解一座城市，把一系列公共和半公共場所當成只有大城市才能提供的娛樂、陪伴和抵抗恐同暴力的庇護所。[19]

在一九六〇年代解放運動之前的同性戀文學裡，城市都被描繪成充滿情色力量和危險的地方。但它們也被描述為性滿足轉瞬即逝的地方，而且經常必須在汙穢之處倉促進行。在時代風氣漸趨開放之前所出版的書籍、詩歌和回憶錄裡，城市裡的愛情對同性戀來說總是孤獨的。在卡瓦菲關於十九世紀末和二十世紀初有關亞歷山卓的詩歌裡，戀人們會在咖啡館、商店和街上相遇，然後在按小時租用的房間裡做愛。快樂轉瞬即逝，兩個陌生人很快就分道揚鑣；但對於卡瓦菲來說，這段記憶卻可以延續一輩子。三島由紀夫在《禁色》*裡描繪了戰後東京的同性戀次文化，他們同樣也是在酒吧、俱樂部和入夜後的公園裡，找尋機會和別人發生性行為：「同性戀的臉上都帶著一種揮之不去的孤獨感。」美國詩人克蘭於一九三〇年發表的詩作《橋》，其中一篇名為〈隧道〉的作品將愛情描繪成地鐵站裡「一根在小便池裡溜冰的燒焦火柴」，暗指在地下城市的公共廁所裡恣意性交這件事本質上的短暫性。

同性戀通常會低調匿名地在汙穢的環境裡找尋對象，這對於許多人來說，這也似乎讓城市成了一個充滿性威脅的地方，尤其是在夜間。一九八〇年代肆虐紐約和舊金山等城市的愛滋病，就被媒體和政界人士用來進一步將同性戀城市汙名化為濫交和危險的地方。這再度是種極度不公平的汙名化：愛情所帶有的交易本質也是異性戀城市經驗的一個特徵。歷史上，在大部分時間裡，城市一直都是由男性所主導。對於體面的女性來說，在無人陪伴的情況下，城市街道經常被視為她們最好不要涉足的禁區。言下之意是，當男性看到街上孤身一人的女性，會認為她們願意接受性邀約，甚至對她們進行侵略性的搭訕和攻擊。商家打烊之後的城市裡總是充斥著和性有關的危機，或者至少是大部分人認知裡的危機。有著大量窮人和移民的城市，讓有錢人可以隨心所欲地租用女性和年輕男性的肉體。在性壓抑社會裡的城市尤其如此，在那些社會裡，男人和女人並不能平等交往，也無法在不受到譴責的情況下隨意約會。性愛在城市裡的商業化和稍縱即逝的本質，讓大都市似乎成了愛情只是可拋棄式商品的地方，與鄉村所謂的純真形成鮮明對比。

商業化的性和享樂主義，就是某些城市（或城市裡的某些地區）的經濟核心所在。到了十九世紀，骯髒破敗的蘇活區繼承了南華克的衣缽，成為了夜間冒險和驚奇所在的區域。那裡到處可見波希米亞人、移民人口，以及劇院、酒吧、咖啡館和餐館；家庭和商業上的傳統規則，在此處都會被暫時拋在腦後。後來那裡成為性產業的中心，也是市民和遊客趨之若鶩的目的地，猶如一個城中之城。如今，想要滿足慾望的人則會走得更遠，如阿姆斯特丹受到法律監管的紅燈區，或是正在享受性產業所帶來的經濟

＊譯按：原文疑似誤植為 Yellow Colours，應為 Forbidden Colours。

利益的拉斯維加斯或曼谷。洛杉磯的聖費爾南多谷，以其租金低廉、陽光充足且靠近好萊塢，則成了「聖波南多谷」*或「矽力孔谷」†，已經是蓬勃發展、產值達數十億美元的成人娛樂產業的郊區首都。

城市所能提供的性服務，很可能就是驅使世人搬到城市的一個因素。當烏魯克被形容為「妓女、交際花和應召女郎之城」時，其實並不是在批評，而是讚美其性事上的自由風氣。如烈焰一般的蛇蠍美人伊南娜，其隨從就是幾個妓女，她們擺脫了婚姻的束縛。其他服侍她的人還包括「刻意掩飾男性特質、顯露出女性氣質，好讓眾人……崇敬她的派對男孩和縱情人士」。交際花、男妓和女妓、同性戀和變裝癖喧鬧地隨侍在旁，讓武裝警衛在節慶期間「進行一些可惡的行為（abominable acts）」，藉此取悅他們的女神。烏魯克的伊南娜於是成了巴比倫的伊什塔爾，以及希臘人的阿芙蘿黛蒂‡。[20]

之所以討論這些，並不是要說烏魯克和巴比倫是自由戀愛的公社，或者他們對性或女權的態度格外開明，而是要表明色情就是早期城市生活的關鍵組成部分，尤其是在公共和宗教的脈絡之中。城市與感官密不可分：它不僅是肉體親熱的地方，也是充滿各種奇觀、節慶和多樣性的地方，所有這些都會激發情感和慾望。然而，我們很難確定，這種慾望究竟是如何得到滿足的。重建古代的烏魯克人和巴比倫人的性生活，幾乎是不可能的事。但我們確實可以知道，那些地方對於性的態度頗為開放，不像後世那樣端莊謹慎，也不會在某些情況下做出相對放縱的行為。神廟裡有男性和女性性器官的黏土模型，以及對男女和男男性交場景的描繪。肛交也是一種大受推薦的避孕方式。美索不達米亞生活中最重要的一百件事情，包括諸神、宗教實踐、智慧、藝術和王權，而性愛排在第二十四位，賣淫則是第二十五位。值得注意的是，人類史上的第一部成文法典，也就是由巴比倫國王漢摩拉比（公元前一七九二年至公元前一七五〇年在位）所編撰的法典，並沒有將同性戀列為罪行，儘管我們都知道，同性戀在美索不達米亞的大都市裡其實頗為常見。[21]

從那些法典中可以得知的是，已婚婦女不僅會因通姦而被處以死刑，也會因為其他任何可能讓丈夫蒙羞的行為而受到相同的處罰。童貞是一種商品，所有權則掌握在女孩的父親手上，可以在女兒結婚時出售；如果童貞被非法盜竊，那麼犯下罪行的人就必須支付鉅額賠款。由於城市天生具有的隱祕性，城裡的許多角落和縫隙都能不正當的幽會，因此有必要以嚴厲的制裁來保護女兒和妻子。雖然城市可以帶來解放，但也創造出另一些全新的禁忌和限制。城市讓人得以近距離接觸，藉此點燃他們的慾望，雖然這些慾望看似容易獲得緩解，卻依然能激起難以消除的渴望。

美索不達米亞高度重視女性的貞節，同時也高度重視性慾，而這讓賣淫成了一種普遍的行為。歷史上的許多城市裡也都存在著相同的矛盾。如果不夠誘人，城市就不是城市了。在二十世紀的性革命之前，城市經常是許多為性向感到困擾的年輕男性，以及被嚴密監控的女性的收容所。在烏魯克、巴比倫和其他大城市裡，神廟裡的娼妓無論男女，都是價格最高、最令人嚮往，技巧也是最精湛熟練的。

我們不太清楚那些神廟，是出於宗教上的什麼目的而提供性服務（尤其對性工作者而言，他們提供服務的意義究竟為何？），不過它確實為神廟提供了可觀的收入。不過這種服務的存在或許還是頗為合理，畢竟在這個社會裡，眾神就是性的掠奪者，而性愛又被視為城市生活的核心部分。大部分的男人

---

* 譯按：原文為 San Pornando Valley，亦即對 San Fernando Valley 的刻意訛拼，其中的 porn 為「色情」之意。

† 譯按：原文為 Silicone Valley，其中的 cone 在俚語裡有「女性乳房」之意。

‡ 譯按：Aphrodite，古希臘神話中代表性愛和美貌的女神。

會用比較便宜的手段來滿足性需求，比如找尋身為奴隸的女孩和男孩，以及窮困和流離失所的人，這些人都來自社會最底層，會在後巷的小客棧和酒館裡游盪。巴比倫有大量來自鄉間的移民或來自遠方的居民。這些年輕男女和男孩、女孩為求生存，不得不出賣自己的身體。幾乎沒有任何跡象表明，美索不達米亞的男性會因為婚外的異性或同性通姦，而受到任何形式的譴責。

★

難怪城市如此受到憎恨。聖經在提及城市被從天而降的硫磺雨毀滅時，語氣特別欣喜：「又如所多瑪、蛾摩拉和周圍城邑的人，也照他們一味的行淫，隨從逆性的情慾，就受永火的刑罰，作為鑑戒。」對「陌生人肉體」的追求，既包括同性戀，也包括其他所有性向的陌生肉體。有些人希望將城市從地球上抹除。城市是教會的敵人，讓敬虔的宗教生活無法存在。當然，巴比倫就是罪惡之城的縮影。被尼布甲尼撒擄去的猶太俘虜，進入了世界上最強大的城市。他們相信，被流放到巴比倫是上帝對其罪孽的公正懲罰。這也難怪他們會對自己被流放囚禁的城市有如此強烈的反應：這個地方有數百座崇拜偶像的寺廟、數量龐大而多元的居民，以及大都市的所有景象和聲音。他們必須竭盡全力抵抗巴比倫豐富的世俗誘惑。

巴比倫橫跨幼發拉底河兩岸，有巨大的網格狀街道，東岸是舊城，西岸則是新城。希羅多德告訴我們，圍繞這座城市的巨大城牆非常厚實，每隔約二十公尺就有一座塔樓，即使是由四匹馬拉動的戰車，看到了城牆都會掉頭迴轉。在那九座堅固的城門之中，令人嘆為觀止的伊什塔爾門就是最宏偉的一座。如今，柏林的佩加蒙博物館就陳列著用原磚塊所重建的伊什塔爾門。它的輝煌壯麗就是美索不達米亞文明的象徵。由於上頭令人驚嘆的藍色釉料，以及金龍、公牛和獅子的淺浮雕，這讓城門看起來就像青金石寶石一般耀眼。穿過這扇門，你將會來到遊行大道，這是一條長約八百公尺的典禮大街，兩旁有獅子的浮雕圖案，而獅子就是伊什塔爾／伊南娜的象徵。

沿著宏偉的遊行大道繼續前進，訪客會經過幾座建築，它們是古代都市主義的偉大紀念碑，也是從埃里都以降的三千年以來城市建造史的巔峰。巨大的皇宮就在你的右側，將你和幼發拉底河隔開。接著則是埃特門安其，亦即聳立在這座偉大城市上方的那座巨大的金字形神塔。它的名字的意思是「天地基礎之家」；巴別塔後來也以其名來命名，成為了城市狂妄和混亂的終極象徵。*這座古老的摩天大樓由一千七百萬塊磚所砌成；基座是一個九十一公尺見方的正方形，高度據說也是九十一公尺。它的頂端就是天堂與城市相接的地方。

巴比倫的中心被稱為埃里都，彷彿開啟這個世界的那個沼澤城市，被原封不動地移植到了這個新首都裡。城裡有許多大型寺廟，其中最大、最神聖的就是埃薩吉爾，也就是「屋頂很高的房子」之意，這是供奉巴比倫的守護神馬杜克的神廟，他也是美索不達米亞的眾神之首。如果像烏魯克和烏爾這樣的早期大都市是某個神祇的家園，那麼巴比倫則擁有一整套由居住在那裡的天神所組成的網絡。巴比倫擁有令人讚嘆的宮殿、宏偉的寺廟、壯觀的城門、超大的金字形神塔，以及華麗的典禮用大道，這座城市被設計為至高神聖與世俗力量的化身。

---

*編按：有人推測巴別塔之名（希伯來語 Balal）與巴比倫語中「上帝之門」（巴比倫語 Bab-ilu）有關。也有人提出聖經中巴別塔的想法是受到埃特門安其啟發。

在地圖上，巴比倫就是整個宇宙的中心。這座城市有一面城市全盛時期的石碑；石碑上如此寫道：

巴比倫，富足之城，
巴比倫，市民腰纏萬貫財富之城，
巴比倫，節慶、歡樂與舞蹈之城，
巴比倫，市民慶祝不斷的城市，
巴比倫，解放俘虜的幸運城市，
巴比倫，純淨的城市。22

這座城市的名字，就是墮落的代名詞。但這種說法，好像是某個在阿姆斯特丹只去過德瓦倫紅燈區，卻沒有參觀過國家博物館之人的批判一樣。華麗的巴比倫也被視為是一座神聖的城市，是無與倫比的知識與藝術之都。希臘的醫學之父希波克拉底仰賴巴比倫的資源，因為巴比倫的數學家和天文學家都非常先進。巴比倫人對歷史充滿熱情：就像十九世紀的考古學家一樣，他們的專家在美索不達米亞努力搜索，希望了解他們過去三千年來的歷史，而他們努力的成果，也造就了幾個博物館、圖書館和檔案館。另一個成果則是美索不達米亞文學的繁榮發展，而那些文學的創作則奠基於來自專家們所搜集到的神話和傳說。

巴比倫有很多居民是俘虜，而且很不幸地，巴比倫也因其中一群俘虜而永垂不朽：這群人認為，這座城市是上帝為了懲罰他們的罪行而設計出來的禍害，而他們的書籍則為世界三大宗教提供了基礎。這座城市的可怕形象，在基督教世界裡不斷流傳。巴比倫於是成為罪惡、墮落和暴政的代名詞，儘管到了基督在世的時代裡，這座城市早已失勢了。最重要的是，啟示錄以其生動、幻覺般的，關於天啟、罪惡和救贖的語言，將巴比倫永遠定型在基督教，以及由基督教而生之文化的集體記憶當中。從那天起，它的敵人和受害者描繪它的方式便深深影響了我們對大城市的看法，直到現在都依然如此。

★

耶路撒冷淪陷之後，巴比倫無可比擬的偉大時期便只剩下數十年的時間。公元前五三九年，波斯的居魯士大帝占領了巴比倫，並釋放了猶太人。然而，還是有許多人不敵城市的誘惑，為了文化和財富而留在巴比倫。那些履行職責並返回聖城耶路撒冷的人，憤恨不平地咒罵巴比倫，滿心期待這個囚禁他們的城市徹底毀滅。耶利米與高采烈地想像著巴比倫很快就會淪陷：「所以曠野的走獸和豺狼必住在那裡，鴕鳥也住在其中，永無人煙，世世代代無人居住。耶和華說：必無人住在那裡，也無人在其中寄居，要像我傾覆所多瑪、蛾摩拉，和鄰近的城邑一樣。」

狂妄的巴比倫的陷落，就是對其傲慢野心的懲罰，而這種陷落也成了一種文學和藝術上的譬喻。但實際的情況則有些不同。即使在巴比倫帝國被波斯人攻破後，巴比倫仍是座偉大的城市。居魯士並沒有劫掠或洗劫這座大都市。亞歷山大大帝於公元前三三一年打敗波斯人之後，便計劃將巴比倫定為帝國首都，並用更宏偉的建築以及一座巨大的新神塔來進行城市更新。然而這座城市還沒來得及重生，亞歷山大大帝就死在那裡。

巴比倫一直存續到公元一千年左右。之所以會消亡，是經濟環境變化造成的結果：塞琉西亞這座位於底格里斯河畔的新城市，逐漸成為該地區的商業中心。然而，巴比倫仍是一個學術中心，是可以上溯至埃里都的城市文化和傳統的最終守護者，也是最後一個擁有能解讀楔形文字專家的地方。但這個宏偉的城市卻漸漸衰亡；曾經的世界之都正一磚一瓦地消失，而每一塊磚都被回收再利用於農場、村莊和新的城鎮裡。到了公元十世紀，巴比倫已經萎縮成一個村莊的規模，並在接下來的兩百年內消失殆盡。巴比倫的終結是一段長達一千五百年的啜泣，而非突如其來的一聲巨響。

但神話戰勝了現實。對東方的一切都抱持懷疑態度的希臘人，為了誇耀自己的城市文明並掩蓋他們對東方鄰國的虧欠，因此非常希望讓美索不達米亞的城市，盡可能看起來是專橫、奢華而頹廢的。他們的這種宣傳，也對西方的藝術傳統產生了巨大影響：在西方的藝術傳統之中，巴比倫被描繪成一個充滿色情罪行的城市，被虐待成性的女性和性慾過強的暴君統治著。德拉克羅瓦的《薩達納帕盧斯之死》（一八二七年）和艾德溫·隆的《巴比倫婚姻市場》（一八七五年），就是十九世紀的畫家出於色情目的而描繪巴比倫的經典例子。

希伯來聖經中的巴比倫，成了西方思想中大都市的原型。最重要的是，它為大城市無可避免要面對的問題，提供了最有力的案例。在基督教的著作中，巴比倫被和羅馬帝國，甚至是所有大城市相提並論，是所有世俗罪惡和弱點的隱喻。巴比倫不只在象徵意義上成為耶路撒冷的對立面，就實際上來說也是如此。聖奧古斯丁為了回應西哥德人對羅馬的洗劫，曾在他公元五世紀的著作之中想像了兩種城市：第一個是「選擇淫亂過活之人的城市」，在這樣的世俗之城裡，連上帝都會被人蔑視。這種「凡人之城」，就是巴比倫，以及新巴比倫——羅馬；在後來的歷史上，巴比倫的衣缽逐漸從一個大都市轉移到另一個大都市的手中。這種城市的對立面，則是「上帝之城」或天堂的城市，裡頭的居民放棄了世俗的事物，彼此和諧共處。巴比倫就是典型的「凡人之城」，以物質主義、情慾和喧囂著稱。

當然，巴別／巴比倫、所多瑪和蛾摩拉的形象，為反對城市的人提供了強大的彈藥。大城市和小城鎮（或小村莊）兩者之間的分野，在歷史上一直存在。有人說美德只存在於後者之中，而不道德的大城市，則是各種語言和文化碰撞、擁有多元民族且放蕩貪婪的巴別塔，會侵蝕靈魂和政治。十七世紀末快速發展的倫敦，也被道德人士視為罪惡的淵藪和無信仰者的溫床。一位來自英國的訪客震驚地發現，「在這個城市頻繁出入的人，很多都是無神論者，對宗教非常冷漠。」不論是哪個城市，你都能聽到類似的說法；這位訪客並不是第一位，也不會是最後一位。[23]

美國第三任總統傑佛遜曾在論及美國時，說過這樣一句名言：「如果有天我們像在歐洲那樣，在大城市裡群聚而居的話，就會變得像歐洲一樣腐敗。」傑佛遜認為，美國的體質健康與否，取決於農業能否占主導優勢，而這種看法也貫穿了美國的歷史和文化，形塑了一個極度反城市的社會。而在許久之後，甘地也主張只有自給自足的村莊，才是真正能夠實現印度精神和道德價值觀的地方。但他對鄉村的理想化卻也將在印度獨立後產生可怕的後果，因為這讓城市的發展遭到忽視。對許多人來說，一個國家的靈魂，也就是它的傳統、價值觀、宗教、道德、種族和文化，都屬於鄉村，而不是屬於像洛杉磯或倫敦這樣文化多元的大都會。

在中世紀和文藝復興時期的眾多畫作之中，巴比倫被描繪成一座在建築上堪稱完美的城市，擁有無與倫比的美麗建築，雖然有點奇怪地帶著西方風格。然而這座城市的華麗外表，只是為了試圖放大它內部的墮落。而這些被呈現出來的巴比倫，反映出來的其實常是個別藝術家在當下的關注。在老布勒哲爾關於巴別塔遺跡的知名畫作裡，他所描繪的建築就樣式來說屬於古典風格，卻又俯瞰著一五六〇年代的安特衛普。在宗教改革的年代裡，教宗的羅馬已經變成了巴比倫，是個在精神上已然破產的腐敗之處。

巴別塔是人類最有力的隱喻之一。當倫敦的人口在十八世紀末突破一百萬大關時，它是歐洲自羅馬帝國以來，第一個人口超過這個數字的大都市。就商業力量和極端不平等而言，也從來沒有哪個城市能和它比擬。對於許多經歷過當時全球大都市蓬勃發展的時期的人來說，倫敦**在當時就是**巴比倫的再世。那裡的一切似乎都不成比例，比其他地方都還要更宏偉、更誇張。倫敦擁有壯觀的建築、富麗堂皇的住宅、時尚的廣場、豪華的商店和來自世界各地的產品；卻又骯髒凋敝、陰暗危險，是乞丐、妓女、盜賊和騙子出沒的地方。在喬治時代*的倫敦裡，和性有關的活動隨處可見。根據一七九〇年代的估計，在倫敦的一百萬人口之中，職業妓女和兼職妓女的數量為五萬人。那裡就像傳說中的巴比倫一樣，萬物皆可售，就連男人、女人的身體和靈魂也是如此。

一八〇三年，有個名叫德昆西的逃家男孩，平日與街友和其他邊緣群體為伴，他沉迷於鴉片、總在夜裡的倫敦四處漫遊，深陷在這個無盡黑暗的中心。某天晚上，德昆西在某個鴉片煙霧繚繞的地下世界中恍惚一夜後想要回家，卻「突然遇見某個複雜的小巷，裡頭沒有任何聲響，只有神祕的入口，猶如獅身人面像的謎題一般，沒有明顯的出口或通道」，這條小巷的隱密程度，讓他覺得自己進入了一個除了居民之外無人曾踏足，也未曾出現在地圖上的領地。後來，每當他因吸食鴉片而昏昏沉沉時，會夢到他所看過的可怕事物和所遇之人的臉孔，彷彿這座城市的瘋狂迷宮重整了他的神經網絡一般。他把這整件事情稱為「巴比倫式的混亂」。

德昆西將這種黑暗的荒涼帶進了內心的世界，講述他與安這位心地善良、常處於半挨餓狀態、無家可歸的未成年妓女之間的友誼故事。他們之間情同手足，會以小小的善意舉動來舒緩彼此惡劣的生活。

德昆西必須短暫離開倫敦，但他和安約好，在回來之後會每天晚上在固定的時間去某個地方等她，直到兩人團聚為止。然而，他卻再也沒有見過安，儘管他每個晚上都在等待，並發了瘋似地尋找她。這個突如其來的失落感，不斷折磨著他的餘生：「無庸置疑，我們有時一定會在同個時刻，在猶如超大迷宮的倫敦四處穿梭、尋找對方，甚至彼此相距可能只有幾尺而已——在倫敦的街道上，哪怕只是一道窄窄的屏障，也經常會導致天人永隔！」

城市的象徵符號，於是變成失落的男孩和十幾歲的妓女，這些可憐的靈魂迷失在巴比倫裡。巴比倫摧毀了它的居民，在廣闊的荒野之中壓扁了個體。德昆西寫道，一旦你抵達倫敦「就會意識到自己不會再被任何人注意到：沒有人會看你，沒有人會聽到你的聲音，沒有人會關心你，就連你都不會關心自己」。城市居民不過是「人類聚集生活中可憐、瑟瑟發抖的個體」。在十九世紀的巴比倫（「這個販售人類的巨大商場」）裡，每個人都是商品：這座城市提供了無數的誘惑，包括能改變心智的毒品；德昆西晚上遇到的貧困家庭，只是無足輕重、缺乏安全感和依賴他人的淒苦人民而已；安和其他成千上萬的人一樣，只剩下那枯槁的少女肉體可以出售。[24]

★

巴比倫成了一個觀察大城市的稜鏡，或者至少對猶太－基督教徒來說是如此。聖奧古斯丁曾寫道，這個「世界的城市，是個以統治為目標的城市，但它本身卻被這種統治的慾望給支配著」。換言之，這

*編按：喬治時代指一七一四至一八三七年的一段時期，此時英國在漢諾威王朝統治下，期間有四位國王名為喬治。

座城市變成了一股不受人類控制的可怕力量，吞噬了自己的孩子。教會一直都在強力宣傳巴比倫是壓迫者和罪惡之城。但最有意思的是，巴比倫以世俗形式持續流傳盛行。除了德昆西之外，布萊克、華茲華斯和狄更斯等人，也都曾以聖經裡的巴比倫的角度來看待倫敦，把那裡視為是一個充滿罪惡、過錯、壓迫、不公和腐敗的地方。

從浪漫主義時期到好萊塢時期（正好也是歐洲和美國正在經歷猛烈城市化的時期），西方文化中一直都存在著強烈的反城市偏見，將城市視為是一種讓人類原子化的東西，會破壞社群，並扭曲人性中「自然」的成分。二十世紀的社會學家也延續了這種論調，研究城市生活中所引發的病態。西歐人和美國人也繼承了對城市生活的反感，而這種反感在許多其他更能接受城市生活的文化之中並不存在。在美索不達米亞的社會、中美洲、中國和東南亞，城市都被視為是神聖的，是眾神賜予人類的禮物。但在猶太－基督教的世界觀中，城市和上帝是對立的，是一種全然之惡。這種區別貫穿了人類的歷史。

巴比倫發生了什麼事？一八三一年，也就是在德昆西發表《一個英國鴉片吸食者的自白》的數年之後，當時最受歡迎的藝術家約翰·馬丁根據自己在一八一九年的畫作，創作了一幅著名的美柔汀銅版畫（mezzotint），名為《巴比倫的陷落》。在這幅畫裡，在宏偉的建築和金字形神塔前，拜倒在地的巴比倫人顯得非常渺小，在面對上帝對他們城市的報復也顯得非常害怕。這幅畫問世之後，大眾沉迷於馬丁所描繪的世界末日場景；他對泰爾、所多瑪、尼尼微和龐貝等城市被摧毀的聳動描繪，有力地反映出一個充滿焦慮、正在經歷超快速城市化的時代。吞噬一切的「掌控慾望」、罄竹難書的罪惡和墮落行為，以及城市所造成的混亂，無可避免地注定將摧毀城市。

十九世紀，尼尼微和巴比倫的遺址的發現，則為上述的末日景象增添了一些趣味。來自巴比倫的故事以及它的隱喻，持續吸引世界各地的社會大眾，並形塑了他們對自己城市的理解。在那些遺址裡，有曾經強盛的大城市所留下的真實遺跡，和聖經與希臘人所言、布勒哲爾和馬丁所描繪的一樣輝煌。沒有什麼事情是永恆不變的。還有多久，倫敦才會步入尼尼微和巴比倫的後塵，在罪惡的重擔和混亂的矛盾之下崩潰呢？

聖經歷久不衰的力量，也影響了一部具有代表性的科幻小說巨作。威爾斯在一九〇八年的小說《大空戰》裡，便充滿了聖經先知式的語言。他對大都市的態度尤其如此。在這部小說裡，紐約遭受到毀滅性的空襲。他對大都市的描述繼承自希伯來聖經，只不過經過了幾百年來藝術家的潤飾。根據威爾斯的說法，紐約已經取代倫敦成為「現代的巴比倫」，也就是世界貿易、金融和娛樂的中心。紐約坐飲著整個美洲的財富，一如羅馬曾享受過地中海的財富、巴比倫享受過東方的財富那樣。在紐約的街道上，你可以同時看見各種極端，比如文明與混亂、華麗與悲慘。你可以在某個街區裡看見大理石宮殿，上頭裝飾著燈光、烈焰和鮮花；也可以在另一個街區裡，看見由黑人和講著各種語言的邪惡族群，不受公權力和政府的掌控，擠身在狹窄的房舍和洞窟之中。紐約的缺陷、紐約的罪行、紐約的法則，都是某個凶狠且可怕的能量所造成的結果。

有趣的是，威爾斯如何透過近三千年來聖經所建構之意象的稜鏡，來看待現代城市；城市既吸引人，卻又令人厭惡。但巴比倫必定會陷落。威爾斯生動地描述了高傲、充滿情慾、文化多元的紐約如何被上天摧毀，一如所多瑪和蛾摩拉在從天而降的硫磺中被毀滅一樣。就像人多嘴雜、族裔多元的巴別塔，紐約的「族裔漩渦（ethnic whirlpool）」也注定要猛烈解體。

這個故事當然是虛構的。但崛起於一九二〇年代的紐約，其實比巴比倫還要更像巴比倫。那裡如階梯般獨特的摩天大樓，就是美索不達米亞階梯狀金字形神塔的再生。因紐約的生活方式、財富和摩天大樓的數量，也和一個世紀前的倫敦一樣，都被賦予了巴比倫的稱號。威爾斯天馬行空的作品問世後，紐約至今已經在數十部電影當中被摧毀，包括如一九五一年的《當世界毀滅時》、一九九六年的《星際終結者》和二〇一二年的《復仇者聯盟》。

就在威爾斯的末日式科幻作品出現的幾年之後，另一位訪客也幻想著要將紐約夷平，這位訪客就是柯比意。然而，柯比意有個目的。他並不認為紐約是耀眼、超現代的未來城市。他看見的是無盡的混亂、騷動和愚蠢。這座城市實在太紊亂了；摩天大樓在沒有合理計畫的情況下隨意拔高。這座城市或許「氣勢磅礡、令人既驚嘆又興奮，且充滿活力」，但從各方面來說，它都是混亂和擁擠的。對柯比意而言，紐約人「就像老鼠一樣躲在一片罪惡」之中。他想清除這座被留下來「搞亂充滿潛力的現在」又死氣沉沉的老舊城市。紐約並非未來；但它指明了道路。就像聖經裡的先知，柯比意認為在新耶路撒冷建成之前，必須先摧毀巴比倫。烏托邦會在毀滅之中脫胎而生。[25]

在新的紐約裡，「玻璃摩天大樓會像水晶一樣，乾淨透明地在樹叢之間升起」。對柯比意來說，那裡將會是一座「夢幻、幾乎不可思議的城市……一個垂直的城市，成為新時代的標誌」。一旦過去被清除，一個新的理性大都市就會出現：一個「光輝城市」，裡頭有縱橫交錯的高速公路，連接著蔥鬱公園裡的高層建築。這些新的「公園塔樓」將會真正成為生活、工作、購物和娛樂的機器；高層的光輝城市，將會催生出一個新的城市烏托邦，將數百萬人從巴比倫式的混亂之中解放出來。

這個自發生長出來的紐約，後來並沒有被夷為平地，讓位給預先規劃好的光輝城市。但柯比意的思想卻影響了好幾個世代的城市規劃者。第二次世界大戰結束後，推土機開始出現在世界各地的城市裡，而且不僅是在被戰爭蹂躪過的地方，就算是未曾受過轟炸的大都市（例如美國的城市）也是如此。很多時候，這些推土機瞄準的目標是城市裡的貧困區域，理由則是「清理貧民窟」和「城市更新」。定居在當地、自發組織起來的工人階級社群於是被徹底摧毀，因為他們成了柯比意式的高層建築和高速公路實驗的施行對象。這些區域看起來既混亂又醜陋。城市是個混亂危險之境的這種想法，貫穿了宗教、政治和文化領域，從德昆西描繪的城市邪惡之處、狄更斯描述了城市如何墮落、好萊塢的黑色電影將城市描繪為充斥腐敗的地方，而卡爾霍恩則在他的老鼠城市裡進行實驗。拆除巴比倫，然後從頭開始的企圖隨處可見。

在中國近年的大規模城市化進程之中，北京和上海等城市裡密集、擁擠的核心區也紛紛被推土機推倒，而居民則被安置在郊區的高層建築裡。這麼做的目的，名義上是為了創造耀眼、整潔，不論在視覺上或感覺上都是現代而有序的城市。在孟買和拉哥斯這樣的城市裡，非正式的聚落則成了被拆除的對象，好為這些城市賦予全球大都市的光彩。「以科學來設計的建築環境，可以讓所有人從非理性、過度蔓延的城市亂象之中解放出來」，這種想法至今依然深植人心。

然而，除了混亂和困惑之外，還有什麼能夠賦予城市「無政府主義的進取精神」和「猛烈而可怕的能量」（套用威爾斯的說法）呢？卡爾霍恩的都市化老鼠，或許會在高密度的壓力下變得既暴力又邪惡，但人類的適應能力終究要強得多。大都市是建立在層層歷史和無數內部矛盾之上的。儘管數千年來一直都有各種理論試圖解釋，但沒有人知道它們到底是如何運作的。城市看起來是如此脆弱、容易失控，而且又抗拒邏輯，處於無政府狀態和崩潰的邊緣。城市的動力既來自我們的慾望、惡習和自私，也被我們的理性大腦和善意給驅動。它們雖既可怕又深不可測，卻同時也令人振奮、鼓舞人心。它們是又大又壞、殘酷無情的地方；但也是成功而強大的。城市裡有情趣用品商店和歌劇院、大教堂和賭場，也有窺視秀和畫廊。當然，我們希望有良好的下水道，也希望妓女少一些；但一個被淨化的城市也會失去燦爛的火花。一個城市的粗獷、對比和衝突，能賦予強烈的興奮感和脈動的能量。它需要汙穢，正如同需要整潔衛生一樣。城市有道德低下，甚至見不得人的地方，也有充滿魅力和財富的地方；賦予大城市活力的，就是它們不和諧、令人不安的特質。城市既是烏托邦，也是反烏托邦。

第三章 大都會

雅典和亞歷山卓，公元前五〇七至公元前三〇年

新加坡、紐約、洛杉磯、阿姆斯特丹、倫敦、多倫多、溫哥華、奧克蘭和雪梨有個共同點：在這些城市裡，百分之三十五到五十一的居民是在外國出生的。但這些作為世界經濟動力來源的大城市，與布魯塞爾和杜拜相比還是相形見絀，因為這兩座城市的居民，在外國出生的比例分別是百分之六十二和百分之八十三。

光是這些數字還不足以說明多樣性的全貌。比方說，這些數字並沒有說明，城市裡的人口當中有多少比例，其實是移民的第二代或第三代，也未能說明國籍的組成，以及他們在城市裡的地位。在外國出生的杜拜居民之中，只有一小部分是來自世界各地的高技術富裕群體，而其他的絕大多數，則是來自巴基斯坦、印度、孟加拉、斯里蘭卡和菲律賓的低薪勞工。相較之下，多倫多的移民人口（約占居民總數的百分之五十一）則來自兩百三十個國家，而且沒有哪個群體占有優勢地位。此外，在剩下的多倫多居民裡，也有百分之二十九至少擁有一位在加拿大境外出生的父母親。

城市之所以有活力，大部分是思想、商品和人員不斷湧入的結果。人類歷史上成功的城市都有個特

點，那便是不斷有外來人口來敲開城門。外來的居民不僅引進新的思想和行事方式，還帶來了自己與原鄉的連結。港口城市之所以具有創新性，就是因為就算它們沒有大量外來的永久居民，至少也是和其他地方相連結的地方、是在全球流動之人事物的臨時停靠處。雅典在公元前五世紀取得的驚人成就，要大大歸功於它對外來影響的開放態度，而且有超過三分之一在外國出生的非奴隸人口。正如一般人對雅典人強制性折衷主義（compulsive eclecticism）的看法：「他們聆聽各種方言，從每個方言都汲取一點元素；其他的希臘人則更傾向於只使用自己的方言、生活方式和服裝類型，但雅典人使用的是來自所有希臘人和野蠻人的混合體。」[1]

當被問及來自何方時，希臘哲學家第歐根尼曾回答說，自己是個世界公民（*kosmopolites*）。在公元前四世紀那樣一個充滿仇外心態的城邦裡，這個說法其實非常激進。柏拉圖《理想國》的開頭場景，就是雅典的港口區比雷埃夫斯的某個在外國出生的雅典居民的家中，從而將哲學上的探究，和移民、貿易、商業以及城外更廣闊的世界聯繫在一起。[2]

雅典就是希臘最廣納百川的大城市，而比雷埃夫斯又是雅典裡最多元的地區，這種都市環境也表明了希臘的城市文明（尤其是雅典）為何會如此具有創新性。這是都市化的一種全新類型：航海家的都市化。地中海沿岸的地理環境擁有許多同時蓬勃發展的文化、縱橫交錯的貿易路線和思想流通體系，我們在這些海岸上看見許多城市的誕生，它們與已經發展數千年的內陸城市截然不同。希臘人繼承了起源於西南亞地區的城市建造進程。在希臘神話中，歐羅巴公主被宙斯從黎凡特海岸綁架到了克里特島。不過這個故事，其實是在把一個實際發生的現象變成神話：將西南亞和埃及的都市化現象傳播到克里特島的，並不是健壯的宙斯，而是來自黎凡特的比布魯斯港的水手們。

今日位於黎巴嫩的比布魯斯港，正好位於埃及、美索不達米亞和地中海之間的十字路口，是古代世界的重要門戶城市之一。這座城市以出口紙莎草而聞名，因此它的名字就是希臘文裡的「書」（*biblios*）的字源，而這個字後來又衍生為「聖經」（Bible）。在比布魯斯從事商業貿易的迦南人，還為美索不達米亞和埃及這兩大文明提供了其他商品，其中包括了備受喜愛的黎巴嫩山雪松。迦南人是一群永遠都在移動的航海民族。公元前二千年左右，來自比布魯斯的水手向西進入地中海，抵達了克里特島。公元前二七〇〇年左右，一個新的城鎮文明、同時也是大陸上的第一個文明在那裡扎根，這個大陸後來就會以歐羅巴為名，而創造這個文明的人則被稱為米諾斯人。後來，米諾斯人將城市的概念輸出到歐陸，傳給了希臘的邁錫尼人。

海洋能讓貨物和思想流通，但也帶來了危險。大約從公元前一二〇〇年起，某個神祕的海上民族（Sea People）便開始蹂躪地中海文明。這個居無定所的海盜聯盟席捲了邁錫尼文明，只留下宮殿的廢墟。後世的希臘人將他們的祖先尊為特洛伊戰爭的英雄。希臘進入了所謂的「黑暗時代」（Dark Age），這個時期的特徵，就是有許多分裂的、小規模的群體。

這種破壞和城鎮的瓦解，引發了新一波的城市化浪潮：一批港口城市在黎凡特的一條狹長地帶崛起，該地帶的一邊是地中海，另一邊是今日土耳其、敘利亞、黎巴嫩和以色列的山區。這群人被稱為腓尼基人，不過腓尼基並不是一個王國或單一實體，而是一個由語言、文化、宗教和不帶情感的商業意識所連結起來的閃族城邦聯盟。比布魯斯、泰爾和西頓就是腓尼基主要的三個中心。先知以賽亞寫道，泰爾*是「本是賜冠冕的。他的商家是王子；他的買賣人是世上的尊貴人」。像泰爾這樣的城市，從面積

*泰爾（Tyre）位於今日黎巴嫩，為古代海洋貿易中心，《聖經》中翻譯為「推羅」。

或人口來看都不算大（人口大約四萬人），但它們卻比規模更大的國家還要更具有影響力。

腓尼基人是優秀的航海家、水手和企業家，他們比其他任何人都更加深入地中海西部地區。在航行的過程中，他們為未來的城市帶來了來自西南亞的種子。隨著腓尼基貿易站和殖民地的擴張，城鎮也開始在歐洲和非洲海岸線上蓬勃發展。其中最著名的，是一座人稱「新城」的城市，位於現在的突尼西亞，它是泰爾的複製品，城裡住著外來的居民。這個新城更廣為人知的名字是迦太基，是一個由腓尼基人特許經營的城鎮，在幾個世紀之後，它不斷發展壯大，逐漸開始與羅馬爭奪對地中海的控制權。腓尼基人在義大利、西西里和伊比利亞都建立了貿易站；他們穿過海克力斯之柱*進入大西洋，在摩洛哥沿岸進行貿易。而加的斯和里斯本這兩個即將出現的城市，起初也都是腓尼基人的商業中心。他們用橄欖油、香水、香精油、紡織品和珠寶，換取銀、金、錫、銅、鉛、象牙、鹹魚、鯨魚製品，以及骨螺蝸牛（murex snail）等珍貴的物品，再帶回遙遠的尼尼微和巴比倫的市場出售。

這些極具冒險精神的商人之所以願意進入未知、浩瀚的大西洋，為的就是蝸牛這個寶物。蝸牛的黏液可以生產出一種被稱為「泰爾紫（Tyrian purple）」的染料，在巴比倫和其他大城市裡，這種染料是統治者和高階祭司們趨之若鶩的高貴顏色。你需要煞費苦心地萃取一萬兩千隻蝸牛的分泌物，才足夠染一件衣服的邊緣，難怪一盎司泰爾紫染料的價格至少是一盎司黃金的二十倍。美索不達米亞大都市的購買力，將腓尼基人推向了大西洋，並讓他們在尋找蝸牛、長達三千多公里的旅途中，留下了一連串的城鎮聚落。

希臘人不太喜歡腓尼基人。荷馬曾描述了奧德修斯如何幾乎被一個不擇手段的腓尼基商人騙走財產和生命。那些在海上遠征，來自泰爾、比布魯斯和西頓的人民，被希臘人視為不惜一切代價都必須擊敗的競爭對手。但腓尼基人也給了希臘人兩個無與倫比的禮物。

務實的腓尼基商人並未使用笨拙且耗時的象形文字和楔形文字，而是發展出了字母。腓尼基字母是人類史上第一套字母，由不斷移動的商人所使用精簡且高效率的文字；這套文字從此成了希臘語、拉丁語和世界上幾乎所有字母文字的基礎。當他們的貿易帝國的觸角，沿著北非海岸向大西洋延伸並進入愛琴海時，這套文字便蔓延開來了。由於商人在愛琴海地區的互動，這套文字在公元前八〇〇年至公元前七五〇年間傳給了希臘人。

希臘人採用他們自己的文字的這件事，也對城市化帶來了深遠的影響。來自歐陸上的希臘的定居者開始擴張並遷徙至愛琴海域的小島和小亞細亞海岸，建立了如福西亞、米利都和以弗所等新城鎮。他們也帶來了神話、歷史、歌曲、戲劇、運動和儀式，雖然四散在遙遠的各地，但這些東西依然能將這些人連結在一起，讓他們得以維持自己的希臘認同。他們還帶來了某種激烈的競爭精神，尤其是在面對貿易對手腓尼基人的時候。希臘城鎮與腓尼基人的城鎮一樣，開始在克里米亞和加的斯之間設置數百個猶如複製品般的城鎮，這些城鎮與其母城的希臘城鎮一樣，擁有相同的精神和自治制度，並融入了城市網絡之中。[3]

有個故事能夠說明這個過程。來自福西亞（今日位於土耳其海岸的一個大城市）的希臘人在試圖建立貿易市集時，偶然發現了位於今日法國南部一個有淡水溪流注入的海灣。他們抵達時，當地利古里亞部落的首領正在舉行一場盛宴，為自己的女兒尋找夫婿。他的女兒顯然對這位異國訪客留下了深刻的印

*譯按：海克力斯之柱（Pillars of Hercules）為直布羅陀海峽的代稱。

象，將儀式用的酒杯送給了希臘殖民者的領袖，藉此表達自己希望將他選為夫婿的意願。他們的聯姻於是造就了現在被稱為馬賽的這座城市。4

到了公元前七世紀，伊特拉斯坎商人也開始在義大利南部和希臘殖民者進行接觸。結果，伊特拉斯坎部族開始在波河流域，以及後來成為托斯卡尼的地區建立了自己的城邦。再往南一點，台伯河畔則有另一群人說著拉丁語、住在帕拉蒂尼山上的一個簡陋聚落裡；他們開始將下方沼澤谷地裡的水排乾，並填入了數噸的泥土。這些拉丁人受到了附近伊特拉斯坎人和希臘商人的影響，後者可能在帕拉蒂尼山下建立了一個小型據點。他們將自己的城市稱為羅馬，這座城市並非由村莊緩慢演變成城鎮再變成城市，而是由搭著船隻橫越過地中海而來的思想所造究的結果。

正如柏拉圖所言，希臘文明是從一千個希臘城市的組成中演變而來的，這些城市座落在整個地中海的海岸和島嶼上，就像青蛙圍繞著池塘一般。一如馬賽和羅馬的例子所示，希臘人和其他各種民族的融合，讓他們對地中海的文化擁有非常全面的認識。在安納托利亞，他們借鑑了亞洲的思想和技術；他們也對來自腓尼基、美索不達米亞、波斯和埃及的影響，以及他們落腳後身邊許多民族的傳統，都抱持著開放的態度。希臘的知識體系會在安納托利亞西部的愛奧尼亞城鎮中誕生絕非偶然，因為那些城鎮都與亞洲相連，不斷在吸收外來思想。赫卡塔埃烏斯和希羅多德的作品都表現出對其他文化的強烈好奇心，而這種好奇心便是源自於這個崎嶇的地中海沿岸和許多其他不同民族共存的文明；這個文明向別人借鑑，並改進了自己的航海、天文學、醫學和哲學理論。因提出宇宙原子理論而聞名於世的德謨克利特出生於色雷斯，他的一生都在遷徙中度過：他先在希臘各城市之間遊歷，後來又去了亞洲和埃及，最後在雅典定居。

希臘社會的核心就是「*polis*」。這個字就是和城市有關事物的字根，如「大都會」（metropolis）、「大都會的」（metropolitan）以及「廣納百川的」（cosmopolitan），也是關於人類社會組織本身的詞彙的字根，比如「政體」（polity）、「政治」（politics）和「政治的」（political）。政治哲學之所以會出現，其根源就是為了尋找理性的城市。「*Polis*」可以簡單地理解為「城市」或「城邦」，但希臘人對於這個詞的完整定義並沒有這麼簡單。簡言之，「*polis*」是一個在城鎮環境中，由自由的（男性）公民所組織起來的政治、宗教、軍事和經濟社群。[5]

在荷馬（Homer）於公元前八和七世紀所寫的史詩中，並不存在政治意義上的城邦，但到了公元前六世紀，這個概念就已經被廣泛地理解了。換言之，這個概念是在希臘擴張時期開始使用的。當遠離家鄉的希臘殖民者在強敵環伺的地方建立城鎮時，可能發展出了市民自治社區的概念，後來又將這個概念傳回希臘。這個概念也可能是國內外快速都市化所帶來的結果，被當作是解決問題的解方。「*Polis*」的創建被稱為「*synoecism*」，也就是「將幾個家戶聚集在一起」的意思。[6]

亞里斯多德曾說「人類天生就是政治動物」，但他的意思並不是在說我們的本性就是喜歡政治鬧劇。更好的翻譯可能是，我們天生就是「一群城市動物」：我們傾向於集結起來，藉此滿足需求並形成文化。對於希臘人來說，城市就是人類的自然狀態，其本身就是一件神聖的事。事實上，城市絕對優越於自然，因為它能為美好的生活和正義提供了環境。在希臘人的思想裡，城邦的概念主要並非是個實際的場所，而是一個社群。希臘人在談到這座城市時會提到「雅典人」，而不會使用「雅典」這個詞彙。我們可以在這種區別之中見微知著。

在希臘人的自我認同中，根深柢固的不只有對城市生活的喜愛，也包括個人獨立性的概念，以及對受制於權威的憎恨。大多數的希臘城邦都在公元前九世紀和八世紀推翻了他們的國王。參與城邦制度這件事，讓希臘人認為自己比野蠻人更自由，也更像是個真正的人。他們告訴自己，希臘人不只擁有共同的語言和文化，而且擁有獨特的城市居住方式；無論他們是住在黑海沿岸還是西班牙，這種特點都能將他們團結在一起。詩人波斯迪普斯曾說：「希臘人只有一個，但城邦有很多種。」[7]

希臘世界並不是一個中央集權的帝國，而是一個由數百個自治城邦所組成的文明，各個城邦的市民人數介於一千到五萬不等。大家在這些城邦裡檢驗了城市生活的各種理論。他們曾採取寡頭政治、君主制、獨裁政權、貴族制和民主制等形式，也會因應新的需求和威脅而做出改變。這段時期，就像是在許多的城市實驗室裡進行激烈的實驗，既為政治思想奠定了基礎，也對實體的城市帶來了持續性的影響。

★

一位名叫格里戈羅普洛斯的十五歲男孩在被警察殺害之後，數千人為此走上了雅典的街頭抗議，並導致雅典在二〇〇八年十二月發生了暴動和搶劫事件。騷亂結束後，希臘也正遇上了金融危機的爆發，於是一群運動分子便和平占領了位於雅典市中心的艾克薩奇亞區裡一個曾經作為停車場的地方，靠近格里戈羅普洛斯被槍殺的地點。

那塊地曾於一九九〇年被劃為公共空間，但市政府直到二〇〇九年都未能真正買下，因此土地預計會進行開發。占領者於是刨除了停車場的柏油路面，並種下樹木和花卉；他們組織了一場公開的慶祝活動，有些人還留下來守護納瓦里努公園以對抗當局。在接下來的幾個月，甚至幾年裡，附近社區的居民都聚在一起決定公園應該變成什麼樣子。它已成為雅典市中心的一顆綠色明珠，是個可以玩樂、休閒、放鬆、進行公共討論，以及舉辦各種公共活動的場所。[8]

納瓦里努公園的故事是一場範圍更廣的全球運動的一部分，在這場運動之中，抗議者在世界各地的城市裡重新取回了公共空間和建築，並加以再利用。二〇一一年，抗議者占領了開羅的解放廣場和馬德里的太陽門廣場。占領華爾街運動則在紐約的祖科蒂公園裡設立營地，而類似的占領抗議活動也紛紛在全球各個城市爆發。二〇一三年，示威者在伊斯坦堡的蓋茲公園裡露營了好幾個月。

在這些案例中，大家之所以對政府感到憤怒的原因千奇百怪。但它們也有不少共同點。這些案例提供了很多資訊，告訴我們城市在最近數十年來的變化。在許多方面，我們的社會正在變得愈來愈內向，私人空間變得比共享的公民空間更加重要。在後九一一的年代裡，維安和監控成了城市中心的一個重要特徵，而市中心的各種移動和活動也開始受到監控。全球各地的公共區域在許多情況下都遭到了私有化、淨化和監管。商店街、購物中心、金融區和購物大街不完全是公共空間，但也不是私人空間，而是介於兩者之間。納瓦里努公園以及雅典其他停車場和建築物的占領和改造，就是在城市公共空間被長期侵蝕後所發生的。二〇一三年土耳其之所以會爆發抗議活動，起因是總統埃爾多安政府想要推平其中一座伊斯坦堡為數不多的綠地公園，並以購物中心取而代之。開羅的解放廣場多年來一直都是眾多抗議活動的焦點，但在穆巴拉克總統的統治之下，「公共空間」就等同於「政府空間」，也就是必須嚴守紀律的地方，不得出現任何帶有政治色彩的事物。

於是各自擁有不同的宗教信仰、政治觀點、個人背景和收入水準的居民，便聚集在解放廣場上。「這座廣場逐漸成了一個城市裡的小城市。露營區、媒體室、醫療設施、入口、舞台、洗手間、餐飲車、報亭和藝術展覽在三天之內被建立起來。」抗議者每天都可以參加「音樂會、比賽、討論，以及重要媒體人的演講」。這些發生在全球各地的廣場和公園占領運動展現出一件事：在城市的公共生活似乎不如維安、汽車和商業等需求來得重要的這個時代裡，大家正自覺地對當代大都市提出批判，試圖於現存的城市中重建某種理想的烏托邦城市，也就是一個可以讓政治異議和公共討論，與表演、諷刺、食物、休閒、市場和社會互動共存的地方。[9]

臨時占領那些靠近金融權力中心（比如祖科蒂公園）或政治權力中心（比如解放廣場）的地方，並將其轉變成民主抗議的場所，可以達到意識形態上的目的。在蓋茲公園裡，大家強調伊斯坦堡正廣泛地以違背市民意願的方式被改變。但在許多地方，居民已經著手改造了城市地區，因為他們希望將公共生活重新注入大都市的中心區。在馬德里，拉丁區的居民接管了一處建築工地，並自行決定如何使用這塊土地。那塊被重新命名為「大麥田」的區域，在夏季期間會擺滿充氣泳池；還會舉行鄰里會議、每週兩次的辯論會、市民早餐俱樂部、話劇和露天電影放映；居民還設置了籃球場，並在裡頭開墾菜園。在香港，數十年來的每個週日，銀行、設計師商店和五星級酒店旁的街道上，都會有數千名菲律賓家務移工擠進那裡野餐、跳舞、社交和抗議。當這座城市裡最貧窮的人，都能暫時在這個光彩奪目的金融中心擁有一小片天地，並根據自己的需求對其改造時，一個不同類型的城市便能出現個幾小時。

公共空間是受到競逐（contested）的空間。在專制政權（從美索不達米亞的大都市到中世紀的君主制政體，再到共產國家）之下，市中心的開放區域主要（或專門）用於展示國家的權威和軍事力量，目的是展示奇觀，而非參與其中。在受儒家思想影響的城市裡，公共空間則是神聖的，受到敬天儀式的支配，幾乎沒有留下日常社交互動的空間。朝鮮王朝期間（一三九二至一八九七年），如果走在鐘路這條漢城（今首爾）的主要道路上，一般民眾便得不斷地向騎馬的貴族鞠躬，為此感到厭煩的人便會改走和主幹道平行的狹窄小巷。這些狹窄的小巷被稱為「避馬街」，街邊通常有餐廳和商店，成了聚集、交談和往來的場所，這也是一個非官方的公共空間，可以遠離那些在大都市官方區域裡實行的規則。[10]

街道活動是城市公共本質不可或缺的一部分。然而，街道的不同用途之間也始終存在張力。它是社區社交、商務、坐臥、散步和玩耍的地方嗎？還是為了交通流動和社會控制而存在的？這種張力貫穿了整個城市史。對於珍・雅各來說，住商混合、以步行為主的社區街道，就是都市性（urbanity）的核心所在。正如她曾強而有力闡述的那樣，城市產生的自發秩序，是由街道上的無數日常活動和互動所建立起來的。她於一九五〇年代和六〇年代寫作時，曼哈頓人行道上的活力正在受到城市快速公路的威脅。沒有什麼比汽車的出現更能削弱社交街道的活力了。然而，這種對城市公共空間被侵犯所進行的反擊，成為二十一世紀更廣泛的城市靈魂之戰的其中一部分。

公共空間是共有的場所，對所有人開放，而公民社會則在其中成形。城市一直都是政治實驗的實驗室，偶爾也是激進變革所發生的地方，而這也就是城市的近用權受到如此激烈爭奪的原因。古希臘城邦和過往的城市之所以存在差別，以及古希臘城邦在都市化歷史中之所以會擁有如此重要的地位，就是因為城邦的政治發展形塑了城市的實體規劃方式。「我買東西」的希臘文是「agorázo」，而「我在公共場合講話」則是「agoreúzo」，這兩個詞彙都來自「agora」這個詞，也就是「市集」的意思。市集就是城邦的心臟，也是城邦的集體能量（如商業活動、娛樂、八卦傳聞、法律訴訟和政治）得以透過不斷交談而融合在一起的地方。你可以在市集裡看見、聽到有人在跳舞唱歌，也可以看見吞劍人在和雜耍人爭奪目光。城市裡的銀行家坐在戶外的桌前、沐浴在陽光之下，處理著他們的日常事務，並在魚販和水果販的叫賣聲中嘗試讓對方聽見自己的聲音。商店和頂棚的市集能提供文明人想要的一切事物。相較之下，在中國、美索美洲、巴比倫、埃及和美索不達米亞，城市的中心區域則是行使神聖權威的地方，而非凡人之處。

古希臘詩人艾烏布羅斯曾捕捉到雅典市集裡，公私領域、政治和商業活動極其混雜的本質：「你可以在雅典的同個地方買到一切東西：無花果、法院證人、葡萄串、蕪菁、梨子、蘋果、證詞提供者、玫瑰、枸杞、粥、蜂窩、鷹嘴豆、訴訟、初乳、布丁、桃金孃、抽選機*、鳶尾花、羔羊、水鐘、法律、起訴書。」古希臘喜劇作家阿里斯托芬則在喜劇《雲》裡開玩笑地說，雅典人去市集就是為了「對別人的性生活開粗魯的玩笑」。他們也會討論城裡的新聞和政治事務。在公共場合談論、分享訊息，不論是通姦八卦，還是政府政令，都是城市生活中不可或缺的一部分。[11]

占地四萬五千多坪（三十七英畝）的雅典市集遺址，已經被民粹暴君庇西特拉圖和他的兒子希庇亞給清除殆盡，他們是公元前五六一年至五一〇年間大部分時間裡的統治者，目的是為了建造那種妝點其獨裁政權的宏偉建築。公元前五〇七年，激進的貴族克里斯提尼†奪取政權；在他的領導之下，儘管市集看來有點混亂，卻也變得更加民主。在民主氣氛的影響之下，市場攤位和商店也被邀請進入了神聖的領域。被稱為「*stoa*」的柱廊，提供了可以暫時躲避夏季豔陽和冬季寒風的休息場所。新的公共建築也開始出現，如議事廳和法院。於是政府便和社區的髒亂及日常的喧囂融合在一起。[12]

大多數的希臘城邦都是面對面的小型社會，每個人都彼此認識。雅典則算是個例外：其總人口數達二十五萬，其中有四到五萬人是成年的男性市民。在克里斯提尼的激進改革之下，阿提卡古老的部落社會遭到猛然撕裂，取而代之的是被人為劃定的十個市民部落，其中原本對宗族和地方的忠誠也被掃除殆盡。這個民主城邦是一個由陌生人組成的城市，在這個國家的運行之下，他們被要求合作。透過改變城市的結構，這種複雜的體系得以發揮作用。

他們每年會從全體市民當中抽籤選出五百名成員，讓他們坐在市集中的大樓裡。他們會在那座建築物的高牆後方管理這座城市。然而，法院卻完全不同。那裡的法院沒有屋頂，只有一道矮牆。每個市民都有權擔任陪審員，透過抽籤選出，並負責每日的案件審理。正常案件的陪審團，會由至少兩百零一名公民組成，但如果是國家級的審判，則至少要有五百零一人，甚至可以達到建築容納的上限人數，也就是一千五百人。法院刻意對熱鬧、充滿戲劇性的市集開放；當有人進出法院大樓時，那些訴訟無疑也會為廣場上的無盡閒談提供話題。談話、審判和商業活動都在城市中碰撞共存，讓一般人的日常生活與官方領域無縫接軌，於是市民的公共生活便和私生活交織在一起，幾乎無法區隔。有句俗話是這樣說的：與公共事務無關的人，就不會出現在城市裡。

在大多數的城邦裡，市民會議都會在市集廣場上舉行。但雅典的民主實驗規模太過龐大，得在這座城市的政治地貌上進行創新。從市集步行大約十分鐘，便能抵達一個碗形小山丘的山腳下，工人們在那裡的岩石上鑿出台階，搭建了一個平台，把這座山丘變成一個能夠容納約六千名市民的大會堂；每個市民都有權站在講台上向其他市民發表言論。這裡是雅典議會的聚會場所，被稱為「普尼克斯（Pnyx）」。這個

＊編按：抽選機（allotment machines）是用來實行抽籤式民主的機器，用此選出五百人會議的成員、立法官、行政官員等。方式是將公民名字放在插槽中，搭配抽取骰子的顏色，決定是否中選。

†編按：克里斯提尼被稱為「雅典式民主之父」，除了此處所提的做法，他也建立抽籤制度決定議會成員及創建陶片放逐法。

聚會場所創建於公元前五〇七年，也就是克里斯提尼發動改革之初，實質的體現了人民主權和群眾參與的事實。[13]

在會議上，市民對法律的制定握有最終決定權，他們會選舉行政官員和將軍，也會確認他們是否盡忠職守；此外，他們也會針對外交政策、軍事事務和城市的內部事務進行投票。根據法律規定，議會的日常事務需要至少六千人參與，因此那道山坡上每週都會擠滿市民，針對公共事務加以辯論和批准。這個會議場所的名稱為「普尼克斯」，意思是「緊緊地擠在一起」。在這麼大的城邦裡，公共責任乃是由彼此不認識的陌生人共同承擔，因此個人和公眾的能見度和透明度都極其重要。「普尼克斯」讓大家可以看到其他市民對於演講內容的反應、投票方式，也能看到別人的行為舉止。

公元前四三一年，雅典將軍和政治家伯里克利曾發表了一場著名的演說，他敦促其他市民要熱愛他們的城市。但他當時所使用的「愛」並不是一般意義上的概念，甚至也不是某種愛國情懷。他使用的「愛」是「*erastai*」，其確切含義是愛人之間所感受到的情慾之愛。[14]

所有希臘人都對他們的城市充滿熱切的依戀。男性市民被預期要為自己的城邦而戰，甚至是付出性命。奧林匹克運動會的參賽者代表著各自的城邦；對城市的依戀情感就是個人身分的基石，而且正如伯里克利指出的，這是一種非常深切的情感。城邦還能如何運作呢？在一個長期由暴君、神職人員和武士貴族所統治的世界裡，自治在人類的各項事務裡仍是個新觀念；雅典的民主甚至還更加激進。公共空間的建立有助於培養城市運作所需的集體能量。那裡有讓市政共和運作（municipal republicanism）的機構，還有體育館、劇院和競技場，這是居民們聚會和交流的地方。但伯里克利所說的那種激情是透過其他方式所產生的。一位批評民主制度的人曾抱怨道，雅典的公共事業經常陷入延宕，因為「他們必須舉辦比其他希臘城市更多的節慶」。在雅典的行事曆裡，每三天就會舉行街頭派對、遊行、體育賽事或宗教儀式。

其中，泛雅典節就是他們行事曆中最鋪張豪奢、最神聖的活動，也是一個能振奮整座城市的盛會；這個節日的意思是「所有雅典人的節慶」。同樣令人興奮（甚至是更令人興奮）的還有在春天舉行的「酒神節」。雅典城邦的各路人馬都會參加，許多人會攜帶食物、超大的麵餅和巨大的酒囊前來，準備在隨後的盛宴當中享用。男性市民會在桿子上掛著用木頭、黃金和青銅所打造的陽具，或用手推車載著巨型的勃起陰莖道具。遊行結束後，大批市民進行了激烈的合唱比賽。這些狂野且欣喜癡迷的歌曲和舞蹈，都是為了紀念酒神戴歐尼修斯，每次都有五百位市民參加。接著則是盛宴，以及被稱為「komos」的夜間遊行：在被火炬照亮的街道上，戴著面具、盛裝打扮的人正在狂歡，直到凌晨才會休息。

就在他們的宿醉要發生之際，酒神節的重頭戲也登場了。從公元前四四〇年起，這個重頭戲會在伯里克利建造的歌劇廳（*odeon*）舉行。在那裡，資深的行政官會介紹三位被選中、將在未來幾天參加比賽的劇作家。每個劇作家都必須推出三部嚴肅的悲劇，以及一部下流、打破禁忌、充滿玩笑的諷刺劇。在接下來的幾天裡，這些戲劇會在酒神劇院接連上演。幾十年來，觀眾見證了埃斯庫羅斯、歐里庇得斯、阿里斯托芬和索福克勒斯等人原創戲劇的首演。

哲學家狄凱阿克斯曾拜訪雅典這座傳說中充滿哲學家、詩人與政治家的城市，他在提及自己接近這座城市的經驗時寫道，「通往雅典的是一條令人愉快的道路，兩側都是耕地。」但這座城市本身的供水卻很差。街道上都是「悲慘的老巷子」，房屋大多簡陋破舊，即便是富人的房子亦然。震驚的狄凱阿克斯表示，任何一個初次到訪的人，「幾乎很難相信這就是他如雷貫耳的雅典」。考古學的發現也支持了他的說法：那裡的房屋建造得頗為粗糙，而且又小又髒。擠在一起的房舍就像貧民窟一般，街道也很狹窄，到處都是死胡同。由於缺乏排水系統，雨水只能順著坑坑窪窪的街道四處流淌。

雅典是個空間侷促、人際距離很近的地方，公共生活遠比私生活重要得多。混亂的街道和喧鬧的市集裡聚攏了各路人馬。雅典非理性、混亂的有機生長模式，或許就是它最大的優勢。希羅多德告訴我們，雅典人在暴政之下的「偷懶懈怠」。但他也告訴我們，就在克里斯提尼奪權與民主降臨之後，他們便成為了一個偉大的強權：「不僅在某個領域是如此，凡是他們下定決心要做的所有事情上，他們都生動地證明了平等和言論自由可以達到的成果。」為了使民主制度發揮作用，民主及其運作方式必須受到崇敬。自由表達和對生命意義的無限探索，對人類社會來說其實極具挑戰性，因為它們既危險又帶有不穩定性。但它依然被世人所接受，因為它確實能夠有效運作。雅典在公元前五世紀盛極一時，是個在經濟與軍事上都很強盛的國家。在這座思想發達、勇於大膽實驗，且野心勃勃的城市裡，哲學的好處顯而易見。

在多年之後，西塞羅曾寫道，蘇格拉底「將他的探究對象轉向善與惡」，藉此將哲學應用於「一般的生活」之中。在「一般」人凌亂且彼此糾纏的生活之中，我們可以發現人類狀態的普遍真理。街道和市場正好就能提供這種洞見，尤其是在雅典擁有露天社交文化的擁擠城區中。蘇格拉底經常出入雅典的克拉美科斯區，那裡是陶工和妓女聚集的底層街區。由於年輕人不被允許進入市集，因此他會在市集邊緣的工坊周遭閒逛；工匠們都在那裡忙著做生意，而鞋匠則忙著在皮製涼鞋上敲釘子。他會在城牆外等級較低的賽諾薩吉斯體育場裡鍛鍊身體，那裡允許「低等公民」（亦即父母其中一人在外地出生的男孩或男人）運動。蘇格拉底在城裡四處走動，向遇到的人提問並進行討論，不論貴賤，也不論是自由人，還是婦女和奴隸；等到年紀夠大之後，他也會在市集的人群面前演講。

哲學家巴門尼德和他的同伴芝諾曾下榻於破敗的克拉美科斯區，而年輕的蘇格拉底就在那裡與他們相遇。這兩位思想家來自義大利南部。雅典並不以文學、哲學家或科學家而聞名於世：希臘在知識和藝術領域上的活力，大部分都來自小亞細亞和其他殖民據點。突然興起的雅典，以其實驗性的民主、軍事上的成功，以及迅速增長的財富，吸引眾人從希臘世界的各地前來。歷史之父希羅多德以及醫學之父希波克拉底都是被吸引到雅典的外地人，而科學家阿納克薩哥拉斯、政治理論家普羅泰戈拉斯、數學家西奧多魯斯、修辭學家高爾吉亞、詩人西蒙尼德斯和哲學家亞里斯多德也都是如此。還有其他更多在外地出生的人，為雅典貢獻了雕刻家、藝術家、工匠、工程師和商人的技術。「我們的城市向全世界開放，」伯里克利曾如此自豪地說道，「由於我們的城市非常偉大，整個地球的產物都源源不斷地湧向我們；如此我們才能自由地享受其他國家的商品，彷彿是在享受本國的產品一般。」

公元前五世紀上半葉的雅典的活力，大多得歸功於其市民人口，從公元前四八〇年的約三萬人，及至公元前四五〇年暴增到五萬人，而這也是移民和新思想突然注入的結果。蘇格拉底在城裡漫遊時所感受到這種國際化氛圍，乃是因為雅典透過其公共空間和開放機構，允許各種新加入的公民進入。擁擠、人際關係親近的城市環境，促進了思想的流通和交流；它的街道是政治、哲學、藝術、零售和商業的混合體，具有非凡的活力。

但情況在該世紀中葉卻出現了變化。公元前四五一至四五〇年，伯里克利的市民法創造了一個新的類別：外邦自由居民，也就是所謂的梅蒂可。為了應對前來雅典的移民，只有父母皆為雅典公民的人才能取得公民權。但雅典人依然歡迎移民，因為城市需要他們來提供動力，不過新移民及其後代卻無法參與政治進程或享有財產權；當時他們也不能與「本土」人口通婚。雅典公民僅占城裡總人口的百分之十五，但即使是這些被尊崇的菁英，也有不少人處於貧窮和邊緣化的狀態。（公元前五世紀的雅典和今日的杜拜有很多共同之處。在杜拜這個海灣城市裡，只有百分之十五的人口是土生土長的。杜拜也有自己版本的梅蒂可，那便是享有特權、有權在那裡賺錢消費的外派工作者。此外，杜拜也有大量的貧窮人口，和生活不穩定的移民，他們建造著這座城市、滿足其富裕居民的各種需求。和杜拜一樣，雅典裡也有兩個城市：一個是屬於公民的城市，另一個則是被邊緣化之群體的城市。[15]）

雅典的女性沒有受過教育，而且如果是有錢、有名望的女性，也會被和社會上的其他人隔絕開來。女性理應也是市集喧鬧場景的一部分，但出現在那裡的女性都是奴隸、梅蒂可和來自底層的人，她們一般在那裡進行買賣或跑腿。節慶活動和私人座談會中也看得到女性的身影，但她們的角色都是必須聽從男人使喚的舞女和妓女。這是一座男性的城市，一座男性不斷壓迫女性的城市。

雅典的黃金歲月並沒能維持太久。對於城邦內外的外邦人，它的態度愈來愈霸道，因而樹立了許多敵人。公元前四三〇年，一場瘟疫席捲了整座城市。這場瘟疫經由繁忙的比雷埃夫斯港進入雅典這個古地中海的十字路口，整座城被肆虐蹂躪，而城裡糟糕的衛生條件、過度擁擠的環境，以及人來人往的日常，都加速了瘟疫的擴散。最後，有三分之一到三分之二的雅典人口死於瘟疫。緊接而來的是長達數十年的戰爭。在距離克里斯提尼的改革讓雅典偉大茁壯的僅僅一個世紀後；公元前四〇四年，雅典的勢力便消失了，而它的法典也遭到廢除。

★

柏拉圖曾寫道，「每座城市很自然地都在和其他城市進行戰爭，這種戰爭不是由傳令的使者所宣告的，卻是一種永恆的戰爭。」城邦之間長期以來的競爭，讓它們成為人類史上已知最偉大的城市。然而，彼此衝突、散布各地的城邦卻也帶來了很大的弱點。城邦之間的戰爭十分普遍。作為政府單位的獨立城邦為其公民提供了不少益處，但終究無法保護他們免受人口眾多的區域強權入侵。

馬其頓的菲利普橫掃希臘，在公元前三三八年打敗了最後一個獨立城邦。在他兒子的帶領之下，希臘的思想和城鎮繼續擴散，而且這一次將深入亞洲內部。亞歷山大大帝征服了波斯帝國。他還占領了巴比倫，甚至向印度進軍。從巴爾幹地區到旁遮普，希臘殖民者和退伍軍人在這一路上建立了數十座新城市，這些城市都帶著古代城邦的意識形態和實質印記。這個兩棲城邦正朝向內陸挺進。

希臘人在巴比倫和波斯的蘇薩等地吸收了古代的知識。希臘和其他文明雜交後所生出的最有趣的案例，或許是在亞歷山大死後許久才出現的希臘－巴克特里亞王國。這個王國的範圍涵蓋了從裏海到今日的伊朗、土庫曼、烏茲別克、阿富汗、塔吉克和巴基斯坦的大部分地區；在公元前二世紀和一世紀的鼎盛時期，該王國被認為是世界上最富裕的地區之一，也是個「千城帝國」。今日位於阿富汗北部的艾哈農，有一座融合了波斯和希臘的建築風格的宮殿，以及幾座以祆教樣式建造的宙斯神廟。此處距離雅典約四千公里遠，有一座市集，還有古代世界最大的體育場之一，以及一個可以容納六千人的劇院。希臘的建築和藝術影響了印度，也小幅度的影響了中國。佛陀的第一批圖像表現就是受到希臘阿波羅雕塑的啟發。索福克勒斯和歐里庇得斯的戲劇也在波斯和印度河流域演出，而《伊利亞特》則有助於早期梵文史詩的形塑；亞里斯多德的著作亦被整個中亞地區的人閱讀與討論。

關於亞歷山大的記憶也在他出征的道路上留下了印記。位於今日巴基斯坦的亞歷山大布塞法拉，就是亞歷山大以他的愛馬所命名的；位於赫拉特和坎大哈之間的亞歷山大普羅夫塔西亞，其含義則是「心裡早有預期的亞歷山大」，因為亞歷山大就是在那裡發現了有人打算刺殺他的陰謀。印度河畔的亞歷山大利亞，則想要成為世界上最偉大的港口城市。座落在今日塔吉克境內，位於費爾干納谷地的亞歷山大艾夏特，其名字的意思是「最遙遠的亞歷山大」，最初是亞歷山大軍隊退役士兵的落腳定居點，則標誌著城邦入侵中亞所及的最遠範圍。旁遮普的亞歷山大尼凱亞，意思則是「勝利的亞歷山大」，那裡就是亞歷山大曾抵達的最東邊。

存續最久的亞歷山大則是在埃及。亞歷山大於公元前三三二年東征波斯之後做了一個夢，在夢中荷馬拜訪了他，並為他朗讀了《奧德賽》的片段。那些片段提到了地中海沿岸的法羅斯島。亞歷山大於是前往這個偏遠又充滿岩石的地方，在腦中想像出一座最宏偉的城市。亞歷山大的城市規劃師狄諾克拉底接著在地上用穀粒排出街道的網格狀布局。當看到鳥兒俯衝下來啄食那些穀粒，有人便認為這是不祥之兆。但亞歷山大的占卜師卻持不同的觀點：有天這座城市將能供養這個世界。[16]

雅典的街道規劃之所以會有錯綜複雜，並讓城市充滿活力的小巷，原因和摧毀這座城市的民主無政府狀態有關。柏拉圖在世時，伯里克利的輝煌時代已經結束，而他則生活在偉大雅典的陰影之下。他想像著從頭建立一個理想中的城市，而規劃的方式必須基於對人性的哲學式理解以及劃分城市空間的數學原理。柏拉圖認為，擁有嚴格秩序的城市才是適合人類需求的城市，而這些秩序包括了法律秩序、強大政府的秩序，以及存在於原始設計之中的幾何完美的秩序。

死板單調的網格系統或許看來很現代，但人類對幾何秩序的渴望，其實和第一批城市同樣歷史悠久。在中國，城市是根據風水原理建造的，這個原理要求建築環境與自然和諧相處。城市的設計方式，可以讓瀰漫宇宙的自然能量（也就是「氣」）或生命力盡可能地流動。城市的選址由風水師負責決定，而他們也會調整城市的格局。為了留住氣，街道會沿著基本的向位排列，形成對稱的方形城牆和網格狀布局。城裡最重要的場址包括：有外牆圍繞的寺廟、宮殿、鐘樓和鼓樓、官署和檔案館，都在城市的正中央和北部地區，也就是氣在外流之前匯聚的地方。這種方中有方、由各個單元組成的城市布局，也創造出了一個根據嚴格階級制度所組織起來的都市地理，最神聖的地方位於中心，愈往外圈則愈低階。和中美洲、埃及、美索不達米亞等地高度組織化的專制社會一樣，中國的城市也用磚頭展示了國家的權力。

從公元前五世紀起，棋盤式的城市布局也在希臘世界中愈來愈常見。但和馬雅城市、儒家城市不同的是，對希臘人來說，網格模式的布局是為了回應人類的政治和社會問題，而不是要符合某個宇宙理論。我們所知的第一個城市技術官僚是希波達莫斯，他曾規劃過雅典的港口區比雷埃夫斯，以及地中海地區的許多新城市。對希波達莫斯來說，城市的物質形式和政府的性質是密不可分的：只要設計出好的城市，就可以解決人類的問題並釋放其潛力。

到了今日，據說像曼哈頓這樣由正交路口組成的大都市，也都是根據「希波達莫斯網格」建造出來的。不過希波達莫斯並不是發明網格的人。他只是從根本上改變了城市空間的組織方式。他認為，一個網格狀的城市是符合平等概念的，因為它能產生出許多大小相同、可由城邦市民共享的單元。網格布局可依功能來分區，為城市帶來理性秩序，因而和雅典這類雜亂、自然生長的城市非常不同。希波達莫斯和他的追隨者認為，一個城市應該劃分為公共區、私人區、商業區、手工業區、神聖區和住宅區。位在城市中心的則是市集廣場，融合了政治、法律和商業的功能。

啟發希波達莫斯式城市的，除了民主之外，還有希臘人對數學與幾何和諧的概念。阿里斯托芬曾在

《鳥》這本著作中嘲笑這類新城市的建設者，說他們手上拿著尺和指南針，心裡夢想著對稱完美：「我要用這把直尺在這個圓裡放進一個方塊；它的中心將是一個市場，所有筆直的街道都會匯聚到那裡，就像星星一樣……會向四面八方筆直地射出光線。」[17]

這種對形式（當然還有優雅）的追求，則是在亞歷山卓達到了巔峰。道路的角度都經過特別規劃，以便於海風流通。筆直的街道一律都是十九英尺，也就是大約五．八公尺寬，這些街道有利於進口商品的流通，並將不同種族的居民隔離開來。亞歷山卓畢竟是世界上最繁忙的港口，商品必須貨暢其流，也必須為各個族群提供住所。城裡的居民分別住在五個具有明確界線的區域，這些區域的名字都是虛構出來的，分別是阿爾發、貝塔、伽瑪、德爾塔和艾普西隆*。

亞歷山大在巴比倫的尼布甲尼撒二世宮殿裡過世，從未有機會親眼目睹他夢想中的城市成真。亞歷山大的遺體在運往馬其頓下葬的路途中，被他的其中一位將軍托勒密一世給劫走。在這座以他為名的城市裡，亞歷山大大帝長眠於一座華麗的墳墓裡，而亞歷山卓也因此充滿了神聖性。它已經做得很好了。這座城市擁有最先進的港口和宏偉的燈塔，為埃及打開了通往更廣闊世界的大門。它成了中國、印度次大陸、阿拉伯地區、尼羅河、非洲之角和地中海之間利益豐厚的貿易中介據點。僅僅在亞歷山大決定要建造這座城市的短短七十年後，亞歷山卓就發展成為世界的中心，也是世界上最大的城市，有三十萬人居於此處。

這座城市的布局井然有序，是獨裁政權的建築表現。既長又寬的街道，為凱旋門這種東西提供了絕佳的舞台，而這種建築物後來也成了羅馬的特色。到了公元前二七〇年左右，也就是托勒密二世統治期間，亞歷山卓經歷了一個非凡卓絕的節慶。一百八十名名男子用推車載著一尊酒神戴歐尼修斯的巨大塑像，穿過鮮花盛開的街道。接著則是祭司、身著華麗服裝的年輕男女、金色戰車、音樂家和一連串展示神話場景的花車。這些花車由大象、駱駝和水牛拉動；隊伍中的珍禽異獸還包括了豹、獵豹、黑豹、獅子、熊、鴕鳥、犀牛、長頸鹿和斑馬。跟在這支隊伍後面的，是五萬名士兵和兩萬三千名騎兵，他們是托勒密王朝強盛軍力的展現。這場遊行是源自希臘的傳統，而他們之所以遊行，是為了那位像法老般統治的馬其頓神王。這場遊行的目的是紀念酒神戴歐尼修斯。但和雅典強調公民參與的酒神節並不一樣，這場遊行是一場精心策劃、由國家組織的皇家盛會。

即使是在平時，亞歷山卓給人的感覺、外觀和氛圍，也是如此地令人陶醉。長七千多公尺、寬約三十公尺的卡諾卜路，是一條連結月亮門和太陽門的東西向筆直道路，這條道路將這座城市一分為二。道路兩側有宏偉的建築立面、寺廟、雕像、體育場和大理石柱，混合了各種建築和風格：有宮殿和典禮用的林蔭大道、劇院和體育館、供奉宙斯以及伊希斯和歐西里斯等埃及眾神的神廟、猶太會堂、希臘雕像、獅身人面像和古埃及的遺跡。這座城市神聖的中心則是安放亞歷山大遺體的陵墓。這座陵墓位於卡諾卜路和索瑪街的交匯處，而這兩條大道也構成了這座城市的軸線。

雅典或許可說是已「向世界開放」，是來自世界各地的思想和商品匯集的市場。但和亞歷山卓相比，雅典可能都要相形失色。亞歷山卓這座偉大的貿易城市，其喧鬧的集市裡街道上看得到希臘人、猶太人、埃及人、波斯人、美索不達米亞人、巴比倫人、安納托利亞人、敘利亞人、義大利人、伊比利亞人、迦太基人、腓尼基人、高盧人、衣索比亞人等，也許還有印度人和來自撒哈拉沙漠以南的非洲人。

＊譯按：亦即希臘文頭五個字母的名稱。

根據希臘史學家金嘴狄翁的說法，亞歷山卓成了「一個聚攏各路人馬的市場，讓他們可以展示彼此，並盡可能地讓他們成為有血緣關係的民族」。歡迎來到這個商業的大都會。[18]

將多元人口吹進亞歷山卓的陣風，也帶來了那個時代最偉大的學者，而其中最著名的便是歐幾里德和阿基米德。他們在亞歷山卓的同行還包括兩位偉大的思想家：薩摩斯的科農是數學家兼天文學家，和來自昔蘭尼島的埃拉托斯特尼。迦克墩的希羅菲盧斯則改變了人類對自己身體的理解。在他之前，包括亞里斯多德在內的人一般都認為，心臟就是控制身體的器官。但希羅菲盧斯卻認為控制人體的器官其實是大腦，並追蹤了大腦與脊髓和神經系統之間的連結。同樣，幾個世紀以來在天文學和地理學等領域上的研究，最後因托勒密於公元一世紀在亞歷山卓取得的突破而到達巔峰。一如歐幾里德在數學和幾何領域裡的成就，托勒密的學說也將在之後的一千五百多年間主導人類對宇宙的理解。

他們之所以會前來亞歷山卓，是因為那裡是唯一一個存放所有著作的地方。托勒密一世和他的繼任者，都有意識地著手將亞歷山卓打造成世界上最偉大的城市。這個雄心計畫的關鍵，就是讓那裡成為首屈一指的知識中心和研究中心。受到托勒密家族委託的人，能夠仰仗取之不盡的財富，在已知的世界裡搜羅他們所能取得的每一卷書冊。德米特里是流亡海外的雅典政治家，也曾經是亞里斯多德的學生；在他的指導之下，亞歷山卓圖書館首次對世界上的知識進行了系統性的整理。語法學家澤諾多托斯則從以弗所前來，編輯荷馬所留存下來的文本。卡利馬科斯這位多產的詩人和作家則被從昔蘭尼召喚而來，為希臘文學進行組織和編目。這些詩歌、科學，和哲學領域的偉大作品原本很有可能就此佚失，卻因這些行動而被保存在博物館富麗堂皇的區域內，供後代使用。

雅典和亞歷山卓就是分別代表兩種截然不同城市的絕佳案例。雅典城市景觀不規則的型態以及開放的文化，鼓勵大家在街頭討論和辯論。根據柏拉圖的說法，蘇格拉底並沒有寫下任何東西，因為他認為哲學這種東西，是在城市的公共場所裡和其他市民對話時所產生的。相較之下，亞歷山卓的街道則充滿了理性和直線，被描繪成一個受到嚴格管控的地方；在那裡，思想被囚禁在某個機構裡，和市民的生活隔絕開來。如果說雅典是個自發的、實驗性的城市，那麼亞歷山卓則帶有百科全書式的、循規蹈矩的風格。雅典在哲學、政治和戲劇方面更勝一籌，而亞歷山卓則是在科學、數學、幾何、力學和醫學方面表現亮眼。

然而，就算亞歷山卓是被明確設計來控制民眾，並宣傳其無上權威的，它也不可能永無止境地這樣下去。隨著時間的推移，亞歷山卓的市民漸漸地變得不那麼順從，也變得更加喧鬧，也更願意發聲。這個埃及的大都市並沒有被它如烤肉架般的結構所囚禁。它作為一個學習嚴肅知識的地方，也擁有了自己的生命力，同時又以過度的享樂主義和都市喧鬧而惡名昭彰。這個帝國大都會的世界主義為它賦予了某種獨特的學術特質。雅典市民之所以團結在一起，是因為這座城市把自己變成一個超級部落，而市民則因為對城市的熱愛、激進的愛國主義、民主參與以及種族的排他性而被連結在一起。亞歷山卓的廣闊和多元則更像是整個世界的縮影。對創新思維的寬容態度（只要它不誤入對哲學或政治領域的危險思辨），能讓已知世界的各路心智匯聚一堂、彼此接觸。圖書館的彙編員、校對員和編輯，在認定什麼是文化和知識時，並不會被本地主義的思想所束縛。除了希臘文的文本之外，他們也盡情享用著巴比倫、腓尼基、埃及、希伯來文（以及其他語言）的文本盛宴。

亞歷山卓充滿人類的生活況味，是個真正的國際大都會，是一座擁有五十萬人口、透過專制統治將不同種族和傳統結合在一起的混合體。它允許、鼓勵不同文化和文明之間的碰撞，這種碰撞的規模在其他地方都是前所未見的，而在雅典那樣對外來者抱持戒心的參與式民主政體之中也是不可能發生的。但它令人陶醉的異國情調，對於一個正在崛起的世界強權來說，卻也成了難以抗拒的誘惑。

隨著羅馬的勢力在地中海地區勢如破竹，托勒密王朝也逐漸走向衰落。亞歷山卓後來也將在席捲羅馬的政治危機之中發揮關鍵的作用。這座城市令人嚮往的影響力，在接續幾位羅馬統治者的腦海中就如同迷幻藥一般。凱撒介入托勒密王朝的內戰時，不僅撞見了一個神祕的文化和世界上最富有的城市，還墜入了愛河。克麗奧佩脫拉或許不是什麼絕世美人，但她是亞歷山卓這座城市真正的女兒。她機智風趣、受過良好教育，而且精通希臘語、拉丁語、希伯來語、衣索比亞語、亞蘭語和埃及語；一如普魯塔克曾寫道的，她的舌頭「就像一把多弦樂器」。

在回顧自己的歷史時，羅馬人認為他們最偉大的凱撒就是被克麗奧佩脫拉和亞歷山卓給迷住了，才會導致他們的共和國滅亡。凱撒不僅愛上了克麗奧佩脫拉，而且還對那裡的希臘文化和埃及文化的混合體備感興趣，尤其是神聖君主制（divine monarchy）這個概念。凱撒於公元前四四年被暗殺，隨之而來的內戰也結束之後，克麗奧佩脫拉選擇站在馬克．安東尼這邊；這個馬克．安東尼就是凱撒的三個盟友之一，和其他兩個盟友一起統治羅馬。公元前四一年至四〇年的那個冬季（冬季裡通常會有不間斷的派對、宴會和狂歡活動），克麗奧佩脫拉和安東尼在亞歷山卓成為一對戀人。「安東尼在亞歷山卓的許多愚蠢行為簡直罄竹難書。」普魯塔克曾震驚地如此感嘆道。和此前的凱撒一樣，安東尼也屈服於這座偉大城市神話般的奢華之下。他以亞歷山卓為基地，統治著羅馬帝國的東部；與此同時，帝國的西部則由凱撒的養子屋大維所掌控。羅馬驚恐、厭惡地看著安東尼如何沉浸在亞歷山卓的政治世界之中，並準備著手建立一個新的亞洲帝國。安東尼徹頭徹尾地被亞歷山卓給同化了，他被譽為是酒神戴歐尼修斯再世。克麗奧佩脫拉則被尊為阿芙蘿黛蒂和埃及女神伊希斯的轉世。「亞歷山卓奉獻」是最後一根稻草：這個宣言將帝國東半部的部分地區，都劃分給克麗奧佩脫拉和她的孩子，亦即她與凱撒生的兒子，以及她與安東尼生的另外三個孩子。

羅馬的元老院拒絕批准這些離譜的計畫。屋大維並不支持凱撒和克麗奧佩脫拉之子的合法性，因為這會讓那個亞歷山卓男孩法老成為羅馬世界的繼承人。於是他的敵人說，看看安東尼吧，他竟敢自詡自己源於東方的神聖性，對亞歷山卓的熱愛也勝過對羅馬的愛。羅馬於是陷入了內戰，而亞歷山卓也在其中發揮了關鍵的作用。屋大維於公元前三一年的亞克興戰役中打敗安東尼之後，安東尼和克麗奧佩脫拉便逃到了他們最後的避難所，也就是亞歷山卓這座偉大的托勒密城市。公元前三〇年，當屋大維的軍隊控制了這座城市，他們倆最後也在那裡了結自己的生命。埃及自此失去了獨立地位並成為羅馬帝國的一部分，而亞歷山卓則從一個帝國首都，逐漸淪為羅馬勢力範圍內的某個大城。

當亞歷山卓的戰事告捷，對手也都死光了之後，屋大維便成為羅馬的最高統治者。隨著時間推移，他將會改名為凱撒．奧古斯都並成為實質上的皇帝。屋大維／奧古斯都和此前的其他羅馬人一樣，都讚嘆於亞歷山卓的規模、美麗和宏偉。他有個很有名的事蹟，那便是將羅馬從一座磚造的城市，改造成一座大理石城，而這個行動背後的靈感，無疑是受到他在埃及所見所聞的啟發。

亞歷山卓長期以來都是知識的泉源。但那裡的圖書館卻逐漸分崩離析，裡頭收藏的紙莎草書，也因大火、戰爭、皇帝奪取、主教焚書，以及空氣中的溼氣而一點一滴地被摧毀。公元三六五年，這座托勒密城市最後的輝煌遺跡，在一場由海底地震所引發的海嘯之中被夷為平地。

就像之前的亞歷山卓那樣，羅馬也成了世界之都。考古學家近期針對在亞歷山卓所發現屍體ＤＮＡ

進行研究，其結果表明，從亞歷山卓迅速發展至公元前二七年的這段時間裡，這座城市的人口是由義大利人，以及來自地中海東部和北非的人所組成。在帝國的鼎盛時期，那裡就是「歐洲和地中海地區基因的十字路口」，從北歐到中亞，各個族群都曾在那裡出現過。根據希臘演說家阿里斯提德的說法，那裡是「一座堡壘，而地球上的所有民族都是這座堡壘裡的村民」。

第四章 帝國的超大城市

羅馬，公元前三〇至公元五三七年

對羅馬人來說，東西愈大愈好：更大的城市、更大的公共建築、更大的野心、更多的領土、更多的奢侈品、更多的權力、更多的**東西**。我們經常驚詫於這個特大城市的規模，以及羅馬以城鎮為特徵的廣袤帝國。

若想完整體驗羅馬的光輝，那麼有棟建築可以滿足這個雄壯的企圖。「辛勞和煩惱，都消散吧！」詩人斯塔蒂烏斯讚頌道。「我歌頌閃亮動人的大理石浴池！」[1]

截至三世紀為止，羅馬人已經擁有十一個大型的皇家公共浴場（*thermae*），以及大約九百個規模較小，且通常是私人的澡堂（*balneae*）。其中最壯觀的一座，是由精神不太正常、會殺害自己手足的皇帝卡拉卡拉於公元二一二至二一六年間所建造的幾座浴場。這些浴場總共覆蓋了六千三百立方公尺、使用了重達一萬七千噸的大理石。這個複合式的設施位於一座公園裡，宛如宮殿般的建築物中央，還有一個幾乎和萬神殿一樣巨大的圓頂。

羅馬人沐浴時遵循固定的程序。脫掉衣服後，沐浴者可能會在下水前做些運動來鍛鍊身體。接下來的第一個步驟是冷水池（*frigidarium*）。當你的身體在溫水池（*tepidarium*）裡逐漸暖和起來，接著在熱水池（*calidarium*）裡熱得發燙。沐浴者依照這個順序，從冷到熱沐浴之後，還會使用油和香膏來按摩。「我先塗了油，然後做了些運動，泡了個澡」，羅馬帝國的政治家小普林尼曾簡潔地總結了整個過程。這是所有羅馬式沐浴的基本模式，不論是在帝國的首都、在小亞細亞、在北非，還是在英格蘭北部寒冷的荒野裡。

然而，這種體驗在卡拉卡拉浴場裡被發揮到了極致。當你進入沁涼的冷水池時，人正好就會位於建築物的中央，頭頂上方有挑高四十公尺的桶形拱頂和三重交叉拱頂。這個巨大的拱頂，由重五十噸、高十一公尺的灰色多立克式柱子支撐，而柱子則由埃及的花崗岩製成，頂部飾有複雜精美的白色大理石柱頭。這個巨大的拱形天花板以鮮豔的色彩粉刷，並裝飾了壁畫和閃閃發光的玻璃馬賽克。拋光的大理石牆壁反射著從拱形大窗射進來的陽光。從高聳柱子間的壁龕往下看，則是神祇和皇帝的雕像。冷水池浴場的地面層展示著幾座巨大的雕像，其中包括三公尺高的法爾內塞海克力斯*。馬賽克磁磚畫、壁畫和雕像則以驚人的細節描繪了神祇、皇帝、神話英雄、明星運動員、摔跤選手和鬥士的樣貌。

卡拉卡拉浴場以及後來戴克里先所興建的浴場，都激發了後續宏偉的建築計畫，如偉大的哥德式中世紀大教堂。紐約的賓夕法尼亞車站於一九一〇年啟用，成為世界上最偉大城市的門戶；直到一九六三年被無理拆除之前，它都是二十世紀建築的勝利傑作之一，它不僅只是這座城市的榮耀廟堂，也反映了現代交通的理念。它的正面以羅馬的圓形大競技場為範本，但其洞穴般的大廳卻是卡拉卡拉浴場的複製品。這座大廳有巨大的拱形窗戶提供採光，是紐約最大也最宏偉的室內空間。建築史學家蓋伊．威爾遜回憶道，「在賓夕法尼亞車站搭車或轉乘時，每個人都成了這場盛會的一部分：在如此宏偉的空間中，

行動和移動的意義都變得更加重大。」[2]（彩圖2）

享受華美浴場的羅馬人參加的就是這樣的盛會，而卡拉卡拉浴場就是這些富麗堂皇建築群的其中之一。它壯觀的建築全年無休地向所有羅馬人開放，不論是貴族或平民、富人或窮人、外國或本地出生，也不論是不是公民和自由人。據估計，在四世紀的羅馬，有超過六萬人可以隨時享受沐浴的樂趣。阿格里帕（公元前二十五年）、皇帝尼祿（公元六十二年）、提圖斯（公元八十一年）、圖拉真（公元一〇九年）和康茂德（公元一八三年）都曾為這座城市留下大型的公共浴場；在接下來的幾百年裡，塞維魯斯．亞歷山大、德西烏斯、戴克里先和君士坦丁則建造了更大更豪華的浴場。華麗的浴場首先是一種權力的展現，其中包括皇帝的權力、羅馬對這個世界的權力，以及城市對大自然的權力。不論是上層或下層階級，都可以在同一個地方（也就是浴場）共享羅馬輝煌而慷慨的榮耀。關於城市文明的一切精緻文雅，都體現在此處的大理石和馬賽克畫之中。

水只是浴場提供的其中一項東西。澡堂裡還有三溫暖、按摩室、香水室、梳理室和美容室，古羅馬哲學家塞內卡就曾描述顧客拔腋毛時所發出的慘叫聲。嚴肅的鍛鍊會在兩個大型體育館內進行，從事舉重、摔跤、拳擊和擊劍等運動項目。這些體育館裡有更多的古代雕塑傑作，但唯一留存至今的是被稱為「法爾內塞公牛」的巨型群像，乃是用一整塊大理石雕刻而成。想鍛鍊身體的人則會在戶外的花園裡運動和遊戲。如果沐浴的人想讓腦子多動一下，也可以在特別講堂裡聽講座，或從兩個圖書室裡把拉丁語

＊編按：皇帝卡拉卡拉委託雅典雕刻家製作的三百二十公分高的海克力斯雕像。十六世紀出土後運往羅馬的法爾內塞宮展示，故名法爾內塞海力克斯。

或希臘語的讀本帶到閱覽室。裡頭還有點心吧以及出售香水和其他保養品的商店。在這些設施之下，還藏有一個地道網絡承擔排水的功能，並提供通往鍋爐的管道；為了給水池和三溫暖浴室提供熱能，那些鍋爐每天得消耗掉十噸的木材。

若只單單描述卡拉卡拉浴場，會讓它聽起來像是一個高檔的水療中心或療養院。但事實並非如此。塞內卡曾抱怨，「我身在一個不斷有人在喊叫的巴別塔裡。我住的地方，就在浴室的上方！」有頭有臉的重要人物會趾高氣昂地走入浴場，身後則跟著幾個裸體的人，藉此提醒其他人他們的地位和身家。大家會去浴場談生意、討論政治和八卦、提出晚宴邀約。他們去那裡看人，也去那裡被人觀看。他們在那裡吃喝、爭執、調情，偶爾還會在幽暗處做愛；他們也會在大理石上塗鴉。聚餐的人會先聚在一起泡個餐前澡。要買酒也很容易。從談話的噪音（有時甚至是爭執聲），到小販兜售蛋糕、糖果、飲料和鹹味小吃的叫賣聲，各種吵鬧的聲音都迴盪在寬敞的皇家浴室裡。舉重的人一邊咕噥、一邊喘著粗氣；有人在高喊球賽目前的比分；拱形大廳裡充斥著按摩師用手拍打客人身軀的聲音。有些討厭的人喜歡邊洗澡邊唱歌。雜耍演員、小丑、巫師、魔術師和體操運動員等表演者的四周，還有人群在圍觀。

古羅馬詩人奧維德曾寫道，在奧古斯都時期的羅馬，浴場就是年輕戀人會面的主要場所：「許多浴場都藏著鬼鬼祟祟的勾當」。古羅馬文學家馬提亞爾也曾將浴場視為男女可以輕易開啟性接觸的地方。他曾描述某個不知名的男人，會以泡澡為藉口，毫不害臊地盯著年輕男性的陰莖看，而另一位名叫拉維娜的純潔婦女，則是在經歷男女混浴後慾火焚身，最後和一個年輕男孩私奔了。浴場裡有一幅迷人的塗鴉，上頭寫著：「阿培雷斯和德克斯特曾在此愉快地共進午餐和做愛。」他們兩人後來再次回到那裡，又潦草地留下幾句話：「我們兩人，老鼠阿培雷斯和他的兄弟德克斯特，深情地與兩個女人做了兩次愛。」[3]

浴場提供了獨特且全方位、既城市又高雅的體驗。最重要的是這是一種公共活動。富人與窮人近距離接觸；大家在此建立並確認友誼，也在這裡談生意；在此處的交談興致勃勃、充滿活力。這種在城市中進行社會化的機會，無論以何種形式出現，可能都是城市的主要樂趣，而且非常值得羅馬人在沐浴上頭花費大量時間。「我必須去洗個澡。」一位古羅馬時期的學童在下課後興奮地寫道。「是的，時間到了。我要出發了，我拿了幾條毛巾，跟著我的僕人。我跑過去追上其他也要去洗澡的人，對他們一一說道：『你好嗎？好好洗個澡！好好吃頓晚餐！』」[4]

★

有些聲音一直在質疑羅馬人對沐浴的愛好。這是不是一種致命的惡習呢？隨著時間推移，大家對沐浴和相關活動的熱愛有增無減。於是沐浴占去愈來愈多的時間。羅馬之所以能成為地中海和西歐的霸主，靠的是簡樸和堅忍的精神，而沐浴這種放縱、沉迷和挑逗的行為，是否真的和那些精神格格不入呢？

如宮殿般的寬敞浴場，和這座帝國首都的許多其他公共建築形成了令人不安的對比。羅馬的公共空間能夠告訴我們，這個城邦是如何從座落在帕拉蒂尼山上的簡陋聚落發展成為橫掃世界的超級大國。和世界上所有主要的大都市一樣，羅馬也從神話和歷史中汲取能量。卡比托利歐山上巨大的朱庇特神廟是世界上最大的神廟，是由羅馬的最後一任國王蘇佩布開始建造的；但根據傳說，這座神廟一直要到公元前五〇九年，也就是羅馬人推翻君主制，建立共和國的那一年才竣工啟用。在推翻國王的戰爭中，卡斯托爾和波呂克斯兩位天神支持建立共和國的陣營，並在他們的軍隊裡參與作戰。供奉祂們的神廟依然是古羅馬廣場上最具標誌性的建築之一，該廣場是羅馬人為「*libertas*」（亦即自由）而鬥爭的紀念碑，也標注著上天認可了這座城市的創建。

羅馬無處不是歷史。在城中心漫步能讓人想起羅馬的成就，特別是在公元前四世紀和一世紀間一系列的迅速發展。羅馬人經常回顧過去，將自己與傳說中吃苦耐勞、堅毅不拔的祖先相比較，也擔憂自己太過軟弱無力。祖先們曾擁有如此龐大的帝國這件事，也讓這種焦慮變得更加顯著。羅馬從一個純樸但雄心勃勃的鄉村小鎮，逐漸發展成為一個成熟的帝國大都市，而各種奢侈品也隨之紛紛湧向羅馬。從外地進口的東西包括：充滿異國風味的食物、劇院、奴隸、藝術品、移民、貴金屬、珠寶，以及剛被他們征服的各個地區所能提供的一切事物。其中也包括了浴場。

在城市本身變得更加宏偉的同時，沐浴這種行為也傳進了羅馬。在其鼎盛時期，就城市景觀而言，羅馬比該時期的其他偉大城市還要遜色。安條克、亞歷山卓、迦太基和科林斯，這些城市顯然都比羅馬更令人印象深刻。確實，先進的馬其頓人也曾認為羅馬非常落後，比如當某位使節有次跌入露天的排水溝時，就發表過類似的感想。然而這一切都在公元前二世紀的下半葉開始出現變化，羅馬在這段期間被廣泛的改造，好對得起它作為一個龐大帝國大都市的地位。公元前一世紀的統治者，如蘇拉、克拉蘇、龐貝和凱撒，都藉由神廟、廣場、大教堂、凱旋門、祭壇、劇院、花園和其他的公共及宗教建築，表達了他們的慷慨闊綽。但浴場卻被他們認為是不入流的東西。如果你想洗澡，就得自己想辦法了。

經歷了數十年的內戰，在安東尼和克麗奧佩脫拉也去世之後，屋大維便成了羅馬的唯一統治者，也是唯一能讓羅馬不致分崩離析的強人。公元前二十七年，他被授予奧古斯都和「第一公民」（*princeps*）的稱號，共和國名存實亡。在奧古斯都一旁輔佐的，則是政治家兼將軍阿格里帕。與該世紀初期的重要人物一樣，奧古斯都和阿格里帕也透過紀念性建築來表達自己的力量。阿格里帕下命興建了萬神殿和海神大教堂，以及其他宏偉的大理石建築。但他也在公元前二十五年開始修建浴場；阿格里帕的私人專用水道（亦即維爾戈水道，至今仍在為特雷維噴泉供水），每天都會對該浴場提供十萬立方公尺的淡水。它標誌著突然發生在共和時代末期的變化：規模中等的私人澡堂開始變成豪華的公共浴場。

阿格里帕於公元前十二年去世後，他的浴場設施便遺贈給羅馬人民。此舉也將浴場的地位提升為上得了檯面的公共建築，配得上偉人的建築野心。下一個宏偉的公共建築則是由尼祿於公元六〇年代建造的。羅馬獨特的政治活力一直都能夠發揮作用，而這要大大歸功於菁英和大眾競相享受城邦所帶來的利益。隨著共和體制讓位給帝國時代，由國家提供的大型高科技休閒場所便成了羅馬人公共生活的中心。[5]

塞內卡曾在公元一世紀初拜訪了阿非利加努斯的家，阿非利加努斯是在公元前二〇二年擊敗漢尼拔的英雄。塞內卡寫道，這位大將軍的浴室又小又暗。在那個時代裡，羅馬人偶爾才會洗澡，而且只有在必要時才會洗，「而不僅僅是為了休閒而洗」。

不過短短的兩百多年，羅馬人簡樸且男子氣概十足的性格就發生了如此大的變化：

> 如果我們的牆壁上沒有大尺寸的昂貴鏡子；如果沒有努米底亞石頭馬賽克來襯托我們來自亞歷山卓的大理石……如果我們的拱形天花板沒有淹沒在玻璃（馬賽克）裡；如果我們的浴池沒有鋪設薩索斯島大理石（這種大理石在任何寺廟裡，都曾是罕有且昂貴的東西）……最後，如果水不是從銀製水龍頭傾瀉而出的話，我們就會認為自己很窮、很吝嗇。這裡有大量的雕像和柱子，但之所以要建造那些柱子並不是為了支撐建築，而是為了裝飾，就是為了花錢！如此大量

的水一層一層地向下流瀉！我們變得如此奢侈，就連行走的地面都是用寶石鋪成的。

塞內卡那個時代的人，可能會如此評價他們在共和國裡生活的祖先：「是的，他們顯然是很骯髒的傢伙！聞起來一定很臭！」但塞內卡對他挑剔的同胞們提出反駁：「他們聞起來就是營地、農場和英雄主義的味道」。簡言之，他們日常的骯髒狀態表現出一種率真的共和主義和勇氣。塞內卡為清潔這件事賦予了更深刻的道德意義。「而今我們既然已經發明出乾淨整潔的洗浴設施，」他總結道，「但人卻比以前更髒了。」6

認為沐浴會讓人墮落和頹廢的這種想法，影響了好幾個世代的歷史學家；他們認為沐浴就是羅馬衰落以至於敗亡的種子。據說，皇帝會用大量的麵包和圓形競技場等慷慨的餽贈來讓羅馬人平靜下來、麻木地服從於他；而宏偉的公共浴場也正屬於這樣的東西。但我們可以用羅馬人的方式來看待公共浴場，將其視為城市文明的巔峰。清潔，讓羅馬人得以和粗魯的、沒洗過澡的蠻族區隔開來。最重要的是，沐浴也定義了羅馬人的特質：文雅、有教養，而且現代。7

但還有另一種看待羅馬沐浴現象的方式。和阿非利加努斯時代的羅馬相比，塞內卡時代的羅馬截然不同。這是一座人口超過百萬的城市，其大小與規模在歷史上前所未見。與其將沐浴視為墮落，甚至極端都市化的證據，不如將其視為都市居民的基本人類需求還來得更有意義。為了講述故事的這一面，我們必須走出羅馬世界，講述一個關於水和城市的故事，這個故事在世界各地都在上演。

★

沐浴是與大自然的原始接觸。當我們每天擠在狹窄空間內的人群中，被迫接觸到陌生人的臭味和身體時，都得扭曲肢體、遵守禮儀規範，而沐浴就是讓身體從中被解放出來的美妙體驗。當你暫時脫掉表明社會地位的服裝，而赤身裸體或近乎裸體時，也可以難得地讓所有人處於平等的地位。現代的露天游泳池在全球的已開發國家都很受歡迎，經濟學家兼銀行家斯坦普爵士曾在一九三六年宣稱，「沐浴讓有錢人和窮人、菁英和底層人民都能享受一樣的樂趣和健康標準。當我們開始游泳，就是我們邁向民主的時候。」[8]

科帕卡巴納海灘就為里約熱內盧的七百五十萬居民提供了這樣一個絕佳的去處。這片沙灘和里約熱內盧的其他海灘，不僅為嚴峻的城市生活提供了親水和喘息的機會，海灘本身也是一種城市文化：那裡有豐富的各項活動，如足球和排球比賽，也可以讓人偶遇，進行家庭聚會、派對和節慶。與其說海灘是個便利的公共空間，還不如說是個永不停歇的奇觀。當地人會說「*Tenha uma boa praia*」，也就是「祝你享受美好的海灘」，而不是說「祝你有個美好的一天」。在一座極度不平等的城市裡，海灘抹除了階級的各種外顯符號。在洛杉磯這個缺乏包容多元的公共空間的大都市裡，海灘能引起深刻的共鳴。對於自馬里布到帕洛斯維德斯之間六十多公里長海岸線，大家捍衛自己使用和享受該處的權利，強烈反對海岸線被豪宅給占據。[9]

其他大都市也有近在咫尺的海灘，例如紐約的科尼島，但很少有海灘直接位於城市裡，讓所有市民都可以輕鬆到達。但為什麼不把海灘帶進城市裡呢？從二〇〇二年開始，巴黎就設置了城市海灘，好讓被困在盛夏之中的居民消消暑。每到夏天，位於塞納河畔的龐畢度高速公路則會禁止汽車通行某些路段，然後放上沙子、棕櫚樹、吊床和太陽椅。立場帶點社會主義色彩的巴黎市長認為，巴黎沙灘可以讓巴黎人「擁有公共空間，並以不同方式體驗城市生活」，尤其是那些被困在單調無趣的郊區、沒有能力度假的巴黎人。這個沙灘的設置是個政治行動。根據當時市長的說法：「巴黎沙灘將是一個很好的聚會場所，形形色色的人都可以在此交流。這是一種城市的哲學，也是一個關於分享和兄弟情誼的詩意時光。」[10]

這是一次嘗試，其目標是要重現過去曾經是城市生活中的一部分，但已被遺忘許久的東西。在過去的倫敦，每到星期天就會有大批男性泳客跳入泰晤士河，以及位於郊區的伊斯靈頓河、佩卡姆河和坎伯韋爾河。十七世紀曾有一首詩，描寫了成千上萬的倫敦人在「夏日甜美的夜晚」裡享受泰晤士河涼爽的景象。斯威夫特曾記錄下他在切爾西附近裸泳的經過：「在這炎熱的天氣裡，我口渴得要命，此刻的我正要去游泳。」他在一封信中寫道。十五年過後，富蘭克林則是從切爾西游泳到布萊克弗里爾斯橋，兩地之間距離約五．六公里，並示範了自由式、蛙式和仰式。一百年之後，一位維多利亞時代的作家則批評了「被墮落的文明稱之為沐浴的可悲替代品」。他認為真正的游泳必須是「在活水或流水中」赤身裸體，「否則根本稱不上游泳。」[11]

但到了十九世紀中葉，在城市裡游泳卻開始被視為是不得體的行為。赤身裸體的泳客顯然不再能出現在民居房舍旁。某個作者曾在報紙上一本正經地抱怨道，他必須阻止他的妻女靠近看得到泰晤士河的窗戶，因為那些泳客會「毫無節制地展示各種泳姿」、進行「令人作嘔的展示」（但他們只是游泳到一艘蒸汽船那裡，然後再游回來）。另一名男子則抱怨「數百名裸體男子和男孩」在海德公園的蛇形河游泳時所發出的「叫喊聲和吵鬧聲」。城裡的泳客則反駁，他們從事的休閒活動自古以來就是被允許的，但這樣的說法仍無濟於事。[12]

工業革命也讓在城市河流中裸泳成為一件危險的事情，但其實早在工業革命之前，漸趨保守的社會氣氛就已經開始影響大家對於裸泳的態度。到了一八五〇年代，泰晤士河成了臭氣熏天的汙水池，因為當地三百萬居民的排泄物會直接排入河裡。在十九世紀的高速都市化發生前，許多城市居民都可以輕鬆方便地前往鄉村及其溪流和池塘。公共游泳池開始出現的時間點，正好也就是居民開始無法在市中心接近大自然的時候。男性和女性（尤其是來自不同社會階層的男性和女性）對於裸露肉體和不當接觸所產生的焦慮，使得在城市裡游泳的這種行為必須進入受控制而且被隔離開來的環境當中。一八二九年，世界上第一個現代的都市浴場於利物浦開業；該浴場被設計得有如博物館或市政廳一般宏偉和具有紀念性。它們象徵這座城市對於促進公共衛生、發展休閒娛樂所做的努力，並讓其他英國城市也開始競相建造更大、更漂亮、更好的浴場，這些外觀宏偉的浴場於是便開始在向外擴張的城市裡拔地而起。德國和美國後來也分別在一八六〇和一八九〇年代開始起而效尤。

十九世紀末、二十世紀初紐約貧民窟的狀況，揭示了大家願意付出哪些高昂的代價，只為了能泡在水裡。一位貧民窟的居民回憶說，在沒有公園的情況之下，「唯一的消遣就是去駁船所在的東河。」（彩圖3）大家會在那條河裡游泳，但也會在裡頭排便。在一八七〇年代和一八八〇年代間，哈德遜河和東河設置了二十三個漂浮池，讓紐約最貧窮、最骯髒的居民使用。為了一邊游泳、一邊「把垃圾推開」，必須使用蛙式。即使如此，游泳這項活動依然廣受歡迎，而且對於世界各地的城鎮中貧民來說更是如此。試圖禁止公眾游泳的市政當局會遭到男性工人階層的強烈抵制，他們決心要捍衛其所剩無幾的鍛鍊和玩耍的機會。[13]

這也正是一九三五年的百老匯音樂劇《死胡同》的精神：該劇開頭的場景，就是來自下東區公寓的街頭男孩，這些半裸的青少年在東河碼頭盡頭玩耍。在當時的大蕭條時期，在街頭當個惡棍可能沒什麼前途，但他們擁有柔軟健壯的身體，也可以泡在涼爽的水中，逃離如烤箱一般的城市。對於湧入劇院觀看《死胡同》的觀眾來說，這些男孩所能從事的休閒活動傳達了強烈的訊息。在這齣戲問世的前一年，有四百五十人在河中溺水身亡（與維多利亞時代晚期每年在倫敦泰晤士河因游泳死亡的人數幾乎不相上下）。就算沒有淹死，微生物也會對泳客帶來影響：他們得泡在未經處理的汙水、浮油和工業廢水之中，小兒麻痺症和傷寒症就是在這種環境中肆虐。但無論如何，在當時游泳的機會正因為所謂的「縉紳化」而逐漸減少。在《死胡同》裡，男孩們簡陋的濱海樂園受到了新建豪華公寓的威脅；這些公寓正在開拓領地，尋找美景和可以停泊私人船隻的碼頭。[14]

《死胡同》於百老匯首演的一年之後，也就是一九三六年夏季，紐約迎來了破紀錄的高溫；作為新政（New Deal）的一部分，十一個大型室外游泳池設施於該年在紐約市人口最稠密、最貧困的地區開幕，每個設施的造價為一百萬美元。在那個酷熱的夏季裡，有超過一百七十九萬人使用了游泳池、跳水池和淺水池。與此同時，在英國，倫敦郡議會的議長莫里森則希望倫敦可以成為「戶外泳池之城」，讓每個市民在步行範圍內都有一座室外游泳池。[15]

住在狹窄且令人窒息的公寓裡的美國勞工階層家庭，可以聚在乾淨的水邊享受陽光，和社區裡的其他人一起野餐。東哈林區傑佛遜公園裡的游泳池一次可容納一千四百五十人；哈林中心地帶的科羅尼爾公園游泳池則可容納四千五百人，而布魯克林的貝奇黑德娛樂中心可容納五千五百人。它們都是玩樂的地方，男孩和女孩在此建立友誼、發展戀情。新的游泳池是公園的核心，而那些公園也已進行改造，加入了遊樂設備、棒球場、跑道、演奏台和體育館。[16]

十九世紀壯觀的歐洲浴場也是社交和交流的場所，而不只是清潔身體的地方而已；它們被刻意設計得非常優雅且令人振奮，是公民自豪感的卓越象徵。然而，紐約新政時期的露天泳池和公園，和歐洲城市帶有裝飾藝術風格的壯觀戶外泳池雖約略在同一時期出現，但釋放出的卻是不同的訊息。他們把玩樂這件事放在城市的中心。最激進的是，他們首次給予青少年一個屬於他們的空間，讓他們從內城的水泥叢林中得到喘息的機會。當市長拉瓜迪亞為東哈林的傑佛遜公園游泳池開幕時，他對著成群而來、滿心期待的孩子大喊：「好吧，孩子們，這些全都是你們的了！」在這座城市裡，許多最貧窮的人都缺乏空間，於是游泳池很快就成了社區生活的中心，特別是成了一九三〇和四〇年代正在萌生的青少年文化的中心。在東哈林這類社會氛圍比較保守的移民社區裡，露天游泳池打破了性別界線，讓男孩和女孩不僅可以平等地相處在一起，而且還可以不用穿太多衣服，同時遠離父母的監視。[17]

游泳池裡並沒有正式實施種族隔離的政策，但這些泳池依然是城市種族問題的前線和中心。當傑佛遜公園的游泳池開幕時，那裡被保留給了白人的勞工階級，尤其是義大利裔美國人。哈林區的非裔美國人家庭則是經常光顧科羅尼爾公園的游泳池。長期以來，泳池一直都會將不同性別的泳客區隔開來。但隨著兩性共用的泳池以及極度暴露的泳裝於一九三〇年代出現（後者是因為電影而流行起來的），大家也開始對非裔男性與白人女性共處同一個泳池裡這件事感到非常擔憂。但也並非所有泳池的情況都是如此，特別是在布魯克林的貝奇黑德：那裡的居民本以猶太裔的勞工階級為主，而非裔美國人從一九三〇年代起也加入了他們的行列。

一九五〇年代，黑人和白人青少年爆發了爭奪游泳池使用權的衝突。在東哈林區，傑佛遜公園游泳池原本主要是義大利裔青少年的地盤，但新來的波多黎各的移民試圖進入，並與他們的女孩調情，這讓義大利裔的男性青少年非常不滿。在波多黎各裔的美國法官兼作家托雷斯一九七五年的小說《卡利托之路》中，波多黎各裔主角和西班牙裔哈林區的居民，是這樣回憶這場泳池領地鬥爭的：

讓我告訴你他們的故事。義大利佬說，沒有哪個西班牙佬可以去公園大道以東的地方。但那裡只有一個游泳池，位於一一二街和東河的傑佛遜公園。老兄，你必須穿過公園大道、列克辛頓大道、第三大道、第二大道、第一大道、普萊森特大道。超遠的啊。年紀大一點的人都站在門廊和商店前，他們每個人都穿著汗衫，狠狠地瞪著我們；孩子們會站在屋頂上、手裡拿著垃圾桶，或在地下室裡拿著球棒和自行車鏈……我們被揍了，那裡畢竟是他們的地盤，太多人了……我們想要融入他們，但他們甚至不讓我們進入游泳池。一群狗娘養的。18

游泳池成了工人階級城市的重要場所，是被（內部群體）捍衛，以及被（新來者）包圍的地方。波多黎各人在許久之後回憶起游泳池的象徵意義以及他們不被威脅的決心。更重要的是，他們希望像其他人一樣享受那座游泳池，並加入那裡的社交生活。儘管在街頭上備感威脅，他們當中的許多人還是成功了；到後來，游泳池裡的拉丁裔人數開始變得和義大利裔不相上下。他們的故事證明一件事，對於城市居民來說，泡在水裡這件事不論在哪個時代裡都是一樣重要的。游泳池（或河流、海灘）並不是城市的附加物或附屬物：它是所有城市公共空間中最珍貴的地方之一，也是無價的流動資產。

★

有幅羅馬塗鴉曾經寫著「*Lavari est vivere*」，這句話的意思是「沐浴，就是生活！」能滌淨身體的溫水、如雲霧般的蒸氣、優雅的大理石、芬芳的氛圍，以及奢華的呵護體驗，營造出一種身心的極樂狀態，羅馬人將其稱為「*voluptas*」。「沐浴、美酒和性會毀掉我們的身體，」某段羅馬墓誌銘曾如此寫道，「但沐浴、美酒和性也是生命的本質。」[19]

帝國浴場會在羅馬人口突破百萬的時期橫空出世，或許並非巧合。城裡錯綜複雜的街道上，不論晝夜都人聲鼎沸、車水馬龍。空氣中瀰漫著從爐灶、快餐店、麵包店、鑄造廠以及加熱浴池的火爐所冒出的煙霧。排放出來的汙水、工業廢水和洗澡水汙染了台伯河。許多窮人就住在河邊，而那裡潮溼的環境非常容易滋生蚊蟲；瘧疾大流行每隔幾年就會爆發。城市化的規模一旦擴大，就意味著可供城裡窮人使用的溪流或河川將不復存在。

羅馬詩人賀拉斯曾於公元一世紀問道，一個人怎麼能在城裡寫詩？搖搖晃晃的推車、高高吊起橫梁的巨大吊車、到處蹦蹦跳跳的狗，以及擋在路上、沾滿泥濘的豬，都在擾亂人的心靈。廣場和街角上總是擠滿「吵得不可開交」的眾人，爭論這爭論那、喋喋不休、沒完沒了。古羅馬詩人尤維納利斯曾在公元一一〇年左右的著作中如此描繪羅馬的街道：「馬車在狹窄曲折的街道上轟鳴而過，司機因為交通堵塞而破口大罵。」行人的交通狀況就更糟了：「前面一群人擋住了我，還有一大堆人在猛敲我的背。有個人用肘部頂住我；另一個人則用硬棍打我。有個人用木棍敲我的頭，還有人用酒壺敲。我的腿上沾滿了泥巴。接著許多人從四面八方向我踢來，一個士兵的靴子還踩在我的腳趾上。」[20]

羅馬的大部分居民，都擠在被稱為「*insulae*」的住房社區裡；在拉丁語裡，「*insulae*」就是「島嶼」的意思。到了公元四世紀，羅馬的人口已經過了巔峰，據估計有四萬六千座「*insulae*」，而單一家庭的獨立住宅則只有一千七百九十座。和今日全球金融中心裡的許多居民一樣，他們支付高昂的租金卻只能換來狹小的空間。羅馬的「*insulae*」有時會蓋到八層、九層甚至十層樓，但眾所周知的是，這些「*insulae*」的建造品質不良、維護不善，而且容易發生火災。難怪尤維納利斯會說，這些公寓會「跟著風一起搖晃」。如果發生火災，「最後一個被燒死的人，就是除了屋瓦之外（溫柔的鴿子會在那裡下蛋），沒有其他東西可以用來避雨的人」。[21]

法律規定，「*insulae*」周圍的走道寬度只需七十公分即可，因此那些走道都被緊密地塞進城市街區之中。商店和店鋪占據了地面層，而公寓則位於較高的樓層；二樓有最寬敞、最昂貴的居住空間，但愈往上走房間就愈小愈便宜（但也更危險）。出租的房間裡不太會有廚房或廁所。居民用便盆來大小便，然後再把穢物倒進一樓樓梯間的桶子裡；那些桶子只有在固定的時間會被清空。大家會在城市街道上很常見的酒吧和快餐店裡用餐。[22]

有近百萬人汗流浹背地生活在類似貧民窟的環境中，因此除了家屋之外，日常生活也在購物街、市場、街角和公園這樣的地方展開，也就一點都不令人意外了。羅馬的一天始於黎明，此時男人會離開住所去拜訪為他們提供庇護的人，這是個需要兩個小時才能完成的例行程序，用來表達對掌權者的尊重。黎明後的第三、第四和第五個小時，是他們工作（*negotia*）的時間，接著在第六個小時裡，他們可以吃午餐和午休。在那之後則是玩樂（*voluptas*）的時間。

馬提亞爾說，最適合沐浴的時間是日出後的第八個小時，因為此時的水溫適中，不會過熱或過冷。在這個時間點，也就是下午兩點鐘左右，宏偉的浴場便會開始擠滿湧動的羅馬人。

豪華的浴場與日常生活的現實情況形成了鮮明的對比。那種能將一個相對簡單、規模較小的城市團結在一起的紐帶和參與的機會，在一個擁有百萬人口的大城市裡已不復存在。在浴場裡，市民可以感覺到自己真的是羅馬人，也可以成為整個社群的一部分，而非迷失在人群之中。個人的骯髒在輝煌的公共空間中獲得了補償。

羅馬人說的「*teatrum mundi*」這句話，被莎士比亞翻譯為「整個世界就是一個舞台」。浴場為城市生活的劇場提供了重要的場景，這是一種把享樂和娛樂放在最重要位置的文化。在公元一世紀，當時一年裡有九十三天被用來舉行奢華的公共競賽；到了四世紀，這個數字已經上升到每年一百七十五天。在這類頻繁的假期裡，整座城市都會同時在各個競技場上舉行娛樂活動。圖拉真重建了馬克西穆斯競技場（他本人也建造了幾座浴場），裡頭可容納十五萬至二十萬人；圓形競技場則可以容下超過五萬名觀眾。羅馬還有三個大型的劇院，總共可以容納五萬人。

卡拉卡拉浴場就是用來展示羅馬的新概念的核心所在。這個浴場群座落在一條嶄新而美麗的街道上，如此安排就是為了讓第一次來羅馬的訪客能經過城裡最壯觀、最令人驚嘆的建築，如那些浴場、馬克西穆斯競技場、帕拉蒂尼山，以及圓形競技場。特別要留意的是，這些建築的用途都和休閒有關。賽馬、駕馭馬車、鬥士競賽、海上戰役的重演、屠殺野生動物、戲劇盛會、慶祝軍事勝利：這是個奇觀和娛樂從不間斷的場所，而且其中大部分活動都帶著嗜血、虐待狂的色彩。

羅馬人知道，休閒和狂歡並不與鋪張或輕浮畫上等號，而是大城市要成功的關鍵要素，或許就和法院及公共紀念碑一樣不可或缺。無論是在公元二世紀的圓形競技場，還是在二十一世紀的法蘭西體育場，置身於熱鬧喧囂的人群之中是種令人陶醉的體驗。你可以融入人群，感受自己成為這座城市的一部分。在現代世界裡，足球便能讓數百萬人被賦予某種部落般的身分認同。舉辦奧運會、大型流行音樂會或馬拉松比賽，以及能否透過體育、劇院、博物館、公園和夜總會來持續提供娛樂活動，一座城市辦理上述活動的能力，就是其存在的目標，也是能讓城市宣示自身偉大地位的關鍵所在。大城市能提供財富和機會，也能讓你成為某個比自己更重要的事物的一部分。為此，你會願意在壯觀的都市之中忍受骯髒的生活；你也會願意為非常侷促的生活空間支付高昂的租金。能提供這種服務的城市，總會有大量才華洋溢的工作者和具有高消費能力的遊客願意來此光顧。

★

當羅馬帝國的城市開始擴張到世界其他此前從未聽聞或體驗過城鎮的地方時，浴場就成為其關鍵特徵。從本質上來說，沐浴不只是讓日耳曼人、高盧人或布立吞人滌除野蠻狀態、成為羅馬人的方式，也是讓他們成為城市人的方式。

在被羅馬人占領以前，不列顛群島早在一萬年以前就已經有人類居住，但那裡並不存在任何近似於城市的東西。不列顛群島最接近城鎮的聚落形式叫「*oppidum*」，也就是設有防禦工事的要塞城鎮。從公元前一世紀初開始，不列顛群島的居民便開始從山上的堡壘遷往低地並建造這類城鎮，這些聚落有土方防禦工事提供保護。它們經常位於河流交匯處以及河口附近，或是內陸的貿易路線上；有些城鎮還鑄造了自己的錢幣。與其說這些城鎮是城市，不如稱其為「原型城市（proto-urban）」。在不列顛這類設有防禦工事的城鎮中，規模最大的就位在今日埃塞克斯的科恩河畔。科恩河被稱為「卡穆洛杜農」，也就是「卡穆路斯的要塞」，而卡穆路斯是不列顛的戰神；這條河為該城鎮提供了防護，並讓城鎮得以連結海上貿易的路線。

公元四十三年，這個繁榮的聚落遇上了世界上最殘暴的軍隊，這支軍隊裡有戰象、大砲，連羅馬皇帝本人都親自出征。在見到如此強大的軍隊之後，卡圖維拉烏尼部族的國王卡拉塔庫斯便臨陣脫逃了。於是克勞狄烏斯皇帝便在卡穆洛杜農，也就是卡拉塔庫斯原來的首都，接受了其他幾位不列顛國王的投降。

克勞狄烏斯前腳才走，不列顛第一座城市（它現在的名字是科爾切斯特）的建設工作就展開了。這裡起初是一座羅馬軍事堡壘，建在既有的防禦工事聚落上，設有防禦城牆和網格狀的街道系統。該堡壘的大部分都是由長方形的營房所組成、以軍事的精準程度配置，以容納第二十軍團、色雷斯騎兵團和汪吉奧人的第一軍團。

這座堡壘在六年之內便遭到拆除，新的街道網絡取而代之。作為一座平民使用的城市，其規模擴大了一倍，是羅馬帝國不列顛尼亞省全新的首府，大部分的居民都是住進城市裡的退役軍人、軍人隨從，以及正在羅馬化的本地菁英階級。城市中心矗立著一座外表覆蓋著地中海大理石的羅馬神廟。那裡還有一個廣場、市政建築、一個劇院和一個巨大的雙拱門。公共浴場的遺跡尚未被後人發現，想必仍埋在現代的城市底下。令人難以置信的是，一世紀和二世紀期間的羅馬帝國城鎮或城市裡，竟然都沒有精心設計的浴場；從經營者自己建立的小型私人浴場到大型的公共浴場（如位於突尼西亞的大萊普西斯的哈德良浴場、葡萄牙的科寧布里加的浴場，以及巴黎的克魯尼溫泉），這些浴場就算出現在羅馬也毫不顯得格格不入。

羅馬士兵希望能像在羅馬（或至少是他們位於義大利、法國南部或帝國其他地方的家鄉）那樣沐浴、從事娛樂活動，這是他們服役的最基本條件。在寒冷潮溼的北方，沐浴可以為缺乏地中海陽光的部隊提供他們亟需的溫暖。於是，在埃克塞特或約克這類羅馬軍營中，浴場，以及用於比賽和表演的圓形劇場，成了第一批石造建築。和科爾切斯特一樣，這些軍事要塞很快便成了「*coloniae*」，也就是供退役軍人居住的城鎮。公元二世紀期間，龐大的羅馬軍隊有百分之十的兵力駐紮在不列顛群島，要找到勞動力來進行城市建設並不困難。[23]

在被羅馬占領的頭幾十年裡，不列顛群島所經歷的，就是其他非城鎮化地區情況的重演，包括了伊比利亞、高盧、日耳曼尼亞、潘諾尼亞（也就是今日的匈牙利和奧地利）和達契亞（羅馬尼亞和摩爾多瓦）。首先是如海嘯一般的武力入侵和占領，使得居民及其生活方式隨之消亡。接著到來的就是城鎮化的進程。

羅馬帝國是一個由城市網絡所組成的帝國，有成千上萬個城鎮依循地中海模式建造，並透過道路和橋梁彼此連結。一如不列顛的例子所呈現的，城鎮化不僅能在剛征服的土地上提供軍事行政中心，還能為退役士兵提供住所；這些退役士兵仍是後備軍人，一旦當地發生動亂就能派上用場。城鎮還有另一個功能：它們為被征服的人民，尤其是菁英階級，提供了接受羅馬統治、擁抱羅馬生活方式的強大誘因。英文的「文明」（civilisation）一詞，源自拉丁語的「*civis*」，也就是城鎮的意思，而英文的「高雅有禮」（urbane）一詞，則源自拉丁文的「*urbanetas*」，其含義之一便是將口語轉變成聰明而優美語言的技藝，而這個目的只能透過充滿活力的混雜狀態，以及城市居民的多樣性來達成。拉丁文「*cultus*」的意思是精緻和複雜，是「文化」（culture）一詞的根源；而其反義詞為「*rusticitas*」，意思則是帶有鄉村色彩的愚昧莽撞。

蓬勃發展的倫蒂尼恩*，是湧動激增的外來影響力進入不列顛尼亞的門戶，是匯聚異國商品和羅馬帝國各地人民的商業中心。它誕生於帝國的鼎盛時期。我們從地中海發現的沉船以及針對格陵蘭冰帽汙染的研究得知，直到十八世紀末和十九世紀的工業革命之前，公元一、二世紀的貿易和金屬生產水準便已是歐洲的巔峰。

浴場就是「文明」概念的具體象徵，早就在歐洲西部蠻荒地區最早的城鎮型態中占據重要位置。倫蒂尼恩有一間浴場建於公元一世紀的最後幾十年間，當時這座城市正逐漸發展成形；這座浴場現在被稱為哈金山浴場，位於聖保羅大教堂遺址東南邊僅數公尺處，和周邊相對狹窄的市區相比顯得特別巨大，過去曾用來服務羅馬商人，以及浸淫在羅馬文化（Roman-ness）之中的不列顛本地貴族。[24]

★

事實上，浴場並沒有辦法讓人變得更乾淨。羅馬皇帝奧列里烏斯曾評論道：「好好想想洗澡這件事：油垢、汗水、汙物、油膩膩的水……」皇家浴場的洗澡水多久會更換一次，我們不得而知。成千上萬的日常沐浴者所使用過的水，可能比奧列里烏斯所描述的還要糟糕；他們泡在溫暖的大雜燴裡，水裡充斥著無形的細菌、病菌和寄生蟲卵。後來在羅馬帝國各地發現的梳子、衣服甚至糞便，都表明了一件事：雖然羅馬人擁有先進的流體力學知識和廁所，但他們依然和那些不洗澡的社會一樣都有腸道寄生蟲、跳蚤和蝨子的問題，情況甚至還更嚴重。管線供應的水會導致中毒，從而削弱免疫系統，而共用水源則助長了痢疾和其他疾病的傳播。羅馬或許擁有數百座閃亮動人的浴場，但那並未能使羅馬倖免於瘟

＊譯按：羅馬時期倫敦的名字。

疫的定期蹂躪。享受熱水澡甚至可能會減少精蟲數量，導致出生率降低。如果這種說法是真的，便能為沐浴與羅馬帝國衰亡之間的關聯加上一個完全不同的向度。[25]

但多年來，針對羅馬帝國的衰亡早已提出過數百種理論。公元三世紀，羅馬帝國陷入嚴重的危機：敵人跨過萊茵河、多瑙河和幼發拉底河大舉入侵，國內內戰頻仍，瘟疫肆虐，而貿易網絡又遭受到不可挽回的破壞。儘管羅馬得以復甦，但在羅馬世界廣闊的畫布，也就是城市地景上，長期衰落的跡象仍顯而易見。在三世紀的危機之後，羅馬城市這個概念本身便在西方遭到了破壞。巴黎宏偉的圓形劇場被拆毀，而劇場建築的石材則被回收用以興建城牆，以保護城市免於蠻族的入侵。這種宏偉建築被掠奪的現象，在高盧和其他地區的許多城市裡都陸續出現。就算是逃過了拆除的命運，不論是廣場、圓形劇場，還是雄偉的主幹道，也都逐漸被臨時搭建的小店給淹沒。後來在英國的城市中發現了一層「黑土」，這表明市場園藝農業*從四世紀開始便侵入了城市的範圍裡。

但過去讓城市充滿活力的貿易行為卻沒有恢復。皮克特人、哥德人、撒克遜人、匈人、西哥德人在邊境徘徊不去。城市失去了宏偉的公共設施，淪為過度擁擠的要塞，不再提供文明的全套服務。浴場所需的資金無以為繼。西歐最宏偉的兩個澡堂（分別位於巴黎和特里爾）都在三世紀便傾頹、淪為廢墟。西歐各省的菁英則在別處尋找他們的羅馬式的生活；豪華的私人莊園裡有噴泉、雕像、圓柱、馬賽克畫和熱水浴缸。不論是實質意義還是象徵意義，那個時代的城市都正在遭到拆除，而莊園則成了羅馬文化的最後堡壘，成了一種私人的夢幻之地，只能讓少數幸運的人回憶過去的美好時光。[26]

城市是種脆弱的東西。如果沒有持續的投資、改建和公民意識，它們就會異常迅速地瓦解。吉爾達斯教士曾在他的《論不列顛廢墟》中，記錄下公元四〇七年最後一批羅馬軍隊撤離之後，所有二十八座羅馬城市旋即被毀的過程。不過這些「城市」在經歷了兩百年來逐漸的去城鎮化過程之後，早已徒剩軀殼。倫蒂尼恩在該世紀末被完全廢棄。直到很久以後，在距離這個大都會廢墟一公里多的地方，一個名為倫登維克的撒克遜村莊才會建立起來，而該村莊就位在今日的柯芬園†。在高盧和日耳曼尼亞，羅馬帝國的城市則是大幅萎縮，成為稍大一點的村莊。特里爾‡曾經是個擁有十萬人口的行省首府，此時卻分裂成幾個以大教堂為中心的村莊。即使到了一三〇〇年，那裡的人口也只恢復到八千人左右。歐坦◎這個由奧古斯都在高盧創立的城市，從一座原本擁有數萬人口、占地超過一千多公頃（兩千五百多英畝），變成一個占地僅十公頃（二十五英畝）的村莊。在尼姆和亞爾§，居民們在圓形劇場巨大的防護牆內避難，並在那裡建造了城鎮。城市如今成了吸引掠奪者和劫掠者的磁鐵。道路不再是貿易的載體，而是侵略者的高速公路。在希臘、巴爾幹地區和義大利，眾人放棄了他們位於低地、公路邊的城市，轉而在山頂建立防禦性的村莊，這些村莊和他們的祖先在羅馬帝國到來之前所居住的村莊非常類似。而擁有土方防禦工事和木屋的城鎮也在北歐再次出現。

石砌建築物不再出現。識字率直線下降。根據後人對格陵蘭冰蓋汙染的測量，金屬加工在當時也降至史前時代的水準。從經濟的角度來看，如果沒有長途貿易的維持，大城市便無以為繼。有權有勢有財

＊譯按：market gardening，指為城市提供蔬果的商業性農業。
†編按：位於今日倫敦西區，是主要的劇場和娛樂重地。
‡編按：位於今日德國境內，是德國最古老的城市。
◎編按：位於今日法國東部，原為高盧人部落，是高盧地區第一個投誠羅馬的部落。
§編按：尼姆和亞爾均是位於法國南部的城市。

富的人紛紛逃離城市，並定居在修道院、莊園和城堡之中。至少要再過一千三百年，歐洲才會恢復到羅馬時期的城市化程度，意思是指包含基礎設施、技術、衛生設施、供水系統、人口數、市民文化、生活水準和精緻程度。直到公元一八〇〇年，才會出現人口超過百萬的城市。而浴場這個反映城市文明的精緻象徵，也隨著羅馬城市一同消失，直到利物浦的碼頭浴場於一八二九年開幕時才重新現世，供大眾使用。

「在基督恩澤之中沐浴過的人，毋需再次沐浴。」神學家耶柔米曾如是說道。當時缺少的不只是建造澡堂的技術和科技，也包括公共洗浴的文化。基督徒不贊成赤身裸體；他們厭惡羅馬式的縱容和裝扮，認為那不過是虛榮且虛擲光陰罷了；他們將輕浮的澡堂視為放蕩和罪惡的溫床。唯一留存下來的，只有滌淨朝聖者的宗教傳統。在城市裡沐浴的社會文化和社區文化已然消亡，沐浴的樂趣也不復存在。[27]

然而，在羅馬，宏偉的水道橋仍持續在為富麗堂皇的浴場熱水池注入水源。在公元四〇八年的羅馬，市民仍會成群結隊前往阿格里帕、卡拉卡拉或戴克里先的浴場，就和之前幾代的羅馬人一樣。當歐洲的城市結構於五世紀初分崩離析之時，羅馬依然是個標竿，呈現出一個偉大的大城市可以有，以及應該有的樣子。來自西西里島和北非的穀物、橄欖油、中國的絲綢、印度尼西亞的香料等貨品不斷運抵此處。但隨著帝國一分為二、西羅馬帝國的皇帝連年空缺，羅馬城的昔日威勢也早已黯淡無光。羅馬的元老院曾是有史以來最強大帝國的仲裁者，此時卻已萎縮得跟一個市議會相差無幾；羅馬的廣場昔日曾是那些撼動世界政治戲劇的舞台，此時卻成了平凡無奇的空地；羅馬的異教神廟則是被基督教政權給鎖了起來。但它依舊是地球上最偉大的城市，大部分的輝煌和設施都仍在運作著。雖然當時的人口數已經下降到八十萬，但他們仍是種族多元、吃飽穿暖、娛樂充足的一群人。該市的一份名冊清單列出了兩個主要市場、兩個圓形劇場、兩個露天競技場、三個劇院、四個角鬥士學校、五個用來模擬海戰的湖泊、六個方尖碑、七座教堂、八座橋梁、十座聖堂、十一座廣場、十一個皇家浴場、十九個水道橋、二十八座圖書館、二十九條大道、三十六座大理石拱門、三十七座城門、四十六間妓院、一百四十四個公共廁所、兩百五十四個麵包坊、兩百九十個倉庫、四百二十三個社區、五百座噴泉、八百五十六個私人浴場、一千七百九十棟房舍、一萬尊雕像和四萬六千六百零二間公寓住宅。[28]

公元四〇八年，由阿拉里克率領的龐大西哥德軍隊包圍了羅馬。兩年過後，阿拉里克對羅馬進行了劫掠，而上一次有蠻族軍隊攻破這座城市的防禦工事，已經是八百年前的事情。西哥德人只在羅馬停留了三天，因此對羅馬城和羅馬人造成的傷害相對輕微。然而心理上的傷害是無法修補的。「曾攻下整個世界的那座城市，竟然也遭到占領了。」耶柔米驚嘆道。當汪達爾人發動入侵，並在西西里、薩丁尼亞和阿非利加行省（利比亞）建立王國時，情形也變得更加惡化，因為這些地方都是羅馬的糧倉。失去了運糧的車隊，羅馬便無法養活其龐大的人口。汪達爾人於四五五年洗劫了羅馬；他們在長達十四天的劫掠之中搶走了許多珍寶。該世紀中葉，羅馬的人口原本還有六十五萬人，到了世紀末卻只剩下十萬人；隨著人口流失，羅馬除了前人所留下的東西之外，幾乎沒有什麼可以賴以生存。但那些留下來的東西終究非常豐厚。這座城市開始坐吃山空。

那些留下來的居民，住在已經荒廢、搖搖欲墜的公寓裡，周遭都是逐漸傾頹的紀念碑，他們開始從高貴的皇室建築中剝下石頭、大理石、青銅和鉛。他們在奧古斯都廣場建造了石灰窯，用來焚燒大理石雕像、建築基座和柱子來製作石膏。城裡被拆卸的建築物要不是被他們出售，就是被用來建造教堂。在接下來的幾個世紀裡，羅馬人便以出售古物和藝術品維生。如果沒有用偷來的石頭拚命修補，這座城市終究會開始傾頹，而巨大的破門廊、殘留的柱子、一塊塊的雕像，和成堆的鋪路石則被隨處傾倒；四處雜草叢生，就連馬克西穆斯競技場也是如此。然而，正如卡西奧多羅斯所寫道的，雖然它在不斷衰敗，但「整個羅馬仍是個令人讚嘆的地方」。它是一座「美妙的建築森林」，那裡的「巨大的圓形競技場，頂部幾乎超出了人類視線可及的範圍；萬神殿那高聳而美麗的圓頂，和城裡的一整個街區一樣大」。同樣仍在使用的還有「建得像行省一樣大的浴場」。[29]

羅馬人繼續享受他們珍貴的沐浴，直到五三七年的某天，最後一滴水滴入了卡拉卡拉浴場和其他浴場。當時圍攻羅馬的東哥德軍隊截斷了水道橋。雖然水再也流不進來，但幾百年來，這些人民的宮殿基本上完好無損，它們的結構和巨大的拱形天花板，都為早已滅絕的羅馬文明提供了壯觀的視覺證據。甚至是到了十六和十七世紀，羅馬帝國所遺留下來的東西依然有不少能夠被藝術家們記錄下來。不過由於卡拉卡拉浴場位於城外，當時已經傾頹為一片壯觀的廢墟。戴克里先的浴場被融入了新的建築物之中。米開朗基羅將其冷水室、巨大的交叉拱形大廳，以及倖存下來的紅色花崗岩柱，改造成為天使與殉教者聖母教堂的中殿。這座龐大浴場的其他部分，後來則是被改成糧倉，然後又成為羅馬國家博物館的一部分。其巨大的半圓形觀景樓（exedra）的形狀也被保存了下來，成為共和國廣場的輪廓。

羅馬早已不再是世界強國。公元五三七年浴場關閉，就是羅馬史上的一個關鍵日期。古羅馬城市文化的源泉已然枯竭。少了水道橋的羅馬，大概只能供三萬人居住而已。如果你想在羅馬洗澡，只剩下台伯河的水源可用。但作為教宗的居住地、基督教朝聖的中心，以及能激發想像力（或大賺一筆）的廢墟遺址，羅馬依然倖存了下來，並持續吸引著後人前去。西歐失去了最後一個大都會。至於那些位於北非和西南亞屬於東羅馬帝國的城市裡，市政當局則成功地讓水流保持暢通，沐浴也依然是城市體驗的核心。這種居民一起洗熱水澡的公共浴場文化和設施，後來在數百個伊斯蘭城市中被改造並且繼承了下來。被稱為汗曼姆（土耳其浴）的公共浴場，對禮拜前必經的淨禮程序至關重要。那裡也是男女社交的重要場所。在伊斯蘭城市裡，汗曼姆、清真寺和市場就是構成城市生活的三大基石。汗曼姆的數量在西南亞、北非和伊比利半島的城市裡不斷增加，如大馬士革城牆內就有八十五個，郊區則有一百二十七個。類似的現象也存在於日本：沐浴作為一種在水中淨化的儀式，最早起源於寺廟。到了十三世紀，在男女混浴的營利性公共澡堂（錢湯）裡，大型水池和蒸氣室成了城市的特色和日常生活的儀式。它們是社群互動的場所，也是一種鄰里建立聯繫和社交的形式，被稱為「裸體交際」（裸の付き合い），這種概念是日本社會的核心。到了二十世紀，這種形式的身體親密關係被重新命名為「スキンシップ」，該詞彙源於英文的「skinship」，亦即「肌膚的友誼關係」之意。十八世紀的江戶（即今日的東京）人口接近百萬，約有六百個公共澡堂；到了一九六八年，澡堂的數量更是站上巔峰，多達兩千六百八十七個。許多澡堂屋頂上突出的煙囪，是東京天際線的特點，以非常顯眼的方式，證明了泡澡在日本都市生活中的重要地位。

沐浴就是衡量城市活力的標準。在歐洲大部分的地區裡，浴場和水道橋若淪為廢墟，就意味著都市性的崩解。這些東西在亞洲各地的穆斯林城市裡存續，則象徵著那裡繁榮的城市生活。當歐亞大陸的西端逐漸萎縮，變得愈來愈無足輕重時，世界上其他大部分地區卻開始迎來一個充滿豐沛能量、城市化加速的時期。

第五章 美食之都

巴格達，公元五三七至一二五八年

他們潛水原本只是為了捕撈海參，沒想到卻拉出了一堆卡著古代陶瓷器的珊瑚。一九九八年，幾個印尼漁夫意外發現了一個沉船的殘骸，那是人類史上最轟動的一次大發現。那艘船和裡頭的貨物已經在爪哇海底沉睡了超過一千一百年，而覆蓋在殘骸上面的沉積物，則讓殘骸躲過了海洋寄生蟲的摧殘；在殘骸裡一共找到了六萬件物品。其中有些東西非常精美且昂貴：有專為富貴人士製作的銅、金、銀和陶瓷裝飾物。裡頭甚至還有十八塊銀錠。

然而，大部分貨物在被製造出來的當時（亦即大約公元八二六年），其實並不是什麼奇珍異寶：其中百分之九十八是中國製造的廉價日常用品，銷售的對象也不是什麼菁英客戶。但對於考古學家和歷史學家來說，它們卻是展示了中世紀日常生活的無價之寶。其中的一些陶瓷就陳列在新加坡的亞洲文明博物館裡。大量生產的長沙碗來自湖南，擁有亮麗的釉色和抽象的圖紋，它們看起來仍然很新，彷彿是陳列在博物館的禮品店裡一般。這些只是從沉船裡五萬五千個類似瓷碗中取出的其中一小部分樣本。今日被放在博物館中央展示台上的這些碗具有非常重大的意義：它們就是中世紀貿易體系，以及繁榮了好幾個世紀的城市文明的證據。

這艘單桅帆船很可能載有香料、紡織品、絲綢和一些森林地區的產品，但這些東西在水下無法存留一千年的時間（不過考古學家還是在裡頭發現了大量的八角茴香）。船上還有其他大量生產的物品：七百六十三個一模一樣的墨水罐、九百一十五個香料罐，以及一千六百三十五個水壺。它們都是在中國各地的窯爐燒製而成的，被設計銷往全球市場，並經由河流和運河網絡送往港口。其中有為東南亞信佛教的客戶所設計的蓮花符號；也有適合波斯和中亞地區家庭使用的圖案。大部分的碗都有幾何形狀和菱形的圖樣，以及來自古蘭經的銘文以及阿拉伯文字樣，藉此迎合巨大的穆斯林市場。約十萬名居住在廣州的外國商人，根據他們對巴格達、撒馬爾罕或哥多華等地流行趨勢的了解，委託製作了這些產品。白色陶瓷器和綠色潑墨碗風行於波斯，而我們熟悉的迷人青花瓷則是完全依巴格達人的品味所塑造出來的。

這艘船以發現地附近的一個島嶼命名，被稱為勿里洞沉船，它載有大量貴重的貨物，目的地則是巴格達的豪華集市，那是當時地球上最偉大的城市。它在公元八二八年（或稍後一些）從另一個大型的國際貿易大都市廣州載運貨物，目的可能是為了換取來自波斯灣地區的珍珠、中東的玻璃器皿和香水，以及沿途可以取得的香料和稀有木材。巴格達和廣州之間的航程來回大約是兩萬公里：從波斯灣啟程，依序會經過阿拉伯海、印度洋、孟加拉灣、安達曼海、麻六甲海峽和南中國海。[1]

這艘不起眼的貨船只需要一季就能航行到目的地，它以驚人的色彩描繪出了一個相互交織的世界。那些多樣化的商品，顯示出當時家居用品和食品的品味正在廣泛傳播和融合。這艘單桅帆船會從一個港口城市跳到另一個港口城市，並在返回波斯灣的航程中交易並換取適合當地市場的商品。它在爪哇海的沉沒，意味著金錢，當然還有生命的損失，但它在近期的重見天日，卻徹底改變了我們對中世紀的看法。這艘船本身體現了一件事，它所穿越航行的世界是相互聯繫的。它的建造地，是今日位於伊朗、以造船聞名的城市錫拉夫；船身的肋板是來自非洲的桃花心木，龍骨是從遙遠的薩伊進口而來的拜賓德緬茄樹製成的，而橫梁則是印度柚木。將它綁在一起的麻線可能是由馬來亞海芙蓉製成的，無疑是源自高加索地區或印度的原始麻類植物的替代品。船上的儲物罐是在越南製造的，而從船上發現的個人物品顯示，船員和乘客乃是由阿拉伯人、東南亞人和中國人所組成。其中一些炊具是在泰國製造的，其他物品則來自蘇門答臘。[2]

但在這個長距離貿易和聯繫愈來愈頻繁的世界裡，有個地方既富裕又強盛，足以激發全球貿易的熱度。勿里洞沉船殘骸中保存下來的貨物，只是從中國、東南亞、中亞、草原地帶、黎凡特、非洲和地中海地區湧向巴格達的異國寶物當中的一小部分。

二十世紀末和二十一世紀初那些閃亮動人的摩天大樓城市，如杜拜或深圳，它們的先祖就是巴格達。就在勿里洞船啟程、準備帶回大量充滿異國風的實用商品的短短六十七年以前，阿拔斯王朝的哈里發曼蘇爾在光禿禿的土地上，用煤渣勾勒出這座由他所指揮的世界知識、精神和商業之都。這座出於特定目的而專門設計出來的城市，是由十萬名建築師、測繪師、工程師、木匠、鐵匠和工人組成的大軍，以最複雜、最令人眼花繚亂的城市設計所打造出來的，距離曼蘇爾於七六二年創建這座城市，僅僅四年內就竣工了。它的人口在短短幾十年裡便突破了百萬大關，巔峰時期甚至可能高達兩百萬。詩人塔利布問道：「巴格達難道不是最美麗動人的城市、一個令人嘆為觀止的奇觀嗎？」[3]

巴格達位於這個橫跨了三大洲、龐大城市帝國的中心，而這座城市是為了要展示一個嶄新全球文明的勝利。儘管是由阿拉伯沙漠地區的貝都因遊牧部落給傳播到世界各地的，但伊斯蘭教其實根源於城市文化。憑藉著和黎凡特、波斯城市的貴重物品貿易所得的豐厚利潤，麥加於六世紀成為一個富裕的商業城市。在那些於印度洋和地中海之間進行貿易的人之中，有個名為穆罕默德的年輕人。麥加是一座沙漠城市，沒有農業支撐，幾乎完全仰賴國際貿易。然而，當君士坦丁堡的羅馬人和波斯帝國爆發了幾場大型戰爭，進而導致黎凡特和波斯的市場衰竭之後，原來的美好時光也戛然而止。

不只是在阿拉伯半島，羅馬帝國僅存地區裡的貿易也因面臨戰爭和瘟疫而衰退。這種情況和幾個世紀前西羅馬帝國的衰落有些類似。科林斯和雅典幾乎遭到遺棄。世界四大城市之一的安條克，於公元五三八年遭波斯人洗劫摧毀，三十萬居民被驅逐出境。小亞細亞的羅馬城市，如以弗所和薩第斯，逐漸淪為幾個只剩下簡陋房舍的堡壘，沉浸在美好時代所遺留下來的光輝之中。公元五四一年，也就是安條克被洗劫的三年後，亞歷山卓爆發了黑死病（腺鼠疫）。城裡的街道塞滿了數千具腐爛的屍體。商船將這種致命的疾病傳播到整個地中海地區的城市裡，消滅了三分之一的人口。羅馬帝國輝煌的首都君士坦丁堡，其人口在七世紀期間急遽下降。

正是在城市滿目瘡痍、帝國搖搖欲墜、社會動盪不安，這些有如末日般的背景之下，穆罕默德開始在天使吉卜利勒的傳授之下接受天啟。從公元六一〇年起，天啟不只對這個飽受戰爭蹂躪、瘟疫肆虐的世界所發生的事提供了解釋，還為那些選擇侍奉阿拉的人提供了一條通往世俗成功和精神救贖的捷徑。最重要的是，對於那些分裂、紛爭不斷又極度獨立的阿拉伯沙漠部落來說，天啟也傳達了團結的訊息。但這個團結仍是在鬥爭之中誕生的。麥加多神信仰的菁英群體，對於穆罕默德激進的一神論充滿敵意。這位傳道者和其追隨者於是在公元六二二年被迫逃往農業城市雅士里布，也就是今日的麥地那。

伊斯蘭教就是在這裡開始成形，皈依者蜂擁而至，並進行了第一次征戰。麥加於六三〇年遭攻陷，在先知於六三二年去世之前，阿拉伯半島的大部分地區也都落入了穆斯林的控制之中。伊斯蘭教以驚人的速度吸納了兩個筋疲力竭的世界性帝國，亦即羅馬人和波斯人的帝國，所剩餘的大部分地區。在接下來的幾十年和幾個世紀裡，伊斯蘭教的征服和皈依大軍沿著北非海岸向西，穿過直布羅陀海峽到達西班牙，沿著絲路向東抵達了中國和印度的邊界。

來自阿拉伯的侵略者征服了那些瓜分西羅馬帝國的蠻族，並在這個過程中適應了城市生活（儘管他們有很多人原本並不是住在城鎮地區）。畢竟，城鎮打從一開始就是伊斯蘭教能夠成功的重要關鍵。一個讓不同背景的人可以一起敬拜天神的地方，有助於打破部落和族裔的認同，並鞏固烏瑪的概念，而烏瑪指的就是從印度河到大西洋、從撒哈拉沙漠到高加索地區的這片廣大的穆斯林世界。這個社群就是由信仰團結起來的。

羅馬帝國的城市通常一眼就能辨認出來。但這種統一性在伊斯蘭世界的城市裡卻不那麼顯著。一方面，「*dar al-Islam*」（字面上的意思是「伊斯蘭之家」）是一個全球性的帝國，其領土包括世界上一些最古老的城市和城鎮文化，涵蓋範圍從中亞的城邦，到伊朗和伊拉克的大都會，再到地中海盆地的古典城邦。穆斯林承接了擁有悠久城鎮基礎的城市，裡頭住著基督徒、猶太人、佛教徒和祆教徒。但早在伊斯蘭擴張時期之前，這些古典城市的物質紋理就已經逐漸發生了變化。

在前羅馬帝國東部的城市裡，寬闊的街道、開放的公共空間、紀念性建築和網格狀布局正被貪圖空間的居民所吞噬。在被伊斯蘭教征服之前的幾個世紀裡，城市經歷了人口不斷湧入、密度變得愈來愈高的漫長過程，隨著商店和房屋的蠶食鯨吞，有列柱的林蔭大道變得愈來愈窄，形成一片蜿蜒曲折的巷弄區；新的建築物蓋在廣場、市集和公共區域之上；建築物則是遭到瓜分。此外，與早期的羅馬市政府相比，伊斯蘭政權對城市規劃的態度往往更加放任，給予業主和社區很多自由，讓他們可以隨心所欲地建設，而城市也可以隨著需求的變化而有機地發展。[4]

城市往往會圍繞其主要的交通方式成形，不論是步行、馬匹、火車、輕軌、地鐵還是汽車。伊斯蘭教興起之時，有種更具有成本效益的載貨工具，正在取代需要大量街道空間的輪式推車，這個新工具就是駱駝。當時的規定是，街道的寬度僅須足夠讓兩隻駱駝交會通過。屋主也可以進行擴建，將街道兩側的建築物上半部連接起來。因此，街道常會成為隱藏在密集城市地景之中的封閉式走廊。關於這點，語言就很能說明這種現象：阿拉伯語裡的「市場」是「*suq*」，源自阿卡德語的「街道」（*suqu*），而這個字本身的字源則是「*saqu*」，也就是「狹窄」的意思。露天的集市於是成了線性的街頭市場，沿著錯綜複雜的細長小巷向整座城市輻射出去。[5]

這種表面上的混亂和壅塞並沒有扼殺這座城市；超高的密度反而釋放了一種新的活力。其雜亂無章的特質並不意味城市失敗了，反倒還是成功的標誌：大家出於宗教和商業的原因而湧入城市，填滿了所有可用的空間。伊斯蘭世界的商業市集和專供貿易商聚集的區域，其複雜與專精的程度都超越了羅馬的市集和廣場。主導伊斯蘭城市中心的是兩個人類都市史上的新場域，露天市場和清真寺。清真寺尤其具有多重的城市功能，如公共禮拜場所、法院和教育場所。

在清真寺進行禮拜，可以讓人接觸到露天市場裡無盡的物質財富，這些財富來自於全球貿易體系。伊斯蘭城市向整個烏瑪開放，不論居民的族裔、出生城市，或是否皈依伊斯蘭教。阿拉伯帝國涵蓋了全世界生產力最高的地區以及其城市化的中心地帶，亦即地中海、敘利亞、埃及和美索不達米亞。其貿易路線深入撒哈拉沙漠，沿著絲路前往中亞和中國，並跨越海洋抵達東非、印度和東南亞。穆斯林認為，他們之所以能取得對世界經濟中心的控制並享有其一切成果，此乃他們順從真主的回報，一切合乎正義。

在整個中世紀期間，世界上二十個最大的城市當中，有十九個位於穆斯林地區或中國。（其中唯一非穆斯林，也不位於中國的城市是君士坦丁堡。）人類世界的財富和能量都集中在這個如珍珠項鍊般橫跨了陸地和海洋的城市網絡之中：從西班牙的哥多華，串連到西非的加納城，再到中國的廣州，而巴格達則是這個網絡的輻射點。對於歐洲而言，這是黑暗時代，但世界上其他大部分地區卻享受著黃金時代。

★

「我見過偉大的城市，包括那些以堅固耐用的建築而聞名的城市，」九世紀的散文家賈希茲曾如此寫道：「我在敘利亞地區、在拜占庭境內和其他省份都見過這樣的城市，但我從未見過哪個，比（巴格達）更高、圓形更完美、功能更優越、大門更寬敞、防禦工事更完善的城市。」阿拔斯王朝的哈里發曼蘇爾十分欣賞歐幾里德，他下令將他的城市打造成一個完美的圓形。宏偉的環狀城牆上開了四個城門，城門彼此之間都等距，並有四條筆直的道路穿過這些巨大的城門通向城中央；而在城中央還有一個圓城鑲嵌於這個圓城之中。巴格達的居民可以在這個圓形區域裡看見皇宮巨大的綠色圓頂和大清真寺。但他們不能冒險進入這個私人區域，因為那裡專屬於哈里發的宮廷朝臣、他的家族、衛兵和帝國官僚。它有點像北京的紫禁城，是位於城市核心的神聖統治空間。巴格達透過意向和設計表達出幾何和城市的完美。「它就像是被倒入模具鑄出來的成品一般。」賈希茲驚嘆道。[6]

阿拔斯王朝的哈里發將他們的城市視為「宇宙的中心」，而其完美的圓形便是這個隱喻的體現。美索不達米亞被認為是世界的中心，而巴格達則是美索不達米亞的中心。這座城市由一系列的同心圓所組成，象徵著宇宙的布局，而宮殿就是核心，與各個國家、各族人民等距。不論走的是陸路、河流還是海洋，條條道路都通往巴格達。那四道城門以及那四條直通圓盤中心的道路，讓巴格達成為名副其實的世界十字路口。大馬士革門或沙姆門通往敘利亞和地中海，庫法門通往阿拉伯半島和麥加。東北邊有呼羅珊門將這座城市與伊朗、中亞和中國相連在一起；至於在東南象限，巴斯拉門則指向印度洋和東亞的海洋世界。九世紀的地理學家亞庫比曾如此描繪：當曼蘇爾望向巴格達一旁的河流時曾說道，「這是底格里斯河；我們和中國之間沒有障礙；海上的一切都可以經由這條河流來到我們這裡。」[7]

當然，讓巴格達成為宇宙中心的並不是地理因素，而是權力和金錢。世界上的財富以稅收的形式，從這個地球上最富裕的商業帝國流向新的帝國首都。巴格達於是成為重要的軍械庫和帝國菁英官員的住所。他們巨大的消費能力以及對奢侈品的渴望，讓這座城市對於來自阿拉伯和波斯的數十萬移民而言極具吸引力。

隨著時間推移，來自帝國各地的穆斯林以及人數較少的歐洲人、非洲人和亞洲人群體，也加入了他們的行列，其中包括一些中國的金匠、畫家和絲綢織工。所有人都被匯聚在這個帝國大都會的大量財富給吸引而來。奴隸群體的來源甚至可能更加多元，包括斯拉夫人、努比亞人、衣索比亞人、蘇丹人、塞內加爾人、法蘭克人、希臘人、土耳其人、亞塞拜然人和柏柏爾人的男女和兒童。城裡還有一個基督徒社區，裡頭有教堂和修道院。這座城市同時也是約四萬五千名猶太人的家園。城裡文化背景多元的居民，只有少數居住在所謂的圓城裡。他們是帝國的官員和行政人員，居住在哈里發的宮殿附近，也就是夾在外城牆和宮殿城牆之間的環狀住宅區裡。至於真正的城市，也就是一般人生活和工作的地方，則在這個圓城的城牆之外蔓延開來。巴格達是一座由許多城市組成的城市。

彩圖 1　烏魯克是世界上的第一座城市；這幅繪製於二〇一二年的圖像，重現了這座城市於公元前二一〇〇年的樣貌。

彩圖 2　今日已經拆除的紐約賓州車站。該車站的設計以羅馬的卡拉卡拉浴場為範本，同樣有輝煌的氣勢和寬闊的空間。

彩圖 3　游泳一直是城市裡最主要的休閒活動。一九三八年，幾位來自紐約最貧窮的移民區的孩童，正在從一座廢棄工業建築跳入汙染嚴重的東河裡。不到一年之後，該區域便被紐約的總體規劃師摩斯改建為占地約二十三萬平方公尺的東河公園。

彩圖 4　在街上購買、享用食物，就是都市社交生活的核心活動。紐約黑斯特街（Hester Street）這幅拍攝於一九〇三年的雋永照片就說明了這點。

彩圖 5　伊斯蘭之城：布哈拉。

彩圖 6　絲路除了運送貨物之外，也能傳播知識。巴格達或許是九世紀世界上最大的知識庫，但它的學識能量和學者，不少都來自塔什干這座中亞的大都會。

彩圖 11　貧民窟、工廠和街道：新堡（New Castle）的孩童，約攝於一九〇〇年。

彩圖 12　一九六八年，女演員卡森（Violet Carson）於《加冕街》（*Coronation Street*）這部肥皂劇裡飾演的夏波斯（Ena Sharples），正在一棟新建的高樓陽台上眺望曼徹斯特的工業城市地景。「在我還是小女孩的時候，這個世界不過就是五、六條街，和幾塊荒廢的地所組成的，剩下的只是嘴上講講而已。」她如此回憶道。

彩圖 13　梵谷的《巴黎郊外》（一八八七年）描繪了被迫遷往位於都市邊陲、沒人喜愛的「可憐鄉下」的巴黎窮人。

彩圖 14　卡耶博特於一八七七年的繪製的《雨天的巴黎街道》，不只捕捉到十九世紀整潔的城市，也描繪出現代都會所孕育的社會異化。

彩圖 15　馬內令人不安的《女神遊樂廳的吧檯》（一八八一－一八八二年），是對現代都市生活的最偉大的藝術註解。他的城市充滿了各種奇觀和活動，而人類之間的關係也變得愈來愈模糊易變。這位酒吧女侍帶有敵意的表情，正是所有被迫不斷和陌生人互動的現代都市人的表情，因為你無法確知某個陌生人會不會是侵犯者。

彩圖 16　馬內的《李子白蘭地》（一八七八年）捕捉到了那些能自由外出的女性，在男性主宰的都市公共空間裡依然坐立難安的樣貌。

曼蘇爾的城市總體規劃者在圓城外設置了四個大區，在那些人口稠密的街區裡，有寬闊的大道、街道、住宅、商店、清真寺、花園、競技場、浴場和市集。巴格達不斷擴張，跨過了底格里斯河，而東邊的城市則和原本位於西邊的城市平行發展，並由著名的船橋相互連結。繼任的哈里發和貴族則從如蠶繭般的圓城中遷出，在城裡各地為自己和其家族建造宮殿和清真寺。

「世界上所生產出來的東西，這裡全都有，」中國的囚犯杜煥（音譯）寫道：「推車載著無數的商品前往市場，那裡什麼都有，而且價格便宜。錦緞、刺繡的絲綢、珍珠和其他寶石都陳列在市場和街頭商店裡。」一位作家曾如此描述這座城市的鼎盛時期：「這裡的每個商人以及每種商品，都可以在指定的街道上找到，每條街道上都有成排的商店、攤位和小院。」[8]

市場裡蘊藏著這個世界的豐榮物產：來自中國的陶器和瓷器；來自中亞的絲綢、地毯和織物；來自設拉子的梅子；來自耶路撒冷的榲桲（又名木梨）；敘利亞的無花果；埃及的糕點；印度的胡椒和小荳蔻；東亞的香料。還有些街道和市場則是專門供應牲畜、馬匹、奴隸、貴金屬和寶石、珠寶、地毯、木工、五金、魚、麵包、布丁、乳酪、糖果、肥皂和洗滌劑、草藥和香料，以及幾乎任何一切，每個心靈所嚮往之物。比方說，為了保鮮，會用雪包裹西瓜，一路從布哈拉（彩圖5）*快遞過來。

《天方夜譚》裡有則名為〈巴格達的搬運工和三位女士〉的故事：有個搬運工被雇來陪伴一位女士在城市裡瘋狂購物。第一站他們買了一壺上乘的葡萄酒。接下來則光顧了水果店，買了「沙米蘋果、奧斯曼榲桲和阿曼的桃子，以及產自尼羅河的黃瓜、埃及萊姆、蘇丹橙和香水檸檬，此外還有阿勒坡

*編按：布哈拉位於今日烏茲別克西南部，是古代絲路上的城市，九世紀時曾為伊斯蘭政權薩曼王朝的首都。

茉莉、香桃木漿果、大馬士革海棠、女貞花和洋甘菊、血紅牡丹、紫羅蘭和石榴花、多花薔薇和水仙花」。他們接著又去了肉店買羊肉。再下一站則是賣乾果、開心果、提哈瑪葡萄乾、去殼杏仁的雜貨店；然後又去了糖果店買「鏤空餡餅和帶有麝香味的炸麵糰、『肥皂蛋糕』、檸檬麵包、蜜瓜蜜餞，和『宰納卜的梳子』、『女士手指』和『卡齊的小點』，以及各種各樣的好東西」。此時搬運工已經累了，但那個女人根本還沒買完呢：有個調香師能提供「十種香水，有玫瑰麝香、橙花、睡蓮、柳花、紫羅蘭和其他五種……兩塊糖，一個香水噴瓶，一大塊男性香精、蘆薈木、龍涎香和麝香，還有亞歷山卓的蠟燭。」最後一站則是蔬果店，那裡出售「用鹽水和油醃漬的黃薑和橄欖，搭配龍蒿、奶油乳酪以及敘利亞硬乳酪」。這是一首美食家縱情的狂想曲，當搬運工回到這位女士在巴格達奢華的家中時，這首狂想曲卻演變成一場性狂歡。

九世紀的哈里發馬蒙習慣喬裝成一名普通工人，溜出宮殿品嚐首都裡著名的街頭美食。令他的朝臣感到恐懼的是，他最喜歡去的地方是販賣朱大巴的食肆；所謂的朱大巴，是一種用雞肉、鴨肉或肥羊肉製成的料理，烹調方式是將肉放在戶外的坦努爾土窯中烤製，然後再將肉擺在用蜂蜜、玫瑰水、糖、果乾、香料和番紅花調味的甜麵包布丁上。在慢火烘烤下，肉的脂肪和汁液會滴入甜麵包中，製作出一道令人難以抗拒、既甜又鹹的美味菜餚，是深受城市大眾歡迎、在市場和路邊就有的外帶食物，連哈里發都偶爾要喬裝身分偷偷來光顧。[9]

馬蒙的侄子，亦即阿拔斯王朝的第十任哈里發穆塔瓦基爾，曾聞到船上有名水手正在烹煮希克巴加。抵擋不了誘惑的他，命人送上那鍋佳餚。希克巴加是巴格達的特色菜，是用醋、蜂蜜、果乾和香料烹製而成的酸甜燉肉或燉魚，還會點綴少許辣香腸；這是一道不論貧富都非常喜歡的菜餚。穆塔瓦基爾吃掉了那個水手的晚飯，最後送還他一個裝滿錢的鍋子；穆塔瓦基爾說，那是他吃過最美味的希克巴加。[10]

從哈里發和超級富豪，到最貧窮的人，巴格達人看待食物的態度極度認真，而且會使用稀有昂貴的食材。這座城市是這樣的：哈里發會親自監督他最喜愛菜餚的製作過程，詩人會為食譜譜寫哀歌，而廚師可以擠身名流。你可以大嚼多汁、用香料調製的羊肉沙威瑪（shawarma），也就是土耳其烤肉（doner kebab）的前身（土耳其烤肉又稱巴茲瑪瓦，這是一種九世紀的雞肉捲餅，裡頭有切碎的堅果和草本香料）。另一種最受歡迎的街頭美食則是巴丁占馬希（badhinjan mahshi），就是將茄子煮熟並切碎後，和磨碎的核桃與杏仁、煎到焦糖化的洋蔥、新鮮草本香料、醋、肉桂和香菜籽混合在一起。

★

正如哈里發馬蒙會告訴你的那樣，街頭小吃可能是您所能找到最佳美食當中的一項。在二世紀的羅馬或十九世紀的紐約這類特大城市裡，城市並沒有留下太多空間給家庭設置廚房，因為爐灶很占空間。於是，街頭小吃便成了必需品；並且在任何重視美食的城市裡，街頭小吃的水準都很高。不僅如此，對於特大城市的經濟，街頭小吃和外賣也有至關重要的功能，尤其是能夠維持移民和邊緣化群體生存所需的非正規經濟。對於許多沒有其他東西可賣的移民來說，賣吃食往往是進入城市的一條生路。墨西哥城和孟買各有近二十五萬名街頭小販，在勞動人口中的占比很高。十九世紀中葉的倫敦也有數以萬計的路邊攤，其中五百人只賣豌豆湯和熱鰻魚，還有三百人專賣炸魚。[11]

如今的拉哥斯，這座龐大的城市就像一個永遠交通壅塞的巨型市場和露天廚房。那裡最常見的就是販售阿格格軟麵包的小販。這種麵包是在拉哥斯一個叫做阿格格區的數百家小型麵包坊中烘焙的，所以因此得名；麵包烤好之後會分送給數千名小販，為早晨的通勤者提供食物。小販們會把麵包頂在頭上，並在上面覆蓋一層玻璃紙，然後將麵包堆成一座金字塔，和一桶桶的奶油與美乃滋放在一起，用一種獨特的叫賣在城裡巡迴：「*Agege bread ti de o!*（阿格格麵包來了）」通常他們旁邊還會有賣燉豆子的人，這種燉豆子被稱為「*ewa ayogin*」。更常見的則是路邊三腳架上烤的玉米。根據玉米小販的估算，包含烤架、攤子、木炭、鍋子和玉米在內，這種生意的創業成本不到三十美元；將玉米連同傳統的配菜，如椰子、梨子和堅果一起賣給路過的駕駛，每日可賺取的利潤約為四美元，略高於當地的平均日薪。玉米是拉哥斯人的主食。正如一位小販所說的：「這個生意……能讓我走上穩定的道路，可以養家活口、支付房租，還讓我能以寡婦的身分送孩子上學。奈及利亞人離不開玉米，我們也永遠可以靠著玉米的滋味來賺錢。」[12]

在一個所有人都在不斷移動、熙來攘往的大都市裡，外帶食物是件很合理的事。在發展中國家裡，大部分的餐點都是在街頭消費的。如果沒有那些非正式部門以及其中的商販大軍，很多人根本連飯都吃不到。靈活機動的街頭小販，能在城裡正規經濟供應不足的部分地區裡開闢出新的市場。對這些大多都是女性的拉哥斯小販來說，在不斷受到競爭對手或警察威脅的情況下，他們的生活充滿了不確定性。維多利亞時代的倫敦也和拉哥斯一樣，街頭小吃的小販是由失業者、文盲、無家可歸之人、一般窮人和新移民所組成的；他們被視為街頭秩序的破壞者和威脅者，和乞丐、妓女、騙徒和小偷被歸為同個等級。

倫敦居民乃是靠著一大群街頭食物小販來填飽肚子，那些小販大多數是女性，她們頭上頂著手推車或籃子在街道上穿梭。熱餡餅、堅果、草莓、櫻桃、魚、牡蠣、蛋糕、牛奶，應有盡有。街邊的油煎香腸和烤蘋果小販必須和許多攤商競爭，如擦鞋工、磨刀工、衣服修補工、民謠歌手和二手衣商。

身兼改革者、作家和《猛擊》聯合創辦人的梅休，列出了一八五〇年代最受歡迎的街頭小吃和飲料：炸魚、熱鰻魚、醃海螺、羊蹄、火腿三明治、豌豆湯、熱青豆、便士派、梅果乾布丁、肉布丁、烤馬鈴薯、香料蛋糕、馬芬蛋糕、鬆餅、切爾西麵包、糖果、白蘭地球、茶、咖啡、薑汁啤酒、檸檬水、熱葡萄酒、新鮮牛奶、驢奶、凝乳和乳清，以及冰沙飲料。對於收入微薄的窮人來說，街頭早餐就是咖啡以及攤販或推車販賣的熱食；午餐由「多種」貝類組成；晚餐則可以選擇熱鰻魚、一品脫的豌豆湯、烤馬鈴薯、蛋糕、餡餅、糕點、堅果或橘子。會在深夜上劇院，或是喜歡尋歡作樂、參加派對的人，則可以靠咖啡、三明治、肉布丁或羊蹄恢復活力。[13]

在擠滿食物小販的城市裡，小販們風格獨特、適合用來喊唱的叫賣聲和歌曲銘刻成了市民集體記憶的一部分。他們就是街頭詩歌的一部分，那是種雜糅食物氣味的喧囂。他們不斷地唱著「櫻桃熟了——熟了——熟了！」、「熱布丁餡餅熱唷！」、「白蘭地球呀球！給你！白蘭地球，四個一便士！辣味薑餅，辣得像火一樣！」。[14]

街頭小吃的歷史就是城市本身的歷史。正是移民的歷史在推動著城市的發展。梅休那個時代的倫敦人，就像他們羅馬時代的祖先一樣，每年都從街頭小販那裡吃掉數以億計的牡蠣。狄更斯的《匹克威克外傳》（一八三六年）裡的山姆曾寫道：「這是一個非常特別的情況，先生，貧窮和牡蠣似乎總是一起出現。」到了十九世紀下半葉，曾經供應好幾個世代倫敦人的牡蠣，才終於因這座超大城市裡三百萬人口的需求而被捕食殆盡；自此之後，軟體動物便成了一種奢侈品，而大家轉而效忠於最英式的街頭食品：炸魚薯條。自十六世紀起逃離西班牙和葡萄牙迫害的塞法迪猶太難民*，把這種將魚油炸的作法帶到倫

---

*編按：指源自西班牙與葡萄牙的猶太人，但通常用來指稱非阿什肯納茲猶太人，即中世紀生活在中歐與東歐的猶太人。

敦，此後便逐漸普及；配上薯條一起吃的形式則可以追溯至一八六〇年代：當時這位來自東歐的阿什肯納茲猶太青少年馬林，在靈光一閃下將炸魚和薯條結合在一起，決定放棄家族的地毯編織生意。他將托盤掛在自己的脖子上，在街上販賣炸魚和薯條。他在街頭取得成功之後，便在倫敦東區開了一間店面。

到了一九二〇年代，英國擁有三萬五千家炸魚薯條店，而這也成了工人階級很常吃的外帶小吃。這些年來，大家的口味再次變得更加多元。到了二十世紀後期，炸雞也成了英國許多內城區裡隨處可見的街頭小吃，反映了非洲人、非裔加勒比海人、亞洲人和東歐人的口味和料理；而深夜飲酒的文化就更不用說了。在擁有多元文化的城市裡，炸雞跨越了族裔、宗教和階級的界線。

炸魚薯條先是由猶太難民帶來倫敦，後來又被陸續抵達這座城市的新移民群體烹調出售，如義大利人、中國人、賽普勒斯人、印度人、波蘭人和羅馬尼亞人。紐約下東區也有類似的故事，那裡許多常見的速食餐點，起初都是由急需謀生的移民商販從推車上賣給成衣工人的，如猶太人的鹹牛肉、貝果、奶油乳酪、燻鮭魚、油炸鷹嘴豆餅、醃酸黃瓜和燻牛肉；來自德國、奧地利和瑞士的漢堡、熱狗和椒鹽蝴蝶餅；義大利的披薩和冰淇淋；希臘的烤肉串等。從二十世紀初開始，為了淨化城市和清空人行道，政府趕走了下東區街道上的推車。移民社群中，原本圍繞著街頭小吃、能將社群團結在一起的戶外社交傳統，也隨之告終。接下來的街頭食物流行浪潮，則見證了那些席捲現代城市的各種社會變革。猶太人和東歐人的推車，開始被中國、越南、德州－墨西哥、日本和韓國的食物取而代之，後來又被阿富汗、埃及和孟加拉人販售的清真菜餚所取代。

若想通往城市的心臟，其中一個途徑便是穿過它的胃袋。食物改變了大家生活在城市裡，以及體驗城市的方式。洛杉磯人對街頭小吃的熱愛由來已久，這始於十九世紀末賣玉米粉蒸肉的墨西哥推車小販

（*tamaleros*）和華人街頭小販。從一九六〇年代起，由冰淇淋車改裝成的隆切羅斯*餐車開始向洛杉磯東區不斷增長的拉丁裔人口販售塔可餅（taco）、玉米粉圓餅（tostada）、墨西哥捲餅（burrito）、油炸餡餅（gordita）、涼拌海鮮（ceviche）和玉米餅（torta）。從一九八〇年代，洛杉磯的拉丁裔社區則開始迅速發展並分散到各地，從而改變了這座城市的飲食面貌。隆切羅斯餐車的流行，開始從移民聚居區擴散到大學校園與夜生活熱點，接著又傳到這個大都會裡的其他地方。

二〇〇八年的金融危機以及社群媒體的出現，一起推動了洛杉磯快餐車的爆炸式增長。負擔不起餐廳店面的廚師、收入縮水的顧客，再加上宣傳美食事業的技術，導致街頭快餐車的數量增加到三千多輛，販售著來自全球各地的街頭小吃。然而，這場變革卻必須面臨嚴格的法律和當局的反對：官方的態度傾向將街頭小吃視為混亂、帶來侵擾和不衛生的事物。拉丁裔小吃販售模式的散播以及其他加入潮流的人，都在這個長期由汽車主導的大都市裡創造出難得的街道生活。大家被美食部落格和社群媒體上最新流行的美食所吸引，前去他們可能從未想過要踏足的地方。食物的誘惑觸發了過去停車場和人行道上不曾存在的飲食、音樂和社交文化。

一如維多利亞時代倫敦的小販、紐約的手推車小販和洛杉磯的餐車廚師，拉哥斯的小販也是城市裡最具創業精神的人。市場、廉價咖啡館、快餐車、隆切羅斯餐車以及其他類似的場所，就是城市社群和經濟的心臟。在二十一世紀，評斷一個城市好壞的標準，就是食物的品質和多樣性；除了博物館和城市景觀外，遊客也同樣會衝著市場、餐廳和街頭小吃而前去某個城市。我們經常以吃的方式遊歷一座城

---

*譯按：*loncheros*，西班牙語的「小吃店服務生」之意。

市，也會透過族裔料理和市場的分布來了解它的地理。

一如《天方夜譚》裡關於搬運工的故事所闡述的那樣，在做飯採買的時候，我們會穿越整座城市，在幾個專賣某種東西的市場區域之間移動。對於大多數城市來說，在歷史上大部分的時間，城市一直都是個巨大的市場和露天廚房，也是一系列專門零售某種商品的室外和室內空間。諸如東京的築地魚市場、巴黎的雷扎爾和倫敦的柯芬園這種大型食品批發市場，都是在城市沉睡的夜裡運作，從而催生了一個由通宵營業的酒吧、咖啡館、街頭小吃和餐廳所組成的支持生態體系。在夜裡販賣食品的活動，也開啟了城市裡的夜生活。多年來，大多數餐點都是在街上烹製，並以隨意即興的方式享用的。城市的生活和喧囂已經成為填飽肚子和挑逗味蕾的一部分環節。對於孟買或拉哥斯的市民來說，社交、文明舉止和歡樂，與幾乎存在於每條街上、不分晝夜的必需品和奢侈品的採買活動息息相關。一旦消滅街頭市場和小販，一座城市就會失去創造社交氛圍最重要的條件之一。

奈及利亞裔美國籍作家柯爾，曾在他二〇一五年關於現代拉哥斯的小說《日日都為盜賊而生》中，描述了市場在城市生活的中心地位：「上市場，是為了要參與這個世界。和世上的一切一樣，在市場裡需要謹慎一些。市場作為城市的本質，總是充滿了可能性和危險。陌生人在千變萬化的世界中相遇，你當然需要有所警覺。大家來這裡不只是為了買賣而已，也是因為這就是一種責任。如果你只坐在家裡，拒絕上市場，你要怎麼知道別人是否存在？你要怎麼知道你自己是否存在？」[15]

★

巴格達人想要的可不只是吃好料而已，他們也想閱讀關於美食的訊息。瓦拉琴市場裡就聚集了一百多個書商。那裡出售的許多書籍都是關乎飲食文化的各個層面。於是，這種對烹飪的狂熱也推動了一項新的革命性技術的發展：造紙術。

巴格達建城之時正好適逢造紙術從中國傳入，這個時間點使得書面材料開始得以前所未有的規模傳播。巴格達的第一家造紙坊是由巴爾馬其家族所建立的，而該家族是一個中亞氏族，其財富和權力在阿拔斯王朝統治期間達到頂峰（歐洲一直要到近五百年之後，也就是十三世紀時才會開始造紙）。於是抄寫員這個新興職業應運而生，以滿足大家對於文學的熱愛。[16]

作為「宇宙的十字路口」，巴格達吸引了全世界的財富以及隨之而來全世界的知識。在這個被稱為「文人之地，學者之源」的城市裡，成功的詩人如果能獲得超級菁英或哈里發本人的資助，就有可能會成為富有的名人。從勿里洞沉船中所找到的數百個墨水瓶，就是識字率爆炸式增長的明確證據。[17]

然而，動力的來源還是來自於最高的階層。到了九世紀中葉，巴格達成為了當時世界上最大的知識寶庫（彩圖6）。「智慧之家」是一個隸屬於王室的龐大皇家手稿和書籍檔案館。巴格達作為「宇宙十字路口」的這個概念並不僅只適用於貿易。阿拔斯王朝首都的地理位置也產生了顯著的影響。來自西方的學者帶來了植根於雅典、亞歷山卓和羅馬的大量希臘語及拉丁語的學識，但除西方學者之外，也有來自巴格達、波斯、印度、中亞和中國的學者。多虧有紙張的引入和巴格達人對一切事物所抱持的好奇心，過去幾個世紀以來的許多知識才得以獲得保存和擴展，否則它們很可能會就此佚失了。巴格達向四面八方開放，不僅成為美食和群眾的交匯處，也成了思想的交匯處。

花拉子米（約七八〇至約八五〇年）所取得的巨大成就，便充分說明了東西方知識的湧入及其產生的各種碰撞。花拉子米是一位波斯祆教徒，出生在呼羅珊地區（位於今烏茲別克境內）的一座綠洲城市；和當時許多最有影響力的知識分子一樣，他也非常嚮往巴格達的智慧之家。他在那裡吸收了大量來自希臘、巴比倫、波斯、印度和中國關於數學、幾何、科學和占星術的著作，這些知識在史上首次於巴格達匯集。[18]

《還原與平衡計算概要》就是他所造就的革命性成果。花拉子米在該書中大幅推進了人類對數學的理解。他的鉅作將古希臘的幾何學、中國數學和印度數字論融會貫通，並以其為現代代數奠定基礎，和求解線性和二次方程式的方法。他關於算術的第二部偉大著作《印度算術中的加減法》也產生了同樣巨大的影響：該書將印度人的數字系統引進了阿拉伯世界，後來又引入了歐洲。他名字的拉丁化版本是「Algoritmi」，這個字就是英文「演算法」（algorithm）一詞的字源，暗示了他對計算的貢獻；我們今日的生活依然被演算法所支配著。不過在中世紀期間，「算法學家」則是指採用花拉子米數字編碼系統的人：該系統使用九個數字和一個零。在很短的時間之內，算法學家（也就是花拉子米的追隨者）便開始使用小數點。

花拉子米來自烏茲別克一個綠洲城市的這個說法，可能會讓人以為他原本默默無聞，是在被送到大城市後才一舉成名的。但事實並非如此。長期以來，我們多將目光放在羅馬、希臘或阿拉伯城市，中亞在現代史之中經常被邊緣化甚或是完全忽視，但其實中亞擁有世界上最精細的城鎮文化和一些最先進的城市。[19]

與中國之間的貿易，讓巴爾赫、撒馬爾罕和梅爾夫*等商業中心變得極為繁華；幾個世紀以來，這個廣闊地區的主要節點都被旅人和移民塑造和重塑，從希臘人、猶太人和中國人，到印度人、伊朗人、土耳其人、敘利亞人以及阿拉伯人，每個群體都帶來了他們的文化、技術、科技和宗教。這些城市還吸引了來自草原地帶的游牧部落，他們會將蜂蜜、蠟、獵鷹、動物皮革和皮草帶到市場上販售。城市於是開始蓬勃發展。比方說，阿拉伯歷史學家穆卡達西便曾在十世紀末，將梅爾夫描述為「一座令人愉快、精緻、優雅、輝煌、廣闊和宜人的城市」。與絲路沿線的許多其他城市一樣，梅爾夫也擁有壯觀的建築和最先進的基礎設施。[20]

原本信奉佛教，後來皈依伊斯蘭教的巴爾馬其家族，來自今日阿富汗北部奧克薩斯河谷的巴爾赫；在幾任哈里發之後，這個家族創造出巴格達最富裕、最強大的王朝。他們不只為這座新的大都市帶來了紙張，還帶來了來自家鄉的知識能量和開放態度。雖然巴爾赫現在已經成了一片廢墟，但它仍是古典時代晚期最偉大的城市之一：羅馬人認為它富饒得難以言喻，而阿拉伯人則認為它美麗得無與倫比。[21]

這些文化及其多元的國際大都市成了繁榮發展的知識中心，擁有本領高強、技術精湛的科學家、天文學家、醫生和數學家，以及對書籍的熱愛。為了成為全球大都市當中的佼佼者，巴格達理所當然地利用了中亞城市長期培育的知識能量。花拉子米只是其中一個從中亞大都市被吸引到這個哈里發首都的人。巴爾馬其王朝的崛起，讓中亞的知識力量成為巴格達非凡發展的基礎。

在耶穌誕生的前後幾世紀裡，亞歷山卓為知識的巨大進步提供了條件。倫敦皇家自然知識促進學會成立之後，為牛頓、波以耳、洛克、雷恩和虎克等傑出人物提供了聚會場所，因此從一六六〇年代起，倫敦便因為科學熱潮而變得非常活躍。按時間順序來看，巴格達正好就落於這些科學革命之間，因而加入了亞歷山卓和倫敦的行列，成為進入現代之前重大科學進展的三個發生地點之一。為什麼這些人類知

＊編按：梅爾夫位於今日土庫曼馬利市附近，歷史上曾為多個政權的首都，位於撒馬爾罕與巴格達之間的絲綢之路上。

識的加速發展，會在這些時間點發生在這些城市裡？這些問題當然沒有簡單的答案，但至少這三座城市都有一系列相同的因素，同時點燃了導火線。它們在政治上和商業上都很強大；都有野心勃勃的菁英，準備掏腰包出錢贊助科學實驗；也都有活潑而好奇的大眾，這有助於創造出一種樂於探究的文化。最重要的是，它們向新的思想和新到來的人敞開了大門。

巴格達豐富的財富以及對於知識的熱情，匯聚了一批令人眼花繚亂的博學者，他們得以在一起工作、思考，而在巴格達，他們還會一起吃飯。巴格達知識界的核心，就是智慧之家和巴格達的天文台。這座城市的學者，在光學、醫學、化學、工程學、冶金學、物理學、音樂理論和建築學等方面進行了開創性的工作。偉大的博學家賈比爾，他以拉丁化版本的名字傑伯（Geber）聞名於西方世界，被認為是「化學之父」，他開創了以實驗室為基礎的實驗方法；在科學史上，他與波以耳和拉瓦節相提並論。但他的貢獻常常遭人忽視。由於他是一位會使用神祕語言，有時甚至會使用密碼寫作的煉金術士，因此他的拉丁名字就成了英文裡的「胡言亂語」（gibberish）一詞的字源。[22]

伊斯蘭文藝復興的其中一個特徵，就是匯集了古代和現代的大量知識，將其綜合並簡化以供日常使用。換言之，伊斯蘭文藝復興是帶有實用主義的。數學、天文學和地理學都是掌控世界的關鍵學問，因為這些學問創造出地圖和導航輔助工具以及其他各種東西。地理學家馬克迪斯在為其著作《世界知識的最佳分類》（九八五年出版）進行研究時，曾前往波斯灣和紅海的港口，採訪了許多「船長、貨運船長、海岸守衛部隊、商業掮客和商人，我認為他們就是眼光最好的人」。這些人就是複雜儀器以及數學和天文計算的專家。[23]

★

連接波斯灣和珠江的海上絲路，是幾百年來由佛教傳道者和商人的行經路線所組成的。這些道路不僅是貿易之路，也是學習之路。來自朝鮮半島的僧侶慧超從家鄉出發，前往廣州的寺廟學習。他在廣州登上了一艘可能由波斯人擁有，並有波斯船員的船，於七二〇年代在東南亞的各個城市間穿梭，最後再穿越印度，經陸路返回中國。像慧超這樣的僧侶，也是資訊交流活動的一部分，乃是透過亞洲的城市網絡來傳播知識，而宗教、思想和貿易活動，就是透過紙張這個能開啟許多可能性的新科技來傳播的。[24]

俱蘭曾是中世紀最偉大的城市之一，但這座城市今日的知名度並不高。然而，這座城市的奇特故事依然闡明了十世紀前後的都市榮景，以及亞洲城市化現象全盛時期那奇特、多元且充滿異國風情的世界。俱蘭現稱為奎隆，位於印度南部喀拉拉邦的馬拉巴爾海岸。甚至是在九世紀之前，那裡就已經是個歷史悠久且輝煌的港口。但到了九世紀初，它的命運卻每況愈下。坦米爾國王瓦爾瑪從敘利亞請來了兩名基督教修士薩博爾和普羅斯＊，請他們重建港口並管理其貿易。[25]

這兩位受到託付的基督教承包商表現得很好：公元八二五年開港的俱蘭，不僅成為印度最繁忙的港口，也是中世紀前期世界四大轉口港之一，與亞歷山卓、開羅和廣州齊名。俱蘭有個重要的中國僑民社群；那裡也住著景教基督徒、來自阿拉伯和波斯的穆斯林、猶太人、耆那教徒、印度教徒、佛教徒和來自印度洋地區的各個民族。在波斯商人塔吉爾的描述裡，九世紀的俱蘭滿是大型的中國商船，他們將俱蘭當成廣州和巴格達航線上的轉運樞紐。這座城市的財富取決於其極重要的全球功能：幾個世紀以來，

＊編按：在聖多馬基督教傳統中，這兩位主教於公元八二三年在俱蘭登陸，並在當時印度統治者許可下建造一座教堂。兩人在聖多馬基督教社群中受到尊崇。

它一直都是其中一個人類最為渴求的商品的貿易中心，這個商品便是黑胡椒。[26]

食物以及我們不斷改變的口味改變了這個世界。根據中國唐代的僧侶義淨的說法，中國的食物世世代代以來都是平淡乏味的。但印度的烹調法和食材的發現卻徹底改變了中國人的烹調方式，並從此開啟了貿易榮景。於是這個超過一萬九千公里、環環相扣的貿易網絡，便為俱蘭等全球的主要城市帶來了蓬勃的生機。[27]

從蒙巴薩到廣州，分布在季風海域周圍的城市，都反映出非常相似的城市性和世界主義。俱蘭的多樣性並不罕見；這便是季風海域城市的常態。今日位於孟買以南六十公里的賽穆爾，除了本地居民之外，還住著一萬名來自阿曼、錫拉夫、巴斯拉和巴格達的第一代移民，以及他們在印度出生的後代。在古吉拉特和康坎的海岸上，有許多城市的宗教和語言都非常多元，而賽穆爾就是其中之一。

今日位於索馬利亞的摩加迪休，也成了一個富裕而強大的商業都市，以其織品、乳香和黃金的出口以及富裕的商業社群而聞名於世。考古記錄顯示了其連結的範圍有多大：考古學家在那裡發現了來自斯里蘭卡、越南和中國的硬幣。但隨著時間推移，摩加迪休的光芒卻逐漸被基爾瓦給掩蓋。基爾瓦是波斯殖民者於十世紀在今日坦尚尼亞附近的一座小島上所建立的城邦。基爾瓦的居民都以中間人為業，如商人、金融家和貨運業者；他們從印度、中國和阿拉伯地區進口商品，然後在非洲大陸的市場上出售，藉此換取非洲的黃金、象牙、犀牛角、大型貓科動物的皮毛、龜殼、紅樹林木和鐵，接著再將這些東西出口到亞洲各地，尤其是中國。沿海主要商業城市的出現，也帶動了非洲大陸上的衛星城鎮；這些城鎮為來自非洲內陸的商品進行加工處理，並為離岸的城市提供食物。

一如今日，季風貿易帶的財富都是經由麻六甲海峽和巽他海峽所輸送的。馬來半島、蘇門答臘和爪哇出現了許多獨立的城邦，它們為了要從商船隊那裡分得一杯羹而展開爭奪。該地區是中世紀世界最富裕的地區之一，僅次於巴格達以及後來的開羅。夏季季風捎來了印度尼西亞香料群島，亦即摩鹿加群島的商人帶著丁香、肉荳蔻和荳蔻香料而來。但他們沒有辦法直接和客戶交易，因為來自印度、阿拉伯和中國的商人得要到冬季季風吹拂時才會抵達。因此，在轉運到世界各地的市場之前，這些香料和其他商品必須在這段期間先存放在倉庫裡。

數百年來，在這個全球關鍵的十字路口占據主導地位的，是一個幾乎快被人遺忘的城邦聯盟：三佛齊。它的主要都市是蘇門答臘島上的巨港；從八世紀開始，這座城市便控制著蘇門答臘、馬來半島、爪哇以及緬甸和泰國部分地區的城市聯盟。阿拉伯單桅帆船、印度船隻和中國戎克帆船，都會到這個富裕、信奉佛教的轉口港進行貿易和改裝船隻。巨港是阿拔斯王朝和唐朝，這兩個當時地球上最偉大帝國商人的相遇之處。

幾百年來，巨港一直都是個繁榮、熱鬧且國際化的地方，是個曾經存在但後來冰消瓦解的世界大都市之一。不幸的是，這座城市留下的遺跡所剩無幾；到了十三世紀，三佛齊帝國便從地表上消失了，而巨港位於河口的遺址則被洗劫一空，掩埋在沉積物之下。在鼎盛時期，巨港是個人量財富匯聚的地方，也是個享有國際聲譽的知識中心。但事實上，我們對於十一世紀巨港的了解，還不如我們對公元前四千年的烏魯克來得多。確實，中世紀印度洋地區的大部分城市都是如此的：那是一種不斷變化、自由流動、外向型的文化，幾乎沒有留下什麼痕跡。

即使在全盛時期，巨港的聚落很可能也主要是由木製的漂浮房屋所組成的：這是一種靈活的城市文明，能夠依自然環境或不斷變化的貿易模式而隨時準備遷移。儘管這些都已然湮沒於歷史中，但我們依然可以想像出這樣一個地方：來自亞洲和東非各地的商人，站在一袋袋的香料、一捆捆的紡織品，以及一箱箱的瓷器當中討價還價。在一連串彼此連結的季風城市中，這幕景象都相當常見。像鐘錶一般規律的季風，將一批批外國商人吹進了這些港口；直到季風能帶他們回家前，這些商人會在那些港口裡停留幾個月，除了開展業務、深化人脈之外，也會進行社交和交流想法。有些人會在外國城市停留多年，也有不少人會與當地居民通婚。

一位波斯商人曾回憶道，巨港擁有大量的人口，以及「多不勝數的市場」；光是在一個集市裡，他就看到了八百家貨幣兌換商。寫於六世紀的坦米爾史詩《馬尼梅克萊》便描述了坎奇普拉姆這座城市（位於今日的印度清奈附近）。那裡寬闊的大街上，有魚販、陶工、金匠、黃銅匠、木匠、石匠、畫家、皮革工人、裁縫、音樂家、珠寶商、海螺切割工和花環製造商，還有肉販，以及販售糖果、街頭小吃、檳榔葉和香藥的人。在那一旁，還有穀物商人的街道、吟遊詩人和藝人的街道、「提供性快感的妓女居住」的街道、馴象者的街道、馴馬者的街道，以及商店警衛居住的街道。此外，「有些街道上還有黃金評鑑師的漂亮房屋，也有眾多寶石商居住的街道；婆羅門階級居住的地方；皇室的主要幹道；部長和重要國家官員居住的街道；市議會、廣場和街角等公共區域」。[28]

巨港也有許多倉庫。二〇〇三年，在爪哇附近發現了一艘馬來－印度尼西亞船隻的殘骸，裡頭打撈出的五十萬件貨物，其歷史可以上溯到十世紀晚期，反映出巨港倉庫和市場往日的輝煌。這些貨物包括：中國的綠釉陶瓷、鏡子和錢幣；來自西亞和埃及的昂貴香水瓶；來自非洲和喀什米爾的水晶；阿富汗的青金石；斯里蘭卡的寶石；來自阿拉伯的藥品；來自泰國的精美陶瓷。此外，船上的貨物很可能還有食品、香料和紡織品。[29]

勿里洞號也是在巨港附近沉沒的。也許它當時正要在那裡停靠、交易一些貨物，也可能是在做完了幾筆好交易、載了香料之後剛剛離開。在沉船裡找到一枚三佛齊的硬幣，以及一些同樣來自三佛齊的吊秤。最有可能的解釋是：這艘單桅帆船曾在吳哥王朝時期的柬埔寨、緬甸、爪哇、泰國、馬來亞和越南的其他新興港口城市裡進行貿易。

在勿里洞沉船中發現的東西被收藏在亞洲文明博物館裡，而這件事也呈現出一個意義：今日的新加坡將自己視為數千年來海峽地區繁榮城市文明的現代旗手，也把自己看成是巨港這類強大城邦的天然繼承者。對於新加坡人來說，勿里洞沉船以及其他在二十一世紀被發現的沉船，都揭示了一種歷久不衰的亞洲城市傳統。和之前的巨港一樣，新加坡也掌控著穿越海峽的大量航運，並為其提供先進複雜的港口設施。和它的前身一樣，新加坡接待了來自全球各地大量且不斷變動的外籍人口，他們前來為貿易融資、提供娛樂、調製雞尾酒和烹製美食。和過去的季風大都市一樣，這裡有各種宗教並列共存：清真寺旁有道教、印度教和耆那教的寺廟；那裡有佛寺和猶太教堂；新加坡也看得到基督教的大多數教派，以及祆教徒、錫克教徒和無神論者。

最重要的是，新加坡幾乎是自然而然地認同了這些歷史遺緒，聲稱自己是某種獨特的城市主義形式的標竿；這種城市主義，多被歸功於古老的亞洲各地城市的建設理念，而非西方和英國的殖民主義。新加坡一向被認為是英國人所創造出來的產物，最早可追溯至一八一九年。然而，勿里洞沉船的發現卻改變了這種說法，讓新加坡得以繼承從九世紀一直繁榮到十六世紀的幾個城邦的衣缽。

這種城市傳統，為新加坡的都市雄心，以及如何在下一個千年裡，就未來城市的管理扮演精神上的領導地位，增添了一個更深層次的維度。透過在智慧城市技術，以及綠色政策上成為先驅，並大力宣揚其建築、清潔、安全和生活品質，新加坡提供了一個有別於西方的亞洲替代方案。勿里洞沉船以及其所代表的世界，被刻意放置在亞洲文明博物館的中心，凸顯出了亞洲曾經擁有許多強大的全球大都會而歐洲仍是純樸邊陲地帶的那個時代。

中世紀陸路和海路的豐富歷史，也被當代中國用來合理化他們復興絲路的事業，這個事業就是所謂的「一帶一路」。將中國與西歐連結起來的長途高鐵以及海上通道，就像過去的貿易路線一樣，都是促成城市化的力量。地處內陸深處的蘭州、烏魯木齊和霍爾果斯，都在轉變成貿易城市，被譽為二十一世紀的杜拜。至於海上航線，巴基斯坦的瓜達爾、斯里蘭卡的漢班托塔、緬甸的皎漂以及坦尚尼亞的巴加莫約，也都有中國人在進行開發，期待成為閃亮耀眼、高樓櫛比鱗次的港口城市。

這些城市是否會複製過去的大城市那種廣納百川的特性、智識上的熱情和刺激，現在下定論似乎還言之過早。不過投入高速鐵路、港口設施、發電廠、管線、橋梁和機場建設的數兆美元，確實也促進了城市建設的工程，努力將世界經濟的重心移回亞洲。換言之，就是要回到哥倫布出現之前的時代。

★

十三世紀初期，成吉思汗鞏固了他在蒙古平原的權力，透過武力或談判將眾多部族收歸於自己麾下。由於缺乏圍城的裝備，他們奪取城市的方式都非常恐怖而野蠻。公元一二一三年，中國的首都中都（今北京）被蒙古人圍攻。中都一直被認為是堅不可摧的。然而一年之後，金國的皇帝*依然放棄了中都，任其居民活活餓死。到了六月，這座城市的城門終於被攻破了。蒙古人湧入了這座至今無敵的大城市。數以千計的人遭到屠殺；在那之後的好幾個月裡，中都的部分地區仍處於燃燒的狀態。成吉思汗控制了中國北方的大部分地區。由於蒙古人已經學會了冷酷的攻城技藝，因此沒有 座城市是安全的。此外，游牧民族還從中國的城市學到了一項至關重要的東西，那便是先進的攻城軍械裝備。

於是，蒙古軍隊開始殺向距離中都六千多公里、位於中亞核心地區的城鎮地帶。第一個淪陷的主要城鎮是布哈拉，它是世界上最大的都會之一，擁有三十萬人口，是財富和學術的中樞。那裡大部分的外城都遭到了焚毀，至於內部的堡壘則是被大砲這個最先進的攻城器械給摧毀，最後不得不投降。在倖存下來的人之中，年輕男子被迫加入軍隊，婦女和兒童被賣為奴隸，而工匠則被放逐到了蒙古。蒙古人接著又揮軍撒馬爾罕，讓那裡重演了布哈拉的慘況。同樣，內沙布爾†也遭到了三千把巨型弩、三千台投石器和七百台投火器的猛烈攻擊；該城的居民被屠殺之後，整座城市都被夷為平地。至於巴爾赫這個偉大的知識泉源，以及巴爾馬其家族的故鄉，則是在公元一二二〇年從地表被抹去。

莫斯科和基輔則分別在公元一二三八年和一二四〇年遭到摧毀。基輔的人口超過十萬，是當時世界上最大的城市之一，在連接絲路、大草原和斯堪的納維亞半島的貿易路線上是個很重要的節點。蒙古人於是進一步向歐洲推進，洗劫了盧布林、克拉科夫、布達和佩斯，並摧毀了遠至巴爾幹地區的城鎮。公元一二五八年，來自蒙古的侵略者殺入巴格達，「像飢餓的獵鷹在攻擊一群鴿子 或狂暴的野狼在攻擊羊群」一般，在街上橫衝直撞、屠殺城裡的居民。他們用地毯把阿拔斯王朝的哈里發包裹起來，讓他被馬匹活活踩死。這座充滿知識和奢華生活的精美城市，自此淪為一片廢墟。

---

*譯注：金宣宗。

†編按：位於今日伊朗東北部的古城，過去曾受波斯薩珊王朝、塞爾柱突厥人統治與征服。

巨港、梅爾夫、基輔、巴格達和君士坦丁堡，這幾座全球城市都在十三世紀遭到毀滅，破壞了傳統的世界貿易模式。不過這種巨大的破壞，也觸發了新城市以及新的城市文化。十三世紀，就是城鎮化歷史的關鍵時期。

第六章　戰爭之城

呂貝克，公元一二二六至一四九一年

一九四二年三月二十八日至二十九日寒凍的那個夜裡，滿月映在特拉維河和瓦肯尼茨河的水面上。這兩條河流銀色的輪廓，讓兩百三十四架皇家空軍轟炸機上的領航員可以清楚明確地飛向目標。英國皇家空軍當晚投擲了兩萬五千枚燃燒彈，港都呂貝克的中世紀核心城區就這樣被炸得一塌糊塗。

第二次世界大戰期間，呂貝克是第一個嚐到英國燃燒彈滋味的德國城市；這是個精心選擇的軟目標，因為呂貝克幾乎沒有任何的戰略價值。為了報復，納粹進行了所謂的「貝德克閃電戰」，對具有歷史價值卻沒有軍事價值的城市進行攻擊，比如埃克塞特、巴斯、約克、坎特伯里、諾里奇、伊普斯威志和科爾切斯特等*。一九四二年五月，科隆成為第一個遭受千架轟炸機襲擊的城市。歐洲北部的中世紀城市遺產陷入了一片火海。[1]

希特勒不太可能在三月二十九日那天早晨掉下眼淚。早在一九三二年的總統人選期間，呂貝克的議

＊編按：均為英格蘭的古老城市，歷史均可追溯至羅馬帝國或更早之前。

會曾禁止納粹黨員發表演說，這是全德國唯一這麼做的城市。於是希特勒被迫在郊外一個叫做巴特施瓦陶的村莊裡發表競選演說。他從此再也不願提起呂貝克的名字；他只稱它為「巴特施瓦陶附近的那個小城市」。

希特勒既沒有原諒，也沒有忘記這種屈辱。他上台之後便剝奪了「巴特施瓦陶附近那個小城市」的獨立地位，並處決了其公民領袖，儘管該城市在戰火、征戰和政治動盪中存續了七百一十一年。

這座城市的中心在戰後獲得修復；今日的呂貝克是歐洲北部最美麗的城市之一，錯綜複雜的中世紀街道，點綴著耀眼的哥德式建築。遊客紛紛湧向城裡著名的葡萄酒店、海鮮餐廳和甜點店。那些甜點店專賣杏仁糖餅（marzipan）；呂貝克人宣稱這種甜點是在此發明的。

葡萄酒、鯡魚和杏仁糖餅：雖然看起來不太可能，但這些東西不只有助於解釋呂貝克為何會崛起，並成為歐洲最富裕的大都市之一，也能解釋歐洲為何會在十二世紀城鎮化的爆炸式增長之中擺脫後段班的位置。

★

呂貝克為「自由城市」提供了一個絕佳的例子：一個小型、高效、繁榮且軍事化的自治實體，為歐洲崛起、占據全球主導地位的過程奠定了基礎。它和很多歐洲城市一樣，是在戰爭的鐵砧上被強化並塑造出來的。

呂貝克所在地最初的聚落名叫呂畢策，意思是「可愛的」。它是一個擁有堅固防禦工事的西斯拉夫聚落，座落在許多彼此交戰的異教徒和基督教部族的邊界上。至於呂貝克本身，則是於一一四三年在距離呂畢策四公里的地方誕生，由霍爾斯坦的阿道夫二世在一個可防守的河中島上所建立，他當時正欲以德意志和丹麥移墾者取代當地的斯拉夫人，而建城計畫是該行動的一部分。斯拉夫人的領土資源豐富，位在維京人過去幾個世紀以來建立的重要貿易路線上。它們為德意志王國激增的人口，以及渴望掠奪土地的弗萊明人、弗里斯蘭人和荷蘭人提供了誘人的前景。呂貝克建城四年後，爭奪斯拉夫土地的戰役開始轉變為一場正式的十字軍東征，讓這個剛誕生的城鎮堅定地處於戰爭的前線上。根據教宗尤金三世所發布的詔書，十字軍可以獲得大赦，抵銷自己的罪孽並獲得寬恕；教宗還命令他們，為了征服異教徒，迫使其皈依基督教，他們必須毫不留情地戰鬥。

呂貝克是一座由木材和土方所構成的碉堡；「城鎮」的部分則可能由一些小屋組成的，但已在一一五七年遭到焚毀。不過就在兩年之後，薩克森和巴伐利亞公爵「獅子亨利」重建了這座城鎮，並授予「*iura civitatis honestissima*」，亦即「最光榮的城鎮權憲章」。在對抗斯拉夫人的十字軍東征之中，獅子亨利是最重要的一支勢力，而他也是一位熱切的建設者，除了建立並發展了呂貝克外，也包括了慕尼黑、奧格斯堡和布倫斯威克等城市。據說他在多次的十字軍東征之中，「從未提到過基督教，滿嘴談的都是錢」。新城市給予他和其他領主的，正是他們所渴望的東西：快速的金錢回報。[2]

聖戰和城市建設攜手並進。這些地方被來自西方的移民，當作後續征服其他地方、讓別人皈依基督教和移墾的平台。為此，獅子亨利準備對遷往呂貝克的拓荒者賦予廣泛的自治權。「最光榮的城鎮權憲章」賦予主要公民自行制定法律以及統治自己的權利。亨利派遣使者前往丹麥、瑞典、挪威、哥德蘭島和俄羅斯，允許那些地方的商人免費進入呂貝克，無需支付通行費。他還建立了鑄幣廠和市場。最重要的是，呂貝克商人獲得了在波羅的海進行貿易的重要權利。一位德國編年史家寫道：「從那時起，鎮上的活動便不斷增加，而居民人數也大幅上升。」[3]

在作為邊境城鎮的初期，呂貝克便因能夠滿足未來征戰之所需，而逐漸繁榮起來。它為新的一波十字軍提供了武器、食物和交通工具。這是參加「東進」（*Drang nach Osten*）的戰士、商人和移民的出發點。條頓騎士團和利沃尼亞聖劍兄弟會，對斯拉夫人和波羅的海地區的民族，發動了數十年、數百年的攻勢和種族清洗，其結果就是在今日的德國、波蘭、立陶宛、拉脫維亞和愛沙尼亞地區，建立起一系列強大的德意志城鎮。

聖戰與歐洲城市的興起，兩者之間存在著密切的聯繫；這個過程始於十二世紀，並在十三世紀變得更加顯著。到了十三世紀後半，歐洲中部地區每十年就會新增大約三百個新城鎮。那些在歐洲新領地上落腳之人對於土地的渴望、不屈不撓的步伐，以及建造城鎮時充滿活力的幹勁，都和十九世紀湧入美國西部的拓荒者非常類似。[4]

十字軍東征這個重大的破壞性事件引發了這些發展。從十一世紀末開始，從伊斯蘭教手中奪取東地中海聖地，並將其歸還給基督教世界的運動，便讓來自諾曼第、法國、法蘭德斯、德意志和英格蘭等地好戰的西歐人，得以接觸到伊斯蘭世界如群島般的一座座城市，讓他們了解到伊斯蘭城市的複雜性、知識的豐富性，以及市場裡的驚人財富。

十字軍東征改變了熱那亞、威尼斯和比薩等義大利共和國的命運：它們在十字軍東征期間作為航運承包商和海軍勢力，因而在這段期間發家致富。這些港口城市不僅贏得了虔誠的溫暖，還得以與東地中海直接進行貿易，從而獲得了無價的商業特權。十字軍占領了安條克（一〇九八年）、埃德薩（一〇九九年）、雅法（一〇九九年）、耶路撒冷（一〇九九年）、阿克雷（一一〇四年）、的黎波里（一一〇九年）和泰爾（一一二四年），為義大利商人提供直接與穆斯林和猶太中間商進行貿易的基地，而那些穆斯林和猶太人的興趣甚至越過了紅海，深入至廣闊而成熟的季風貿易體系。諸如香料和紡織品等奢侈品，開始被輸回到義大利的城邦，並從那裡再轉而進口至歐洲的遙遠地區、德意志市場、低地國和英格蘭。

為了爭奪貿易的壟斷權，義大利城邦陷入了激烈而暴力的競爭。例如，公元一〇九九年，威尼斯人在位於愛琴海南端的羅德島附近的一場戰鬥中，擊沉了二十八艘比薩船隻。比薩則在一一三〇年代兩度劫掠了競爭對手阿馬爾非。這些飢腸轆轆且貪婪的義大利城市，仍然處於基督教世界最偉大的城市和地中海地區最重要帝國的陰影之下。比薩人、熱那亞人和威尼斯人相互嫉妒，並決意要為自己的家鄉爭取壟斷權，甚至會在君士坦丁堡的街道上打架。

這座大都市和好鬥義大利人之間的關係十分緊張。一一七〇年代，拜占庭與威尼斯發生了糾紛，並囚禁了當地的商人，於是威尼斯與拜占庭帝國之間的貿易就此中斷了二十年。威尼斯人很快就進行了報復。公元一二〇三年，在前往聖地的第四次十字軍東征途中，他們成功以干預王室紛爭為藉口，讓基督徒軍隊轉而圍攻君士坦丁堡。

粗魯無禮的十字軍「凝望著君士坦丁堡，久久無法移開目光，因為他們簡直不敢相信世界上竟有如此巨大的城市」。當時的西歐沒有哪個城市的人口超過兩萬人；就算是萬人以上的聚落也十分罕見。然而君士坦丁堡的人口卻有五十萬左右。十字軍們驚奇地看著這座城市的地景：高聳的城牆和塔樓、巨大的教堂、宮殿、大理石鋪成的街道和古老的圓柱，當然還有聖索菲亞大教堂巨大空靈的圓頂。[5]

「喔，城市呀，城市，萬城之眼，普世讚嘆，超凡脫俗的奇景……一切美好事物的居所！城市啊，你喝過主手中的盛怒之杯（cup of his fury）嗎？」弗里吉亞*史學家喬尼亞特如此哀號道，當君士坦丁堡被洗劫時，他正在城裡。那裡的一些珍寶被他們劫掠回去，用來裝飾正在興起的義大利城市。醉酒、發狂的士兵還燒毀了更多的寶物。包括修女在內的婦女遭到強姦，而兒童則被遺棄在街頭等死。等劫掠、屠殺和強姦告一段落後，君士坦丁堡的四十萬居民裡有三分之一無家可歸；這座大都市的人口迅速減少，而且再也沒有回升過。威尼斯這個偉大的義大利城邦，從拜占庭帝國的殘骸之中獲得了幾個島嶼和基地，它們都是極具戰略意義的重要領土，使其得以控制海洋。6

儘管在全球經濟之中，亞洲所占的部分相對較小，但來自亞洲的奢侈品依然讓歐洲人趨之若鶩。在這個人口稀少、發展落後的角落裡，城市化的力量長期以來都處於休眠狀態；但隨著洲際貿易的湧入，城市化於義大利再次興起。如果沒有香料和紡織品等奢侈品的進口，像威尼斯和熱那亞這樣的城市可能只是個小漁村罷了。十三世紀期間，這些城市便展現出宏偉的一面。熱那亞的人口躍升至六萬人；佛羅倫斯的人口則是從該世紀中葉的三萬人，增長到十四世紀初的十二萬人。到了一三〇〇年，威尼斯所有可以利用的土地上都已蓋滿了房舍，小島之間還有橋梁連結。它的人口在十四世紀之前便達到了十萬人。

聖馬可大教堂的正面，裝飾著從君士坦丁堡掠奪來的圓柱、柱頭和飾帶。拜占庭所帶來的影響在威尼斯隨處可見，但它大部分的城市設計和建築形式，都是借鑑自伊斯蘭的城市。新建的宮殿裡有內院、蜿蜒的樓梯、地下蓄水池和馬什拉比亞式窗戶†，至於建築外部的設計樣式就更不用說了，都是在模仿黎凡特地區的房屋。這座城市本身及其狹窄的街道，就像一個阿拉伯地區的市場。建於公元一三四〇年的總督宮，大量借鑑了開羅的伊本圖倫清真寺。著名的威尼斯軍械庫，則是一座由國有造船廠和軍械庫組成的綜合體，其名稱源於阿拉伯語的「dar al-sin'ah」，也就是「工業之家」的意思。在安達盧西亞，基督教士兵對伊斯蘭教發起的「再征服運動」（Reconquista）‡則為西歐人帶來了其他財富。巴格達於九世紀累積的知識，後來進一步在托萊多、哥多華和格拉納達被研究和保存，而這些知識也和造紙術一起被傳播到歐洲。

公元一二五二年，來自熱那亞和佛羅倫斯的金融家開始鑄造金幣。歐洲大陸當時已經有五百多年沒有發行過金幣。黃金、信貸和全球貿易預示著歐洲經濟的復甦，也預示了城市的重生。

★

「資產階級」（bourgeois）一詞源於德語的「burg」，也就是「堡壘」的意思。阿佛烈大帝曾於十世紀在英格蘭建立了名為「布爾斯」（burhs）的要塞聚落，藉此抵禦維京人的襲擊。這個詞彙也是「borough」一詞的起源，為英國、澳洲、美國和其他地方的市政行政單位。在不列顛群島，以「-burgh」、「-bury」、「-borough」和「-brough」結尾的地名（比如愛丁堡、坎特伯里、米德

---

*譯按：位於今日土耳其的中西部。

†編按：一種伊斯蘭傳統窗戶，以雕刻的木格子組成，整體結構向外突出。可控制氣流、降低溫度，也可放置水盆或水罐來冷卻室內溫度。

‡編按：指八至十五世紀末位於西歐伊比利半島北部的天主教各國逐漸戰勝南部穆斯林政權的過程。一般翻譯為「收復失地運動」，但因為南方政權並非北方天主教王國過去的失地，因此用西班牙原始字義稱之為「再征服運動」。另外，「再征服」在部分歷史學家看來也只是一種有力的國族神話，被方便地用來合理化卡斯提亞對於伊比利半島其他地區的支配。

爾斯堡），也會讓人聯想起這些字源。法國的「bourg」（史特拉斯堡、盧森堡）、斯堪地那維亞的「borg」、義大利的「borgo」，以及伊比利半島的「burgo」，也都有相同的字源。「貧民窟」（ghetto）這個詞彙，則可能源自「borghetto」，也就是義大利語中「小鎮」的意思。這些地名和「資產階級」一詞，都能讓人回想起歐洲城市化的開端，而當時城市化的背景，就是游牧民族周期性的侵略、征服和戰爭。因此和城鎮有關的詞彙，都源於防衛性的概念。

如果你是生活在中世紀的「資產階級」，那麼你會住在一個「borough」、一個「burgh」、一個「bourg」或一個「burg」裡：你會被定義為一個城鎮居民，一個自治社區的居民，而不是受制於封建領主的農民。就生活方式、生活品質、職業、機會和個人自由來說，中世紀的城鄉差距是非常顯著的。

呂貝克就是這種新型城市化的例子。中世紀的德意志地區存在這樣一個說法：「城市的空氣能讓你自由（*Stadtluft macht frei*）」。這句話有個特定的法律含義：任何一個在城市裡居住滿一年零一天的農奴，都能自動獲得自由。但它也還有個更一般性的含義。從公元一二二六年起，呂貝克便成為一座自由皇家城市（Free Imperial City），不再受侯爵、伯爵、世襲公爵、主教或國王的控制，因而得以繁榮昌盛。它在名義上聽從於遙遠的神聖羅馬帝國；根據其章程，政權掌握在一個名為「*Rat*」的議會手中，其委員會由二十名議員（*Ratshern*）組成，每個人都由該市的商業行會任命。神職人員和騎士不但被禁止參加議會，也不得購買城市裡的土地。議會將行政權力授予最多四位市長（*Bürgermeister*）。幾個世紀以來，呂貝克的市長一直都是歐洲最重要的政治人物之一，比許多歷史上更為人所知的國王都還要更有影響力。

公司式的公民典範是用磚塊所書寫而成的。新近獨立的呂貝克市民在商人區的核心地帶、靠近他們市場和倉庫的地方，建造了自己的教區教堂，也就是聖馬利亞教堂。這可不是普通的教區教堂：它是有史以來最大的磚砌教堂。這座教堂是一座高聳的磚造哥德式建築，其基本設計取自法國和法蘭德斯，並加上了一些波羅的海地區的改造。該建築的雙塔型立面高達一百二十五公尺，聳立在歐洲北部平原的上空；幾世紀以來，它一直都是世界上最高的建築之一。

相形之下，附近的羅曼式大教堂，也就是呂貝克的主教座堂，則顯得平庸而微不足道。聖馬利亞教堂是對主教的「哥德式兩指敬禮」*，因為市民們經常與主教發生爭執。它彷彿在說：這就是這座城市現在的權力所在。主教座堂位於城市邊緣，而市民的聖馬利亞教堂則位於市中心。它連接著市政廳（*Rathaus*）、貿易權力的主陣地、公民生活的集中點，也是另一個位於市場北側、華麗的磚造哥德式建築的實驗品。教堂本身也具有世俗的商業功能：可以存放穀物，在非聖日期間充當交易所。城市上空聳立的許多綠色尖頂表明，呂貝克這座默默無聞、剛出現在基督教世界邊緣的城市，是所有新奇和大膽嘗試的中心。

和歐洲的許多其他城市一樣，呂貝克最初是一座邊疆要塞。一如十九世紀的美國城市，它是由尋求財富名望的拓荒者和移民所建造的。十三世紀初建立這座城市的議員和商人，都是在法國、法蘭德斯和義大利等地四處旅行、貿易和談判的人。他們帶來了城市規劃和市政建築的最新概念。他們的市政廳以其他地方的市政廳為範本，但就像他們的哥德式教堂，他們的市政廳必須蓋得更大、更漂亮。

它是中世紀市政廳的最佳範例之一，這座宏偉的建築布滿了圓形尖頂，起初是資產階級用磚砌成的

---

*譯按：two-fingered Gothic salute，在英語語境裡，兩指敬禮通常帶點挑釁的意味。

哥德式建築，後來又在文藝復興時期做了增建。在這裡被頌揚的不是武士、貴族和國王，而是商人、市民顯貴和行會，他們的雕像和紋章點綴著整座市政廳。包括布料在內的商品會這裡進行交易。議會在圓筒形拱頂的會議廳裡開會、制定法律，並主導城市的發展方向。市政法院則設在長屋的一個房間裡，位於一個開放拱廊上方，而商人和諸如金匠的工匠則在下方的拱廊裡做生意。

最令人印象深刻的是一系列大型的拱形地窖，裡面存放著布料和其他商品。最重要、最古老的地窖為市立酒窖（*Ratsweinkeller*）。在兩名擔任品酒師（*Weinmeister*）的鎮議員監督之下，所有在呂貝克交易的葡萄酒會在此處品嚐、評價和頒獎。此外，那裡同時也是公共慶典、宴會和飲酒的場所。行會、公司和海員協會會在市立酒窖裡聚會，而被稱為外貿商人兄弟會的圈社（*Zirkelgesellschaft*）也是如此；所謂的圈社，是一個由城市貴族階級所組成的菁英俱樂部，他們和彼此通婚、社交、經商，也共同營運管理這座城市。

市長或稅務官一年會走上議會的陽台四次，參加名為「*Burspraken*」的儀式。這個詞彙在德語裡相當於拉丁語的「*civiloquium*」，也就是「市民演講」的意思。但「*Burspraken*」的意義不僅於此；它起源於中世紀的低地德語和農民社會，使用底層市民能理解的語言與他們進行對話。他們會在「*Burspraken*」儀式上，向聚集在市場上的眾人宣讀呂貝克的法規，以及與城市日常生活有關的事項，如近期的地方法規、禁令、法律判決、議會決議、稅收、運輸和貿易規章，以及其他時事。「*Burspraken*」並不意味參與式的民主，相反地，是一種將城鎮社群（也就是資產階級）凝聚在一起的黏合劑，也是一套處理所有事情且不斷更新的規則，從對外貿易到垃圾處理等各種大小事。[7]

這種團結的過程對於呂貝克等城市的成功至關重要。聖靈醫院就是一個很好的例子：它是歐洲最古老、最重要的社會福利機構之一，成立於公元一二八六年。它是呂貝克最富有的商人送給呂貝克市民的禮物。這座建築物紀念的是摩爾涅韋，他是醫院的共同創始人之一，也是一位商人兼議員。他是一個曾被呂貝克市民收養的孤兒。摩爾涅韋從呂貝克走向世界，建立了一個商業帝國，其版圖從諾夫哥羅德，經里加一路延伸至英格蘭的金斯林。雖然長期遠離家鄉，但他仍然參與了呂貝克的市民生活，並將巨額財富遺贈給了醫院。他的遺孀格爾楚德，以無人能敵的百分之六・五優惠利率，貸款給呂貝克市和呂貝克的市民，也增加了家族的財富。他們的兒子赫爾曼和許多年輕商人一樣，以外籍員工的身分在國外的貿易站工作，藉此艱苦學習國際貿易的訣竅。赫爾曼在返鄉擔任議員和市長之前曾在金斯林工作。摩爾涅韋家族是國際商人、市民政要、外交官和城市贊助者，持續為呂貝克做出貢獻。好幾代的家族成員都曾在議會裡任職。

即使是在公元一二七六年的大火之後，我們仍然可以在市民建造的優雅聯排街屋中，看到讓呂貝克成為世界上最富裕城市之一的財富和市民精神，這些街屋擁有陡峭的A字型屋頂、多層山牆和裝飾窗，如呂貝克莊嚴華麗的鹽倉（*Salzspeicher*）。這種建築風格很漂亮。但它是一種歐洲北部式的美：謙遜的外表掩蓋了權力和財富的表述。呂貝克漂亮的山牆房屋將居住空間、辦公室和倉庫合而為一。許久之後的阿姆斯特丹在很多方面都是呂貝克的繼承者，它也採用幾乎相同的建築。宏偉的商業聯排街屋，其背後則是庭院和小巷，可以藉由狹窄的通道進入。這些是公司員工所居住的小公寓。

就和呂貝克一模一樣，一系列德意志城市被建在斯拉夫聚落或十字軍要塞的遺址上，並由來自萊茵蘭、西發利亞和薩克森的移墾者定居其中。有一百個城鎮採用了呂貝克的法律，如里加（一二〇一年）、羅斯托克（一二一八年）、但澤（一二二四年）、維斯瑪（一二二九年）、史特拉頌（一二三四年）、埃布林（一二三七年）、斯德丁（一二四三年）、格萊斯瓦德（一二五〇年）和柯尼斯堡（一二五五年）；它們也都有呂貝克那樣的獨特景觀，擁有磚砌的哥德式建築和高聳的綠色尖頂，這些建築都是能讓水手辨識方位的地標。這些城市就和呂貝克一樣，都建造得比以前的城市還要大（直到摩天大樓的時代來臨為止），以藉此展現他們的新力量，宣告它們登上了國際舞台。史特拉頌的聖母教堂尖頂就高達一百五十一公尺，比埃及的吉薩金字塔還要大，只比當時世界上最高的人造建築林肯座堂矮了幾公尺（彩圖7）。

★

對於長途旅行者來說，這些城市有著幾乎一模一樣的城市地景，哥德式的優雅、裝飾性的山牆，以及巨大的尖頂，因而提供了令人安心的景象。一種建立在共同語言（亦即中世紀低地德語），以及共同的法律、建築和商業價值觀之上的城市文明，正在歐洲北部的貿易路線上出現。

德意志商人組織了行會，透過行會來協調他們的行動，藉此對發展落後、更加危險的波羅的海東部進行開發，並在公海上提供共同防禦。在敵人環伺的土地上，他們聯合起來組成封閉的日耳曼社區，用城牆和武器來保衛自己。這種行會的德語單詞是「*Hanse*」，該詞原來的意思是「武裝車隊」。在一個沒有國家能為遠距離交易提供安全保障的世界裡，貿易和刀劍必須齊頭並進。這些遍布歐洲北部、透過親屬關係團結在一起的漢薩商人，會藉由共同承擔風險和報酬，來降低長途貿易的成本。

印度洋和地中海的海上正在運輸香料和絲綢，這些都是數量少但利潤豐厚的奢侈品。來自呂貝克和其他貿易城邦的商人在尋找不同種類的商品。俄羅斯供應了蜂蠟（教堂和座堂所使用的蠟燭對蠟的需求很大）和大量的毛皮。漢薩商人部署了歐洲最大的貨船，這些貨船被稱為「科克船」，它們是造價低廉、擁有魚鱗式外殼的大型船隻，可以承受長途航行。它們用於進行大宗貿易：來自波羅的海東部的蠟、毛皮、木材、樹脂、亞麻、小麥和黑麥；來自斯堪地那維亞和西歐的羊毛、布料、葡萄酒、鹽、奶油、香料、銅和鐵。它們也許是不起眼的產品，卻對日常生活至關重要。這些漢薩聯盟的科克船載運著十字軍和移墾者，也運載著食物補給和武器，以維持他們在東方戰役之所需。

在波羅的海地區的快速接管和開發過程中，呂貝克成了主要的參與者。作為波羅的海沿岸的第一個日耳曼城市，它的內在實力和法律權利賦予了它對其他新興城市的霸權地位。如果有另外一個城市出現、成為競爭對手，就會遭到制服；這種命運降臨到了雄心勃勃的史特拉頌身上，它曾在一二四九年被呂貝克徹底燒毀。個別的商人創建了漢薩體系；很快地，他們所來自的城市也起而效尤。呂貝克於一二四一年與漢堡結盟，藉此協調雙方的貿易和軍事活動（彩圖7）。

呂貝克控制著波羅的海的貿易，並連接進出日耳曼地區內陸的貨物通流；漢堡則可以直接通往北海（當時的名稱為日耳曼海）。這兩座大城都位在呂訥堡鹽礦的附近。由於可以通往海洋和鹽礦，這兩座城鎮逐漸變成了大都市，因為它們為歐洲其他地區提供了助長城市化迅速穩定的高品質燃料。

如果無法一年到頭都維持糧食供給，城市根本無法存續。不起眼但富含蛋白質的鯡魚經醃製和處理後，便能為歐洲北部寒冷的中世紀城市提供生存和發展的方法。從呂訥堡採購的鹽會被運往呂貝克，再由呂貝克出口至瑞典南部的斯科訥，而斯科訥就是鯡魚產卵的地區。一三六〇年，光是呂貝克就有兩百五十艘鯡魚船進港，運載著數以噸計的銀色佳餚。魚獲會從那裡被重新出口到歐洲北部的城市核心地帶，也就是當時正在蓬勃發展的紡織重鎮，如根特、伊普爾、阿拉斯和布魯日，這些城鎮都仰賴這類醃製食品。

除了進口鯡魚之外，還有在挪威、冰島和格陵蘭海岸廣泛捕撈，最後被運回呂貝克的鱈魚。醃製鱈魚不僅在歐洲北部有市場，在伊比利半島和地中海地區也都找得到買家。中世紀的呂貝克就像今日盛產石油的酋長國，只不過當時的燃料是魚和鹽。

來自呂貝克的貿易商專營大型、笨重的貨物；他們經營的是生活必需品，為城市提供食物。鯡魚就是其中一個品項。黑麥麵包至今仍是東北歐的主食，能令人想起那些從波羅的海東部剛被征服的土地上所進口的大量黑麥和小麥。建築工程非常需要的木材也來自該地區。歐洲北部的美味飲料啤酒，則會由德意志的船隻運送，以支應不斷增長的城市人口。萊茵蘭的葡萄酒則被用來交換各種商品。英國的羊毛和俄羅斯的毛皮為歐洲城鎮的街道帶來了溫暖和優雅品味，這是他們生活水準不斷提高的明確標誌。

幾乎可以肯定，呂貝克並不是蜂蜜和杏仁粉所製成之杏仁糖餅的發源地（儘管它經常如此宣稱），但它依然生產出備受推崇的甜點。在市政廳對面的尼德雷格咖啡館裡大嚼杏仁糖餅，就是上了一堂美食的歷史課：它講述了中世紀的呂貝克有多麼繁榮。杏仁是從遙遠的地中海用船隻運來，途經布魯日，最後來到這座城市。從十三世紀末起，熱那亞、威尼斯和佛羅倫斯的帆船，以及來自加泰隆尼亞、巴斯克地區和葡萄牙的船隻，會載著胡椒、生薑、肉荳蔻、丁香和杏仁來到布魯日。蜂蜜則是沿著發自芬蘭灣的貿易路線而來。

一三五六年，幾個德意志城市的代表在呂貝克的市政廳會面。這場會面標誌著漢薩同盟的誕生，它是歐洲最強大的政治勢力之一，同時也標誌著這個同盟實質上的首都，呂貝克的鼎盛時期。

漢薩同盟的起源可以追溯至一二四一年漢堡和呂貝克之間的結盟，這個同盟關係展現了城市團結起來之後所能夠獲得的力量。一二五二年，呂貝克市的議員霍耶和漢堡市的公證人，在布魯日就商業特權一事進行談判。一二六六年，英格蘭的亨利三世對呂貝克和漢堡授與特許狀，允許他們在其領地內免收通行費進行貿易。維斯瑪、羅斯托克、科隆、不來梅、斯德丁（亦即今日波蘭的斯賽新）、里加、雷瓦爾（亦即今日愛沙尼亞的塔林）和史特拉頌等其他城市，也都渴望加入這個能享有特權的新興城市網絡，因而很快便加入了該聯盟；隨著時間推移，它逐漸變成一個由兩百個城鎮、城市和城邦所組成的網絡。

這些城市團結起來的力量，讓他們分別在一二八〇年和一二八四年對法蘭德斯和挪威實施貿易禁運，直到他們在這兩個地區都獲得貿易特權。他們還將主要的競爭對手，也就是英國人、弗里斯蘭人和弗拉蒙人拒於波羅的海之外。結構靈活的漢薩同盟，是由志同道合的城市所組成的彈性聯盟，直到一三五六年於呂貝克舉行第一次漢薩議會，才終於獲得了正式的身分。

若想保持貿易路線暢通，就幾乎需要不斷的外交斡旋。這是最好的方法；如果這個方法失敗了，就得採取武力。二十世紀下半葉西方帝國陸續垮台之後，香港、新加坡和澳門這些缺乏天然資源但靈活變通的城市，曾在數十年內就超越該地區比它們還大的國家，成為金融業和航運業的巨人。漢薩同盟憑藉著對國際貿易的壓制，得以進入歐洲北部一些最富裕地區（如法蘭德斯、俄羅斯和英格蘭）的市場，並獲得重要的貿易特權。即使是強大的王國，都不得不臣服於這些由德意志小城市所組成的聯盟。

漢薩同盟曾於一三六〇年代與丹麥開戰，這場戰爭不僅摧毀了哥本哈根，還讓他們獲得了對鯡魚漁業的完全壟斷。漢薩同盟的軍事機器，也曾被用來對付在波羅的海、北海和英吉利海峽活動的海盜。它還曾在十五世紀陸陸續續地對英格蘭王國發動了幾場海上戰爭。

一四七四年，漢薩同盟也讓英格蘭坐上了烏得勒支的談判桌。呂貝克市長卡斯托普、呂貝克市市政官奧斯圖森，和漢堡市長穆爾梅斯特一起命令英格蘭國王和他們簽訂條約。英國人被迫支付一萬英鎊的賠償金，且禁止在波羅的海進行貿易，還把無數的貿易特權和貿易站都讓給了漢薩商人。漢薩同盟可不是好惹的。

漢薩之所以會受到憎恨，是因為它曾讓英格蘭在經濟上卑躬屈膝了將近兩個世紀。但英格蘭的力量卻在十五世紀下半葉開始不斷增長。漢薩聯盟的集體談判能力非常強大，其最豐碩的成果之一，就是在外國城鎮建立「康托爾」，也就是辦公室和貿易站，而這個詞彙原本的意思是「櫃檯」。這個名字聽起來可能平淡無奇，但事實上「康托爾」是一種帶有城牆的城中城，也是一種擁有自己的住宿空間、教堂、帳房、秤所、港口設施、布店、行會會館、警衛和酒窖的自治社區。居住在漢薩同盟「康托爾」的日耳曼商人，既享有聯盟的保護，也享有同盟為他們談判而來的特權，而這些特權通常是自由進入市場和優惠的關稅和稅率。

英格蘭在英漢戰爭中投降後，倫敦的康托爾便在今日坎農街車站的位置上重建起來。這個康托爾被稱為史塔爾霍夫或史提爾雅德，是歐洲最大的貿易中心之一，也是倫敦市中心一個帶有圍牆的大型自由貿易區，貨物可以從這裡直接裝載到德意志船隻上。一五三〇年代，漢薩同盟商人委託畫家霍爾拜因繪製一系列肖像畫，這些畫作清楚呈現出在史提爾雅德貿易的漢薩同盟商人所擁有的驚人財富。那些商人看起來就像王子一樣莊嚴而威風，身穿最華麗的紅色緞子，身旁圍繞著銅鐘、威尼斯玻璃花瓶和土耳其地毯等高貴的手工藝品。

漢薩同盟從倫敦和北海的港口控制著英格蘭的主要財源，那就是被稱為「白金」的羊毛貿易。來自呂貝克和其他地方的科克船會出口這項重要的商品，將其出售到法蘭德斯的工業城市，然後再製成布料。位處倫敦橋附近的自治城鎮史提爾雅德，擁有各種藝術品的收藏、起重機、各種可見的財富，以及擁有藍色圓頂的高塔，對於野心勃勃的英國商人來說，這些東西都是恥辱的印記，每天都會出現在他們眼前；如果可以的話，他們更希望能直接與斯堪地那維亞、普魯士和俄羅斯進行貿易。

羊毛是歐洲最珍貴的資源之一。在挪威海岸線上、位於卑爾根的漢薩同盟康扥爾，讓呂貝克得以控制極具價值的鱈魚貿易。諾夫哥羅德的康托爾則是通往俄羅斯和絲路的門戶。位於布魯日的第四個大型康托爾或許是最重要的一個據點。布魯日讓漢薩同盟的貿易商得以進入歐洲北部最大的城市地帶，以及紡織工業的核心地帶。

漢薩聯盟小心翼翼地守衛著它在布魯日的飛地，那裡是歐洲主要的香料和紡織品市場，也是地中海和歐洲北部之間的橋梁。但它提供的不只是奢侈品而已。這座港口城市提供通路，讓他們得以進入法蘭德斯的工業城市所提供的巨大市場，這些市場對於鯡魚、啤酒、黑麥和羊毛有很大的需求。它提供了其他全新的貿易形式。布魯日是歐洲北部的資本主義先驅城市，也是阿爾卑斯山以北的第一個大型貨幣市場，而阿爾卑斯山區就是那些義大利銀行家的故鄉，他們帶來了關於貨幣兌換和債務交易的新觀念。

從十二世紀便開始困擾歐洲的變化，是在城鎮地區裡誕生的；尤其像呂貝克這種享有政治自治權、有城牆，而且根據貿易和戰爭目的而設計的小城市，就提供了一個避免動盪的堡壘。就物質享受和市民權利方面，城市居民遠遠領先於農村地區的農民、村民和小鎮居民，而這些農村人口仍占總人口數的百分之九十以上。

★

一九四二年炸毀呂貝克的炸彈，也摧毀了中世紀晚期最偉大的藝術作品之一：一幅三十公尺長、描繪死亡之舞的畫作。這幅畫是諾特克於一四六三年繪製的，精細地描繪了呂貝克的天際線、如叢林般的尖頂建築、附有山牆的房屋、保衛城市的城牆，以及讓它如此富裕的船隻。這幅畫的前景有幾個咧著嘴笑、蹦蹦跳跳的骷髏，它們是死亡的化身，正帶著整個社會歡快地步向墳墓。畫裡有教宗、皇帝、樞機主教和地區主教、國王和伯爵、市長和議員、高利貸業者和商人、醫生和教士、職員和工匠、農民、修女、少女和兒童。

當他們被帶去算總帳時，都在懇求最後一次的救贖機會。「我絕非毫無準備，」那位呂貝克商人開玩笑地說，「我煞費苦心地透過陸路和水路〔取得〕貨物，不論是否颳風，也不論是否下雨或下雪。對我來說，沒有什麼旅程算得上是難事。〔但是〕我自己的總帳還沒有準備好。等我做好我的總帳，我會很樂意和你一起去的。」他也許很擅長清算自己的帳務，但若要呈現自己不朽靈魂的餘額或負債，他可能就沒那麼在行了。這裡傳達出的訊息是：無論你有多偉大和富有，時間到了終究還是得和最貧窮、最弱小的人一樣，面臨相同的命運。

黑死病起源於中亞，先是沿著絲路進入中國和印度，接著再向西蔓延。它在抵達卡法（亦即位於克里米亞的費奧多西亞）後，於一三四七年登上了一艘熱那亞帆船。接下來黑死病便循著歐洲的城際貿易網絡四處擴散。它從熱那亞和威尼斯傳播到馬賽，然後抵達伊比利半島和法國位於大西洋岸的城市，接著再傳往加萊和英格蘭。後來它從船上跳進漢薩同盟的網絡，抵達布魯日和呂貝克，再從呂貝克傳播到卑爾根、哥本哈根，並沿著波羅的海一路傳播到諾夫哥羅德。它也沿著德意志人內陸的貿易路線，傳抵科隆和歐洲內陸。

受創最嚴重的就是繁榮而擁擠的貿易城市。佛羅倫斯的人口從十二萬銳減至五萬，威尼斯的人口則減少了百分之六十；巴黎的十萬名居民中有半數死亡。呂貝克的人口也減少了一半。喪生的人數一共是兩千五百萬人，超過歐洲人口總數的三分之一。

在呂貝克，死神用骷髏之舞嘲笑人類的愚蠢；當市民在聖馬利亞教堂目睹這一切時，還受邀和他們一起大笑。那裡腐敗的市長罪有應得，而虐待農民、遊手好閒的貴族也是如此。再多的財富也救不了你。死亡、疾病和財富彼此相依共存。那是一個充滿不確定性、不斷發生戰爭和瘟疫的時代裡的藝術。那也是商人的藝術：生活充滿風險，財富可以像塵土一樣被大風颳去。歷史記載中第一個骷髏之舞，繪製於一四二四年至一四二五年間的巴黎。一四六三年呂貝克的那幅作品，則是該類型中最著名的傑作之一。它曾被複製到許多印刷書籍之中，畫中的角色後來還多了學生、學徒和技工等。

這幅畫揭示了城市生活有多麼脆弱。直到一八〇〇年為止，歐洲農村居民的預期壽命都比城市居民多一半。不過中國人倒是沒有付出這樣的代價；在中國，城鎮居民的平均壽命比農村居民還要更長。歐洲的城市環境因為非常骯髒而成了死亡陷阱；中國的城市則是清潔的指標。歐洲人喜歡吃肉，而且住得離豬隻雞群很近；亞洲人則大部分以素食為主，城鎮地區也不會出現惡臭的動物。由於歐洲人長期生活在戰爭的風尖浪口上，他們的城市都有防禦工事，也因此在物理上受限頗多、難以擴建，導致人口密度不斷增加，為細菌孳生提供了良好的環境。戰爭則讓軍隊在橫越歐陸的同時也四處傳播病菌。至於在中國，強大的中央集權則減少了衝突，使得城市得以向城牆之外擴張，讓人口和市場分散到更寬廣的區域。東亞人的個人衛生標準更高，廢棄物被清除後，還會送去附近的田地當肥料使用。歐洲的城鎮居民則是與自己的穢物生活在一起。

但黑死病的四處蔓延，也對於歐洲的城市建設產生了積極影響。城市人口的減少，尤其是工匠人數的減少，激勵那些渴望逃離農村封建制度的農民，遷移到城市裡尋找高薪的工作。人口減少也導致租金下降與工資上漲。在呂貝克，上層的手工業階級，如釀酒師、屠夫、琥珀工人、鐵匠、手套匠和織布工，都被隔絕於商業王朝的菁英，也被排除在權力之外，卻能享有大量的財富。一位名為斯特蘭吉的武器製造者，曾在工匠被短暫允許進入議會的動盪時期擔任過市長；斯特蘭吉所擁有的財產包括一座城裡的宅邸、一座倉庫、五幢聯排街屋和兩間公寓。由於貿易行為在黑死病肆虐後激增，像斯特蘭吉這樣的工匠才得以成功發跡。8

隨著農村人口減少，城市也需要更多的食物，比如鯡魚和鱈魚、黑麥和小麥，以及啤酒和葡萄酒。到了十五世紀，每年有超過一千艘運糧船離開但澤，前往荷蘭為各城市提供糧食。在瘟疫之中倖存下來的城市居民以及他們的後代，吃的更好、穿的更精緻、建造了更堅固的房子，生活水準也更高。他們將收益投入富麗堂皇的建築（我們所知的威尼斯和呂貝克，大部分就是這波榮景造成的結果）和奢華的藝術品之中。呂貝克是大宗商品的主要批發商之一，獲益的來源是對於啤酒、蠟、穀物、鯡魚、布料和毛皮等資源的需求。

死神之舞反映了這些嚴峻現實和曖昧狀況。它說，來城裡賺大錢吧；但擁擠又不衛生的城市就是死神的嬉戲之地。但也不要絕望，趁還能跳舞的時候儘管跳吧，因為死神正在與你共舞。它也是屬於歐洲一個相對較新興階級的藝術，這種藝術的受眾居住在城裡，他們知識淵博且世故聰慧。這幅巨大的畫作反映了城市裡的生活經驗：呂貝克的市民確實很會跳舞。這是一座以嘉年華而聞名的城市，在嘉年華舉行期間，社會階級會被無政府的混亂狀態所顛覆，還有公開表演諷刺貪婪的富商家族。嘉年華也為戲劇和詩歌提供了流傳的場合。那裡有適合各種品味的表演：不論是道德寓言，還是低級的幽默喜劇，全都任君挑選。嘉年華最後會在夜間舞會和痛飲之中畫上句號。市長和議員們會帶領市民們在街道上跳著火炬舞，一旁還有鼓手敲打著喧鬧的節奏。

死亡隨時都可能降臨；所有的人類財富都是轉瞬即逝的；趁還可以的時候盡情跳舞賺錢吧。這些不確定性侵蝕著城市人的靈魂。這座城市公認的脆弱性，或許就是它最強大的約束力。畢竟呂貝克最初就是一家企業，它之所以能夠生存下來，就是因為它是一個高效的企業體。它的市民精神體現在市政建築、「*Bursprake*n」的儀式和嘉年華上，並將眾人與公共事務連結在一起。這是一個擁有兩萬名市民的小城市，由企業行會主導，這些行會代表了主要的行業和專業人士，如運輸從業人員、鞋匠、鯡魚經銷商、布商、長途貿易商、麵包師、釀酒師、裁縫、鐵匠等。還有一些兄弟會，是由前往卑爾根、里加、諾夫哥羅德和斯德哥爾摩的商人所組成的。那些公司以他們各自的會所為根據地，以兄弟會的形式組織起來，主導著這座城市的經濟、社會和政治生活。

正如諾特克的傑出畫作所表明的，瘟疫和傳染病並沒有放過有權勢和有錢的人，因此管理這座城市的議會也從未被世襲的菁英壟斷過，而是會用投票的方式選出新成員，而且其中的許多議員都是在其他地方出生的。根據檔案文獻，一三六〇年至一四〇八年間，絕大部分的議會成員都與之前的議員沒有血緣關係。神聖羅馬帝國皇帝查理四世於一三七五年拜訪這座城市時，還稱呼這些人為「閣下」。[9]

幸運之神眷顧勇者，死亡則會淘汰既得利益根深柢固的特權。在充滿風險的長途旅程中致富的商人可以成為市民，負責管理這座城市，決定漢薩同盟的方向，並成為貿易和金融的「巨擘（lords）」。擔任議員可以為一個人帶來身分地位，而許多議員所來自的家族都從未在城市裡掌權過。許多來自呂貝克的商人，都在對俄羅斯和波羅的海東部的危險貿易事業之中變得更加堅毅，並在歐洲北部強權的政治棋盤中擔任外交官、特使和談判官等重要角色，有些人甚至在戰爭中指揮漢薩同盟的艦隊。生意永遠是最重要的。漢薩同盟是為黃金和利益而戰，而不是為上帝和國家而戰；領導他們的不是國王、伯爵和騎士，而是商人、市議員和市長。

★

呂貝克雖然看起來既寧靜又帶點質樸之美，卻一直都非常繁榮，因為它能為挪威帶來饑荒，也能為法蘭德斯和英格蘭造成經濟崩潰。它的工匠之所以富有，是因為呂貝克和同盟的城市強大到足以壟斷貿易以及主要商品的市場，能以經濟優勢、政治實力，有時甚至還能動用武力，來擊敗任何競爭對手。

歐洲的城市化有個獨樹一幟的地方，與世界上其他較發達的地區截然不同。幾個世紀以來，印度洋一直是個廣大的自由貿易區。那裡遠遠稱不上和平，充斥著海盜和爭奪巨額利潤的激烈競爭，但這個海域卻向所有勇敢犯難的商人開放，不論是阿拉伯人、中國人、穆斯林、佛教徒、猶太人還是印度教徒。因此，這些城市和海上航線一樣，都帶著自由和世界主義的氣息；宗教、種族和政治分歧都不如賺錢來得重要。東南亞那些族裔混居的大都市，不像歐洲城邦會興建城牆，他們可以盡情地向外擴張。[10]

偉大的義大利商人達蒂尼曾在數百個帳簿上寫下這句格言：「以上帝和利潤之名。」上帝在此扮演了一個角色：歐洲的再城市化與戰爭密切相關，尤其是黎凡特、波羅的海和伊比利半島的宗教戰爭。歐洲人藉由一切方式、不擇手段地壓制競爭，藉此確保能夠壟斷市場的傾向，為他們帶來了生意的利潤；印度洋城市網絡中那種自由貿易的精神，在這個地區裡並不存在。威尼斯和熱那亞為了爭奪黑海的貿易特權，展開了一系列非常血腥的戰役。雙方都認為自己有權對亞得里亞海（就威尼斯來說是如此）和利古里亞海（就熱那亞來說如此）進行完全的控制，不許其他人入侵，就像漢薩同盟掌控著波羅的海那樣。它們共同構成了歐洲最先進的軍事集團。

不論是否進行貿易，城市固有的脆弱性都迫使它們必須軍事化。中世紀的歐洲分裂成數千個彼此敵對的城市、城邦、自治城鎮、共和國、侯爵領地、主教轄區、郡縣、公國、侯國、王國和帝國，因此變得非常擅於戰爭。威尼斯、佛羅倫斯、巴黎和米蘭的人口要達到十萬人以上，這在歐洲是極不尋常的；直到十七世紀之前，歐洲的其他城市都無法達到如此規模，儘管這種規模的城市在中國、東南亞和美索美洲並不罕見。

在這個惡毒的、狗咬狗的世界裡，城市必須駕馭並精通戰爭科學。「首先，城市必須擁有足夠的力量來保護自己，並擺脫對外部侵略的持續恐懼，」歷史學家兼政治家圭恰爾迪尼*曾如此寫道：「如果城市遭到武力征服，那麼內部的良好秩序和法治也將毫無用武之地。」在飽受戰爭蹂躪的歐洲，市民自由、市政財富和軍事力量是攜手並進的。脆弱的城市無論再怎麼富有，隨時都有可能遭受對手的攻擊。[11]

圭恰爾迪尼的故鄉佛羅倫斯共和國，就不斷在與錫耶納、盧卡、比薩和米蘭等對手城市，以及皇帝和教宗交戰，並運用自己雄厚的財力，僱用最頂尖的歐洲傭兵、職業軍官、弓箭手、長矛騎兵、弩手、

---

*編按：圭恰迪尼（一四八三至一五四〇），義大利歷史學家、政治家，被認為是文藝復興時期最重要的政治學作家之一。他是馬基維利的友人和批評者。著有《義大利史》，內容涵蓋一四九四年至一五三四年前後四十年歷史。

騎兵和步兵。在許多附近的城邦可能成為競爭對手之前，佛羅倫斯就決定先發制人、無情地併吞了它們。就現代戰術、軍事建築和工程、火器和大砲的發展而言，富裕的義大利城邦就處在最先進的前沿。

但中世紀城市最厲害的地方，在於它們發展出了人類史上截至太空梭被發明之前，技術最複雜的機器：船舶。威尼斯的大型帆船、漢薩同盟的科克船、葡萄牙的輕帆船和卡拉克帆船，都是兼具作戰和貿易的船隻，這些船隻的演進，主要就是歐洲海洋城市相互競爭所造成的結果。在大型帆船的艦隊上放置大砲，乃是由地中海城邦首創，改變了海戰的遊戲規則。在工業革命之前，世界上最大的軍工複合體就為一座城市所擁有，這座城市便是威尼斯。那裡的新軍械廠（一三二〇年）擁有一萬六千名勞動力，每天都能造出一艘船，這個速度在當時非常了不起；即使是像英格蘭這樣的航海王國，在當時也缺乏永久性的海軍造船廠設施，因為他們沒有城邦的財富、組織能力，也不像城邦那樣團結。沒有其他地方，能比威尼斯更清楚地體現出這個特點：中世紀的城市就是戰爭的堡壘。

★

在一四一〇年代的巴黎，所有犯罪案件裡只有百分之七涉及竊盜；最普遍的犯罪形式則是市民之間自發、衝動的暴力行為，占比超過百分之七十六。驗屍官對中世紀倫敦的記錄則顯示，發生在公共場所的暴力行為不斷增加，尤其是攜帶武器的年輕人會在擁擠的市場裡相互推擠。一個名叫羅威廉的男子，在使用福斯特巷底的小便池時，曾不小心尿在另一個年輕人的鞋子上，沒想到那人出言抱怨之後，卻反而遭到羅威廉一陣毒打。接著阿申頓的菲利普也捲入其中，把羅威廉斥責了一頓。最後菲利普的頭骨被羅威廉的長斧給劈碎了。還有一次，一個名叫沃爾特和一個名叫史當福特的人，在佛羅倫斯的巴爾迪金融大樓門口的葛雷斯邱吉街爆發了一場鬥毆；史當福特用木棍猛擊沃爾特的頭部，致其身亡。龐查德則在一家酒館打烊後與一名廚師發生鬥毆，最後那名廚師割斷了他的喉嚨。一名年輕的大地主曾在街上魯莽地騎馬奔馳，危及婦女和兒童的安全，後來有個陶工出面乞求他小心一點，沒想到最後卻被那位地主給殺死了。一個偷蘋果的牧師，刺死了告誡他的園丁。年輕男子會為了女人和「榮譽」彼此殘殺。幫派一開始在酒館裡打架，衝突還會蔓延到街上。各式各樣的瑣碎爭吵最後演變成殺人事件，它們被歸類為偶然謀殺，直到現在都仍在發生。[12]

一三二〇年至一三四〇年間發生在中世紀倫敦的謀殺案中，有百分之五十六是持刀犯罪；百分之八十七發生在下午五點和凌晨兩點之間；百分之六十八發生在戶外的公共場所。這座大都市每天都是衝動暴力行為的競技場。曾有個鐵匠在佛羅倫斯的聖皮耶洛門旁用鐵砧工作，他一邊工作一邊愉快地唱著歌。突然間一個男人衝進來，把他的工具（錘子、秤之類的東西）扔到街上。

「你在幹嘛？」鐵匠喊道。「你瘋了嗎？」

「**你**在做什麼？」那個發狂的男人問道。

「我在努力幹活，但你破壞了我的工具，還把它們扔到街上。」

那個陌生人原來就是詩人但丁，他說：「好吧，如果你不喜歡我破壞你的東西，那就不要破壞我的。」

原來那名倒楣的鐵匠一直在唱但丁的一首詩，卻不斷亂唱忘詞，還胡亂加上了一些詞句。這是城市街頭暴力的又一個例子；正如但丁本人所寫的，城市裡的「貪婪、嫉妒、驕縱就是致命的火花，點燃了所有人的心」。

在佛羅倫斯這樣的城市裡，激烈的競爭確實縮短了居民的壽命，但競爭也是提升創造力的神聖火花。但丁和薄伽丘的寫作背景，就是致命的派系鬥爭。充滿爭議、政治陰謀和戰爭的城市大鍋爐，迫使人去剖析人性和政治動機。若要馴服像佛羅倫斯這樣的老虎，最好的方法是什麼？那裡有凶殘的爭端、極有錢的老闆、具有政治意識的下層階級，以及他們對自由的共和主義式熱愛（republican attachment to liberty）。要如何平衡城市裡所有這些彼此競爭的元素？一方面，我們有亞里斯多德和李維這樣的古代作家，另一方面是近代佛羅倫斯苦澀的歷史，於是像馬基維利這樣的作家，作為悠久的共和主義傳統的繼承人，為現代西方的政治思想和歷史研究都奠定了基礎。義大利城市之間的對立，以及城市內部的競爭，都為藝術和建築的黃金時代提供了火種。

像呂貝克這樣高效率的小城市（其中許多是共和國）在十五世紀達到輝煌的巔峰之後，便開始發現一件事：和擁有大量人力儲備的中央集權國家相比，他們愈來愈屈於劣勢。曾經堅不可摧的城牆，漸漸敵不過現代的火砲。法國國王法蘭索瓦一世於一五一五年併吞了米蘭。神聖羅馬帝國的皇帝查理五世，後來又在一五二五年從法國手中奪取米蘭，並在兩年之後劫掠羅馬；到了一五三〇年，查理五世對佛羅倫斯發動圍攻，消滅了這個共和國。熱那亞先是落入了法國人手中，接著又成為西班牙帝國的附庸國。在義大利地區，威尼斯被夾在法國和西班牙兩大勢力之間；在海上又受到鄂圖曼帝國的威脅，開啟了長期的衰落。到了十六世紀，漢薩同盟開始面對更強大、組織更完善的王國，如英格蘭、瑞典和丹麥。漢薩同盟的許多成員城市都失去了自治權，被併入了波蘭和普魯士這些正在進行內部整合的國家。直至一六六九年，也就是漢薩同盟最後一次召開議會那年（只有剩餘的九個城市參加），這個聯盟已不再具有任何意義。

然而，城市依然是歐洲戰爭的前線。十六和十七世紀期間，歐陸上的戰爭成了一門圍城和反圍城的科學，也就是城牆兩側的砲手和工兵之間的軍備競賽。呂貝克等城市的周圍建造了巨大的星形防禦工事，讓它們在砲火轟擊下依然能夠挺立。這些漫長而艱苦的戰爭，使得歐洲的軍事工程師成為攻城藝術的專家。消耗戰讓歐陸的軍事技術遙遙領先於世界上其他地區的軍隊。當然，歐洲城市化進程的迅猛發展，也得益於歐洲人的商業精神；但它的活力，也源於一些不太正面的因素，如黑死病、十字軍東征、地方性戰爭和城市內部致命的競爭。

新興的歐洲大都市與其他地方的城市很不一樣。它們沒有我們理解的那種民主；但相對於其他王國，以及被官僚管理的中國城市和日本城市，歐洲城市依然允許更多的政治參與和社會流動。識字能力並不普及，但在歐洲的城市裡，能閱讀文字的人仍然比其他地方多。雖然這些城市又小又脆弱，但它們依然發起了一場軍事和商業的革命，而這場革命也將席捲全世界。

就和威尼斯一樣，呂貝克的衰落主要是因為全球貿易模式在十五世紀末出現了巨大變化。隨著發現美洲以及通往東亞的直達航線，歐洲人也開闢了廣闊的新市場。而在歐洲，正在崛起的新興城市阿姆斯特丹，也破壞了呂貝克在貿易上的主導地位。漢薩同盟或許已然快速衰退，但它遺留下來犀利的商業手法、壟斷交易和強軍策略，卻傳遍了世界各地。

第七章　世界之城

里斯本、麻六甲、特諾奇提特蘭、阿姆斯特丹，公元一四九二至一六六六年

紐倫堡的醫師兼地理學家敏策於一四九四年拜訪里斯本時，這座「輝煌而光榮」的城市讓他非常震驚。位在新前線上的里斯本，正在從歐洲的一潭死水變成歐陸上最令人興奮的城市。

敏策不只在碼頭上看見大量的榛子、核桃、檸檬、杏仁、無花果、蘋果和糖，還看到了來自非洲近乎「無窮無盡的物品」：色彩豔麗的織物、地毯、銅鍋、小荳蔻、數不盡的胡椒枝條、象牙和黃金。他在聖塔特立尼達修道院看到一隻巨大的鱷魚，掛在唱詩班的席位上方，並在聖喬治城堡裡驚嘆於鵜鶘的喙，以及被關在籠裡的獅子；他也覺得那些來自幾內亞灣、在里斯本周圍生長的龍樹（dragon tree）非常迷人。他觀察了巨大的甘蔗、非洲武器，以及用大型魚類骨頭所製成的巨型鋸子。

里斯本就像是一座博物館，裡頭陳列著十五世紀末發現的新世界；這座城市和歐洲的其他城市非常不同。到了十六世紀初，那裡的人口約有百分之十五是非洲奴隸。城裡還有一個規模頗大的穆斯林社區。敏策注意到大量「極其富有」的猶太商人。他們之中的許多人於一四九二年被大規模驅逐出西班牙

之後，便搬到了里斯本。至於那些住在「以德意志風格建造」的新市場路上的荷蘭和德意志商人則是更加有錢。[1]

里斯本呈現出一種其他歐洲城市所沒有的感官衝擊和異國情調。就在敏策到訪後不久，一種大膽的建築形式又進一步改變了這座城市。至今仍可以在貝倫塔和傑羅尼莫斯修道院看見這種被稱為「曼努埃爾式」的華麗風格，它是里斯本借鑑自世界各地、折衷主義風格的象徵。這種風格誇張地結合了晚期哥德式、摩爾式、非洲式、義大利式和弗萊明式的城市設計手法，同時也融合了印度神廟的裝飾，以及航海主題和地理大發現的標誌，如渾天儀、扭繩圖案、裝飾性的花結、錨、犀牛的雕刻圖像、大象，以及其他珍禽異獸。

十五世紀晚期出現在里斯本的商品、人物和建築物都非常特別，因為當時沒有其他的歐洲城市能與非洲和亞洲直接進行貿易；只有少數威尼斯人到過歐陸以外的地方。一五〇〇年，世界上最大的十二個城市裡，有七個位於亞洲：毗奢耶那伽羅*、高達†、廣州、北京、南京、杭州和大不里士。今日位於奈及利亞境內的貝寧城，是當時撒哈拉以南非洲最大的城市；擁有十八萬五千人口的巴黎，是當時全球十二大城市中唯一一座基督教歐洲城市，但貝寧城和美索美洲的特諾奇提特蘭都比巴黎還要大。世界的核心城市地帶仍然位於亞洲。

如果說歐洲孤立於世，那麼葡萄牙則在幾世紀以來一直是歐陸邊陲的邊緣地帶，嵌在浩瀚、充滿未知的大西洋中。它的軍人貴族致力於北非的十字軍東征。相較之下，里斯本在這個非常保守的窮國裡幾乎就像是個城邦。里斯本的商人有許多是猶太人或穆斯林的後裔，和信奉伊斯蘭教的北非，以及義大利和北部歐洲都保持著密切的貿易連結。儘管軍人貴族和商人之間的關係，就和城鄉居民之間的關係一樣敵對，但他們明顯對立的世界觀，一邊是對宗教戰爭的渴望，另一邊則是對世俗財富的渴望，終究會融合在一起。

到了一四一五年，貴族終於如願以償，在摩洛哥發動了一場十字軍聖戰。小國葡萄牙占領了地中海非洲沿岸的休達，這讓歐洲和伊斯蘭世界都大為震驚。葡萄牙的聖戰士兵見到的是一座令他們瞠目結舌的城市。這座城市是「所有非洲城市之花」，讓里斯本相形見絀。商人住在宮殿裡，從事非洲黃金、象牙、奴隸和亞洲香料的交易。根據一位葡萄牙編年史家的說法，那些商人來自「衣索比亞、亞歷山卓、敘利亞、巴巴里‡、亞述（土耳其），還有些人來自東方，住在幼發拉底河的另一側或是印度……有些人來自軸心地區以外（beyond the axis），落在我們眼界以外的其他地方」。[2]

這真的是對另一個世界的驚鴻一瞥，那個與歐洲隔絕的未知世界。亨利王子（葡萄牙約翰一世的兒子）曾在休達打過仗。那座城市的財富，以及他對聖戰的渴望，都讓他非常希望能夠摧毀伊斯蘭教，並找到一條路線能夠通往撒哈拉沙漠後頭的地區，藉此讓葡萄牙變得更加偉大：不只是黃金和香料，他們也確實相信，那裡存在一個神祕、失落的基督教領地。衣索比亞傳說中的基督教皇帝普雷斯特．約翰就位在「軸心之外」；顯然，印度洋上似乎也散布著一些基督教的王國。如果找得到通往這些地方的路線，歐洲就不會被伊斯蘭教扼住咽喉，而伊斯蘭教也終將被統一的基督教世界給包圍。

---

* 編按：為十四世紀至十七世紀位於印度南端的毗奢耶那伽羅帝國的首都。

† 編按：位於今日孟加拉，在一四五三至一五六五年間為孟加拉蘇丹（素檀）國的首都。

‡ 譯按：亦即今日北非的阿爾及利亞至摩洛哥一帶。

在親王鐸姆・亨利（後來又被稱為航海家亨利）的支持之下，幾艘輕帆船離開了里斯本，前往非洲的大西洋沿岸探勘。到了一四七〇年代，來自里斯本的貿易商、奴隸販子和探險家已經抵達了幾內亞灣，並在接下來的十年內抵達剛果。接著在一四八七年，由狄亞士率領的探險隊從納米比亞的海岸出發，向西駛入大西洋。這個大膽的決定終於解開了如何抵達印度洋的謎題。在海面上，西風將狄亞士的小船向東吹去，船隻最後繞過被他稱為好望角的地方。狄亞士證明了托勒密的理論是錯的：托勒密認為印度洋是個封閉的海域，但事實上，船隻可以從歐洲通往印度洋。

或者更準確地說：船隻可以從里斯本通往印度洋。

這座城市於是成了一塊磁鐵，吸引著那些希望從大航海時代（age of exploration）獲利，以及希望用雙腳理解世界變化的人。熱那亞的哥倫布來到約翰二世的宮廷，被地理大發現的狂熱和那裡的專家團隊深深吸引；那些專家仔細研究著每一張新地圖，不放過探險家帶回來的一切資訊。紐倫堡商人倍海姆，是個非常有天賦的地圖繪製師兼宇宙學家，他在一四八〇年代毫無意外地被吸引到里斯本來，並在那裡對星盤進行改良、努力製作航海表。猶太科學家維齊紐則在一四八三年將星盤帶到了幾內亞灣，用以測量太陽的高度。從這些航行之中獲得了東大西洋地區的詳細地圖，截至當時為止，該區域仍處於未知狀態。倍海姆於一四九一年至一四九三年間建造了一個地球儀，並將其稱作「地球蘋果」（*Erdapfel*），總結了西方在發現美洲前夕對世界的認識。[3]

像倍海姆和維齊紐這樣的科學家乃是師承於札庫托，他是一位偉大的拉比＊和皇家天文學家。札庫托生於西班牙，因身為猶太人而被驅逐出祖國之後，便在里斯本接受庇護。札庫托的天文表被整理為《永恆年曆》，能讓航海員確認自己在海上的位置，為海洋探險帶來了革命性的創新。由以維齊紐和倍海姆為首的約翰專家委員會，拒絕了哥倫布向西航行、橫跨大西洋前往印度群島的提議，因為他們認為他嚴重低估了世界的大小，事實證明專家委員會是對的。

敏策對里斯本的軍事基礎設施及其工廠驚嘆不已，這些設施由日耳曼和弗萊明的創始人和砲手擔任主管，生產了一系列先進的武器。葡萄牙的船隻配備了最先進的船載火砲、可以從帆船上發射的大型砲彈，以及名為「*berços*」，安裝在船艇上、能夠快速發射的後裝型輕便迴旋砲。因為一位深具遠見的國王的夢想，以及他對地平線另一端的財富的渴望和宗教熱情的推動下，里斯本於是從一個相對默默無名的城市，一舉躋身為歐洲的一線大都市。

當約翰二世於一四九五年去世後，他的繼任者曼努埃爾一世仍致力於這項任務。另一支探險隊於兩年之內出發，他們配備了里斯本造船廠所能生產出最好的船隻和武器，並搭載最新的導航設備。這支探險隊的領導者達伽馬奉命前往偉大的香料城市卡利卡特†，在那裡尋找基督教國王，並建立香料的貿易事業。根據教宗的詔書，歐洲以外的世界被大西洋上的一條經線分成兩個部分：該經線以西的所有土地都屬於西班牙，而葡萄牙人則擁有東邊的地方。這條想像出來的線後來又依據《托德西利亞斯條約》進行了修正；而這也意味著葡萄牙人正在駛向他們認為是教宗授予**他們**的私人領地。

達伽馬沿著狄亞士的路線向西進入了大西洋，以便在非洲南端轉向東方。他接著沿著東非的海岸一

＊編按：教導猶太律法的教師，是極受尊敬的頭銜。

†編按：位於印度西南部的港口城市，西臨阿拉伯海。十三世紀時其統治者將其闢為任何船隻都可停泊的自由港，促使其成為富庶繁榮之地。此地也因鄭和與達伽馬都曾到訪而聞名。在中國古籍中被稱為古里（佛）。

路北上；當船隊停在莫三比克的港口城市時，葡萄牙人第一次聞到了他們所進入的新世界的氣息。這裡有穿著考究的阿拉伯商人，他們的船上滿載著金、銀、丁香、胡椒、生薑、珍珠、紅寶石和其他珍貴的寶石。達伽馬的船隊繼續向其他城市前進：他們先是前往蒙巴薩*，接著又去了馬林迪†。他們所到的每一處都能看見富裕的城市和繁榮的貿易。但他們沒有找到任何證據，能證明他們預期的基督教城市真的存在。

那些苦於壞血病的歐洲水手，隨船只帶著一些沒什麼價值的貨物，無法為這個複雜、多民族的城市世界提供太多東西；在那裡，亞洲和非洲的豐富物產會在城市之間進行交易。他們擁有的，只是對一切和伊斯蘭教有關事物的侵略和仇恨，那是他們在摩洛哥和突尼西亞艱苦的十字軍聖戰之中學到的。他們的船上配備著世上最先進的軍事技術。而他們從抵達印度洋的那一刻起便開始使用那些武器，藉此獲取他們想要的東西。葡萄牙人對這片陌生的海洋、那裡的大城市，和複雜的貿易網絡充滿疑心，於是便對幾個非洲村莊和莫三比克這座城鎮開火。這群入侵者的不信任和好戰態度，預言了未來將會發生的事情。[4]

★

卡利卡特是那個時代最偉大的城市之一，也是香料貿易的中心；這座城市從海灘一直延伸到高止山脈的山腳下。商人粉刷成白色的房屋和貴族的木造宮殿就在棕櫚樹的後面，可以看得到海景。大型印度教寺廟附近的清真寺，其喚拜塔直入雲霄。當達伽馬疲憊而緊張的船員抵達這座人口稠密的大城市時，作為未見過世面的歐洲人，他們一定覺得自己來到了一個陌生、充滿異國情調，而且此前從未探索過的天地。帶點歷史諷刺意味的是，他們遇到的第一批人，居然是來自距離葡萄牙不遠處的兩名突尼西亞商人。「見鬼了！」其中一位突尼西亞商人用卡斯蒂利亞語‡向疲憊的船員搭訕，「你們怎麼會跑來這裡？」

答案很簡單。他們說他們是來尋找基督徒和香料的。這群闖入者在聽到別人用歐洲語言招呼他們時似乎沒有料想到，世界各地相互連結和經濟一體化的程度其實遠遠超出他們的想像。達伽馬的船員們走的是途經好望角的遠路，歷盡千辛萬苦，而突尼西亞人只是從家鄉出發，直接沿著熙來攘往的伊斯蘭路線前行罷了。

那裡沒有信基督教的國王，香料也必須用錢購買。葡萄牙人要拿什麼來交換呢？為了讓信奉印度教的國王沙穆提利（Samoothiri，也就是「海上之王」的意思）留下深刻的印象，達伽馬打開了他的禮物：十二塊條紋布料、四個鮮紅色的頭巾、六頂帽子、四串珊瑚、六個盆子、一箱糖、兩桶蜂蜜和兩桶油。沙穆提利的官員一看到這些禮物便笑了出來。即使是麥加最貧窮的商人，帶來的禮物也都比葡萄牙國王帶來的更好。他甚至拒絕將那些東西上呈給國王。

＊編按：位於今日肯亞，是東非重要香料、黃金、象牙的貿易中心。鄭和船隊曾到訪此地，稱其為「慢八撒」。達伽馬於一四九八年底達此地，被認為是第一個到訪的歐洲人。

†編按：位於今日肯亞，距離蒙巴薩一百二十公里。七世紀起因穆斯林商人而海上交易頻繁。也同樣是鄭和與達伽馬到訪之地。

‡譯按：即西班牙語。（編按：拉丁語在進入伊比利半島後，在各地衍伸為不同方言，北部卡斯提爾地區的方言作為官方語言受到推廣，因此今日所稱的西班牙語也被稱為卡斯蒂利亞語。）

這是一個商業城市，它的君主是個會做生意的國王。卡利卡特擁有巨大的寺廟和宮殿、數不盡的人潮，居民混雜著猶太人、穆斯林、印度教徒和佛教徒，這讓里斯本相形之下就像個窮鄉僻壤。千年以來，商人從季風海域的各地帶來了價值連城的商品。沙穆提利從自由貿易之中獲利，對那些把卡利卡特當作印度洋轉運站的數百艘船徵收關稅。他沒有興趣和一位遠方國王的代表進行外交禮節，因為葡萄牙國王對他的生意毫無助益。

有類似反應的不只是沙穆提利而已。卡利卡特的穆斯林商人在看見葡萄牙商品之後，吐口水並嘶嘶地說：「葡萄牙！葡萄牙！」這座城市的市場裡匯聚了世界各地的財富，從中國到威尼斯的豐富物產，根本沒人願意購買歐洲人帶來的東西；難怪一件在里斯本價值三百雷亞爾的精美襯衫，在卡利卡特只能賣到三十雷亞爾。相較之下，一袋香料在卡利卡特要價兩克魯撒多，在里斯本卻能賣到三十克魯撒多*。

無法理解經濟運作現實的達伽馬，懷著他來自歐洲的疑心和怨恨，認為穆斯林商人正在用陰謀對付他，想要阻止他銷售葡萄牙的手鐲、布料和襯衫。更糟的是，國王要求所有來訪的商人都必須繳納港口稅。然而達伽馬無法使用黃金支付，而他那點微不足道的商品，價值又不足以支付費用。他決定不付錢就離開。他在離開前，還綁架了六名高級種姓的印度教商人。沙穆提利的艦隊在葡萄人出港之後便追了上去，但他們終究不是葡萄牙大砲的對手，被轟得無法招架。[5]

達伽馬最後帶回的是少許香料和一個情報：在亞洲的海域裡，葡萄牙的船隻無人能敵。達伽馬成功打敗沙穆提利艦隊的消息傳遍歐洲之後，威尼斯和熱那亞便知道自己衰亡在即。曼努埃爾此時開始自稱「衣索比亞、阿拉伯、波斯和印度的征服者兼航海和商業之王」，並在一五〇〇年又派出了另一支由卡布拉爾所率領的遠征隊。

然而，卡布拉爾在駛入大西洋之後遇上了西風，最後發現了一塊土地，那塊土地後來將被稱為巴西。而在印度海域他開始攻擊穆斯林的船隻。他們和卡利卡特新的國王關係破裂。一群穆斯林襲擊了葡萄牙在卡利卡特的貿易站。葡萄牙人聲稱自己在戰鬥中，用弩在卡利卡特的街道上「殺死了一大堆人」。卡布拉爾屠殺了停泊在這個香料之城的六百名阿拉伯商人和水手。他搶劫了他們的貨物、燒毀他們的船隻，並俘虜了三頭戰象（那些大象後來被葡萄牙人吃掉了）。接著他將火力強大的大砲轉向城市，對卡利卡特進行了轟炸。葡萄牙人再次興高采烈地報告道，「我們殺死了無數人，並（對這座城市）造成了很大的破壞。」6

此時在印度洋上可以看到一波波從里斯本派來的船隻。達伽馬回來了。他在東非的主要貿易港口基爾瓦†警告蘇丹，「如果我想要，你的城市可以在一小時之內就化為灰燼」。他還告訴其他城鎮，曼努埃爾是「海上之王」，是他們海岸的最高統治者。他劫掠並摧毀了一艘載有三百八十名乘客的單桅帆船，其中有些人是季風海域的商業菁英，這震驚了整個印度洋地區。除了孩童之外，所有人都遭到了屠殺。7

回到被圍困的卡利卡特之後，達伽馬命令沙穆提利驅逐所有穆斯林商人，並禁止與他們進行貿易。沙穆提利反駁道，葡萄牙人跟海盜沒什麼兩樣，而他的「港口一直是開放的」。達伽馬聽了之後便用

---

*譯按：雷亞爾和克魯撒多皆為葡萄牙的貨幣單位。

†編按：位於今日坦尚尼亞，以基爾瓦為中心的蘇丹國在十五世紀勢力達到鼎盛，但在進入十六世紀時受葡萄牙人入侵與統治。

「如暴風雨般持續不斷的鐵球和石塊」攻擊卡利卡特。在那場可怕的砲擊中，達伽馬還將三十四名穆斯林商人和印度教漁民吊死在他的帆船桁桅上。於是卡利卡特這座世界上最偉大的城市之一，就這樣在幾年之內遭到摧毀，居民們則火速逃離了這座城市。8

面對這種殘暴而持續的威脅，沒有自衛手段的馬拉巴爾*海岸城市只能向暴力入侵者妥協。葡萄牙人在整片海洋上建立了保護網，強迫船隻購買憑證，否則便會被他們殲滅。一位穆斯林統治者驚恐地說：「禁止任何人出海是聞所未聞的。」但隨著葡萄牙的到來，現在的情況已然不同。穆斯林的貿易商社群意識到自己的生意已經玩完了，於是開始返回自己的家鄉。史瓦希利海岸†和馬拉巴爾海岸的大部分地區，都落入了葡萄牙的控制之下。他們在各地建造了堡壘，並禁止當地統治者和葡萄牙人之外的人進行貿易，而且只能按照葡萄牙人設定的價格進行交易。9

印度洋地區幾個世紀以來和平發展的城市群，正面臨了劇烈的破壞。開羅的馬穆魯克蘇丹對葡萄牙的入侵感到非常擔憂，於是在威尼斯人的祕密協助之下組織了一支艦隊對付入侵者。基爾瓦是一座小巧但非常富有的城市，擁有可以和哥多華比美的清真寺，後來也在一五〇五年遭到劫掠；蒙巴薩這座美麗的貿易大城，在不久後也被劫掠和燒毀。偉大的海上城市忽里模子‡則是被攻陷占領。在葡萄牙堡壘的控制之下，印度的科欽成了主要的香料貿易港。

一五一〇年，軍事奇才阿爾布克爾克以科欽這座城市為基地策劃了一輪新的攻勢，導致果亞這座城市遭到全面洗劫，而城裡的穆斯林人口和伊斯蘭建築也遭到了「清洗」（這是阿爾布克爾克的用詞）。接著他將目光望向了麻六甲：這是所有城邦之中最偉大的一個，也是印度洋的餽贈，被人暱稱為「太陽之眼」。

葡萄牙作家皮雷斯估計，在麻六甲這座擁有十二萬人口的大城市裡，使用著八十四種不同的語言。這座城市像絲帶一般綿延十多公里，一側被叢林包圍，另一側則是大海；從海上搭船過來，可以看到這座城市有成千上萬的棕櫚茅草屋、倉庫、寺廟和清真寺。據說它的港口可以容納兩千艘船，從巨大的中國貨船到划槳的舢板一應俱全。根據皮雷斯的說法，建城不到一百年的麻六甲無疑「非常重要，而且有利可圖；在我看來，世界上沒有其他城市能出其右」。[10]

「太陽之眼」是個恰如其分的綽號。就像在麻六甲之前出現的巨港，以及之後的新加坡一樣，麻六甲是來自中國、日本、香料群島、爪哇、泰國、緬甸、印度、錫蘭、非洲、歐洲和波斯灣的貨物貿易網的輻射點。它所在的位置正好是一個季風系統的末端，和另一個季風系統的起點，因此所有貿易活動都集中在這裡。香料、布料、漆器、奴隸、藥物、香水、寶石、瓷器、象牙和黃金，從亞洲和非洲被運到這裡；而經由威尼斯和開羅運抵的頂級歐洲商品也是如此。麻六甲位在世界的中心。

皮雷斯列出了一份詳盡的外國商人名單：他們來自開羅、麥加、忽里模子和亞丁，也來自阿比西尼亞和基爾瓦；那裡有土耳其人、亞美尼亞的基督徒，和中國人、緬甸人、爪哇人、暹羅人、柬埔寨人、古吉拉特人、孟加拉人、布吉斯人和馬來人並肩共處；還有來自卡利卡特的印度教徒，以及來自錫蘭的

＊譯按：亦即印度的西南部海岸線。
†譯按：位於東非海岸，亦即今日的肯亞、坦尚尼亞一帶。
‡編按：位於波斯灣的荷姆茲島上，地處交通要地貿易繁盛，十三世紀中起為波斯政權附屬國，一五一五年遭葡萄牙占領，一六二二年歸波斯薩法維王朝控制。忽里模子譯名見於中國《元史》的記載。

坦米爾人；來自汶萊、摩鹿加群島、帝汶、巽他、勃固、馬爾地夫的貿易商……如果想要，這份名單還可以繼續列下去。各式各樣的商人組成了大型貿易公司和行會，像漢薩同盟那樣分散風險，並對價格和關稅進行談判。

在這個大城市裡，每條街道和房屋都是永不停歇的露天市場的一部分；你可以在此購買任何喜歡的東西，或在地球上最先進的貨幣市場裡放手一搏。在蘇丹的統治之下，麻六甲受益於國際貿易的關稅而成了一個極其富裕的城市。和葡萄牙人在印度摧毀、攻占的那些耀眼城市相比，麻六甲甚至更加耀眼動人。「有鑑於麻六甲的偉大地位和利益，其價值難以估算。麻六甲是一座為商品而生的城市，比世界上任何城市都更加稱職。」像皮雷斯這樣從葡萄牙來的入侵者，於是逐漸理解這個世界的相互連結性：「只要能當上麻六甲的領主，就能扼住威尼斯的咽喉。」[11]

因此毫不意外地，一支葡萄牙艦隊在一路摧毀了無數貨運帆船之後，於一五一一年七月一日抵達了麻六甲海域。阿爾布克爾克*的軍艦帶點恐嚇意味地在城外停泊了三週的時間；他對蘇丹提出了嚴厲的要求，並以砲擊城市的方式持續施壓。阿爾布克爾克於二十四日發動攻勢。麻六甲的要害是一座橋梁，這座橋猶如熱帶版本的里亞托橋†，橫跨了將這座大城市一分為二的河流，這裡也是商人們進行交易的地方。在這場橋梁爭奪戰中，全副武裝的葡萄牙士兵在烈日下遭遇了密集的砲火、如雨般從天而降的弓箭、用吹管射出的毒箭，以及二十頭瘋狂踩踏的戰象。他們雖然曾短暫占領這座橋梁，但仍因為高溫、潮溼而筋疲力竭，最終不得不撤退。

很少有街頭戰役比這場戰役更加慘烈。阿爾布克爾克的大多數指揮官都被毒箭和烈日給嚇壞了，想要放棄這場戰役。但阿爾布克爾克依然滿懷期望，想要奪取這座地球上最富裕的城市。他們於八月十日再次進攻。這次他們沒有對那座橋發動突襲；這場攻勢將由阿爾布克爾克鋼鐵一般的紀律來指揮。他們用砲火掃射街道，藉此提供掩護，而葡萄牙的長槍兵則排成一個個方陣，每邊都由六人組成，接著慢慢掃過如網般的街道和小巷。不論男女老少，沒有任何一個穆斯林能倖免於難。在九天之內，這支軍隊系統性地將對手從城裡清除殆盡。葡萄牙人接著獲准進行掠奪，但掠奪時同樣必須遵守嚴格的紀律。縱火的行為被禁止，並用旗幟標出不得劫掠的房屋。葡萄牙人被分成幾個小組，可以在固定的時間之內進行掠奪，而最先上場的是水手；一旦號角響起，他們猶如掃蕩超市一般的暴行就必須結束，好換下一批人洗劫這個世界上最大的露天市場。

等他們完成之後，麻六甲血跡斑斑的街道上，到處都是劫掠後剩餘的物品；打了勝仗的葡萄牙人對這些東西不屑一顧，因為他們已經獲得了更值錢的東西。被丟棄的珠寶在塵土中閃閃發光；精美的中國瓷器碎了一地，無人問津；錦緞、絲綢和塔夫綢被人踩在腳下；還有幾罐麝香被人遺棄。光是這些東西就可以在威尼斯換到一大筆錢。但他們接著又得開始工作了。阿爾布克爾克的一些士兵開始因瘧疾而喪生，還得在酷熱之中辛勤勞作，用廢棄清真寺的石材建造出一座堡壘。麻六甲成了葡萄牙的領地。大約九百名歐洲人擊敗了兩萬名守軍。除了擁有全球貿易樞紐的地位之外，麻六甲也是葡萄牙繼續往香料群島、中國和日本推進的跳板。

＊編按：阿爾布克爾克（一四五三至一五一五年），是葡萄牙海軍將領，被視為軍事天才，他幫助葡萄牙打造在印度洋的殖民帝國，被稱為「東方凱撒」、「海上雄獅」、「葡萄牙戰神」。

†譯按：威尼斯市中心的一座橋梁。（編注：原本是十二世紀的一座浮橋，後改為木橋，今日所見的橋梁為一五九一年建造。此為威尼斯橫跨大運河的最古老橋梁。）

★

雖說「只要能當上麻六甲的領主，就能扼住威尼斯的咽喉」，但不僅是威尼斯，這樣其實也扼住了開羅、亞歷山卓和麥加的咽喉。葡萄牙人對這座城市的占領，標誌著世界史的一個轉折點。控制了麻六甲、果亞、科欽和忽里模子等戰略性港口，葡萄牙可以將穆斯林敵人驅趕出去，並控制印度洋的貿易。

世界各地的財富開始如雨點般傾瀉到里斯本，讓這座城市成了新興的全球貿易之都，看得到來自巴西、非洲和亞洲的各種奢侈品。查理五世曾說過一句名言：「如果我是里斯本的國王，我很快就能統治整個世界。」值得注意的是，他說的是「里斯本」，而不是「葡萄牙」。

一四九八年，曼努埃爾在塔古斯河畔清出空間，建造了一座名為「河濱宮」的巨大宮殿。這座宮殿是華麗的曼努埃爾風格的最佳範例，也是文藝復興時期的亮點之一，原因不只是其充滿異國風味的混合式建築，也是因為它是歐洲各地的詩人、劇作家、藝術家、哲學家、學者和科學家的聚會場所。這個宮殿群還設有幾個大型的行政部門，負責管理葡萄牙在世界各地廣泛的壟斷貿易活動，這些部門包括：印度事務局、奴隸事務局、法蘭德斯事務局、幾內亞事務局和海關大樓。這座宮殿還連接著強大的兵工廠、皇家鑄幣廠、印度倉庫等庫房和造船廠。這座新的宮殿建築，除了有部分作為王室住所，也有部分是商貿總部，讓曼努埃爾可以看到世界各地的大量財富在自家門口卸貨，聞著瀰漫在里斯本空氣中的香料味。他富麗堂皇的倉庫裡堆滿了一袋袋的糖、丁香和胡椒。法國的法蘭索瓦一世曾戲謔地給他起了個綽號，叫做「雜貨商國王」。

但這種說法其實是在嫉妒。到了一五一〇年，被稱為「雜貨商」的曼努埃爾光是靠著香料貿易，每年就能淨賺一千萬克魯撒多。任何乘船抵達里斯本的人，都能在河邊看見豪華的建築，比如貝倫塔和巨大的傑羅尼莫斯修道院，這些建築物都是當時的奇蹟，據說是用胡椒的利潤建造的，或者至少是用他們對香料徵的稅（稅率為百分之五），以及來自馬奇約內這位佛羅倫斯銀行家兼奴隸主的餽贈所建造的。他們還清理了農業用地，好為巨大的皇家托多斯桑托斯醫院騰出空間。[12]

新的宮殿將里斯本從山上拉到了水邊，在塔古斯河畔填河造陸，彷彿它想要更靠近它的新世界一般。商人也建造了自己的河濱宮殿。里斯本的人口隨著財富而增長，而在皇室的城市總體規劃之下，土地在清理之後被用於城郊的開發。里斯本的上城就是個很好的例子：里斯本如今的觀光和夜生活中心，它以幾何形狀的格局建造，以便容納人數愈來愈多的專業海事工匠，如填縫工、製繩工、帆布縫紉工和金屬鍛造工，這些都是商業大都市所需要的工種。里斯本也以馬賽克圖樣的路面聞名；這種道路的歷史可以追溯到一五〇〇年，當時新市場路和其他的主要街道，都鋪設了來自波爾圖地區的名貴花崗岩。[13]

新市場路的「無止境的商店」和拱廊就位於多層建築的下方，而居民們則像「沙丁魚」一樣在裡頭生活。新市場路成了里斯本的商業中心；你可以在那裡買到猴子、火雞和鸚鵡、日本漆器和明代瓷器、寶石和生薑、西非的象牙和黑檀木、胡椒和珍珠、波斯地毯和美洲辣椒、亞洲的絲綢、法蘭德斯的掛毯和義大利的天鵝絨。那裡有銀行和貨幣兌換處；公證人每天都會到露天攤位上記錄交易情況。這是全歐洲最有異國情調、最有活力的一條街道。[14]

來自弗拉蒙的貴族塔科恩在一五一四年到訪時對這個充滿生命力的地方目瞪口呆。「你可以在里斯本看到許多動物和奇怪的人。」他寫道。他每天都能在街上看到大象。曼努埃爾經常在街上遊行，他會在犀牛的帶領下穿過這座城市，後頭還跟著五隻披著金色錦緞的大象、一匹阿拉伯馬，以及一隻美洲豹。就在塔科恩到訪的那一年，曼努埃爾為了炫耀自己的財富和權力，送了一些禮物給教宗：一頭名叫漢諾的白象，以及幾隻鸚鵡、獵豹和一隻黑豹。一年過後，他又送了一頭白犀牛過去。

塔科恩看著成千上萬的非洲奴隸和巴西奴隸嘖嘖稱奇；他曾親眼目睹一艘船卸下一批香料，以及三百名赤身裸體的俘虜。塔科恩遇到了前來處理外交事務的非洲自由人，以及佩戴寶石的印度人。還有幾個人從遠方的日本和中國而來；來自日耳曼地區、法蘭德斯、英格蘭、法國、義大利和其他地方的人蜂擁而至，他們在那裡交易來自歐洲各地的商品。塔科恩寄宿在德貝克雷那裡，後者放棄了布魯日的製桶事業，被里斯本傳奇性的財富吸引而來。德貝克雷當時已經是一名商人，並在這個夢想之城發財致富。「他每天都使用銀盤、托盤、盤子和許多金酒杯。」

對於塔科恩來說，里斯本是一座正在快速發展、狂野喧囂的城市。但是他們建造的速度還是不夠快；根據塔科恩的說法，好幾個家庭必須一起擠在狹窄的房屋裡，而且屋裡通常沒有廁所或煙囪。令人難以置信的財富和貧困同時並存。奴隸和外國移工擔任清潔工、廚師、船夫、快餐店小販、勞工、鞋匠和鐵匠，做著城裡的骯髒工作；通往塔古斯河的街道上每天清早都會擠滿奴隸，他們手裡拿著夜壺，正準備將裡頭的穢物倒進河裡。[15]

如果要在地球上找個地方，能夠象徵文藝復興時期新事物的衝擊和文化碰撞，那肯定就是這座城市。里斯本的勝利，意味著威尼斯和許多亞洲大都市的衰落，其中最知名的便是麻六甲。這是一個全球性城市在吞噬競爭對手後，並靠著它們的屍體積攢脂肪的故事。里斯本和其他的全球城市一樣，也成了衛星城市網絡的樞紐，這些遍布全球的衛星城市包括：安特衛普、澳門、果亞、科欽、麻六甲等。它是第一個新型的城市，也是能在全球各地開拓市場的帝國大都會。這樣的巨獸讓呂貝克和威尼斯等城邦顯得有些過時。更重要的是，它們取代了長期以來一直代表著城市文明的亞洲和美洲的大城市。

★

偏好壟斷，而非自由貿易；在戰爭工具上不斷精進；以及對其他宗教信仰的不寬容。上述所有的現象都是在十二世紀以來的再城市化過程中，於歐洲城市裡所孕育出來的。在這個全球大城市與彼此愈來愈相似的時代裡，值得我們回顧的是，這個世界上的城市曾經非常多元。里斯本輸出了歐洲的行事方法和態度，並在這麼做的同時，致命地破壞了另一種以自由貿易和世界主義為基礎的城市文明。但在墨西哥，歐洲人卻遇上了一種不曾受過美索不達米亞、中國、雅典或羅馬的影響，獨立發展出來的城市文明。

對於西班牙士兵卡斯蒂略來說，他於一五一九年初次看見特諾奇提特蘭時，就像是見到了「一個迷人的幻影」（彩圖8）。他在多年之後承認：「那一切都太美妙了，我不知道該如何描述，我頭一次見到那個從未聽過、見過或夢想過的事物時的感受。」那是一座夢想中的城市，人口達二十萬人，而當時歐洲最大的城市巴黎，也不過只有十八萬五千人而已。當西班牙的征服者進入這座城市時，大批群眾就聚在一旁觀看。陶醉其中的西班牙人沿著主要的堤道騎馬前行，想觀賞塔樓、寺廟和宏偉建築的景象，那些建築物彷彿是從城市旁的湖中升起的。粉刷得鋥亮的房屋，閃亮得像塊銀錠，看起來就像閃耀著陽光的珠寶。在堤道的盡頭，特諾奇提特蘭的第九任蒂亞托尼＊，以及阿茲特克帝國的統治者莫特蘇馬二

＊譯按：阿茲特克帝國對統治者的稱呼。

世，對科爾特斯率領的四百五十名西班牙人表達了歡迎。[16]

西班牙人進入了世界上最壯觀的城市之一。他們驚訝地把那裡稱為「富裕版的威尼斯」。對於墨西卡人*來說，他們則是看見了從未遇過的東西：馬匹和盔甲、火繩槍手和鋼劍，以及車輪和大砲。

這個城邦建在特斯科科湖中一個岩石島上；這座湖泊是山區高原上五個彼此相連的湖泊之一。該湖泊在十七世紀被排乾之後，湖底的黏土層便成了墨西哥城的地基。長長的橋梁和堤道，將特諾奇提特蘭和主要的陸地連接起來，旁邊則是被稱為奇南帕的漂浮水耕農園。這些農園的生產力很高，能種植蔬菜為這座城市提供食物。

這座大都市本身有運河縱橫交錯，並被宏偉的大道分割成四個區域，並再細分為二十個被稱為卡爾普利的行政區。貴族的房子是用石頭砌成的；有錢人住在土坯磚房裡。一般人住的房子是用蘆葦搭成的，外頭會再抹上泥巴，屋頂則是用茅草蓋的。這些住屋會被粉刷成白色或塗上鮮豔的顏色。西班牙人驚嘆於這些鮮花盛開的房屋，以及它們的裝飾和家居用品。他們說這樣的家屋標準，任何地方都比不上。[17]

城市的中心矗立著公共建築、寺廟、法院和宮殿，它們座落在一個被圍牆圍住的廣場，這個廣場被稱為大神廟（Templo Mayor）。還有一個六十公尺高的最高神廟，讓上述的其他建築都相形失色。每年都有數千人會在這裡被獻祭給天神。特諾奇提特蘭巨大的主市場，據說是西班牙薩拉曼卡的兩倍大。卡斯蒂略曾對在那裡購物的人潮，「以及井然的秩序和大量的商品」大感驚訝。即使是格拉納達的市場也無法供應如此多樣的紡織品。那裡還有許多歐洲人從未體驗過的東西：辣椒和巧克力，以及番茄和火雞。和里斯本一樣，特諾奇提特蘭也是一個帝國的首都，那裡的市場擁有來自中美洲各地，以及遠至印加帝國的食品、商品和人民。

主導特諾奇提特蘭的秩序，是首席城市規劃師所主導的結果，他在當地被稱為「卡爾米米洛卡特」。這位官員的工作，是負責在城市從本來的岩石小島擴張到其他島嶼，以及填湖造陸的土地上時，確保城市能符合建築標準，並維持街道的網格狀格局。卡爾米米洛卡特不只是一名市政官員而已，他的工作還帶有神聖性。阿茲特克的城市是眾神的禮物，而特諾奇提特蘭則是「天堂的根基」，也是宇宙的中心。這座城市的地點是由維齊洛波奇特利這位神祇選定的：祂讓一隻金色老鷹停在刺梨樹上並吞食一條響尾蛇，藉此表明祂的選擇；這個傳說後來也被描繪在墨西哥的國旗上。這座城市的正交角格局以及主要大街和建築物的座向，都彷彿被設計成一張宇宙圖，呼應著恆星和行星的運行。漂浮在湖上的島城就是整個世界的縮影，是「一切世界秩序的根基、中樞和核心」。特諾奇提特蘭被設計成一座完美的城市，是一個龐大帝國在精神上和政治上的中心，權力從中心向外輻射。

城市規劃者需要維持這座城市神聖的對稱性，至少在城市中心必須如此。特諾奇提特蘭就像一台機器，從精心規劃的農業之中獲得充足的糧食供給，還有綿延的陶瓦水道橋從山上送來淡水。一支工人大軍負責維持四條大道的清潔；市民還能使用會定期清掃的公共廁所，廁所的穢物則可以用於鞣製皮革，充當「奇南帕」的肥料。與歐洲臭氣熏天的城市相比，特諾奇提特蘭在科技和衛生方面都非常先進。但並非所有歐洲人都有興趣學習觀摩。

特諾奇提特蘭是由游牧的移民在湖中的一塊岩石上建造的。面對墨西哥盆地附近的敵對城邦，這座城市起初過得並不算安穩；一直要到十五世紀，經歷一系列戰爭之後，特諾奇提特蘭才擺脫了從屬的地

＊譯按：墨西哥的原住民。（編注：西班牙人到達時，當地人自稱墨西卡人。）

位成為一個重要的大都市，並成為被稱為「三重聯盟」或阿茲特克帝國城邦聯盟的首要成員。當科爾特斯入侵時，它才剛成為這個廣闊帝國的大都會沒有多久。它當然是一座現代化的城市，但也繼承了某種古代的城市傳統，同時也是這種傳統最後的曇花一現。

早在歐洲出現第一批城市之前，美索美洲就已經見識過無數複雜城市文明的興衰。從公元前一二〇〇年起，奧爾梅克人就是美索美洲最早的城市建造者。和美索不達米亞的先驅一樣，城市生活帶來的複雜性推動了訊息技術的發展，進而演變成文字。馬雅人建造了宏偉的儀式性城市，已有兩百三十座出土；其中最大的城市當屬提卡爾，它曾在公元二〇〇到九〇〇年間達到巔峰，人口可能多達九萬人。再往北，特奧蒂瓦坎的人口大約在公元四五〇年曾達到十五萬到二十萬人之間。特奧蒂瓦坎帝國＊瓦解後，墨西哥中部便分裂成為許多城邦。但特奧蒂瓦坎仍然是美索美洲城市化的原型，影響了後來幾個世紀出現的城邦：如首都位於圖拉的托萊克人、位於特拉科潘的特帕內克人，以及最後的墨西卡人和他們光榮的城市特諾奇提特蘭。

在第一次與歐洲人接觸的過程中，美索美洲城市系統的精密性幾乎無一倖免。西班牙人抵達之後便在當地引爆了天花，導致特諾奇提特蘭的人口折損了三分之一。一五二一年，科爾特斯帶著一支軍隊、先進的攻城武器和造船師傅重返。特諾奇提特蘭堅守了七十五天。和十年前的麻六甲一樣，街頭巷戰尤其殘暴。直到科爾特斯把一棟棟房屋夷為平地之後，特諾奇提特蘭才終於完全被他占領。他以這個中美洲最後一座偉大城市的廢墟為地基，讓城市規劃師布拉沃在其上建造了一座歐洲城市，這座城市被稱為墨西哥城。

十六世紀的頭幾十年裡，世界各地都見證了許多城市文化的消滅或顛覆。於是歐洲的城市類型開始在全球各地取得主導地位；這個過程就是從特諾奇提特蘭、卡利卡特、蒙巴薩、麻六甲等地的廢墟開始的。而像是里約熱內盧、墨西哥城、開普敦、孟買、加爾各答、新加坡、巴達維亞（雅加達）、上海、香港、墨爾本以及紐約等城市，在接下來的幾個世紀裡，都代表著以歐洲帝國大都會為範本的全球都市的新類型。

★

雖然從表面上看來，里斯本充斥著無拘無束的世界主義，但在表象之下卻隱藏著一些非常黑暗的東西。這座城市於一四九二年迎來了數千名來自西班牙的猶太難民。但這個政策有一個附帶條件：那些猶太人必須和穆斯林社群一樣，得在一四九七年之前離開，或者是改信基督教。曼努埃爾不願失去這些猶太臣民的財富、天賦和國際人脈，於是迫使成千上萬的猶太人改宗。然而，這些對經濟至關重要的所謂「新基督徒」，卻仍持續面對各種敵意。一五〇六年復活節，這種強烈的敵意在里斯本街頭爆發為暴力事件：猶太男女和孩童遭到暴徒包圍殺害；許多人在羅西奧廣場上的柴堆中被活活燒死。宗教裁判所接著在一五三六年也抵達了里斯本。在接下來的兩年裡，那些被懷疑仍在偷偷維持猶太信仰的新基督徒，都被綁在河濱宮外頭的火刑柱上活活燒死。

憑藉著葡萄牙帝國的優勢，里斯本仍然是歐洲的主要港口。然而，它失去的是比世界上所有香料都更有價值的東西，那就是人力資本。在西班牙和葡萄牙，許多改宗成基督徒的塞法迪猶太人後裔，尤其

＊編按：特奧蒂瓦坎為今日墨西哥境內約存續於公元二〇〇年至七五〇年的文明，約與馬雅文明同期。

是擁有廣闊人脈的富商，都移居到其他城市去了。他們前往漢堡和威尼斯、君士坦丁堡和塞薩洛尼基，或是馬賽和波爾多。但有一座城市在十六世紀的最後幾十年內崛起成為全球霸主，對葡萄牙的猶太難民特別有吸引力，這座城市便是阿姆斯特丹。

早在一四五〇年，阿姆斯特丹不過是個規模大一些的村莊，座落在一片流動的泥濘沼澤之中，人口只有四千人；到了十六世紀末，阿姆斯特丹卻已經成為一個重要的全球大城，也是一個由移民所組成的城市。一五八〇年代，在荷蘭起義脫離西班牙帝國期間，許多商業菁英和金融菁英都從歐洲的金融之都安特衛普逃往那裡。來自里斯本的塞法迪猶太人，以及來自歐洲各地逃離迫害和戰爭的人，也加入了他們的行列。一五七〇年，阿姆斯特丹的人口為三萬人；到了一六二〇年，這個數據已躍升至八萬八千人，並在二十年後達到十三萬九千人。然而，阿姆斯特丹的面積，在崛起之時並沒有比一四五〇年的時候大多少，城裡變得人滿為患、過度擁擠。城牆外形成了一個搖搖欲墜的貧民窟，成為勞工的居住地，「那些勞工為數眾多，他們無力支付城裡高額的房租」。來自英國的大使曾在一六一六年指出，「來自各國、各種行業和宗教的人都聚集在那裡，但他們只為了一件事而來：商品。他們的新城鎮快速成長。」[18]

這個不起眼的沼澤小鎮之所以會變得如此富有，是因為它從更成功的城市吸引了人力資本。一位外國外交官寫道，阿姆斯特丹「在**里斯本**和**安特衛普**的戰利品中獲得了勝利」。它之所以能迅速崛起，除了部分是地緣政治的結果之外，也建立在北部歐洲城市主義的基礎之上：漢薩同盟的城市共和主義影響了荷蘭的城市，而荷蘭的城市又以自己獨特的方式發展起來。荷蘭擁有密集的中等規模城市群，是歐洲城市化程度最高的地區；早在十六世紀初，荷蘭就有將近三分之一的人口住在城市裡，而歐陸當時的都市化程度平均只有百分之九而已。在該世紀期間，歐洲城市化的比例基本上都停滯不前，但荷蘭卻能突飛猛進；到了一六七五年，荷蘭的城市化比率已達百分之六十一。[19]

荷蘭語有個詞彙是「*schuitpraatje*」，意思是「駁船上的談話」。運河駁船在城裡隨處可見；它們速度很慢，可以搭載各式各樣的乘客，因此非常適合就政治、哲學和宗教議題進行漫長的討論。這個詞彙表達得非常生動：荷蘭人確實熱中於討論各種新思想。這種特別高的城市化比例，有助於塑造出一個文雅的社會，讓荷蘭在歐洲顯得十分特殊。在其他國家，擁有土地的貴族憑藉著對農業的掌控，而得以維持政治權力。但荷蘭共和國卻並非如此，因為荷蘭國內的糧食生產在經濟中的核心角色，已經讓位給了航運、貿易、商業和工業等城市活動。城鎮菁英們將自己視為古希臘城邦以及漢薩同盟自由城市的繼承者。城市和市民、商人和貿易商，都在荷蘭共和國裡享有相當大的自治權和政治權力。荷蘭城市社會明顯的個人主義和自由，不只是共和主義和國家政治特性所造成的結果。和其他國家形成鮮明對比的是：荷蘭是各種不同宗教信仰的大雜燴，沒有任何一種宗教占主導地位，因此他們必須保持寬容。荷蘭城市對移民開放，城裡的識字率也異常地高；書店隨處可見，阿姆斯特丹還將成了北部歐洲的出版中心。

對於許多自由思想者、異議者和企業家來說，市民權、道德和商業上的自由，都讓荷蘭（尤其是阿姆斯特丹這座城市）極具吸引力。阿姆斯特丹成了激進思想的大熔爐。這座城市的出版商，大量出版了那個時代最具爭議性的書籍，如在英國被審查的哲學家霍布斯，以及伽利略、史賓諾沙和笛卡兒的著作。因為英格蘭政治動盪而流亡阿姆斯特丹的洛克，他對政治和宗教寬容、公民政府和經驗哲學的思考，就是在自由思考的新教徒異議者圈子中成形的，而史賓諾沙也和這個圈子有些淵源。笛卡兒讚揚阿姆斯特丹是哲學的聖地，也曾寫道當自己看著滿載世界各地產物的船隻抵達時有多愉悅：「這世界上有哪個地方，能像這裡一樣，輕易就能找到你想要的一切便利設施和新奇事物？還有哪個國家，能讓你如此全然自由、安然入睡，還有隨時準備保護你的軍隊？有哪個國家的毒害、叛國或誹謗行為比這裡還要少？」[20]

創新的思維讓荷蘭從一個相對默默無名的國家，成為歐洲，甚至是全世界最強大的國家。為了尋找遠離戰爭和迫害的避風港，那些人來到了阿姆斯特丹，並帶來了他們的技能和國際人脈。一五九五年，一個由阿姆斯特丹商人組成的財團投資了一趟前往印尼的高風險航程，財團中許多人才剛移民到阿姆斯特丹，他們和波羅的海地區、葡萄牙、西班牙、威尼斯和黎凡特地區都仍有貿易上的連結。他們並沒有擔任葡萄牙人的中間人，替他們銷售香料和其他亞洲商品，而是直接自行採購。那次冒險投資的成功，將阿姆斯特丹推向了全球貿易的前沿。在接下來的七年裡，荷蘭成立了十二家新公司；阿姆斯特丹派出了五十艘船前往亞洲，而荷蘭共和國的其他港口也派出了三十艘船。

在航行結束後，這些公司並沒有被清算變賣，而是將利潤重新投入到新的遠征活動之中，並相互合併，以便盡可能提高盈利能力。其中最重要的一次併購，就發生在一六〇二年的阿姆斯特丹，並形成了世界上第一家正式上市的公司：荷蘭東印度公司。這間公司的資金來自對荷蘭共和國民眾所發售的股票。他們的投資資本有將近百分之六十來自阿姆斯特丹，也就是這間大型企業的總部所在地。荷蘭政府授予荷蘭東印度公司香料貿易的壟斷權，並賦予他們維持軍隊、建造堡壘、打仗，以及和外國列強締結條約的權利。最重要的是，它即將取代葡萄牙人成為亞洲主要的參與者。一六四一年，荷蘭東印度公司從葡萄牙的人手中奪下了麻六甲。

荷蘭東印度公司成了一股由政府支持的營利性企業帝國勢力，由設在阿姆斯特丹的總部負責運作。

它在印度的科羅曼德和馬拉巴爾海岸建立了殖民地和基地，如錫蘭、孟加拉、越南、泰國、印尼、馬來西亞、台灣、日本，以及模里西斯和好望角等。一六一九年，荷蘭東印度公司在印尼建立了巴達維亞，這是一座位於爪哇島上的歐洲城市。巴達維亞是荷蘭於世界各地建造的第一批城市中的其中一座。曼哈頓南端的新阿姆斯特丹始建於一六二四年，而開普敦則始建於一六五二年，是當時印度群島航線上的一個中轉站。

在人類歷史上，亞洲的財富一直是人類建設城市最強大的力量來源。到了十七世紀初，貨物的流通讓阿姆斯特丹變成了一個龐然大物。來自安特衛普的流亡者帶來了大量資本，也帶來了安特衛普首創的先進金融技術。成立於一六〇九年的阿姆斯特丹外匯銀行，發明了許多我們在現代金融業中習以為常的東西，如支票、直接借記*和帳戶間轉帳的體系。這座銀行就位在阿姆斯特丹的市政廳裡，是個公營的市政機構，而這個機構的信心，則源於阿姆斯特丹本身的繁榮、穩定和創造財富的潛力。

公司和銀行是現代經濟的兩大支柱，而阿姆斯特丹的證券交易所，則完成了現代經濟的三位一體。荷蘭東印度公司這個全球第一家大型上市公司的上市募資，在一夜之間創建出世界上第一個證券市場。阿姆斯特丹的證券交易所見證了證券交易、遠期契約和期貨、看跌和看漲期權、對沖投注、選擇權、融資交易和賣空等金融行為的快速發展。阿姆斯特丹人將這種期貨交易，稱為「*windhandel*」，也就是「用風來交易」的意思。你不是在經營鯡魚、穀物、香料或任何有形體的東西；你並不擁有你正在販賣的東西；你甚至可以交易在空中吹拂的風，或你呼吸的空氣。對於那個時代的金融門外漢來說，沒有什

*譯按：direct debit，意指直接從銀行帳戶扣除款項的付款行為。

麼東西能比在阿姆斯特丹開創的這種資本主義的流動形式還要更令人困惑；在那裡，財富的創造和損失都只存在於紙上，而未來本身則可以在想像之中進行買賣。移民到阿姆斯特丹的西班牙猶太商人兼股票經紀人德拉維加曾寫出一本書，內容是關於股票交易所裡的活動。這本書的書名是《混亂中的混亂》。

市場上最重要的人物，就是那些代替有錢的投機者和金融家操作的股票經紀人。這些有權有勢的經紀人會大搖大擺地走進交易所，穿著打扮充滿自信，給人留下深刻的印象。他們身旁還有為城裡大商人和貿易商進行買賣的經紀人。這些職業玩家動作迅速，他們買賣客戶的股票、觀察價格、互相觀察、搶先掌握訊息，並察覺市場的震盪。交易進行的方式，是由賣家伸出手讓買家握手；一旦價格被買家接受，他們就會再次握手來確認。但市場變化實在太快，根本沒有餘裕讓他們這樣長時間握手，於是這種儀式，就變成了一種誇張的表演：他們會在短短幾秒內達成交易、對沖下注和確認價格，接著便快速地向各個方向拍打手掌。德拉維加寫道，「手都被打得通紅……他們在握手之後會大吼大叫，接著破口大罵，然後無禮傲慢地繼續辱罵、吼叫、推擠和握手，直到交易結束。」那可不是個讓你猶豫或害羞的地方。[21]

在混亂的交易所裡，跟在大玩家後頭的還有許多小人物，他們會狂熱地對市場上的微幅波動押注，卻不實際擁有股票。根據德拉維加的說法，吵鬧的交易所裡可以看見這種小規模的投機者，他「咬指甲、拉手指、閉上眼睛、踱了四步，然後自言自語四次，接著用手扶著臉頰，好像牙疼似的，擺出一副若有所思的樣子，然後又伸出一根手指，揉了揉額頭」，接著「猛然衝進人群，用一隻手的手指拍出聲響，另一隻手則做出輕蔑的手勢，然後開始交易股票，彷彿它們是卡士達醬一樣。」[22]

在交易所之外，包括婦孺在內的每個人也都參與其中，對拆分股份投機下注；這種股票會被拆分成幾個很小的部分，即使是學童也負擔得起。在酒館、咖啡館或街角交易這種廉價的拆分股票，就像在喧囂的證券交易所裡參與交易一樣令人上癮。根據德拉維加的說法，「如果有人帶著一個陌生人穿過阿姆斯特丹的街道，然後問對方他在哪裡，他會回答『我在很多投機者旁邊』，因為每個街角都在談論股票。」[23]

在那個財富會以擁有的土地、鎖起來的黃金和其他實體商品來計算的時代裡，阿姆斯特丹發生的革命確實非常振奮人心。當年造訪阿姆斯特丹的人往往不解，為何一座浸在水裡的小城市可以在短短時間內變得如此富強。這個問題的答案和城市本身有很大關係。這座城市的精神就是賺錢，以及消除妨礙賺錢的障礙。宗教迫害對生意沒有好處；自由討論和政治自由則有助於商業活動。現代銀行業和金融業、荷蘭東印度公司和覆蓋全球貿易體系的創建，是創新且背離傳統的，也是注重利潤、不懼怕自由思想的城市文化所帶來的結果。這個地方充滿了雄心壯志的新移民和無情的商人，其精神是充滿活力和投機性的。這座城市是一個巨大的社交網絡，思想和實踐會以最有效率的方式透過系統傳播、引發變革。

阿姆斯特丹是個複雜的訊息交換中心。從證券交易所的專業經紀人到投機的工匠，這座城市能獲取來自全球各地的消息。只要能率先聽到消息，就可以在交易所大賺一筆。訊息來自外交管道和外國商人，並透過世界各地的商業機構之間發送的信件來傳遞。一六一八年，阿姆斯特丹出現了世界上第一份公認的現代大報《來自義大利、德國等地的時事》，裡頭摘錄著從城市訊息交流中所收集到的各種政治新聞和經濟新聞。

與其說阿姆斯特丹是個建築和人的集合體，還不如說它是個循環系統。它透過社交網絡傳播抽象的東西，如思想、時事、期貨和金錢；但它也被設計用來流通實體的東西。「駁船上的談話」這個說法，便很生動地將有形和無形的東西連結在一起，也將這座訊息交流之城和實體交易之城結合起來。一六一〇年，阿姆斯特丹的市政府制定了改造這座城市的計畫。城裡的木匠斯泰茨設計了一座功能性的城市，以一條從市中心向外輻射的同心圓運河帶周圍為基礎。這個擴張中的城市裡的每個市場和倉庫，都能透過這個水上網絡連接到港口。這座扇形的城市在十七世紀的當時具有驚人的現代氣息，反映了讓阿姆斯特丹變得如此偉大的商業心態。但它的設計目的不僅僅為了增進效率，也考慮了宜居性的概念。

阿姆斯特丹是一座帝國的大都會，建立在從亞洲、非洲和美洲湧入的財富之上。但它看起來卻不是這麼一回事。那裡很少有像羅馬或里斯本那種規模的大廣場、誇張的雕像，和宏偉的大道、宮殿或建築。阿姆斯特丹人更偏好適合居住、經過規劃的城市，城裡有整齊乾淨的街道，有優雅的橋梁，還有先進的街道照明和便利的運河。在歐洲，大家會對宏偉的林蔭大道和氣勢磅礴的城市感到憤怒，因為那是專制君主制的背景舞台。但在荷蘭這個共和制的城市裡，沒有任何力量能剷平私有財產權和市民的需求。阿姆斯特丹和特諾奇提特蘭一樣，城裡的建築檢查員都掌握著巨大的影響力，從新建築的外觀，到屋前台階的最大尺寸都有詳細規範。新房屋建造時，它們的立面必須「符合城市建築師的計畫」。面向運河的房屋更是受到官方特別嚴格的監管，以維持阿姆斯特丹的外觀。[24]

在那個街道總是骯髒且散發惡臭的時代裡，一位英國旅行者很可能會難以置信地寫道：「街道既美麗又乾淨，不論是哪個階層的人都能毫無後顧之憂，甚至似乎還很高興地走在街上。」住戶們不只會清掃自家門口的台階，還會清掃家門前的人行道。隨地吐痰的行為是被禁止的。大家經常洗漱。汙染運河是禁忌。街道和運河兩旁種滿了榆樹和椴樹，它們被視為是這座城市的「寶石」。一六一二年頒布了一項禁止破壞樹木的法令，因為它們對阿姆斯特丹的「清新空氣、美觀和宜人」至關重要。這座城市是根據市民的需求構思出來的，其目的不是為了紀念性或表現權力。這就是讓阿姆斯特丹在大都市的發展史中顯得如此激進的原因：它是一座市民尺度的城市。[25]

阿姆斯特丹宜人的寧靜、穿著樸素的勤勞市民，以及建築的一致性，都讓這個地方的狂熱能量不太容易被人察覺。如果阿姆斯特丹沒有紀念碑和大道，那麼它真正的榮耀就存在於市民的家中。英國旅行家芒迪於一六四〇年造訪阿姆斯特丹時，對於即便只是普通市民都能夠擁有「整潔乾淨」、「充滿樂趣和居家滿足感」的住所，留下了深刻的印象。屋裡有「昂貴而奇特」的家具和裝飾品，比如華麗的碗櫃和櫥櫃、繪畫和版畫、瓷器和「高貴的鳥籠」。就算只是一般的荷蘭家庭，也都是熱切的藝術消費者。蒙迪說，不只每個普通中產家庭都掛滿了畫像，就連屠夫和鐵匠的攤位上也都能看到油畫。那可是創作於十七世紀、數量達數百萬件的畫作。[26]

在這個滿是藝術家的地方，我們第一次能透過畫作親眼看見城市的生活和街頭的喧囂。酒館裡的酒鬼和交易所裡的大商人都成了畫裡的人物。這些畫作描繪了城市生活的嚴酷現實（或者毋寧說，是藝術家心目中的印象），而不是從前那些理想化的城市景觀。城市生活充滿喜劇般的意外、神祕性、各種類型的並置對比，以及其中的喧囂和活力，就是現代藝術、文學、音樂和電影的主題。它起源於十七世紀的荷蘭風俗畫，尤其是對阿姆斯特丹熱鬧酒館的描繪：大家在那裡喝酒、抽菸、調情、親吻、打架、演奏音樂、賭博、大吃大喝、入睡。藝術家捕捉到了那些混亂、騷動和動作的瞬間。

這些荷蘭畫作頌揚著一種在城市裡生活的新方式。小酒館或許可以提供說笑和說教的機會，但精緻整潔的中產階級住宅卻更受到推崇。我們被帶到似乎與城市住宅非常貼近的地方，被邀請前去讚嘆那裡的整潔和家庭的和諧。家庭主婦和女僕在打掃、摺床單、刷洗鍋碗瓢盆；她們孜孜不倦地完成了家務工作；孩子們在安靜地玩耍；房子裡一塵不染。阿姆斯特丹人在衛生和清潔方面是出了名的挑剔。許多畫作都在發揚井然的秩序和家庭美滿的理想美德，以此作為堡壘，抵禦這座富裕、物質主義的全球城市所帶來的墮落影響。神聖的家庭就像一道堤壩，能阻擋城市罪惡的浪潮，也是對抗資本主義狗咬狗的世界，以及酒館腐敗影響的解方（彩圖9）。這也是一個新的城市世界，在這裡，受人尊敬的、富裕的女性會遠離城市混亂、擁擠、不道德的生活。卑鄙刻薄的街道似乎是男人的世界，並不適合女士涉足，而女士的工作就是創造一個理想的家。[27]

這就是城市中產階級的藝術，顯示他們儘管面對著誘惑和過度的財富，卻依然能保有良好的習慣，以及節儉知足的美德。畢竟，他們已經透過自己在藝術市場上的金錢力量，成為藝術評斷的仲裁者；他們的品味反映了他們想要創造的城市類型。這些圖像或許被理想化了，但它們依然傳達出一個強而有力的訊息：城市居民的家，就是公民價值觀的基礎。自從城市誕生以來，城市生活就是公共生活。社交和商業活動發生在公共場所、集市、市場和廣場、圓形劇場、浴場和城鎮廣場上，也發生在寺廟和教堂裡。然而，到了這個時代，私人的空間卻開始變得比公眾空間更為重要了。

關於阿姆斯特丹家庭的畫作都非常喜歡描繪**物品**：土耳其地毯、中國瓷器、台夫特瓷磚、加拿大海狸帽、印度棉布、日本漆器、威尼斯玻璃；這些和其他形形色色的東西，在十七世紀中葉的荷蘭風俗畫中都非常顯眼。這些充滿異國風情的奢華物品為家居增添了美感，進一步鞏固了家庭在城市社會中的核心地位。從富商的豪宅（裡頭堆滿來自世界各地的昂貴物品），到工匠和工藝師的家（裡頭沒有太多奢侈品），視覺藝術都讓家庭成為阿姆斯特丹展現其偉大和全球影響力的舞台。能夠負擔得起這樣的物質財富，就是荷蘭的城市居民所享有的禮物，而他們也確實盡情地享受這一切。

阿姆斯特丹預示著一種新型城市的到來：這種新型的城市奠基在消費主義、個人主義和金融資本主義之上。人口稠密的城市總是能創造市場；但像阿姆斯特丹這樣的城市之所以能夠成功，主要是因為它讓大部分的市民都能獲取和保有財富，並將他們變成奢侈品和藝術品的消費者。未來的城市得要能夠滿足流行文化，並為其提供出口，同時還要兼具娛樂性與啟發性。這是一種新的城市市民樣貌：他們溫文儒雅、精緻、有文化修養、見多識廣，而且高要求的休閒活動和新奇的娛樂活動。消費社會正在到來，而阿姆斯特丹是第一個迎合它的城市。阿姆斯特丹的下一個繼承者倫敦，將會把這些推向一個全新的高度。

第八章 社交之城

倫敦，公元一六六六至一八二〇年

在現代城市的血管裡流動的，是咖啡因。你只需要看看你自己所在的小鎮或城市，就能看見這個黑溜溜東西的影響力。

咖啡助長了城市裡的某種社會煉金術。一九九〇年代起咖啡館的復興，填補了城市生活的空缺，社交空間的欠缺在城市裡變得嚴峻，尤其是英國、美國和澳洲，它們市中心的社交空間更是少得可憐。星巴克宣稱咖啡館是城市中的「第三場所」，「一個在家庭和工作場所之外，舒適、適合社交的聚會場所，猶如門廊的延伸」。[1]

在韓國，咖啡過去一直是帶在路上邊走邊喝的東西，可以用便宜的價格在自動販賣機買到，直到一九九九年星巴克橫空出世後，才改變了這個現象。星巴克創造了新的城市部落：咖啡館媽媽、咖啡館辦公室族，和咖啡店圖書館族（也就是把咖啡館當作圖書館使用的人）。在這個沒有太多城市公共空間（屬於女性的公共空間就更少了）的文化裡，星巴克提供了一個舒適、時尚的環境，讓年輕女性可以在此逗留和社交，遠離家庭的限制和性別期望。不只是韓國，其實在任何地方，咖啡館都是你在城市裡可以獨處的地方，你可以在這裡觀察路人，或置身於城市生活的洪流之中。[2]

咖啡館是介於私人與公共的城市空間最有力的象徵。它們對所有來客開放，卻仍然保留了個別的特色，有助於社群建立。德黑蘭和其他城市一樣，也有迎合各種城市部落的咖啡館：如知識分子、讀者、爵士樂愛好者、古典樂愛好者、電影迷、政治異議者、學生等。你選擇咖啡館，咖啡館則提供氣氛和社群感。伊朗的德黑蘭咖啡館的外觀往往非常不起眼，可以提供安全保障，是志同道合夥伴的避難所；裡頭有張「社交桌」，專門讓那些想要會面聊天的人使用。它們是青年在城市裡自我認同的核心，也是遠離官方城市束縛和限制的避風港。[3]

但也因為如此，這些咖啡館會受到道德警察的突襲；有八十七間咖啡館曾在二〇一二年因「不遵守伊斯蘭價值觀」而被迫關閉。一年過後，深受學生、知識分子和異議分子歡迎的「布拉格咖啡館」寧願關門，也不願遵守咖啡館必須安裝監控攝影機，以便進行「公民監控」的法律。

咖啡館在現代都市文化中的重要地位，深深地根植於歷史和浪漫情懷之中。愛默生曾寫道，巴黎之所以會成為十九世紀的文化之都，是因為它的「最大優點，就是它是一座充滿高談闊論和咖啡館的城市」。從一八六〇年代開始，咖啡館就在巴黎市中心的林蔭大道上隨處可見。一位美國遊客曾於一八六九年驚訝地看著各個階層的人都在人行道上「抽菸、喝飲料、聊天、看報」。「這才是真正的民主。」他如此總結道。現代社交城市是這樣運作的：一個能讓人偶然相遇、觀察路人、彼此交流的地方，也是個不斷有戲碼上演的街頭劇場。到了一八八〇年代，巴黎有四萬間咖啡館，提供了各種社交場所和社交對象。林蔭大道上有華麗時尚的咖啡館，也有昏暗、簡陋的工人階級咖啡店，還有很多咖啡館則是介於這兩者之間。你可以去田園鄉村風的咖啡店，也可以去方便搭訕女孩的咖啡店。最重要的是，他們會在社區的中心營業，裡頭煙霧瀰漫，散發著咖啡和葡萄酒的氣味，迴盪著骨牌、雙陸棋、摺疊報紙的聲音，還有「幽默、模仿、引人好奇和迷宮般難懂的喋喋不休」。工人階級有個說法是「咖啡館朋友」，指的就是在附近咖啡館裡結識的常客，但又永遠不會在咖啡館以外的地方見面。如果沒有咖啡館的社交網絡效應，緊密的城市生活就無法存在。[4]

法國印象派畫家竇加和美國畫家惠斯勒都去莫里哀咖啡館。哲爾伯瓦咖啡館則吸引了莫內、西斯萊、畢沙羅、塞尚、羅丹、左拉、杜蘭蒂和馬拉美等藝術家或作家。印象派就是從咖啡館的社群中興起的，而立體主義和現代主義文學也是如此。莫內非常珍視哲爾伯瓦咖啡館裡「永不止息的意見衝撞」，能「讓我們的判斷力更加敏銳」。咖啡館文化就是點燃談話的火花，而談話就是藝術的燃料。莫內寫道，「從那裡，我們的性情變得更加高昂、意志更加堅定，思想也更加清晰獨到。」[5]

咖啡店的高雅氛圍，與藝術才華和波西米亞風格的關聯，讓它們成為時尚城市生活的重要背景。時至今日，時髦咖啡館如果在市中心地帶出現，無疑就是縉紳化、房地產價格上漲的預兆；對於房地產投資者來說，一個原本無人問津的區域裡，當咖啡店的數量開始追上炸雞店數量的時候，就是理想的投資時機。二〇一〇年代期間，紐約哈林區的房地產經紀人祕密地投資咖啡店，以人為的方式加速縉紳化、引發房地產熱潮。它們就是縉紳化的波坦金村*。[6]

工廠、鐵路、汽車、電力和鋼筋混凝土這些東西明顯地形塑了城市。但咖啡也應該列在這個名單之

---

*譯按：指用來讓人留下虛假印象的建設或舉措。（編按：此說法源自十八世紀末，俄國女皇凱薩琳二世的情人波坦金會在女皇出巡時，布置一些安居樂業的村民與外觀整潔的假村莊來欺騙女皇與隨行官員。）

中，尤其是因為它對於社交性這個最重要的城市構成元素之一，產生了變革性的影響。

★

今日無所不在的咖啡，最初是在衣索比亞種植的。從十五世紀起，葉門商人開始將咖啡出口到蘇菲派的修道院，幫助信徒在熬夜祈禱時保持清醒。咖啡後來被傳到了麥加和麥地那，接著是開羅、阿勒坡和大馬士革。到了一五五〇年代，君士坦丁堡也開始出現咖啡館；在十六世紀結束前，咖啡館就已經在君士坦丁堡隨處可見了。

於一六一〇年造訪君士坦丁堡的英國人桑迪斯有點沮喪，因為他找不到任何小酒館可與商人建立聯繫並發展人脈。但他找到了一種叫做「扣發屋」的地方：「他們一整天大部分的時間都會坐在那裡聊天，然後用小巧的瓷器皿啜飲一種叫做『扣發』（製作咖啡的漿果原料）的飲料，而且愈熱愈好；這種東西黑得像煤灰一樣，味道也跟煤灰沒什麼兩樣。」[7]

咖啡館改變了君士坦丁堡，因為它們為這座城市提供了一種新的空間，讓大家可以在清真寺和家庭這些傳統領域之外見面交談。阿勒坡、士麥那和君士坦丁堡等城市的英國商人，也開始飲用這種飲料，而且和後來的幾十億人一樣，開始對這種東西上癮。一六五一年，商人愛德華茲從士麥那帶回了咖啡機和咖啡豆。在有錢岳父位於倫敦市中心的家裡，他開始為其他商人供應咖啡。這種飲料廣受歡迎，導致城裡一些對咖啡因上癮的男人們開始不斷要求他繼續供應咖啡，讓愛德華茲不勝其擾。於是愛德華茲決定在聖邁可巷的教堂墓地裡開設一個攤位，由他的希臘隨從羅塞經營。一六五四年，羅塞搬進了小巷另一邊的一間房子裡，成立了西歐第一間咖啡館。[8]

這種帶點異國風情的飲料引起了大家的好奇，如博學的哈特利布*就是其中之一；他描述道，「這是一種用水和漿果或土耳其豆製成的土耳其飲料……它有點辣，嚐起來有點讓人不舒服，卻又餘韻無窮，會讓人放很多的屁。」[9]

毫無疑問，在這個會被娛樂和奇觀吸引的城市裡，咖啡是個新鮮玩意。但當時很少有人想得到，咖啡竟會取得如此大的成功。到了一六六〇年代，倫敦城裡已經有八十多家咖啡館，在西敏區和柯芬園一帶則更多。到十七世紀末，咖啡館的數量已經突破了一千家。咖啡館也擴散到了英格蘭、蘇格蘭和愛爾蘭的城鎮地區，甚至橫跨大西洋抵達了波士頓、紐約和費城，或穿過海峽來到巴黎、阿姆斯特丹、維也納和威尼斯。咖啡館被引入倫敦的幾年之內，「所有街坊鄰居都像蜜蜂般湧向〔咖啡館〕，也在那裡嗡嗡作響」。[10]

「最近有什麼新消息嗎？……來一盤咖啡吧。」倫敦某間咖啡館裡的一隻鸚鵡，尖聲地對每一位進店的新顧客提出要求。牠模仿的是每天來此嘗試這種全新飲料的數百名訪客，嘴裡不斷重複說著的話。「有什麼新消息嗎？」就是咖啡館常客常講的開場白。只要花一便士，你就可以在一張散落著報紙、諷刺小說、諷刺文章和菸斗的大桌子上喝咖啡。[11]

在十七世紀晚期的倫敦，新聞正在成為一種有價值的商品，而咖啡館則成了新聞流通的主要中心。

＊編按：塞繆爾・哈特利布（一六〇〇至一六六二年）是當時英格蘭人脈最廣的知識分子之一。他人生的主要目標是增進知識。他與各階層的人保持聯繫，並保留大量信件。他曾提出要「記錄所有人類知識並使其普遍適用於全人類的教育」。

一六四〇年代內戰期間，國王遭到處決，而英格蘭和蘇格蘭也正處於動盪之中，羅塞正好在這時開了一家店。到了一六五九至一六六〇年間，這個國家因為派系鬥爭而再次陷入了危機。在這些激動人心的日子裡，咖啡館便成了討論和交流新聞的論壇。當時還很年輕的皮普斯*渴望得知各種新聞和八卦，也希望和權貴人士牽上線，於是開始經常光顧咖啡館聽人辯論。在西敏區的「土耳其人頭」咖啡館裡，他與貴族、政治哲學家、商人、士兵和學者並肩而坐，爭論著國家的未來方向。

皮普斯和其他人都對這些咖啡館討論話題的廣泛，以及辯論時的禮貌感到非常驚訝。小酒館或小旅館就無法營造出這種氛圍；熱騰騰的黑咖啡，有種能讓人冷靜下來、理性思考的作用。只要你啜飲這款獨特的都市飲料，行為舉止就會顯得特別像是個**都市**人。

咖啡館的顧客除了消費新聞之外，也會製造新聞。記者們大部分的新聞，都是在嘈雜咖啡館裡的街談巷議中挖掘出來的。政府的間諜則會從那裡搜尋最新的訊息。討論世界局勢已經成了一種公開的行為，而且是在一個特定的環境中進行的。

在咖啡館裡，有位子你就得坐，而且不能選擇坐在誰旁邊。咖啡館也不會為有頭有臉的人保留特別的座位。小說家巴特勒曾說，咖啡館是「各種素質、各種條件的人，會面、交換外國飲品和新聞、喝啤酒、抽菸和爭議的地方」。老闆「不會區分身分，不論紳士、技工、貴族、惡棍全都混雜在一起，打成一片，彷彿他們都被分解成最原初的本質」。[12]

政府擔心這種激進的新公共空間所帶來的影響，認為咖啡館是煽動叛亂與共和主義的溫床。喝咖啡這種流行時尚，不斷地在印刷品上遭到攻擊。那些攻擊通常都相當尖刻†。根據《反對咖啡的婦女請願書》作者的說法，「過度使用那種叫做咖啡的新奇、令人厭惡的、異教徒的飲料……閹割了我們的丈夫，讓他們失去了男子氣概，削弱了我們親切的男士，以至於他們變得像老人般無能，那些不幸的漿果據說來自沙漠，而我們的男士就像那些沙漠一樣，再也無法生育下一代。」[13]

然而，這些指控絲毫無礙於咖啡的流行：它不但無法讓咖啡文化式微，反而還產生了刺激的作用。咖啡館除了推動了新聞業之外，也產生了重要的經濟影響。大家認為那些股票經紀人太過喧鬧，不適合出現在皇家交易所裡，因此倫敦最早的證券交易，就發生在零錢巷的喬納森咖啡館這個更合適的環境裡。咖啡館能提供各種訊息：商品、股票和貨幣價格的最新列表，會定期張貼在喬納森咖啡館裡。於是零錢巷上的咖啡館開始如雨後春筍般湧現，為股票市場交易提供了一個各式各樣的人都可以進入的社交環境。葛拉威咖啡館也位於零錢巷，那裡會舉辦拍賣會，讓批發商出售剛抵達碼頭的長途貨物。

十八世紀初的倫敦，借鑑了最早在阿姆斯特丹出現的概念，開始重塑資本主義。成立於一六九四年的英格蘭銀行，目的是要為英國政府籌措大量資金。公眾融資國債的建立，讓英國成為全球的超級大國。它還將零錢巷的咖啡館變成政府、銀行股和大公司股票的交易市場。現代金融資本主義的出現需要面對面的交易，而咖啡館就是它的天然發源地。不論是股票經紀人還是自營商，都在充斥於小巷裡的咖啡館工作，享用在咖啡館裡流通的新聞、謠言和八卦。

＊編按：皮普斯（一六三三至一七〇三年）為英國政治家、日記作家，他在一六六〇至一六六九年寫下的日記於十九世紀發表後，成為研究英國復辟時期社會歷史的第一手資料。

† 編按：此處作者用了一語雙關，原文 below the belt，通常指不公平或卑劣的意思，此處用來形容這些文字攻擊的特性。同時，below the belt 字面上也有下半身的意思，正好對應《反對咖啡的婦女請願書》所指涉的性無能。

而支持這個投機世界的是一個全新的產業，它將幫助倫敦進一步發展成為一個商業重鎮。勞埃德咖啡館的專營項目，就是搶在其他地方之前取得最可靠的航運新聞，因而吸引了水手、貨運商和長途貿易商在那裡會面、交談和交易。咖啡館裡有服務生會站在高處的講台上宣讀最新的航運新聞。接著這則新聞會被釘在牆上，然後才在城市裡傳開。商人和貨運商會在這家喧鬧的咖啡館裡齊聚一堂，對沖全球貿易的風險。勞埃德咖啡館不僅成為倫敦，更是世界上最重要的保險市場；經紀人整天都在那裡和保險承保人協商，為他們的客戶贏得最好的交易。

這場金融革命是發生在體制之外的；它是有機的，需要面對面進行的，而且牽涉許多社交互動。咖啡館不像市集、廣場、露天市場，甚至也不像羅馬浴場；它位於公共與私人之間，是經營者住宅之延伸，卻又對所有人開放。專門從事各種交易和活動的咖啡館，將原本不會見到彼此的人聚集在一起，讓他們能交換訊息、建立人脈網絡。這些咖啡館充當了股票、信貸和保險市場、交易大廳、商品交易所、批發商和新聞流通站，也是有形的資本主義的商務辦公室和會議室。換言之，倫敦星羅棋布的咖啡館提供了一個充滿活力、自由流動但非正式的公共空間，而這種空間是前所未見的。

十七世紀晚期的倫敦既是商業中心，也是科學中心。倫敦皇家自然知識促進學會的成立，使科學成為公眾討論的話題。推動皇家學會的人，就是一位咖啡館癮君子。根據虎克的日記，他曾在一六七二年至一六八〇年間造訪過倫敦六十四間不同的咖啡館，而且每天至少會去一間，有時則去三間，偶爾甚至會去到五間。科學於十七世紀晚期的公共性就體現在咖啡館裡。這些地方成為科學大師的表演舞台。虎克在格雷欣學院的正式講座很少有人參加，有時甚至根本沒有人會去聽講。但在這個咖啡館更輕鬆、更適合互動的環境裡，他卻可以指望熱切的聽眾出現。[14]

霍奇森曾在海洋咖啡館開設免費講座，講解牛頓數學和天文學，並展示各種空氣幫浦、顯微鏡、望遠鏡、稜鏡，以及其他在皇家學會以外從未有人見過的儀器。倫敦城的人對數學和科學都很感興趣，因為這些學問能改善航海技術，對貿易商和勞埃德咖啡館的保險公司來說都是非常重要的事情。咖啡館文化也能讓理論家接觸到擁有豐富實際知識的水手。金融革命和科學革命便因為一杯咖啡而相遇了。[15]

正如各行各業都有自己偏好的見面地點，咖啡館也能滿足各種活動和需求。有些咖啡館可能會提供擊劍課程，有些則可能會提供法語課程。如果去柯芬園的威爾咖啡館，接著再去巴頓咖啡館，你就能遇見這座城市的偉大詩人和作家。如果去杜克咖啡館，可以置身在演員和劇作家之中；在老斯勞特咖啡館則可以遇到一群藝術家。時尚人士和追隨奉承他們的人會聚集在聖詹姆斯街的懷特咖啡館。書商和出版社則聚集在聖保羅大教堂旁邊的柴爾德咖啡館。「咖啡館讓各式各樣的人都變得友善，不論貧富都能聚在一起，和博學之士並肩而坐。」皇家學會的成員霍頓曾如此評論道。[16]

皮普斯並沒有非常喜歡咖啡。當時的咖啡，只會用少量研磨的豆子在大鍋裡熬煮，和我們現在熟悉的咖啡相比，味道比較淡，也沒那麼好喝。但在當時，飲料從來就不是主要的吸引力來源。皮普斯說：「因為各式各樣的同伴和談話內容，我〔在咖啡館裡〕獲得了很多樂趣。」它們為城市提供了重要的功能，也為不期而遇和非正式網絡的出現，提供了動機和場所。在十七世紀晚期的倫敦，金融、科學和藝術的知識正在大量溢出，我們可以非常清楚地看到，城市是如何盡可能地在增加不期而遇、偶然碰面和訊息交流的機會。社交和休閒場所的激增，都讓城市變得比以往還要更具活力。

咖啡以另一種方式施展了魔力。咖啡館以其社交儀式和非正式的訊息交流，體現了一種剛要成形的城市文明。

★

長期以來，倫敦一直都是個無足輕重、地處邊陲的城市，但到了十七世紀末卻開始繁榮起來，並在十八世紀成為占有主導地位的全球大都市，搶走了阿姆斯特丹的衣缽，更加確立自己作為國際貿易中心和帝國都會的地位。倫敦的人口每隔百年就會翻倍：十七世紀初它的居民才剛超過二十五萬人，到了十七世紀末便達到了五十萬人；十八世紀末，它成了公元二世紀的羅馬以後第一個人口超過百萬的歐洲城市。

激增的不僅是人口而已。一六五〇年至一七〇〇年間，倫敦的人均收入至少增長了三分之一，而咖啡館也是在這段期間興起的。大家的口袋裡有錢可花了。他們不只會把錢花在新奇的咖啡館裡，也會購買各種消費品、時裝和文學作品上。最重要的是，他們開始花費大量的金錢從事休閒活動。[17]

但在財富的快速增長之下，痛苦的焦慮也隨之而生。倫敦令人目眩神迷的擴張、變得有錢的中產階級、炫耀式的消費文化，以及繁榮與蕭條的周期循環，都對傳統的社會制度造成了緊迫的威脅。對於一些人來說，咖啡館可能是禮貌交談、高雅社交的堡壘；但對其他人來說，它卻代表著現代城市本身的恐怖之處，是個毫無節制、充滿爭端的巴別塔，是個不分青紅皂白、把不同階級混合在一起的大雜燴，也是個蔑視教會和國家傳統權威的商業化場所。

於一六六六年遭大火燒毀，從灰燼中重生的倫敦城和以往的城市都截然不同。那裡人口稠密，而且極其富有，就像巴比倫重生一般，是個令人眼花繚亂、永遠都有人群和車輛川流不息的怪物。「倫敦城是**野獸**的大森林，」一位道德家曾如此警告，「我們大多數人都在這裡四處冒險，和野獸一樣野蠻、自相殘殺。」[18]

「陌生的倉促和莽撞」、「忙碌的爭奪和破壞」已經夠糟糕的了。更令人擔憂的是，大都市能讓住在裡頭的人隱姓埋名、偽裝自己的真實身分，因此「惡棍、騙子和詐欺犯」在城市裡比比皆是。[19]

有人則不這麼想，認為那是一派胡言。城市絕非道德墮落的淵藪，而是促發進步的引擎。沙夫茨伯里伯爵曾在一七一一年寫道，在城市裡，「我們會透過某種友好的碰撞來互相砥礪，藉此磨掉各自的稜角和粗糙的一面」。到了十八世紀稍晚，蘇格蘭的哲學家休謨則認為，「湧向城市」的男女經歷了「人性的昇華，他們習於一起交談，並為彼此的愉悅和娛樂做出貢獻」。[20]

是的，交談、愉悅和娛樂。在現代大都市中，休閒就是有助於改善社會的主要因素。從十七世紀晚期開始，英國的都市文化便愈來愈被「禮貌」和「文明」這些概念所主導。市面上開始出現上百份行為指南，為公共和私人場合的行為舉止提供建議。良好舉止和禮貌行為的傳統概念源於皇室宮廷和貴族的鄉村宅邸；這些概念主導著社會對於舉止和談話方式的期望。到了咖啡館激增的時期，禮儀的概念開始和完全不同的東西聯繫在一起。城市生活衍生的禮儀，正在取代過往沉悶、受規則約束的宮廷文化。正如同學術討論、政治辯論和商業活動已經從大學、議會和行會的封閉世界中脫離出來，進入像咖啡館這樣的開放論壇，文化和藝術活動也變得愈來愈商品化，並在公共領域中尋求表達方式。[21]

禮貌和文明舉止是帶有都市性且具有獨特現代性的事物。倫敦提供了無數的社交機會，讓人變得更加優雅，反之，文明舉止也讓城市生活變得更容易，因為在擁擠的城市環境之中，文明舉止能為陌生人之間的互動提供潤滑劑。「談話創造了宜人的紐帶，將我們聯繫在一起。」一本名為《禮貌的紳士》的論文如此寫道。另一位作家則宣稱，文明舉止的真正目的是「讓陪伴和談話變得輕鬆愉快」。[22]

城市是人類的存在所帶來的奇蹟之一。文明舉止可以防止如蟻堆般聚居的人類墮落與暴力，也是管理人際日常互動的規則，不論這種規則是否有被明說。當眾人在商店、街道、辦公室和公共運輸系統中穿梭時，城市街道上的每一刻，都在見證著複雜的、未經事先安排的行為芭蕾舞。

隨著時間推移，可被接受的行為也會改變。不同種族、族裔、生理性別、社會性別和身分認同的人，應該如何在公共場合互動，這個問題一直存在著激烈爭議。例如，洛杉磯的酒吧就對所有顧客規定了最低限度的公民行為：「本店絕不容許性別歧視、種族歧視、身心障礙歧視、同性戀歧視、跨性別歧視或任何其他仇恨，違反者將被要求離開。」上海市政府則在二〇一〇年籌辦世博會時發布了一份出版品，名為《如何做個可愛的上海人》。這份刊物涵蓋極廣，從如何穿衣到餐桌禮儀等各方面嚴格的建議。一九九五年，上海公布了「文明標準和公民道德規範」，並四處張貼「七不」的內容：不隨地吐痰、不亂丟垃圾、不破壞公物、不破壞綠色植栽、不亂穿越馬路、不在公共場所吸菸，和不說髒話；當時的上海正在經歷快速轉型，接納了數百萬移民，其中有許多人來自農村。上海後來在二〇一七年推出了新版本的規範，也顯示出了這座城市二十二年來的變化；這個新版本刪除了關於隨地吐痰、說髒話和破壞公物的規範（這些規範被認為已經被市民充分內化了），但新增了不亂停車、不讓寵物打擾鄰居、不插隊，以及說話時不造成他人困擾等規範。

對於那些在繁榮時期的倫敦追逐名利的成功男士來說，如何找到方法來討好比他們社會地位更高的人或工作場合的上司，是一件至關重要的事。如果你行為不當，就很難出人頭地。當時的人在面對倫敦快速的經濟起飛時，會感到有些無所適從，而某程度上而言，禮貌就是應對這種焦慮的一種反應，也可以緩解世人對商業化城市和自由市場經濟的恐慌，因為在當時的情境裡，將社會凝聚在一起的黏合劑正在被削弱。艾迪生和斯蒂爾*這些作家都曾說過，如果良好的行為舉止不再源於宮廷或教堂，那麼它們就會從現代的商業社會本身出現。同樣地，倫敦的王室也不再是藝術、文學、戲劇和音樂的中心；文化生產和消費已經轉移到了城市領域。市場成了品味的裁判。

而且市場的反應令人驚訝：它在倫敦留下了一個實體印記，直到今日仍清晰可見。投機建商在愈來愈時尚的倫敦西區，規劃了一排排漂亮的房屋以及綠意盎然的花園廣場，體現了這種彬彬有禮的優雅。充滿裝飾的華麗住宅已經過時了；此時流行的是古典的精緻風格。當時常見的新古典帕拉第奧風格，就帶有統一、克制的特質，反映了個人禮貌的自制和簡約。當時的一位建築師便將這種方方正正、帶有對稱性的喬治亞式城市規劃，稱為「優雅世界的劇院」，這種規劃擁有一系列相連的廣場、街道、花園、公園、咖啡館、集會所、劇院、博物館、教堂和長廊，這些設施一起構成了一個「高雅有禮的」公共領域，有助於社交和交流。[23]

我們身處的是現代都市，並不受古代權威的統治，而是受到市場力量的支配，市民的休閒活動與時尚品味的形塑。這是一種我們今日一眼就能認出的新類型城市：有餐廳、咖啡館、酒吧、博物館、美術館、夜店、劇院、購物中心、百貨公司、體育館和各種各樣的娛樂活動；它們存在的目的就是為了娛樂我們，並賦予城市存在的理由。但這樣的城市體驗，也就是根據市民不斷變化的品味和可支配收入而設

＊編按：艾迪生（一六七二至一七一九年）和斯蒂爾（一六七二至一七二九年）是一對好友，兩人都是英國的劇作家與政治家，經常被一起提及。他們共同創辦了兩份著名刊物《閒談者》與《旁觀者》，內容提供主題以討論幫助讀者有禮貌地對話和參與社交互動。

計的公共空間，在歷史上是非常晚近才出現的：它們是在倫敦從一灘死水，搖身一變成為國際大都會的時候突然嶄露頭角的。

★

一六六〇年代和那之後激進的咖啡館文化就預示了這種變化。但咖啡館只是其中一個迎合文明和社交這些當紅概念的新型商業型態罷了。位於泰晤士河南岸的沃霍花園，也是在一六六〇年代開幕的。這座花園於一七二九年轉由房地產開發商兼經理人泰爾斯管理。為了迎合當時的品味，泰爾斯將花園改造設計成一個複雜的舞台，適合高雅有禮的生活，以及非正式的公共互動。

該花園裡的樹林當中原本有家小酒館，泰爾斯卻將那座樹林變成一個十八世紀的城市主題公園。乘船前來的遊客會進入沃霍花園，在礫石小徑上漫步，上頭還有數百盞掛在樹上的燈照亮了小徑。網格狀的道路系統提升了大家偶遇的機會。他們可以邊走邊欣賞放在玻璃櫃中展示的系列畫作，在樹林中的八角形演奏台聆聽管弦樂團所演奏的樂曲。有錢一點的遊客還可以在管弦樂團附近或沿著小徑設置的半圓形柱廊裡，找個半開放的晚餐包廂就座。貴族和上流社會的人士坐在這個既公共，又帶點半私人性質的場所用餐，在保持專用空間的同時，還可以觀賞其他倫敦人，並被其他倫敦人觀看。要記得的是，在公共場所吃飯，在當時是一件非常新奇且令人震驚的事情。貴族們在音樂演奏時交談和進餐，這件事本身就和泰爾斯安排的其他節目一樣，都是表演的一部分。這是十八世紀倫敦的一個縮影：不同階層的人可以體驗相同的事物，卻被無形的階級和身分地位給分隔開來。

那些不夠時髦聰明、進不了包廂的人，則會在樹下的野餐桌上露天進食。如果天氣不好，交響樂團會在大型的圓形大廳裡演奏，裡頭有全國最大的水晶吊燈，而訪客則會在充滿異國風情的土耳其帳篷裡用餐。在花園的其他地方，還有涼亭、雕像、風格奇異的裝飾用建築和凱旋門。公園邊緣則掛滿了風景優美的仿真畫*，給人一種鄉村美景消失在遠端的錯覺。每個季節，泰爾斯都會在這個迷人的花園裡添加一些新東西，好提供新鮮感和可觀性。莫札特在英國的首演就是在沃霍花園裡；除了他之外，還有很多優秀的音樂家也曾在那裡演出。此外，該場地也展出現代藝術；在公共畫廊出現之前，那裡就是一處公共畫廊。燈光、音樂、繪畫、建築、煙火、優雅的地景和人群都產生了強大的影響力。正如英國作家菲爾丁所說的：「我必須承認，我發現我的整個靈魂，都沉浸在快樂中……在那裡，交談就是歡樂和奇妙的狂想曲……我幾乎不敢相信，這種迷人的場景竟然真的存在。」[24]

沃霍花園標誌著現代大眾娛樂的開端。根據一位德國遊客的說法，那裡就是倫敦的夜總會，「我聽說那裡的娛樂活動，在歐洲沒有其他地方能出其右」。入夜後那裡通常會有兩千名遊客，甚至是更多，可能會有七千人在那裡同時吵著要用餐。一七四九年韓德爾的《皇家煙火音樂》首演當晚，花園裡擠進了一萬兩千人。到了十八世紀末，隨便一個週末夜裡，沃霍花園可能都會有一萬六千人入園，每人只需支付一先令的入場費，價格相當實惠。[25]

令人陶醉興奮的大都市，有各式各樣吸引人的景點，而遊樂園和咖啡館就是其中的例子。擁有土地財富的有錢人，想把錢花在首都這類新興的公共消費和娛樂場所裡。十八世紀初的倫敦只有兩家劇院，

---

*譯按：仿真畫（trompe l'oeil），字面上的意思為「欺瞞眼睛」，意指透過高度逼真的圖像來讓觀賞者誤以為圖像為真實場景的畫作。

亦即德魯里巷的皇家劇院和林肯律師學院劇院，它們都在皇家的特許之下經營。從一七二〇年代起，愈來愈多的劇場如雨後春筍般出現，迎合了大家對娛樂的狂熱需求，而巨大的柯芬園劇院就是其中之一。為了提高吸引力並讓觀眾感到驚豔，舞台布景變得愈來愈精緻，技術也愈來愈先進。新的劇場開始以我們今天熟悉的方式來建造，設有私人包廂、交響樂隊席和上層座位，以及為舞台提供照明的腳燈和側燈。

到了十八世紀末，倫敦的所有劇院共可提供兩萬九千五百個座位，每晚都有超過三千人會前往柯芬園劇院。規模略小於柯芬園的其他劇院，如塞勒威爾斯劇院、阿德菲劇院或塔村區的皇族劇院，每晚則平均會有一千八百人次。一位法國觀光客曾描述底層的倫敦人（如水手、僕人、「低階商人」和他們的妻子和女朋友）如何在柯芬園的上層座位「盡情享受表演」。他們高高地坐在觀眾席的頂層，像天神一般「對演員和觀眾投擲蘋果和橘子皮形狀的閃電」*。光是觀賞包廂裡的貴族，尤其是貴婦和上流名妓，就像是在看一場表演；最頂層的人和舞台上的演員一樣，都會受到噓聲和低級笑話的攻擊。貴族之間的世仇夙怨、冷落怠慢和陰謀詭計也都會在這裡上演。這是城裡流言蜚語的八卦中心。[26]

倫敦人喜歡劇院，因為它是各個階級的人交流共處的地方，不論是僕人和雇工，還是城市商人和律師、富豪和貴族，所有人都會出現在那裡。中等收入者和經濟弱勢者之所以會花一先令去劇場和遊樂園，有部分原因就是為了和最高級的人享用同樣的娛樂活動，「藉此忘卻他們的〔社會〕差異」。劇院是個讓人**感覺**就像「這座城市的百萬人口全都聚在一起」的地方。這為劇院賦予了力量。願上帝拯救任何擋道的人。一七三七年，有人曾試圖禁止僕人進入德魯里巷皇家劇院的最高層包廂，結果引起倫敦僕人們的暴動。柯芬園劇院於一八〇九年提高票價時，引發了連續六十七個晚上的抗議。沒有人想被排除在這座城市心臟的脈動之外。

《試金石》這本出版於一七二八年的書，據稱是由普林科克所撰寫的；該書記錄了「鎮上時興的娛樂活動」。普林科克的倫敦「新興商業娛樂活動」之旅，涵蓋了這座城市最重要的娛樂場所、音樂和舞蹈表演場地、劇院、歌劇院、集會所和化裝舞會。但除了「高雅」文化之外，他也涵蓋了各式各樣倫敦人可以參與的其他娛樂活動，如木偶戲、雜耍、繩舞、變戲法、露天鬧劇、巡迴表演者、職業格鬥、鬥雞和熊園。那裡還有蠟像博物館、畸形人士展演、特技演員、軟骨功、獸欄、露天展覽、奇珍異寶展覽、潘趣和茱蒂木偶戲，以及街頭歌手。街道上常有民謠歌手在兜售、演唱流行歌曲，其中不少是黃色歌曲。板球比賽則是從一七三〇年代開始，吸引了上萬名付費觀眾前往砲兵球場，而這也標誌著商業大眾體育賽事的出現。蘭貝斯的阿斯特利圓形劇場則是個非常賺錢的馬戲團，專營馬術和特技表演。作家海伍德曾在《女觀眾》這本書裡痛斥「我們的現代娛樂販子」，說他們是靠著感官享樂來重塑城市的企業家。[27]

★

不論大家如何說服自己，但劇院裡的喧鬧行為、鬥熊、鬥牛和鬥雞，都顯示出這不是一座文雅有禮的城市。隨著倫敦成為世界上最大的都市，吸引了成千上萬的工人湧入，他們建造優雅的新廣場，為不斷壯大的有閒階級提供服務，為碼頭提供人力，或者為商業巨獸從事其他艱苦而骯髒的工作。聖吉爾區錯綜複雜的街區乃是由腐朽的中世紀建築組成，看起來就像悲慘的烏鴉巢，裡頭擠滿了許多家庭。眾所

＊譯按：在英式英語裡，坐在頂層的觀眾又稱為「gods」，該詞彙又有「天神」之意。

皆知，聖吉爾區的「烏鴉巢群」住著貧窮的愛爾蘭勞工社群，是建築工、砌磚工、船夫、轎夫、運煤工和小販，用他們的肌肉來維持城市運作。

這個狹小、骯髒、搖搖欲墜、充滿暴力的烏鴉巢，是人類史上最糟糕的貧民窟之一。其中一座廢棄建築被稱為「老鼠城堡」。附近的田野就是徒手格鬥和鬥狗上演的場景。和今日孟買等城市的貧民窟一樣，聖吉爾區反映了大都市的一個特徵：廉價住房增長的速度跟不上城市人口的增長。那裡有許多小旅店，裡頭擠滿數百名被倫敦的工作機會吸引而來的短期住客。聖吉爾區是個封閉的城中之城，很少有人敢涉足其中。然而，這裡距倫敦最新穎、最時尚，有氣派廣場、大型聯排別墅和大英博物館（建於一七五三年）的布盧姆斯伯里，卻只有咫尺之遙。

倫敦城裡那些曾在一六六六年被大火燒毀的部分，當時已用磚石完成重建，有漂亮的房子、更寬闊的街道，和宏偉的公共建築，如聖保羅大教堂、由知名建築師雷恩建造的五十多座教堂、英格蘭銀行和市長官邸。但在這座閃亮的嶄新城市裡，還是有些街道和小巷逃過了祝融的破壞，以搖搖欲墜的木造建築、狹窄的庭院和惡臭的小巷，為那個古老而簡陋的老倫敦留下了清晰可見的記憶。法靈頓區和克勒肯維爾的外圍區域，就是地球上最富裕的城市裡那種典型的貧民聚居區，裡頭有潮溼的貧民窟、隧道一般的通道，和居民們的「粗野遊戲」。直到一七五〇年代之前，克勒肯維爾的荷克利一直都是野蠻的摔跤比賽、鬥劍、徒手格鬥、鬥牛和繁殖凶猛鬥犬的中心。

十八世紀的倫敦是個喧鬧擁擠的城市，充斥著幫派鬥毆、搶劫、小偷、虐待動物和各種暴行。但它同時也是個勤勞的城市。幾乎每個到訪倫敦的人，都會提到那裡不斷湧動的人潮、繁忙的交通，以及街上的喧囂。轎子、哈克尼馬車*、公共馬車、唱著歌的小吃攤和民謠歌手，都讓這座城市變得更加喧鬧。

聖詹姆士廣場旁的二十三座房子中，有二十座是貴族宅邸；但在一七二〇年代，這座廣場上的空地卻像個「公共堆肥區」，有成堆的垃圾、泥土、灰燼、屠宰後被丟棄的內臟，甚至還有死狗。倫敦是個高雅與汙穢共存的地方，無論這裡指的高雅與汙穢是有形的，還是道德上的。工人階級的蘇活區就在上流階級的梅菲爾區隔壁。

倫敦的地理特性讓「文雅」的人很難把自己和城市的現實面區隔開來。雖然這座城市按照當時的標準來看很大，但從北到南只需步行一個小時，而從東到西最多也可能只需三個小時。在整個十八世紀裡，主要的購物區都位在斯特蘭德街、艦隊街、奇普塞街和康希爾街，而這也意味著時尚的倫敦西區人，必須穿過倫敦形形色色的街區才能前去購物。令外國遊客驚訝的是，皇家公園竟然是對所有人開放的：菁英階級的男女，竟然會混跡於各階層的倫敦人當中。

外國人對於倫敦弭平社會差異的方式感到驚訝，至少在城市的公共區域確實如此。一位德國遊客注意到，沒有哪個政府大臣或貴族敢在街上命令窮人讓路，「但他們每天都會步行穿過倫敦人流最多、居民最常出沒的街道，在那裡與眾人摩肩接踵、被水花潑濺，卻不曾出言抱怨」。[28]

有鑑於城市生活能符合平等主義的期待，倫敦的貴族和紳士們上街時，會盡量著裝簡樸，避免看得出階級的打扮。有人曾在一七八〇年代寫道：「在以前的時代，一個上流紳士能夠很輕易透過穿著將自己和大眾區分開來。但在我們這個年代裡，男性所有可以用來表明階級的外部特徵都已經被摧毀了。」

＊編按：哈克尼最初指適合作為馬車用馬的哈克尼馬。後用來指最早在十七世紀出現於倫敦提供計程車服務的哈克尼馬車。今日已成為倫敦計程車的代名詞。

劍被換成了手杖和雨傘。到了十八世紀末，男性時尚變得不再那麼華麗；富人開始穿著顏色更深、更簡樸的衣服，在人群中並不顯眼。它標誌著男性城市形象的起始，成為接下來幾個世紀裡的主流裝扮：樸素的西裝和領帶。[29]

倫敦是一幅錯綜複雜的馬賽克畫，由各種居民、街區所組成，貧窮苦難和富裕輝煌比鄰而居，是個繁忙的複合體。但就算「高雅」沒有征服這座粗獷而機靈的城市，文明的舉止也隨處可見。十八世紀是城市社交的黃金時代。

飲酒行為並沒有受到咖啡的影響，依然是倫敦人社交的支柱。據估計，一七三七年的倫敦有五百三十一間咖啡館；相較之下，有兩百零七間旅館、四百四十七間小酒館，五千九百七十五間啤酒屋。這也意味著在倫敦，平均每十三．四個私人家戶就有一個特許營業場所。而且這個數字還不包含一七二〇年代至一七五〇年代間，另外七千多間販售琴酒的地方。倫敦的酒吧和咖啡館一樣，也是歡樂、交談和閱讀報紙的地方；它們是各種倫敦人的職業交流所，舉凡商人和專業人士、小商販、工匠以及工人都會在那裡現身。公共場所的主要功能之一，就是讓大家在後面的房間舉辦俱樂部活動。

十七世紀初期，俱樂部的數量激增，各種各樣的人都可以在酒吧裡結識彼此、縱情喝酒。倫敦有放屁俱樂部、醜人俱樂部、矮人俱樂部（會員必須是身高矮於一百五十二公分的男人）、高個子俱樂部、格鬥俱樂部、胖男人俱樂部、獨眼男人俱樂部、長鼻子俱樂部等等。還有博學人士參加的文學、科學、政治和哲學俱樂部。沒那麼有錢的人則可以參加拳擊俱樂部（只要一先令就可以無限暢飲）和歌唱俱樂部。學徒和年輕女性會在「公雞母雞俱樂部」碰面，在那裡跳舞並尋找對象。一個知名的辯論協會曾在斯特蘭德街旁的羅賓漢酒館聚會，吸引了「石匠、木匠、鐵匠和其他人」，每個人都有五分鐘的時間可以發言。這些社團都由志同道合的人或朋友、同業人士、社區人士、慈善機構和運動同好所組成。在這個移民城市裡，如蘇格蘭人或斯塔福德郡同鄉所組成的俱樂部，便提供了一種現成的社團形式，可以緩解在這個擁擠的大都會裡的孤獨感。各式各樣的俱樂部，只要是你能想到的，這座城市裡全都找得到，畢竟倫敦最著稱的就是對社團的熱愛。

在粗俗、下流、以男性為主的飲酒文化之中，大家會公開消遣取樂。艦隊街的一名銀匠布拉斯布里奇曾羞愧地回憶道，當他還年輕正要創業時，曾立志要成為一個「快活的傢夥」，會和夥伴們在格洛布酒館的俱樂部裡喝酒喝到天亮；這些夥伴包括了外科醫生、印刷商、議會記者、財政部職員和紐蓋特監獄的獄卒。那些人絕非下層階級的人，其中一位甚至還會成為倫敦市市長大人（lord mayors）*。

在布拉斯布里奇所描述的這座城市裡，雅趣和低俗享樂之間的界線並不清晰。就以沃霍花園這個優雅的典型案例為例。為了追求優雅，泰爾斯為所有的步道都提供了照明。但只有一條被稱為「黑暗步道」的步道是例外。我們可以看到所謂「受尊敬的」男人在和妓女纏綿之後，一邊扣上馬褲、一邊從黑暗的掩護之中走出來。泰爾斯這個商人比誰都清楚，儘管人類有高雅的需求，但性還是一筆好生意，而且在表面上看似「高雅」的地方可以賣得很好。劇院、化裝舞會和公共花園裡都擠滿了妓女和皮條客。

英國知名的傳記作家博斯韋爾就夾在兩個世界之間：一邊是品味上流社會的「優雅樂趣」，另一邊則是渴望另類、粗獷、無拘無束的歡樂世界和「浪漫冒險」，但他並不是唯一感覺到大都市在他的慾望

*編按：指英國倫敦中心的歷史城區和金融區的首長，任期一年，按照傳統每年由各同業公會在聖米迦勒聖日（九月二十九日）選出。

中製造了不斷拉鋸的人。倫敦是個「享樂的中心」，不過有鑑於那裡有眾多的妓女和女演員不斷的提供誘惑，更確切的說法應該是男性享受性愛之樂的地方。性產業在整個倫敦都隨處可見，但尤其集中在柯芬園、斯特蘭德街和林肯律師學院廣場一帶。大家對於隨意性行為的需求很大，而且也有人在滿足這些需求。畫家霍加斯的系列畫作和版畫《妓女的進步》的第一幕，就描繪了一個天真無邪的鄉下女孩「情婦哈克芭特」剛走下馬車，希望在倫敦成為一名女裁縫。然而她的美貌卻引起媽媽桑妮德漢這位惡名昭彰皮條客的注意，於是後者便以容易的快錢和華麗的衣服這類高級妓女的生活來引誘她。故事進展到後來，這位女主角開始以情婦的身分過著奢華的生活，短暫地風光了一陣子，接著卻成為一名普通妓女，最終在二十三歲死於梅毒。英國作家笛福的小說《情婦佛蘭德斯》，則講述了一個女子如何以妻子和妓女的身分，透過性交換來的金錢在一座冷漠的男性城市中生存下來。

倫敦的妓女數量總會被人誇大。十八世紀晚期，倫敦妓女的數量估計約有五萬人，但這個數字包含了那些不論在任何意義上，顯然都不是性工作者的女性，也就是數萬名與男性伴侶同居的未婚女性。但是賣淫行為的能見度，卻讓它看起來非常流行，而且容易取得性服務這件事，也形塑了男性在公共場所的行為。

在十八世紀的小說裡，倫敦一再地被描繪成一個對女性來說充滿性危險的地方。英國作家伯尼的小說《伊芙萊娜》（一七七八年出版）中有個悲慘的情節：一位名叫伊芙萊娜的人物在沃霍花園裡差點被一群醉漢性侵。具侵略性的男性會把獨自走在街上的女性，視為開放讓男人獵捕的目標。直到二十世紀之前，這都是倫敦和其他大城市難以逃避的現實情況之一。對男性賦予的社會機會並沒有延伸到女性的手上。一個上層與中產階級的女性一旦被人看到獨自走在城裡的街道上，可能就會名譽盡失。在這個由馬匹提供動力的城市裡，街道上到處是動物的糞便，而且總是擠滿馬匹，又臭又吵。城裡女性的處境並不安全，她們很可能會遭遇她們不想要的挑逗，甚至遇上更糟的情況，在夜間尤其如此。

但如果說女性會就此從公共場所退隱到家庭的私領域，這種說法倒也不完全正確。不少外國遊客都注意到，和歐洲其他城市相比，富裕的倫敦女性享有異常的自由。休閒重塑十八世紀的大都市，也為中上階層的女性提供了在不失地位或尊嚴的情況下，參與城裡的社會儀式的方式。許多外國遊客雖然都覺得倫敦骯髒，卻也會驚訝於那裡商店的富麗堂皇：「布行、文具店、糖果店、糕點店、印章店、銀鋪、書店、印刷店、襪子店、水果店、瓷器行，這些店鋪一個挨著一個沒有間斷，每棟房子都有一家店鋪，而且每條街都如此；那些商品本身都非常美麗，而且陳列精美。」十八世紀初的主要購物街有康希爾街、艦隊街、斯特蘭德街和奇普塞街等；到了十九世紀初，柯芬園、攝政街和牛津街也成了購物熱點。老闆們會在巨大的平板玻璃弧形窗戶後面，精妙地展示他們奢華的商品，夜裡還有燈光照明。這些高品質的商店對女性來說，是安全且具有吸引力的社交場所，因為結伴購物就是她們日常活動的一部分。[30] 在伯尼的小說中，伊芙萊娜注意到了購物的「娛樂性」面向、伴隨購物而生的儀式及其社會功能：「在女帽店，我們遇到的女士們都盛裝打扮，我寧願想像她們是來參觀，而不是來購物的。」劇院、遊樂園、歌劇院、慈善機構、展覽、舞會和商店等場所，都讓菁英階級的女性能以某種方式參與在這個新興的消費大都會的公共領域當中。

從流動的街頭小販到大公司的老闆，女性必須在依然非常性別化的經濟制度中努力開創自己的事業；和今日許多發展中的城市的情況一樣，這些工作通常屬於非正規經濟，而不是貿易和金融業。在咖啡館、酒吧和俱樂部裡，交換訊息和社交的網絡完全是屬於男性的，但那裡就是建立重要商業人脈的地方。女性必須在不同的經濟部門裡工作；她們是為大都市提供食物、衣服、清潔、居住空間、教育和娛樂的企業家。大多數街頭小販都是女性；她們經營咖啡館、酒館和旅店；她們做飯、打掃和洗衣。許多為倫敦兒童提供基礎教育的學校都是由女性創辦的。龐大的製衣產業也幾乎完全掌握在女商人的手中，而很大一部分的零售業也是如此。許多婦女會經營出租公寓，分租房間給成千上萬的男女和家庭，以此賺錢。流行娛樂的起飛也為女性開闢了新的機會，讓她們能從事演員、歌手、表演者和經紀人等職業。柯恩莉在還是個小女孩的時候，就於一七二〇年代從威尼斯來到倫敦。後來她在歌劇界發展，並在一七六〇年代成為蘇活廣場豪華化妝舞會的策劃人，因此變得非常富有，名氣也非常響亮。

就此而言，和城市生活的許多其他面向一樣，倫敦為十八世紀期間歐洲和美國城市的變化，提供了最重要，也最誇張的例子。十七世紀下半葉的咖啡館，首先證明了文化消費從宮廷移轉到大都市的變化。它們有助於塑造了下個世紀被用來定義城市的社交環境，市民消費者在這些社交環境中形塑了文化和時尚，而休閒和購物也成了城市體驗的關鍵。劇院、歌劇院、咖啡館、餐館、博物館和畫廊等場所，都成了現代城市體驗的絕對核心。

★

美國藝術家比亞拉曾在一九三五年的倫敦看到一幅令她印象深刻的場景。她當時想用素描把它記錄下來，於是便對她的情人福特說：「我們快點去咖啡館吧，這樣我就可以趁記憶還鮮明的時候，趕快把它畫下來。」當福特回答說倫敦沒有咖啡館時，她驚呼道：「但如果倫敦沒有為藝術家提供咖啡館，這座城市怎麼可能會有藝術呢？……怎麼可能會有知識或文明？根本什麼都不會有了啊。」[31]

義大利、德國、西班牙和法國人（在美國則是「有教養的人」）會像貴族一般，在充滿活力的街道旁享受著城裡的咖啡社群，但率先將咖啡館這個都市現象引入西歐的倫敦，現在卻反倒沒有這種文化。究竟發生了什麼呢？[32]

其實這種變化從很久以前就開始了。懷特巧克力屋於一七三六年變成懷特專用俱樂部。在倫敦城的喬納森咖啡館裡，任何人只需要一杯咖啡的價格，就可以成為一日股票交易員。但這件事讓經紀人愈來愈難以接受。一七六一年，為了每天都能在咖啡館裡取得三個小時的獨占專用權，他們每年都會向喬納森咖啡館的店主支付一千五百英鎊。然而，首席大法官卻在法庭上表示，咖啡館應該是個自由開放的市場，因此對股票經紀人做出不利的判決。有鑑於此，股票經紀人們於是在史威汀巷裡建立了自己的咖啡館兼交易所，名為新喬納森咖啡館。很快地，這個地方便改名為倫敦證券交易所，每日必須支付六便士才能進入。到了一八〇一年，則變成只有繳納年費的正式會員才能進入。[33]此外，勞埃德咖啡館的證券承購人則是先搬到了他們自己的咖啡館，然後在一七七三年搬到了皇家交易所的樓上。

咖啡館的非正式性，被更受規範和控制的金融市場給取而代之。然而來自咖啡館的遺緒仍然存在。儘管位在知名建築師羅傑斯的不銹鋼塔內，但世界上最大的保險市場勞埃德保險社至今仍保留著那種面對面的交易形式，而這種交易形式，便可以追溯到其於創立之初在喧鬧的咖啡館中的形式。承購人仍然會坐在凳子上，而穿著燕尾服的工作人員也依然被人們稱為服務生。

商業和交易從咖啡館的開放世界，移轉到了一個更加制度化、更受控制的場所，那裡是只有會員才能進入的交易所，也是辦公室這種現代的發明。在許多其他方面，十八世紀的社交性則被更獨特的禮儀形式所取代。亨利・詹姆斯曾敏銳地指出，一八八〇年代的倫敦沒有街邊咖啡館，這件事正明顯標誌出這座城市乃是一個具有嚴格階級制度的社會。紳士們仍然會喝咖啡，但他們會在俱樂部舒適而隱蔽的環境裡喝。窮人則會在上班的路途中，喝著從手推車和攤販所買來的黑東西。

幾百年流逝之後，倫敦的居民已經增加到了六百萬人，而附帶花園的寬敞住宅則吸引了更多中產階級市民搬離市中心。巴黎的布爾喬亞階級，以及其他人口稠密的歐洲城市居民都住在市中心的公寓裡；然而同個時期大部分的倫敦人卻都住在郊區。歐陸的那種咖啡館，就是小巧緊湊的歐洲城市當中社交生活的一部分。十九世紀期間，倫敦依據現代交通模式進行了重建改革。鐵路、馬匹拉動的公共汽車、有軌電車和地鐵，都讓人可以在離市中心更遠的地方定居。然而倫敦恣意地向郊區擴張，卻也扼殺了這座歡樂的城市：這座城市在十八世紀期間曾經充滿了吸引力，當時的它仍適合步行，人口也還不到一百萬。

咖啡館的消亡意味著群聚生活的式微，以及社交、文學、科學和商業生活愈來愈具排他性，從原本開放、崇尚社交的狀態，變得愈來愈碎裂、制度化和郊區化。在咖啡館逐漸消失的同時，倫敦也正猛然崛起成為世界上無人能敵的強權，並成功演變成一座商業大都會。對於在十九世紀末寫作的亨利．詹姆斯來說，倫敦具有「強烈的商業特質」。對於這個商業至上、充滿階級意識的這座大英帝國的大都會，並不適合巴黎咖啡館的那種輕佻和歡樂。那樣的時光早已不再復見。

第九章 地獄之門？

曼徹斯特和芝加哥，公元一八三〇至一九一四年

「曼徹斯特是世界的煙囪，」英國軍事史家納皮爾將軍曾在一八三九年如此寫道：「這裡充滿了有錢的惡棍、沒錢的流氓、酒醉的窮人和妓女；雨水把煤灰打得黏糊糊的；唯一的景色，就是一支長長的煙囪：真是個好地方呀！簡直就是地獄的入口！」[1]

一八四〇年代的曼徹斯特，有五百多個煙囪正在排放厚重的煤煙，為大規模生產的新技術提供動力。法國思想家托克維爾曾驚恐地提及曼徹斯特，「巨大的工業宮殿」和「熔爐的噪音、蒸汽的汽笛聲」。這樣的城市前所未見。成千上萬動力織布機的聲音在城裡迴盪，連建築物都為之震動。瑞典作家布蕾默刻劃出如科學怪人般的工業城市，那無止境的動力以及對感官所帶來的衝擊：「曼徹斯特在我眼裡，就像工廠、城鎮、郊區和村莊之間的一隻巨大蜘蛛，那些地方的一切似乎都在不斷地旋轉，彷彿在為世上的所有人紡紗。那隻蜘蛛女王，她就坐在那裡，周圍是一大堆醜陋的房屋和工廠，籠罩在厚厚的雨雲中，就像蜘蛛網一般。我對它的印象，是黑暗壓抑的。」[2]

布蕾默也造訪了芝加哥。她寫道，這座美國的龐然大城，是世界上「最悲慘、最醜陋的城市之

一」。她尖銳地指出，芝加哥配不上「湖中女王」這個稱號，「因為她穿著破爛隨便的衣服坐在湖畔，與其說是女王，不如說更像個女販子」。[3]

芝加哥的城市地景和曼徹斯特一樣，都有從城裡向外輻射的鐵軌、錯綜複雜的電報線、巨大的穀物升降機和木材場、嘈雜的牲畜飼養場、鋼鐵廠和工廠煙囪，它們都體現了十九世紀的工業主義。有訪客評論道，在聽覺上，芝加哥與世界上的其他城市很不一樣：「火車頭低沉的轟鳴聲，以及蒸汽船發出的刺耳尖鳴聲」，和工業生產的吵雜撞擊聲、成千上萬頭待宰的豬隻叫聲，以及川流不息的人群的喧譁聲，全都交織在了一起。有些人則是體驗到了芝加哥「無邊無際暴力」的震撼。有個法國遊客一抵達芝加哥，就感到一股惡臭扼住了他的喉嚨，讓他幾乎無法呼吸。[4]

城市規模、人口增長和感官衝擊是一回事，但更令人害怕的是這些新城市對人性所造成的影響。曼徹斯特這座「棉花之都」是全球紡織業的中心，也是全世界工業化歷史的起點。曼徹斯特的工廠景象就預示著人類的未來：「在這裡，人類獲得了最完整，也是最野蠻的發展，」托克維爾如此寫道，「文明在此創造了奇蹟，而文明人則幾乎變回了野蠻人。」[5]

在大西洋另一側的美國南部，奴隸被組織起來種植、收割和包裝棉花；而在大西洋的這一側，則有數十萬名工廠勞工正被迫將那些棉花變成紡織品。他們是勞工階級，依賴工廠體系。雇主喜歡僱用婦女和兒童，因為他們薪資較低，也更容易管教；下面這名從六歲起就在工廠裡工作的女孩，她的回答就證明了這件事：

問：你之前的工作時間，是從幾點到幾點？

答：我還是小孩的時候，是從早上五點工作到晚上九點。

問：什麼時間可以用餐？

答：中午可以有四十分鐘的休息時間。

問：有時間吃早餐或喝東西嗎？

答：沒有，但我們會拿到吃的。

問：有時間吃嗎？

答：沒有；我們必須留著食物，或帶回家，如果我們沒有吃掉，督導人員就會拿去餵豬。

問：如果你身體有點不舒服，或者遲到了，他們會怎麼做？

答：他們會打我們。

問：你的工作是什麼？

答：在梳棉室裡秤重。

問：你在那裡會工作多久？

答：從早上五點半到晚上八點。

問：梳棉室裡情況如何？

答：到處都是灰塵。連別人的臉都看不清楚。

問：在梳棉室工作對你的健康有影響嗎？

答：有的；那裡灰塵實在太多，我都吸進肺裡了，而且工作很辛苦。我的健康狀況很糟，有次我為了把籃子拉下來還脫臼了。

問：你的身體有因為這份工作而變形嗎？

答：有的。

問：什麼時候開始的？

答：大概是在我十三歲的時候發生的，後來情況愈來愈嚴重。我媽媽去世之後，我就必須照顧自己。

問：你現在住哪裡？

答：在救濟院裡。

問：你完全沒有能力在工廠工作了嗎？

答：是的。

工廠工人的年齡，大部分都在十六到二十四歲之間；其中有不少都是愛爾蘭人，他們在經濟上較為弱勢，經常受到歧視，因此很容易被控制。除了紡織廠之外，還有化工廠和工程方面的工作。此外，還有其他數千人在工廠大門外從事臨時或季節性的工作。一項調查發現，有百分之四十的男性處於「非正規就業」的狀態，而百分之六十的男性的薪水，只能勉強維持生計。「還有什麼樣的生活，能比這些人過的日子更讓人憤怒、更違反人類的天性呢？」法國哲學家泰納在造訪曼徹斯特時曾如此問道。

芝加哥肉類加工廠總是讓親臨的訪客非常恐懼：裡頭待宰的動物不斷發出尖叫，地上滿是血泊、內臟和油脂。但更可怕的則是員工在裡頭的工作條件，他們渾身是血，幾乎被凍壞了。雖然工資少得可憐，但每天早上工廠的大門口仍舊擠滿了希望能幹上一天活的工人們。「這些根本不是加工廠，而是塞滿工薪奴隸的大箱子。」[6]

芝加哥的一位德國人曾寫道：「全美國都在恐懼地看著，這座為全國帶來威脅的城市。」社會福音運動的發起人斯特朗警告說，這座城市是「文明的風暴中心」。「這裡堆滿了……社會炸藥。」熱愛傳福音的公務人員斯蒂芬爵士則吟誦道：「曼徹斯特是一個深刻，甚至擁有可怕意義的名字。」對他來說，充滿工業財富但墮落的城市，就是「我們正在邁向巨大危機和人類災難」的標誌。[7]

★

到十九世紀初，英國已經有三分之一的人口居住在城鎮裡。到了一八五一年，這個數字則突破了五成，這讓英國成為史上第一個城鎮人口多於農村人口的社會。接著在短短三十年內，英國人的都市化比例又達到了三分之二。人類的第一次城市革命始於美索不達米亞，而第二次革命則始於十八世紀末的英國，並以迅猛的速度發展：起初是在英國，接著蔓延到全世界。

「曼徹斯特今日發生的事情，明天也會發生在世界其他地方。」英國首相迪斯雷利曾如此宣稱。曼徹斯特的人口在一八〇一年至一八二〇年代期間翻倍，接著到一八五〇年代時又翻了一倍，達到四十萬人；及至十九世紀末，更是來到七十萬人。芝加哥早期的歷史則更具爆炸性。從一八三〇年的不到百人，一八六〇年增加到十萬九千人，接著又在一八八〇年來到五十萬三千人，最後在一九〇〇年達到一百七十萬人。截至當時為止，歷史上還沒有哪個城市能發展得如此之快。

工業革命提供了食物、衣服、工具、各式器具、建材、交通網絡和電力，讓快速的大規模城市化得以實現。芝加哥的神氣、新穎和現代性，也因為一個完全不同的東西而變得更加明顯：一八八〇年代，摩天大樓開始在芝加哥的草原上拔地而起。摩天大樓曾是（而且至今仍是）資本主義勝利和科技進步的象徵。芝加哥的邊區（Frontier Chicago）多是木造房屋，在一八七一年的芝加哥大火之中被夷為平地。但這座城市的中央商業區很快就重建起來，接著又進行了第二次重建，並採用了世界上最新穎的建築和工程技術，標誌著芝加哥作為該世紀最出名全球大都市的地位。芝加哥先進的鐵路工業在鋼鐵方面取得了不少進步，從而創造出鋼梁，能讓建築物的牆壁變得更薄。它們被包覆在混凝土之中，而且還能防火。電力則讓電梯、燈泡、電報和電話得以問世，這些發明都讓人可以在高樓裡工作，類似的還包括暖氣和通風系統。摩天大樓既是一座建築物，也是一台機器，它們是十九世紀的科技巔峰。像蒙納德諾克大廈（建於一八八九至一八九二年間）這樣的十六層大樓，其乾淨俐落的外觀，就經常被描述為看起來像台機器。[8]

一八〇〇年，整個世界只有百分之五的人口住在城市裡。一八五〇年至一九五〇年期間，全球人口增長了兩倍半，而城市人口則是增長了二十倍。到了一九五〇年，全球有百分之三十的人口（也就是七億五千一百萬人）是城市居民；到了今日，這個數據已經來到四十二億。曼徹斯特和芝加哥是十九世紀的「震撼城市」。它們似乎不僅是工業革命的先驅，也是城市革命的先行者。也因此，不少人熱切地研究這兩座城市，希望藉此預測人類的未來。

就在納皮爾將軍刻薄評論這座城市的三年之後，二十二歲的恩格斯也從德國來到了曼徹斯特，在「厄爾曼與恩格斯」這間紡棉公司工作，而他的父親持有這家公司的一部分股份。他之所以會被送到那裡，就是為了「治癒」他的共產主義思想。然而，他卻在這個工業資本主義的發源地，直擊了這種資本主義所帶來的後果。

他去了天使草地（Angel Meadow），也就是曼徹斯特最知名的貧民窟。「那裡隨處可見成堆的廢棄物、垃圾和穢物，」他如此寫道，「沿著河岸上一條崎嶇不平的小路，穿過晾衣架和晾衣繩，來到幾幢雜亂無章的單層單間小屋。那些小屋大多是泥土地，工作、生活和睡覺都在同一個房間裡。」這個非常現代的大都會中心，呈現出「骯髒、如廢墟一般，而且不適人居」的景象。恩格斯觀察了這個世界工業城市先驅的可怕狀況，並於一八四五年將這些觀察出版成書，書名為《英國工人階級狀況》；該書是十九世紀最具影響力的書籍之一，也讓人得以一窺被恩格斯描述為「資本主義和工業時代的嚴峻未來」的新生活方式。對恩格斯來說，天使草地就是個「人間煉獄」。[9]

曼徹斯特有天使草地，而芝加哥則有「小地獄」，也就是被芝加哥河和北支線運河所圍繞、一個位於市中心的城市孤島。那裡有巨大的工廠、無數骯髒的棚屋，和滿是垃圾的街道。它那帶點末日意味的名字，來自從天而降、如雨一般的煙塵，以及人民瓦斯公司不斷燃燒的火球，那顆火球持續發出不祥的光芒，照亮著煙霧瀰漫的天空。小地獄孕育出芝加哥的愛爾蘭黑幫，接著又誕生了它的義大利繼承者。這是片被詛咒的土地：一九四〇年代美國最惡名昭彰的卡布里尼－格林公共住宅計畫，就是從這片被汙染的土壤之中拔地而起。那些高樓大廈，就是小地獄的下一代化身，是暴力事件、老鼠和蟑螂、塗鴉、堵塞的垃圾槽、幫派戰爭的舞台，也是槍手狙擊的地方。

像曼徹斯特和芝加哥這樣的城市都發展得非常迅速，它們瘋狂癡迷地競逐利潤，以至於缺乏城市便利設施、衛生設施、公共空間和社區協會；自從六千年前首次出現在美索不達米亞後，這些設施就成了城市明確的界定。在天使草地這樣的貧民窟裡，房屋按照「規劃得非常糟糕的系統建造，就是將小屋一個接一個的擠在一起，彼此幾乎沒有空隙，街道上沒有排水溝，也沒有任何辦法能從家戶門口收走垃圾」。很多人共用同一個居住空間的現象非常常見（愛爾蘭裔的貧民窟裡每戶平均住著八・七人）；過度擁擠的問題，迫使許多臨時工得住在宿舍裡潮溼的共用地窖，三人共用同一張床。天使草地平均每兩百五十個居民要共用兩個室外廁所。[10]

天使草地位在曼徹斯特小愛爾蘭貧民區的中心。地勢低窪，環境潮溼，河流被糞便堵塞，因汙染而呈黑色。在芝加哥，路邊的排水溝裡充滿人類和動物的排泄物，「留下一灘灘難以形容的液體」。這些溝渠如此骯髒，「就連豬隻都要厭惡地仰起鼻子」。廁所汙染了供應飲用水的後院水井。芝加哥建在一片平坦的硬黏土地面上，是一座潮溼、汙染嚴重的城市，一堆堆穢物不斷散發出所謂的「死亡之霧」。河裡流淌著汙水和工業廢水。隨著芝加哥崛起成為「豬肉之都」（也就是世界的肉品加工之都），每年屠宰超過三百萬頭牲畜，而牠們的血液和內臟也加劇了衛生和汙染的危機。[11]

這些又臭又油膩的汙水先是流入湖裡，然後又被自來水廠的進水管吸回到城市裡。這座城市正被「泥濘、爛泥和難以想像的汙穢之海給毒害。那裡就是沼氣和死亡之霧的溫床」。被稱為「塊區」（patches）的棚屋區，沿著骯髒的河岸蔓生；被城市遺棄的人以及初來乍到的移民會住在那裡的木屋。「康莉塊區」就是其中最惡名昭彰的地方之一（今日的萊格利大樓和論壇大樓所在之處），那裡是犯罪、賣淫和愛爾蘭幫派的天堂，由酗酒的女角頭「康莉媽媽」把持著。光是在一八六二年至一八七二年間，芝加哥西區的人口就從五萬七千人增加到了二十一萬四千人。絕大多數人只求棲身之所，他們會住在沼澤地上臨時搭建的棚屋裡。基爾古賓是占地面積最大的擅自占地者村莊，那裡是個愛爾蘭裔的聚居區，座落在河流環抱的沼澤地上，「有數千名年齡、習俗各異的居民住在那裡，還有大群的鵝、小鵝、豬隻和老鼠。」[12]

派金鎮是個因肉品業而生的貧民窟，也是十九世紀美國最凋敝的貧民窟之一。那裡多年來都是一波又一波非英語移民社群的家園，可怕的肉品加工廠是這些移民唯一找得到的工作機會；這類肉品加工廠的恐怖之處，因美國作家辛克萊在一九〇四年的小說《叢林》中的記錄而名垂千古。派金鎮的一側與屠宰場相鄰，一側是巨大的垃圾場，一側緊鄰著鐵軌，還有一側依偎著泡泡溪；泡泡溪得名於血液和內臟分解時會釋放出氣體。到了夏季，蚊子則會被垃圾、內臟和糞便吸引而來。

受汙染的水、糞便和老鼠，帶來了傷寒、斑疹傷寒、痢疾、白喉、天花和嬰兒腹瀉。在英國的農村地區，有百分之三十二的嬰兒會在滿五周歲之前死亡，預期壽命不到四十歲。在曼徹斯特和芝加哥，則有百分之六十的嬰兒會在五歲之前死亡，預期壽命只有二十六歲；至於在倫敦和伯明罕，預期壽命則為三十七歲。在十九世紀中期，沒有哪個地方的死亡率比得上這些破敗的工業城市。從一八三〇年代起，亞洲霍亂便開始肆虐貧民窟。一八五四年，芝加哥有百分之六的人口死於這種流行病，這是該市連續第六年被疾病襲擊。[13]

那裡的城市地貌，讓這件事成為工業時代一個緊迫的問題。正如曼徹斯特一份報紙所說的，這個商業中心被「骯髒汙穢的巨大封鎖線所包圍著，足以讓每一個文明的居民心生恐懼」，讓它成為被貧民窟包圍的孤島。擔心受到無產階級的汙染，中產階級家庭便逃往郊區，不斷向外搬遷；隨著工人階級人口爆炸式激增，貧民窟開始蠶食侵占郊區的烏托邦，迫使居民開啟另一波湧向新的、更遠的半農村地帶避難的浪潮。在歷史上，「城郊」這個詞大多都會讓人聯想到這座城市最糟糕的部分；它是傾倒碎石、廢棄物和有害商品的地方。但現在，城郊卻成了能夠逃離城市的地方。[14]

曼徹斯特創造了城市史上的許多個第一，如第一個有公共汽車服務的城市（一八二四年），以及第一個客運用的火車站（一八三〇年）。公共汽車、火車和後來的輕軌電車，都促使城郊人口逃往郊外，搬到通勤社區居住。寬闊的道路兩旁，商店一字排開，遮蔽了後面的貧民窟。在一八七一年的大火之後，芝加哥也循著類似的發展模式：中央商業區（亦即盧普區）的人口逐漸流失，摩天大樓如雨後春筍般湧現，但周圍卻環伺著粗獷的工廠和貧民窟大軍；在這圈荒涼的地景之外，還座落著一圈圈的住房，離盧普區*愈遠就愈繁榮。現代都市的交通工具讓這種隔離模式成為可能：窮人艱苦工作，在汙染的環境中生活，而中產階級與富人則有能力負擔郊區通勤的費用，夠幸運的話，甚至還能住在北岸風景如畫的村莊裡，俯瞰開闊的水域。[15]

觀察家指出，城市社區的碎片化，以及將城市劃分為幾個界線分明、以階級做區隔的住宅區，更加重了這種夢魘。當機器休息、會計室下班之後，他們便會覺得「道德秩序」（moral order）也離開了城市，前往寧靜的郊區，放棄了市民應盡的責任，將市中心拱手讓給邪惡和犯罪。

對於工業城市裡驚恐的居民來說，市中心的夜晚就像殭屍末日，有「大量人群」從貧民窟湧出，占據了中央商業區。報章書籍裡也不乏許多令人震驚的文章，詳述城裡夜間發生的事情。作家里奇曾於一八四九年撰寫一系列文章，描述曼徹斯特夜裡的景象。「上週日晚間，我準備沿著歐爾德姆路返家時，驚訝地聽到酒館的窗戶流瀉出吵鬧的音樂聲和狂歡聲。街上擠滿了醉酒的男男女女，還有年輕的工廠女工在互相叫囂、呼喊和嬉鬧。」里奇對於「嚴重而普遍的酗酒景象」感到「震驚和難過」：「酒館和琴酒賣店裡人頭攢動。不論是在室內、還是在街上，隨時都有人在爭執、鬥毆和扭打。整條街上充斥著叫嚷、尖叫和咒罵，與幾支樂隊刺耳的音樂聲混雜在一起。」[16]

一八五四年的某個星期天夜裡，戒酒協會的志工抽樣調查了三百五十家酒吧，發現裡頭一共有二十一萬五千名顧客，其中有十二萬名男性、七萬兩千名女性，還有兩萬三千名兒童　光是芝加哥派金鎮的十六個街區裡就有五百間酒吧，等於平均每七十人就有一家酒吧。政府對喧鬧的愛爾蘭威士忌酒館和德國啤酒花園感到震怒（顧客居然在安息日熱情地光顧這些地方），於是決定禁止在週日銷售酒類，並將販酒許可證的費用從每年五十美元調高到三百美元。這項決策導致成千上萬的勞工（主要是愛爾蘭人和德國人），於一八五五年走上街頭，發動了血腥的「拉格啤酒暴動」，以此捍衛他們的生活方式。[17]

根據一位調查記者的說法，「週日晚間的歐爾德姆街，似乎淹沒在曼徹斯特流浪漢的狂歡之中。」「在這裡，你可以看到其他英格蘭城市或城鎮都無法比擬的場景。」週日晚上，一群群工人階級的年輕男女和青少年穿上他們最好的衣服：男孩們穿著「有醒目花紋、誇張剪裁的成衣」，而工廠女工則會「戴上廉價珠寶、羽毛，換上絲綢衣物盛裝打扮」。他們從安科斯和其他貧民窟湧出，沿著海德路和斯特雷福德路，在歐爾德姆街和市場街來回漫步，以此炫耀他們華麗的服飾，並在一種被稱為「猴子奔跑」（Monkey Run）的儀式之中找尋約會對象。像芝加哥和曼徹斯特這樣的城市裡，居民們都很年輕：在整個十九世紀裡，曼徹斯特有百分之四十的居民，年齡都在二十歲以下。他們有工作可做，因此也有錢可以花在喝酒、娛樂和時尚打扮上。他們充滿自信，性生活也非常活躍。[18]

喝醉酒和性快感是一回事，但犯罪就完全是另一回事了。這座工人階級的城市裡危機四伏。「那裡就像個巨大的兔子窩，交織著許多狹窄黑暗的通道和街道，」天使草地的一位慈善工作者如此寫道：「如果你穿著體面的衣服，獨自走在這裡的街道上，即使是在中午時分也是不安全的。」曼徹斯特有暴

＊譯按：the Loop，亦即芝加哥的市中心區。

力的青少年貧民窟幫派，他們被稱為「奔逃者」（scuttlers）。他們會手持刀具和球棒毆打闖入他們領地的其他年輕人，並侵入其他貧民區，和敵對的幫派展開激戰。[19]

在曼徹斯特和芝加哥，愛爾蘭人都被認為是貧民窟處境，和整個城市社區道德敗壞的罪魁禍首。很明顯，霍亂就被貼上了族裔標籤，被稱為「愛爾蘭熱」。據媒體報導，與愛爾蘭某些地區有連結的愛爾蘭裔幫派，經常會在街道上巡邏，阻止來自愛爾蘭其他地區的人進入，因此惡名昭彰。例如，有位警員就曾在一八五一年撞見兩個愛爾蘭家族（麥克尼爾家族和卡羅爾家族）在街上械鬥：「整個街區似乎都在混戰，彼此用火鉗、棍子和斧頭幹架，他們就像惡魔的化身一般。」[20]

芝加哥的報紙也對愛爾蘭裔充滿敵意，指責他們擾亂城市秩序，「非常熱中於騷亂和吵架」。和在曼徹斯特一樣，芝加哥的愛爾蘭裔幫派，如杜奇幫和希爾德幫，也會互相鬥毆，並恐嚇在他們地盤或附近落腳的德國人、猶太人、波蘭人和黑人群體。後來到了二十世紀初，波蘭裔幫派聲稱自己擁有整個城市街區的所有權，於是開始相互爭鬥，並與小西西里的義大利裔幫派開戰。芝加哥是個發展迅速的城市，亟需人力來屠宰豬隻、修建運河、建築屋舍、拖運貨物，以及在工廠裡做苦工；芝加哥的人口主要由外國出生的移民（占總人口數的百分之五十九）以及短期居民所組成，如來訪的商人、遊客、農民、水手、臨時工和打算繼續遷居他處的移民等。這座奇蹟之城吸引了來自世界各地的人，也吸引了一群群的詐騙犯、騙徒、騙子、職業賭徒、扒手、皮條客和妓女。[21]

犯罪是芝加哥黑色經濟的重要組成部分，難以進入的棚戶區和族裔聚居地緊挨著商業區，也提供了許多有害健康，但十分誘人的享樂之地。非法娛樂所創造出來的利潤，也促進了組織犯罪幫派的發展，而且這些幫派會和芝加哥的政客、地方官員及警察相互勾結。縱觀芝加哥的歷史，它一直都是個和黑手黨、貪腐、犯罪及非法毒品聯繫在一起的城市，彷彿永遠無法擺脫它原本只是個營地的最初階段。一九三〇年代的一項研究指出，芝加哥的一千三百一十三個幫派，占據了所謂的「廣闊暮光地帶」（broad twilight zone），這些地方包括鐵路、工廠、衰敗的街區，以及緊密環繞中央商業區的移民聚居地等。除了芝加哥的官方地圖之外，還存在著一張想像中的地圖；後者是一張錯綜複雜的馬賽克拼貼畫，由街區、社區和一片片破碎領地所組成，這些領地分別被掌握在「夜襲者」、「死亡射手」、「南邊人」或「×××」等幫派手中。[22]

在一八六九年的芝加哥，因重罪而被捕的人中，有一百二十五名是十歲以下的兒童，還有兩千四百零四名罪犯的年紀介於十歲到二十歲之間。有些人認為，青少年犯罪的浪潮是成千上萬的孤兒，以及被移民父母遺棄的兒童來到這座城市後必然造成的結果；他們有些無家可歸、有些被迫進入庇護所，有些則在街頭幫派的羽翼之下。街頭屁孩的命運，就是這個病態都市社會最明顯的證據。和工業化的英國一樣，工業城市導致原本由父權掌控的家庭分崩離析。兒童被遺棄在街頭落入幫派手中，並遭到成年罪犯的剝削。他們的命運就是一種象徵，展示了現代城市破壞社會基礎的方式。[23]

一位到訪天使草地的人，曾如此描述那裡的居民：「他們的苦難、罪惡和偏見，將被證明為火山噴發的要素，其爆炸性的暴力將可能摧毀社會的結構。」即便你不是恩格斯或馬克思，你也會相信：貧民窟生活和工廠裡艱苦的勞動，將無可避免地導致激烈的階級衝突。隨著工業資本主義的發展，恩格斯看見瀰漫在骯髒的貧民窟裡的憤怒情緒不斷惡化，而對於這種憤怒的恐懼也正侵蝕著維多利亞時代的社會。像曼徹斯特這樣的城市，在空間上可以劃分為商業中心、昏暗的貧民窟和中產階級郊區等幾個區域，而這種區隔就是刻入城市地景之中活生生的實體證據：不僅證明了無產階級和資產階級之間不可逾越的鴻溝，也揭示了階級之間即將到來的暴力鬥爭。[24]

正如恩格斯所寫的，在芝加哥和曼徹斯特這兩個被煤煙覆蓋、規模龐大的城市裡所發展起來的現代城市生活，有助於「讓無產階級成為一個緊密的群體，擁有自己的生活方式和思想，也擁有自己的社會觀」。[25]

★

平均每個小時，都有八十五個人正在搬往拉哥斯，還有五十三人正在前往上海。他們都是人類歷史上最重要遷徙潮的一部分。你必須建造八個紐約大小的新城市，或三個新的拉哥斯，才容納得下全球每年不斷增長的城市人口。只要走進印度、奈及利亞，或其他任何一個發展中國家的非正式聚落，你就會踏上恩格斯所熟悉的那種地方：露天水溝、共用廁所、空間狹窄、施工品質很差的住宅（下大雨時還會漏水）、濃濁的空氣充滿煤油味與老鼠味（而且是很多很多的老鼠）。這些地方會引發幽閉恐懼症：整個家庭必須在一個小房間裡生活、做飯、清潔、洗漱，並在裡頭把孩子拉拔長大。他們飽受犯罪、幫派、疾病的威脅，而且最重要的是，日常的經濟焦慮以及不確定是否能繼續住下去的不安全感，都讓他們的生活非常艱苦。非正式聚落看起來混亂、危險而悲慘，這些都是我們的城市史詩中最糟糕的副作用。

但這些聚落依然帶來了希望。居民社群在空地上從零開始建造起這些聚落，它們擁有複雜、自給自足的社會結構，可說是城市裡的城市，即使在塵土和汙染之中，也能展現人性最佳的一面。「貧民窟」可能會被我們視為一個貶義詞。但對於生活在這些地方的許多人來說，這個詞代表的是驕傲而不是絕望。而他們確實有充分的理由；他們強調社區裡的獨特力量和凝聚力，它們通常是自給自足的村莊，由大家庭，或來自同個農村地區的移民組成。貧民窟和非正式聚落裡的人際互動頻繁，和許多城市裡的那種疏遠異化及匿名性很不一樣。不可否認，貧民窟和非正式聚落的環境惡劣、令人生畏，但它們也可以是令人感到快樂的地方。

在孟買，高房價、土地缺乏問題，以及國家建設的失敗，都造成了嚴重的住房危機，迫使百分之五十五的人口必須住在非正式聚落裡，但這些聚落僅占全市總面積的百分之十二，因此人口密度非常高。孟買的貧民窟居民也包括受過教育的中產階級，他們在孟買閃亮動人的金融中心工作，卻找不到地方住。這些中產階級的鄰居，有些從事維持城市運轉的卑微工作每天只賺取一美元，有些則只是為了在一個人口超過兩千萬人的大都市裡生存下來。不適人居且缺乏基礎設施的貧民窟，讓裡頭的居民必須成為地球上最善於應變且最堅強的人。因此，這些地方總是充滿驚人的活力和企業家精神。孟買的達拉維是亞洲最大的貧民窟之一，占地二・一平方公里的土地上擠進了一百萬人；那裡每年的內部經濟產值高達十億美元。那裡有一萬五千個只有一個房間的小工廠，還有五千家小型企業，經營內容包羅萬象，從小型服裝和皮革作坊，到拾荒和微型回收企業。得益於這些充滿企業家精神的居民，孟買據估計有百分之八十的固體廢棄物會被回收處理；相較之下，英國則只有百分之四十五。[26]

在巴西，極端貧困的情況在農村地區（百分之二十五）比在城市（百分之五）裡還更為普遍。從一九六〇年代到二十一世紀初，巴西貧民窟三個世代的文盲率，第一代鄉村移民為百分之七十九，到了第二代則下降到百分之四十五，第三代則為百分之六。印度農村的醫療和教育水準，也比孟買的貧民窟要差得多。撒哈拉以南地區人口在一百萬以上的城市裡，其嬰兒的死亡率比城市以外的地區低了三分之一。在巴基斯坦的城市裡，日收入不及一美元的父母，其七至十二歲的女兒，有百分之六十六會上學接受教育；但這個數字，在鄉村地區卻只有百分之三十一。十九世紀愛爾蘭的農民為了逃離苦難和饑荒，到曼徹斯特和芝加哥的貧民窟過更好的生活，就算要冒著霍亂和傷寒的風險也在所不惜。有個愛爾蘭人曾這樣說：如果在曼徹斯特生活、工作，他就有機會可以一天吃到兩頓飯。貧民窟的生活或許是辛苦且不健康的，但不論是在當時還是現在，它依然能提供比農村更好的生活水準和機會。農村貧困是我們這個時代的重要特徵之一，也是城市得以飛速成長的主要原因之一：在一九九一年，世界上有百分之四十四的人口從事農業；如今這個數字只剩下百分之二十八，而且還在持續快速下降當中。[27]

城市不只提供物質上的利益，還有許多令人興奮的事物，以及個人改造自我的機會。對於曼徹斯特和芝加哥的許多市民來說，這座城市意味著某種自由。這是來自維多利亞時代的城市批評者從未真正領會到的東西：黑暗和汙穢遮蔽了他們的眼睛，讓他們看不到以現代製造業為主的大都市裡，社區被重新建構的種種方式。

和在農村的親戚相比，城市居民能夠負擔得起更多的商品和娛樂，而且至少同樣重要的是，他們還可以選擇如何生活，選擇信奉什麼（如果他們有信仰的話）。雖然城市貧民窟仍舊很糟糕，但恩格斯還是體認到了一件事：城市貧民窟能讓人從「鄉村裡幸福、單調的生活」中解放出來，而且這對於政治覺醒也至關重要。泰納比較了法國農民和曼徹斯特貧民窟居民的命運。前者或許可以在「最自然、最不受約束的生存方式」之中活得更久，但曼徹斯特的工人可以得到更豐厚的報酬：他「擁有了更多的想法和各種觀念，在社會、政治和宗教事務上擁有更多的智慧；簡言之，他的視野更加開闊了」。泰納還說，得益於曼徹斯特的世界主義精神，這座城市裡的工廠工人閱讀更多報紙，對世界的了解也更為廣泛。「在大型組織之中作為一個單位的工人，能感覺到自己有多麼依賴他人，因此會與志同道合的人結合起來，從而擺脫了孤立的生活。」[28]

在工業化的英國城鎮地區，百分之九十的工人階級家庭都是大家庭，或者家裡有其他房客，這個比例遠高於前工業時代，在前工業時代裡，家庭基本上都是以已婚夫婦和其子女為核心而建造的。鄉村生活在街道上被重建起來：友情、婚姻、親屬關係和共同的地理淵源形成了互助和社交網絡。雖然隱私在十九世紀的中產階級家庭裡變得愈來愈重要，但工人階級社區的人口密度太高與空間的不足，迫使大家仍得擠在一起。英國作家羅伯茨曾在《經典貧民窟》一書中提到，很多工人階級居民的生活都在街道上進行，「那是個偉大的娛樂空間」。大家會坐在門前的台階上，或聚集在某個街角；孩子們在街上玩遊戲、踢足球；只要手搖風琴師一出現，他們就會開始跳舞，甚至是高歌一曲。博爾德回憶自己在曼徹斯特的童年時曾指出，「『道路』就是社交的中心，每個人都在這裡見面、購物、交談、散步。不論你是肉販、麵包師傅、雜貨商、女帽小販、服裝商、理髮師、蔬果商、當鋪老闆，還是殯葬業者，大家都是朋友、知己和豐富的訊息來源。」芝加哥的諾里斯則寫道：「夜裡十分迷人。」大家會把椅子和地毯搬到門廊上，人行道上到處都是玩遊戲的孩子，盛裝打扮的年輕男女則在街上散步。[29]

即便是在最荒涼的貧民窟裡，大家都深深依戀著街道，而這也讓英國的社會改革家大感吃驚。芝加哥大火過後，市議會曾試圖取締易燃的木造建築。於是移民勞工便衝進了市政廳，揚言如果不讓他們用唯一負擔得起的材料重建家園，他們就會發動流血抗爭。他們不想像紐約人一樣，住在有如褐砂石峽谷般的公寓裡；他們只想要恢復街頭上的生活，因為那讓他們得以獨立自主，也讓他們得以團結。[30]

雖然被丟進充滿敵意的工業叢林，工人階級仍以很多方式自下而上地建造了自己的城市。艾特肯就曾以童工的身分進入曼徹斯特的工廠，在那裡親眼目睹早期工廠體系的可怕殘酷之處。但他的人生卻講述了一個與簡單的苦難和受害截然不同的故事。工業化帶來了艱苦，卻也帶來了「驚人的進步」。特別是工業城市將工人男女聚集在一起的方式。他們在討論和合作的過程中，找到了改善命運的務實方法。他們成為英國國內文化和政治的一股力量。工人階級並不是被動的受害者；根據艾特肯的說法，他們是「自由之子」，因生活在充滿機會的大都市裡，讓他們得以如此。[31]

工人階級的市民文化催生了數百個互助和友誼團體、合作社商店和儲蓄銀行。其中最著名的便是曼徹斯特團結友好協會，到了一八六〇年，該組織有三十萬名成員，而成員每週都會繳交幾便士，以換取病假津貼、失業救濟金、醫療協助、人壽保險和喪葬費用。許多友誼協會的集會所還設立了圖書館、夜校和讀書俱樂部，並為會員安排聚餐、辯論、野餐、鐵路旅遊等休閒活動。

除了休閒活動，酒精和歡樂也是工人階級互助很重要的基礎。一八四四年，一位法國遊客到訪曼徹斯特之後曾說：「酒吧之於那些工人，就如同公共廣場之於古人。」那裡就是他們彼此見面、討論感興趣的問題的地方。他們的會議（無論是持續性還是突發性的）、他們猶如共濟會一般的集會所、他們的互助會、他們的俱樂部和祕密社團，全都在酒吧裡舉行。[32]

這些從一八四〇年代末湧入芝加哥的群體，許多都是為了逃離歐洲的政治壓迫和經濟困難，尤其是在一八四八年歐洲各地爆發的幾場革命都以失敗收場，而愛爾蘭又爆發馬鈴薯飢荒之後。德裔的共產主義者和愛爾蘭裔的民族主義者，對農村的貧困狀態早習以為常，對於煽動革命也很有經驗，而當時他們正面對本地人的攻擊和敵意。[33]他們在芝加哥遭受肢體攻擊和歧視後，其族裔紐帶和過去的政治經驗，都因為集體自衛和自助而變得更加強烈，而他們之所以要自衛，便是為了要爭奪在這座城市裡的領地。到了一八七〇年，在美國本土出生的人成了芝加哥最大的單一群體，但比例依然不大，只有百分之四十一而已。其餘的百分之五十九則是各種族裔群體，如德裔（占總人口百分之二十二）和愛爾蘭裔（百分之二十一）就是第二和第三大的族裔群體。

芝加哥近西區的羅斯福路和西方大道交叉口，靠近殼牌加油站的地方，呈現著一片後工業城市的地景，有鐵絲網圍欄、物流中心、電線、租車公司停車場、得來速速食店、爬滿常春藤的廢棄工廠，和長滿雜草、野花的灌木叢空地；但在這片地景之中，有一棟風格奇特、格格不入的德國式建築，看起來就像一座失落的歐洲城堡，裡頭還有家咖啡店。這座帶塔樓的建築是個孤零零的遺跡，證明了這裡曾經是個德裔社區。建築物的其中一面山牆上，還醒目地寫著「*Gut Heil*」，也就是德文「身體健康」的意思。這間咖啡店就是目前僅存兩座德裔會館的其中之一。這些德裔會館在德語裡被稱為「*Turnverein*」，也就是「體操聯盟」的意思；這是一場出現於拿破崙戰爭期間創立的運動，旨在向德國青年灌輸身體健康、紀律和政治意識等原則，以此作為國防和自決的基石。德國移民，尤其是所謂的「四八年人」*於一八五二年在芝加哥建造了他們的第一個德裔會館，後來的每個分館，都是居住在市中心貧民窟的移民前去健身、參與體育競賽、打保齡球、洗澡、閱讀、辯論、社交，以及透過食物、歌曲、戲劇和飲料，來慶祝自己族裔根源的地方。羅斯福路和西方大道交叉口的這座會館，其建築立面有F、E、S、T幾個字母彼此交織，分別代表「*Frisch*」、「*Fromm*」、「*Stark*」和「*Treu*」幾個德文單詞，也就是城鎮居民的自助原則：「健康」、「正直」、「強壯」和「真實」。[21]

---

*譯按：'48ers，指在一八四八年歐洲各地革命期間，支持革命的德裔人口，他們在革命失敗之後，紛紛移居至包括美國在內的海外地區。

芝加哥是世界上第六大的德語城市：它不是一個小型的社會組織，而是一個強大的城市公民網絡。德裔工人俱樂部所組織的遊行、舞會和湖邊野餐，一次有高達兩萬人參加。正如一位美國社會學家所說的：「〔芝加哥〕工人區的主要街道上，整個夏天都熱鬧非凡，街上掛著的布條上，會宣布哪些會館的集會所將舉辦野餐。每個週日就是這些外來移民的盛大節日，他們經常在這天出遊。」那裡和曼徹斯特一樣，集體自助和飲酒文化齊頭並進。[35]

他們希望能教育社區、保護其免受經濟剝削的願望，乃是起源於激進政治，後來又反過來助長了激進政治。政治和工人階級的公民社會交織在一起。芝加哥緊密團結的愛爾蘭社區在外部的攻擊下變得更加堅強，成為一支被動員起來的力量，不論是在市內選舉、民主黨、市政府、警察和有組織的勞工運動之中，都占據著主導地位。德裔工人俱樂部組織大罷工，就像組織野餐一樣熟練。在德裔會館的大廳裡，除了教導體操外，也傳授社會主義。社會主義能幫助他們進行動員，爭取到一日工作八小時、改善工廠、改革勞動法、婦女權利和公共所有制的鬥爭。他們或許比較激進，但他們也是愛國的美國人：在美國內戰期間，德裔會館就有大量的成員為聯邦方參戰並犧牲。[36]

曼徹斯特在十九世紀聲名鵲起，不僅因它是工業化的衝擊之都和世界紡織之都，也是因其自由市場資本主義意識形態。「曼徹斯特學派」相信，不受約束的資本主義能為世界帶來和平與和諧，而事實也證明這種意識形態就是近代全球史上的一股重要力量，塑造了我們所有人的生活。但儘管如此，曼徹斯特人也在積極提倡另一種世界觀。一八四二年的經濟不景氣期間，曼徹斯特出現了騷亂以及要求普選的政治集會活動。這座城市裡頭有組織起來的勞工、工會和罷工行動，曼徹斯特在一八六八年主辦了第一屆工會大會，而於十九世紀末工黨的成立，該市的激進政治也發揮了重要作用。美國內戰期間，聯邦政府對奴隸生產的棉花原料實施禁運，致使曼徹斯特遭受失業與生活困頓。然而這些受影響最深的人卻仍衷心支持林肯總統，也支持廢除奴隸制。

曼徹斯特的政治文化、其充滿自信的工人階級，和自由主義的中產階級，都讓這座城市成為新思想和新運動的沃土。就在由騎兵引發的彼得盧大屠殺*前不久，曼徹斯特女性改革協會主席菲爾德斯（一七八九至一八七五年），於一八一九年在聖彼得廣場的一場集會上向要求政治改革的廣大群眾發表演說。後來成為曼徹斯特婦女選舉權協會的執行委員會成員的茉兒，曾代表曼徹斯特婦女反奴隸制協會投入競選。這個協會起初由沃絲頓霍姆（一八三三至一九一八年）主掌，接著則由孜孜不倦的倡議家、作家兼《婦女選舉權文摘》（總部就位於曼徹斯特）創刊人蓓克爾（一八二七至一八九〇年）領導。下一代的女權運動領導者，則是出生於曼徹斯特的潘克赫斯特，及其女兒克莉斯塔貝爾和西爾薇亞。受到祖父見證彼得盧大屠殺現場的啟迪，潘克赫斯特的政治覺醒，始於十九世紀晚期曼徹斯特活躍的社會主義環境，和莉迪亞貝克爾所領導的城市女權運動。由潘克赫斯特母女所組織的婦女社會和政治聯盟於一九〇三年在曼徹斯特成立；旨在透過激進的選舉權行動推進婦女的權利。

那些對曼徹斯特工廠的工作條件，以及對住房、衛生和教育狀況的第一手經驗，都激勵工人階級女性為女性的選舉權挺身奮鬥。這畢竟是一座長期浸淫在抵抗、罷工、群眾抗議和集體行動工人階級的

*編按：受法國大革命理念影響，一八一九年曼徹斯特的工人和中產階級以和平示威，向議會施壓，要求改革。隨後發生鎮壓事件，一隊騎兵衝進要求改革議會的人群，造成十八人死，七百人受傷。當時英國全國輿論都為此事感到不安，《曼徹斯特衛報》也因此而生。

城市。這是一個激進主義的城市；這種激進主義，不僅是主張自由貿易的自由主義者攻擊貴族的特權體系，也是工人抗議其自身的工作條件。英國社會運動家蘿珀的父親一共有十個兄弟姐妹，她從十一歲開始就在一家工廠工作，並藉此努力走出了曼徹斯特的貧民窟，成為一名傳教士和牧師。蘿珀的母親則是一位愛爾蘭移民的女兒。蘿珀後來成為曼徹斯特全國婦女選舉權協會的祕書，組織了第一個直接以職業婦女為訴求目標的政治改革運動。她招募到希頓和庫珀等志工（她們都是從小就在工廠裡工作），在工廠大門外發送傳單和演講。

與領導選舉權運動的中產階級女性不同，希頓和庫珀操的是北方工人階級女性的語言。她們的政治覺醒之路，曾經歷過城鎮工人所建立的協會、社團和合作社。庫珀在她的工會裡擔任委員會成員，也是獨立工黨的黨員。想動員城鎮婦女參與競選活動的關鍵，在於她們必須讓工人們相信，投票是獲得更好的工資、工作條件，和住房的最佳方式。[37]

這是女性頭一次扮演積極、民選的公共角色，並能夠塑造自己所處的這座城市。蘿珀於一八七〇年當選為曼徹斯特第一屆教育委員會的成員；藉此職務，她得以要求學校提供免費入學、每日膳食、改善建築物，並在課程安排上達到男女平等。

推動都市改革的芝加哥浩爾之家（彩圖10）的聯合創始人亞當斯曾主張，經營家庭、拉拔孩子長大的婦女，就是城市福祉的守護者。女性不只應該獲得投票權，還應該在市政府中擔任公共角色，收拾混亂的殘局，不論是人類社會、工業、政治或是道德上的。浩爾之家是一幢位在一個貧困多族裔社區之中的破舊宅邸。女性志願者為當地居民提供醫療和助產服務，也提供夜校、健身房、浴室、藝術課程和其他重要的社會服務。他們深入調查當地情況，以最新的統計測繪工具和社會學的調查方法，記錄住房條件、過度擁擠、嬰兒死亡率、血汗工廠、疾病、吸毒、童工、賣淫，以及其他城市社會的諸多弊端。個性火爆的社會改革家凱莉（她同時也是恩格斯的《英國工人階級狀況》的英文譯者）撰寫了一份關於成衣業血汗工廠的報告。該報告所得出的結論令人震怒，促使政府制定了《伊利諾伊州工廠法》，凱莉也被任命為該州的工廠稽查員，這個團體有十一名成員負責執行該法。當時世界上沒有其他地方的女性能夠在城市中擁有如此大的權力。亞當斯成為芝加哥第十九區的第一位女性衛生督察；她憑藉著這個職位向芝加哥的垃圾問題宣戰。

由亞當斯、凱莉和其他女性所完成、深具準確和統計嚴謹性的工作成果，揭示了貧民窟裡生活與工作的嚴峻。亞當斯深信，在一個多元化的城市裡，正是因不同階層和族裔之間的互動和共同努力，才能夠創造出強大的社區精神，足以實現徹底的改革。而實現這個目標的關鍵就是培養下一代。亞當斯曾在《青年精神與城市街道》（一九〇九年）中主張，現代城市剝奪了孩子們的青少年時光。城市必須為孩子們提供合適的玩耍和運動場所，才算對得起他們。她還寫道，玩耍、進行體育競賽的孩子們，展示了「公共娛樂無可質疑的力量，〔能將〕現代城市社區的所有階級都聚集在一起，但很不幸地這裡卻充滿了隔開大家的設備」。

建立戶外空間和娛樂項目的倡議，獲得了來自草根基層、來自第二代城市工人階級的族裔社群的推動，如德裔會館、捷克裔的索科爾聯盟、波蘭裔的波蘭鷹社團，和塞爾特裔的體育俱樂部，他們將體育、運動和戶外郊遊當成生活的核心。一八八四年，在一個德裔會館大廳裡為芝加哥衛生委員會成員舉行的一場體操示範，使得其中一位委員被指派為芝加哥的公立學校設計體育課程。這個德裔會館還致力於在芝加哥的公園裡設置體育休閒設施，如游泳池、體育館、球類運動場和遊樂場，讓那些公園能夠成為運動場所，而不只是週日散步蹓躂的去處。[38]

★

地獄之門？在外人看來，這些工業巨獸就像火海地獄。對於天使草地或派金鎮的貧民窟居民來說，這無疑是個永劫不復的煉獄。但對許多其他人來說，這個大都市的迭代卻提供了可能性，而貧民窟則成了一個出口，能讓人逃離農村的貧困和孤立，學會新型態的社會生活和行動方式。在這個城市劇烈動盪的時代裡，工人、婦女和移民都對建立新的公民機構和行為模式發揮了重要的作用。他們通常都是靠自己，沒有來自上頭的幫助。

因新的工人階級位置的改變，實體的城市空間也發生了變化。從十九世紀中葉開始，實際工資開始上漲，而工時也變得愈來愈短，使得工廠工人和體力勞動者有更多金錢可以用於休閒。為了迎合這個不斷增長的市場，許多商家紛紛進駐市中心。一八五〇年聖靈降臨節期間，曼徹斯特約有二十萬人花錢參加出城的鐵路旅遊；到了一八五〇年代末期，同樣的連假期間就有九萬五千人光顧了美景遊樂園。一如既往，酒吧仍是生活的重心，而曼徹斯特就是全國酒館最集中的地方。一八五二年，據估計每週就有兩萬五千人光顧曼徹斯特的三個大型酒吧，卡西諾酒吧、維多利亞沙龍和理工學院大廳，他們主要是年輕人和工人階級。到了一八六〇年代，這些沙龍則演變成為歌舞雜耍劇場，有成千上萬的人在裡頭陶醉地聆聽流行歌曲，觀看挑逗喜劇演員、變裝藝術家、馬戲團表演者和各種新奇表演，而這些都需要喧鬧觀眾的熱烈參與。一八九〇年代期間，那些下流喧鬧的歌舞雜耍劇場再次出現了變化：它們變得更適合闔家光臨。豪華的曼徹斯特皇宮劇院於一八九一年開幕，主要針對中產階級和勞工階級家庭。[39]

現代的大眾娛樂和鋪張華麗的娛樂表演，就起源於這些歌舞雜耍劇場。曼徹斯特一直都是流行文化的先驅：從維多利亞時代的歌舞雜耍劇場，到風靡於一九八〇、九〇年代的傳奇夜總會「大莊園」。如今這座城市則以英格蘭超級足球聯賽的兩大球隊「曼聯」和「曼城」聞名於世。曼聯成立於一八七八年，其前身名為「牛頓希斯」，是蘭開夏和約克郡鐵路公司的客運暨貨運部門的足球隊。至於它的競爭對手，則是在兩年之後由西戈頓的聖馬可教堂成員所創立，目的是讓當地的年輕人遠離街頭幫派。足球聯盟源自菁英學校和大學的體育精神；當工人在街頭或荒地上踢球時，這種行為卻被認為是反社會的。然而，有組織的球隊卻成為在城市中打造社群的一種方式。這些球隊是從教會、工會、社區和工廠之中所萌生出來的。

鐵路和電報的出現，讓這種規模的運動得以誕生：蒸汽動力讓球員和支持者可以前往其他城市參加比賽，而電報則可以將比賽結果傳回並刊登在報紙上。一八八五年，足球聯盟將職業球賽合法化；三年過後，英格蘭足球聯賽在曼徹斯特成立。和那些以大量人口為後盾、能僱用最好球員的俱樂部相比，舊式的紳士業餘球隊根本無法匹敵。幾乎同時，同樣的現象也在美國出現。棒球原本是一個上流社會從事的運動，卻在南北戰爭期間變得比板球更受歡迎。在戰後的美國，職業棒球則成了城市工人階級的運動，深受城市移民社群的歡迎。許多早期的棒球明星，都來自希望擺脫貧困的愛爾蘭裔和德裔族群。這些體育巨星有助於吸引大批球迷前往城市裡的棒球場。他們由此確立了一件事：只要看台上的觀眾夠多，就能在體育上獲得傑出的表現，因為那些營收高、財力雄厚的球隊可以請到最好的球員。

球迷們不得不為享受這種閒暇時光的權利而奮鬥。他們想在星期天觀看比賽（這是他們唯一的休息日），以及在看台上喝酒的願望，遭遇到了強烈的抵制。美國協會棒球聯盟自稱是「啤酒和威士忌聯盟」或「低階級聯盟」，因為它的球賽門票比競爭對手國家聯盟便宜，而且還會在週日舉行比賽，並允許球迷飲用酒精飲料。到了十九世紀末，市場力量讓棒球成了工人階級會在週日觀看的比賽，有大量熱情吵鬧的球迷參與其中。

在美國，週日大型體育競賽的出現，被視為是透過底層移民的消費能力，重塑清教徒式盎格魯美國文化的一種關鍵方式；對那些移民來說，週日就是喝酒、放鬆和娛樂的一天。一八九〇年代期間，在西區公園球場開賽的芝加哥白長襪隊（也就是後來的芝加哥小熊隊），每個星期天都能吸引超過一萬兩千五百名觀眾。建於一九〇九年的柯米斯基公園球場，其原址是一座垃圾場，後來成為芝加哥白襪隊的主場，可容納三萬兩千名球迷，其規模在當時前所未見，讓它贏得了「世界棒球殿堂」的稱號。這種專屬全國知名球隊的體育殿堂，為工人階級和少數族裔賦予了一種公民自豪感，以及對城市的歸屬感；過往工業革命以工廠、街道、沙龍和俱樂部為核心的那種破碎文化中，明顯缺少了像球場這樣的東西。於是在歐美的城鎮裡，中產階級業餘體育那種堅忍克制、不帶感情的運動方式，便逐漸讓位給了勞工階級那充滿節慶氣氛、帶點部落性質的體育活動。

在英國城市裡，足球迷的需求超出了足球場簡陋木造看台的容納能力。一八九三年足總盃決賽，埃弗頓隊與餓狼隊的對戰，唯一夠大的場地就是曼徹斯特的法洛菲爾德體育場：它能容納前所未見的四萬五千名球迷，不過當時仍有六萬人擠進場內。體育競賽在商業上的成功，也為體育場館的建設鋪平了道路。西戈頓的球隊很早就職業化了；到了一八九五年，該球隊改名為曼城隊，觀眾人數在兩萬至三萬人之間。與此同時，牛頓希斯隊則是險些破產，並於一九〇二年改名為曼聯隊。一九一〇年，曼聯隊在連勝的鼓舞之下搬到了擁有八萬個座位的老特拉福德球場；該球場是史上第一座依據總體規劃所建造的足球場，「在世界上無與倫比」。

如今，老特拉福德球場被暱稱為「夢劇場」。大型體育場館已成為全球的城市景觀裡圖騰般的象徵；不論是足球、美式足球、棒球、籃球、橄欖球、板球，還是曲棍球，支持某一支球隊就是城市部落主義的特色。數以萬計的人群，用口號歡呼聲、歌曲、噪音和各種儀式，在他們所珍視的堡壘裡，也就是那個熱中於傳統、情緒飽滿，如同一個被密封住的碗一般的體育場，重新確認他們共享的密切關係。球迷們會從封閉的體育場館噴湧而出，接著一邊湧向酒館、酒吧、咖啡館、俱樂部、廣場和街道上，一邊爭論比賽過程、分析戰術並引吭高歌。根植於歷史和民俗的體育活動，一直是現代大都市最強大的黏著劑之一，也是數百萬人至關重要城市經驗的核心，尤其是整個二十世紀的男性工人階級。

像足球和棒球這樣的運動，被他們的球迷視為專屬於工人階級的東西，是從他們的生活方式、工作時間，社區和薪水袋裡誕生的運動，而不是由上而下強加給他們的東西。體育場在很多面向上都具有現代城市的象徵意義。這些城市在快速發展的過程中，伴隨著汙染、貧民窟和疾病，迫使中產階級遷往樹木扶疏的郊區，導致市中心幾乎完全只剩下工人階級和各種少數族裔。城市社會學家佐博曾在一九二九年寫道：「在摩天大樓若隱若現的陰影之中，芝加哥和所有大城市一樣，都有一個不穩定、充滿變化的區域，那裡就是城市生活的潮間帶。」體育場館和工人階級的商店、市場、餐館、斯諾克撞球間、小公司、工坊、夜店、酒館、酒吧、投注站、舞廳和快餐店，一起開始主宰大都會的中心地帶。進入二十世紀後的長久以來，大都市一直都是勞工階級和移民的城市，其生活方式與郊區、高檔住宅區和商業區截然不同。用通俗的話來說，成為城市人，就意味著要成為這種貧苦生存方式的一部分：雖然靠近城市的地理中心，卻遠離城市的權力和財富。[40]

隨著時序演進，這些市中心的「潮間帶」不斷發生變化，因為勞工自己也搬到了郊區，而他們原本的空間則被新移民社群所占據，他們擁有自己獨特的品味、食物和生活方式。就和十九世紀的前人，如曼徹斯特的農村移民、芝加哥的愛爾蘭裔和德裔社群一樣，這些市中心的新居民建造了自己的城市社區，從而在城市的衝擊、異化和敵意之中倖存下來。不討人喜愛、骯髒的市中心一直都是充滿韌性之地：新移民在此建立了他們的社群認同，並砥礪自己、尋求個人的自我完善。這些地方就像潮間帶，因為不同的族裔都曾沖刷過那裡，搬遷進去後又沿著住房的階梯往上爬。在這些城市荒地上靠自己生存下來的才智和本能，也深刻地塑造了流行文化：從激進政治和女權主義，到棒球、足球聯盟和嘻哈文化都是如此。

然而，這些位於潮間帶的社群也最容易受到歷史潮起潮落的影響，他們就是經濟蕭條、「清除貧民窟」、公共住宅實驗、道路建設、去工業化和縉紳化的受害者。曼徹斯特和芝加哥等城市所揭露的工業城市的可怕之處，激起了發自內心深處的強烈反應。這些地獄般的工業城市就是巴比倫再世，也是充滿罪惡和剝削、令人心碎的地方。在弗里茨·朗一九二七年的電影《大都會》裡，未來之城被描繪成這樣的一座城市：養尊處優的菁英階級住在陽光普照的摩天大樓中；而在地下和看不見的地方，則有大量工人在黑暗之中不停地工作，操作著為那座超先進大都會提供動力的機器。這部電影最震撼人心的場景之一，就是城市的機器變成了摩洛，也就是那個吞噬掉自己孩子的迦南神祇。在《大都會》裡，工人們被餵進機器的嘴裡，並因現代城市化過程中無法控制的混亂而慘遭犧牲。

這部電影是電影史上最著名的電影之一，它大量借鑑了聖經神話，以及貫穿歷史、不斷出現的巴比倫意象。它反映了那個時代的氛圍，即對城市生活的幻想破滅殆盡。城市已經失敗了。弗里茨·朗視野中那種持續不斷的淒涼並不是什麼新鮮事。文學和藝術也都描寫了許多現代都市生活的苦難之處。城市被強調為骯髒、絕望、離經叛道、腐敗，而且充滿犯罪的地方。

作家、詩人和藝術家對城市投射的看法，有助於決定我們所擁有的城市類型。對城市生活根深柢固的敵意，尤其是英國和美國這兩種主流文化過去三百年來的敵意，意味著在高速都市化時期出現的城市，經常都是規劃不善、管理不當的。情色總是勝過任何正面的東西。貧民窟永遠是夢魘和社會崩解的地方，而不是自力更生、自我組織、社群和創新的地方。本章講述的有關社交網絡、政治行動主義和樂趣的故事，總是被埋在苦難的殘渣堆之下。

若說城市貧民在面對經濟衝擊時顯得不堪一擊，那麼他們在其他人的烏托邦理想面前，也是同樣容易受到影響的。他們在城市裡是聰明的倖存者，卻往往被再現為無助的樣子。城市和城市居民都擁有驚人的韌性，卻經常被視為處於崩潰的邊緣。如果讓這些人自行運作，他們其實非常擅長建造自己的社區。但這種情況卻很少發生。在工業化之後出現，而且反抗工業化的都市化過程，如城市美化運動、花園城市運動、現代主義運動，都試圖將秩序和清潔強加於這類用劣質材料草草建成的十九世紀城市之上。巴比倫式的混亂將被理性秩序所取代；由上而下的規劃將取代基層的自我組織。正如後面章節將要揭示的，這種創建新耶路撒冷的願望其實是極度反城市化的。在很多案例裡，那意味著屏棄傳統的城市，如混合在一起的各種活動、臨時性的住房、街頭小販和臨時市場，轉而更偏好郊區，或在混亂無章的人類蟻丘之中建造超級街區和「公園裡的高塔」。這也意味著必須拆除傳統的大都市。

對工業化混亂情況的情緒反應，將主導對於二十世紀及之後世人對城市的思考，並產生對新生活方式的烏托邦式計畫，以及淨化城市環境的渴想。對半鄉村式寧靜的偏好，以及對舊城的拒斥將愈來愈深植人心。但舊的城市理想並沒有消亡。有另外兩座大都會，對這個世界的郊區化發起了最後一搏的阻擋行動，並為現代城市提供了另一種觀點。這兩座十九世紀、二十世紀初的大都會，為曼徹斯特和芝加哥這兩個令人震驚的城市提出了解方，它們是巴黎和紐約。

第十章　巴黎症候群

巴黎，一八三〇至一九一四年

英國廣播公司於二〇〇六年報導了一種神祕的現代疾病：每年都有十多名日本遊客必須從巴黎撤出。這些遊客這輩子大部分時間裡，都沉醉於巴黎浪漫、理想化的城市地景，卻在實地造訪之後，被冷漠的巴黎人、擁擠的林蔭大道、骯髒的地鐵站和粗魯的服務員這些真實景象給嚇壞了，以至於陷入了「精神崩潰」。日本大使館還為這些巴黎症候群患者開通了二十四小時的熱線電話。[1]

我原本打算一笑置之，把巴黎症候群當作某種都市傳說，但當我讀到佛洛伊德也經歷過類似的精神危機後，我才知道事情沒這麼簡單。他曾在一八八五年寫道，「多年來，巴黎一直是我嚮往的目的地，而我第一次踏上巴黎人行道時的幸福感，也讓我確信我的其他想望也能實現。」但這種興高采烈的感受很快就消退了；在巴黎的第一天裡，他只能竭盡全力在街上試著停止哭泣，因為他感到非常失望與孤立。巴黎人很可怕，他們難以接近，態度也很傲慢。佛洛伊德還偏執地出現妄想症，開始檢查旅館床鋪周圍的簾子是否有砒霜的痕跡。[2]

時至今日，每年有近一千八百萬人會從國外前往巴黎朝聖，為巴黎的經濟貢獻了一百七十億美元，也為百分之十八的巴黎人口提供就業機會。國際遊客數比巴黎更多的城市，只有曼谷（兩千一百萬）和倫敦（兩千萬）。不論何時，林蔭大道上可能都有五萬名外國遊客。前往巴黎朝聖的歷史由來已久，而今日這些遊客也算是這種朝聖行為的一部分。早在大眾旅遊於一八六〇年代出現以前，每年就已經有十萬國際遊客到訪巴黎。出生於德國的法國作曲家奧芬巴赫，其創作的《巴黎生活》這齣歌劇，裡頭的合唱團就是由遊客組成的；他們高唱：「我們即將入侵，這個至高無上的城市，充滿愉悅的度假勝地。」

一八三〇年十一月的某個夜裡，來自美國的葳拉德搭乘馬車抵達巴黎，因激動而難以入睡。當她被告知他們已經到達目的地時，「我白費力氣地找著……我一直以來所想像的壯觀景象。」她在巴黎的第一個體驗，是等待海關人員搜查她的行李。「我們全身髒兮兮的，一片混亂；我們疲憊不堪，卻連可以坐下的地方都沒有。似乎還有陌生人的眼睛在盯著我們。」骯髒的街道似乎「完全不是我想像中優雅的巴黎。」[3]

在十九世紀的當時，小小的西提島上，除了巴黎聖母院大教堂之外，還有大約一萬五千名巴黎的貧窮工人，居住在擁擠骯髒的老舊房屋裡。在這座大都會裡，幾乎每個地方都有愈來愈多人擠進不斷減少的可用空間。巴黎的巷弄既陰暗又潮溼，就像「昆蟲在一顆水果裡走出來的曲折路徑」。這座城市人滿為患，衛生條件也很差，曾遭霍亂肆虐；一八三二年，巴黎的八十六萬一千名居民裡，有兩萬人死於這種疾病。十九世紀早期的巴黎，就是「一座被原始的塵土覆蓋的原始城市……猶如處於痛苦狀態的中世紀」。[4]

只有當遊客走在里沃利街、杜樂麗宮、義大利人大道和革命廣場上時，他們才會發現有一個「超文明」、在世界上其他地方都無法獲得的都會生活「新世界」，被鑲嵌在這座醜陋、擁擠、破敗的中世紀城市裡。當然，那裡的羅浮宮擁有最多的藝術館藏，另外還有盧森堡宮、凡爾賽宮和聖克露的畫廊。那裡的時尚、購物和美食都無與倫比。巴爾扎克*曾寫道：「這首偉大的詩作，吟誦著從瑪德蓮教堂到聖德尼門的彩色詩句。」

巴黎真正輝煌壯觀的並非它的外表，而是巴黎居民對這座城市的利用方式；街道上的戲劇性（也就是「由純粹的生活搭建出的地景」），讓巴黎成了地球上最誘人的城市，以及令遊客趨之若鶩的聖杯。一位不知名的英國居民曾寫道，走在巴黎的街上很令人興奮：「這是圍繞著我們的生活和行動的倒影……以一般人生活的飽和度來說……巴黎無可比擬。」[5]

巴黎症候群的解方，就是讓自己沉浸在這場表演之中，成為都市戲劇的鑑賞家。正如一位造訪巴黎的美國牧師所說的，林蔭大道「無疑是世界上最好的娛樂場所……你只需要戴上帽子，走到街上尋找樂趣。」巴黎為所有感官提供了無與倫比的盛宴。根據巴爾扎克的說法，這座城市已成為「製造樂趣的巨型都市工場」。他寫道，巴黎「永遠都在前進……沒有間息」；它是「一個巨大的奇蹟，是各種行動、機器和思想的神奇組合，擁有一千種不同的浪漫故事……她是個永不停歇的城市女王」。[6]

巴黎人會在咖啡館、花園和公園、舞會、露天音樂會、劇院和商店等公共場所裡享樂。由於街道上的交通太危險，巴黎人興建了大約三百個拱形長廊。巴爾扎克曾在自己的小說裡巧妙地捕捉到一件事：巴黎是個總在變化、充滿衝突的城市。十九世紀早期，許多城市探索家們撰寫了大量文學作品，淬鍊出

*編按：巴爾札克（一七九九至一八五〇），法國著名作家，現實主義文學成就最高者之一。他創作的《人間喜劇》（Comédie Humaine）寫了兩千四百多個人物，是人類文學史上罕見的創作，被稱為法國社會的「百科全書」。

巴黎的景象、聲音、對比和多樣性。它們就像為了城市居民，而非為了遊客而寫的指南，揭露了城市被隱匿的奧祕之處，讓它們被理解、被懼怕。城市本身於是成了書裡的一個人物，一個必須被分析和解釋、活生生的複雜有機體。

巴黎人也有相關的詞彙，用來指涉這些觀察城市生活的人。有種人被稱為「閒晃的旁觀者」（*badaud*），也就是漫步在人群之中、享受日常生活中處處是戲劇的「呆頭呆腦的人」。「在巴黎，一切都能變成事件，」劇作家德茹伊曾如此寫道：「河裡有一列木頭順流而下、兩輛馬車相撞、某個衣裝特立獨行的人、一輛裝甲車、一場鬥狗比賽，這些事件只要被兩個人注意到，很快就會有一千個人圍上來，而且觀眾人數會一直增加，直到其他同樣引人注目的情況出現，才會把他們的注意力再次拉走。」法國作家德爾浮曾在《巴黎之樂》裡寫道，要巴黎人待在家裡思考、吃喝、受苦，甚或在家裡死去，都是難以想像的事情，他們會覺得很無聊：「我們需要公共場所、陽光、街道、歌舞表演、咖啡館和餐廳。」[7]

安娜．詹姆森（另一位一八三〇年代的美國遊客）則指出，倫敦人是「帶著嚴肅鎮定的氣息」大步前進，巴黎人則是邊漫步邊凝視著，「好像除了四處看看，他們的生活沒有其他目的」。如果說「閒晃的旁觀者」這個詞概括了巴黎普羅大眾對於街道的態度，他們認為街道是他們的沙龍或劇院，那麼還有另一個詞彙可以用來定義現代的文雅人士，那便是漫遊者（*flâneur*）。[8]

畫家德拉克羅瓦曾於一八四二年寫道：「漫遊者之於閒晃的旁觀者，有如美食家之於貪吃的老饕。」漫遊者這個詞沒有準確的英文翻譯。相較於閒晃的旁觀者是在貪婪地吞噬這座城市，漫遊者則是一位有鑑別力的鑑賞家，也是一個低調超然的觀察者，他在都市人群之中調查這座城市，卻從不成為其中的一部分。巴爾扎克曾將漫遊者描述為「眼睛的美食學」。詩人波特萊爾則是這樣描述這個角色：「對於完美的漫遊者，和熱情的觀察者來說，以人群的中心、各種行動的潮起潮落，以及轉瞬即逝和永恆之間為家，是一件非常快樂的事情。」[9]

巴黎的漫遊者，是十九世紀初記者和作家所創造的產物。在此之前，「*flâneur*」指的是無所事事的閒逛者，除了凝視之外沒別的事情可做。到了一八二〇、三〇年代期間，中產階級的漫遊者已經成為一種擁有嚴肅意圖的人。這種漫遊者象徵著資產階級的勝利，因為他們成了街道的主人。波特萊爾寫道，「如果你知道如何漫步、如何觀察，就會發現很多奇特的事情。」巴爾扎克則捕捉到了巴黎人對漫遊的熱中，宣稱「閒逛就是一門科學」。[10]

這就是讓巴黎如此與眾不同的原因：對於這座城市的日常生活及其獨特節奏，巴黎人的鑑賞具有敏銳的洞察力。

前往巴黎的英美遊客學會了適應巴黎的節奏，放慢腳步、放下矜持，開始直視街上、咖啡館和拱廊裡的其他人。這就是我們在一個語言不通的陌生城市裡做的事情：試著成為喧囂的城市生活裡的超然觀察者，藉此沉浸其中。英文語境裡對漫遊者的描繪，則將這種在城市裡游移的人，比作新發明的攝影技術：「他的心智就像一張敏感的空白感光板，隨時準備好要接受可能出現的任何印象。」習慣躲在相機或手機後面的現代人，也是某種版本的超然漫遊者：他們身在那裡，卻又不在那裡，只是匿名的旁觀者在記錄印象並取景，有如遊客一般。知名評論家桑塔格曾寫道：「攝影師是配備武器的孤獨步行者，他們勘查、跟蹤、巡遊城市的陰暗面，也是到處巡迴的漫步者，把城市當作充滿感官刺激的地景在探索。」[11]

現代藝術、文學、攝影以及後來的電影，都受到了漫遊者的影響。更深刻的是，它也能幫助我們更深入地挖掘城市生活的心理學，並提出關於現代城市生活的問題，而且也有助於回答那些問題。但在我們進入這個部分之前，我們必須先談談巴黎漫遊者的世界，是如何遭到暴力攻擊的。

★

你不用像在其他城市那樣登上摩天大樓，即可清楚欣賞到巴黎的全景。由於巴黎座落在一個寬闊平坦的盆地裡，街道上的漫遊者可以看見寬闊的城市水平天際線，以及城裡的歷史建築。從蒙馬特、貝爾維爾的山丘上，或從艾菲爾鐵塔等高處看下去，你可以看見壯觀的幾何型街道布局在眼前次第展開，夾著扶疏綠意、閃耀動人，堪稱城市建設的傑作。

以這種方式征服想像力的巴黎，是現代世界最偉大的城市夢想家奧斯曼於一八五〇年代的創作。當時巴黎的循環系統已開始堵塞，必須疏通，讓光線和空氣進入晦暗之處，也必須讓市民更自由地在大都市裡活動行走。歐洲當時正在面臨疾病、革命和社會崩潰的衝擊，宛如城市的末日。這種末日景象在曼徹斯特等地表現得淋漓盡致，並在巴黎達到頂峰。

奧斯曼對一切都很挑剔，對中世紀的巴黎也沒有感情，將舊時期的巴黎棄若敝屣。在他生活的各個面向，他都希望在混亂中強加秩序，在髒亂中保持清潔。奧斯曼是個「高大、強壯、精力充沛、充滿活力」的人，同時又「聰明且狡猾」。時年四十四歲的他是位經驗豐富的公務人員，在一八五三年被推薦給拿破崙三世作為塞納省的省長候選人。[12]

一八五一年十二月，拿破崙三世在總統任期即將屆滿之際，發動了政變奪取政權。幾個月後，他在一次演講中宣稱，「巴黎是法國的心臟，讓我們共同努力美化這座偉大的城市。讓我們開闢新的街道，讓缺乏空氣和光線的工人階級能擁有更健康的居住環境，也讓多多益善的陽光照亮我們城牆內的每一個角落。」[13]

但該計畫的進展緩慢。一八五二年十二月，拿破崙三世稱帝。憑藉著絕對的權力，他可以在不受政治限制的情況下將自己的願景付諸實現。奧斯曼被任命的幾天後，拿破崙三世便向他展示了一張巴黎地圖，圖上的中世紀街道被標上了寬闊筆直、嶄新的大道，這些大道將為腐朽的巴黎注入活力。拿破崙三世想要一座現代化的城市，一個美麗、衛生、容易找路，而且適合皇帝的城市。他希望這座城市盡快付諸實現。

此時出現的巴黎，既是拿破崙皇權的產物，也是奧斯曼條理分明大腦的產物　它反映了對於流動性的現代需求，以及城市的總體規劃者對秩序和統一性根深柢固的需要。巴黎的更新始於「巴黎大十字路口計畫」，該計畫希望設計出一個十字路口，能讓里沃利街和聖安托萬路沿線的東西向交通，以及史特拉斯堡和塞巴斯托波爾這兩條新林蔭大道的南北向動線更加順暢。在巴黎古老的發源地西提島上，簇擁著巴黎聖母院的古老建築被拆除，而大部分居民也被遷離了這座小島，並由市政權力和行政中心取而代之。「這是舊巴黎的廢墟。」奧斯曼寫道。[14]

寬敞的大道以凱旋門為中心向外輻射；另外三條大道，則從夏托朵廣場（也就是今日的共和國廣場）延伸出去；新的街道將城市系統與火車站相連。到處蜿蜒、難以穿透的狹窄小巷則被拆除殆盡。許多歷史建築與雜亂的房屋一起遭到拆除。就連那些深刻的歷史也不例外。今天，那些在瑪黑區登上聖杰維和聖雅各教堂台階的人，可能不會意識到這兩座教堂之下，隱藏著巴黎僅存的兩座被稱為

「*monceaux*」的小山丘，那裡在墨洛溫王朝時期曾有幾個聚落。至於其他的小山丘，則是跟著巴黎大部分史前和有文字之後的歷史地景，一起被奧斯曼夷為平地，好為他的新城市打造出一個平坦的表面。一位英國居民曾哀嘆道：「每過一、兩個星期，巴黎歷史書上的某一頁就會被撕掉。」這座城市的特色，就是各種建築、風格和年代並置的那種特有的雜亂無章狀態，卻被奧斯曼所喜愛的幾何式街道給取代了，街道兩旁排列著千篇一律的建築物，它們的立面都由奶油黃的盧特西亞石灰岩構成。[15]

儘管許多人對於自己的家園、街道、社區、地標，以及歷史悠久的巴黎遭到破壞感到非常震驚，但奧斯曼仍然是個冷靜的技術官僚，幾乎不在乎這場城市的大手術，會讓人類付出哪些代價。他寫道：「城市的邊緣地帶毫無生產力，而且一般人難以進入，也無法居住；為了在這些邊緣地帶創造出寬闊的空間，首要之務便是建造一條街道穿過城市，連結城市的兩端，並撕開城市中心地區。」掏空、切割、撕裂：奧斯曼使用的語言，充滿了殘忍的創造性破壞。[16]

奧斯曼小時候是個疾病纏身、肺部虛弱的孩子，上學途中必須穿過迷宮般的狹窄巷道，還得忍受沿途的惡臭和塵土。這也難怪他成年後會變得如此挑剔，他可能經常回想起自己學童時期在中世紀街區迷路時所留下的創傷，也因此渴望一個乾淨理性的城市。[17]

對於奧斯曼來說，巴黎就像一個人體，是一個由動脈、靜脈、器官和肺組成的系統。這個系統也有大小腸，而奧斯曼真正的傑作就藏在街道底下，也就是他的下水道系統。在倫敦，二十萬個糞坑和惡臭的河流充斥著兩百六十萬人的排泄物；但從一八五八年起，巴札爾蓋特這位土木工程師建造了一個巨大的網絡，由超過一百三十公里的地下下水道、一千六百公里的街道汙水管線，以及截流下水道、抽水站和外流系統所組成。眾所周知，巴札爾蓋特的下水道口徑非常寬，以至於他所建立的系統迄今仍能應付倫敦的汙水。至於在芝加哥，由於城市下方無法設置汙水管線，因此只好將芝加哥抬高，好為管道騰出空間。從一八五八年起，所有的磚砌建築都透過液壓千斤頂和螺旋千斤頂抬高了一百八十公分左右。到了一八六〇年，甚至曾有六百名工人，一起使用六千座千斤頂一次舉起了半個街區。當那些全部加起來重達三萬五千噸，占地超過四千平方公尺的商店、辦公室、公司行號和旅館被舉起來時，裡頭的人居然仍照常工作生活，彷彿什麼都沒發生似的。等街道被抬起之後，工人們便可以在下方設置新的地基，配置汙水管道。[18]

芝加哥和倫敦在一八五〇、六〇年代創造了地下現代化的奇蹟。但奧斯曼取得的勝利，甚至超越了在衛生和技術上的這些成就。他所設計的下水道網絡，和他的直線街道規劃如出一轍：它們和地面上的大道一樣理性宏偉，而且光線充足。那些管道和走道容得下行人，甚至可以乘船通過，而且走道還能保持清潔。這些下水道展現了奧斯曼對城市的看法：城市首先是一台機器，而不是一個擁有許多世代、許多層次的人工構築。或者換個說法，他更關心的是動脈和器官，而不是將身體結合起來的結締組織。[19]

城市的肺與消化系統一樣重要。奧斯曼曾在他的回憶錄中寫道，皇帝指示他：「不要錯過這個可以在巴黎全區建造大量廣場的機會，可以像倫敦那樣，為巴黎人提供放鬆和娛樂的場所，而且是所有家庭和兒童，不論貧富都能使用的。」奧斯曼建立了四個巨大而宏偉的公園，為城市增添了六十萬棵樹和超過一千八百公頃的開放空間，並在他的計畫中納入了二十四座新廣場。這個計畫，讓每個巴黎人都能在步行十分鐘之內抵達開放空間。[20]

當時正好是城市逐漸衰敗、大家正在逃離擁擠骯髒市中心的年代，而當時的巴黎彷彿是座現代性和進步的燈塔，在工業時代裡復活了。光線明亮、空氣流通的巴黎，點綴著秩序和優雅氣息，乾淨得讓人認不出來；這座城市正以前所未有的方式吸引著遊客。一八五五年，羅浮宮大飯店為了配合國際博覽會而開始營業。它是法國第一家豪華旅館，也是歐洲最大的旅館，擁有一千兩百五十名員工、七百間豪華臥室，以及兩部蒸汽動力電梯，堪稱高檔旅遊的巔峰。一八六二年開幕、位於大歌劇院附近的格蘭德大飯店也極其華麗，連歐仁妮皇后都說，那裡讓她感覺「和在家裡一模一樣。我覺得我好像在康比涅或楓丹白露宮裡」。這座旅館占據了一整個三角形的街區，擁有八百間豪華臥室、六十五間沙龍、液壓式升降機、土耳其浴場、電報服務、劇院售票處，以及藏有一百萬瓶酒的酒窖。[21]

和格蘭德大飯店相互輝映的，還有格蘭德百貨這座規模宏大、新開幕的百貨公司。建於一八六七年至一八七六年間的樂蓬馬歇百貨，則是在艾菲爾的工程協助下建成；這間百貨公司擁有許多樓層，是一間獨棟的鐵框架建築，其光線充足的內部空間面積達五萬平方公尺。這座百貨公司四面巨大的玻璃窗，可以讓人一瞥這個為消費主義而生的華麗舞台。每天有三千五百名員工所組成的大軍，為一萬六千名顧客提供服務。這些大飯店和百貨不僅比先前的建築還要大，還都耗費鉅資精心設計，有如公共建築和紀念碑一般，本身就是個旅遊景點。[22]

巴黎的重建也為更大更豪華的林蔭大道咖啡館創造出了新的空間，如塞巴斯托波爾大道上的朵拉多咖啡館，和格蘭德大飯店一樓的和平咖啡館。一本旅遊指南曾如此描述這些新地點：「晚上亮燈時，效果……讓人目眩神迷。戶外放置了椅子和小桌子，男男女女都可以在此享受夜晚涼風，觀賞周圍生氣蓬勃的場景……豪華的環境讓人眼花撩亂，而室內裝潢體現的品味和奢華程度更為氣氛增添效果。」[23]

馬克思曾尖銳地評論道，奧斯曼推平了這座歷史名城，「打造出一個給觀光客的地方！」雄偉的新古典主義火車站、大飯店、百貨公司、林蔭大道、咖啡館、歌劇院、戲劇院、博物館、藝廊、哥德式大教堂、公園和長廊：這些巴黎的觀光路線，是為國際遊客、觀光客、度週末的人士和購物者所打造的迷人行程，讓他們有機會體驗曾經專屬於貴族和超級富人的高雅生活方式。

隨著鐵路的出現，旅遊業也開始起飛，觀光客大量湧入。一八四〇年間，往來英吉利海峽的船班為八萬七千航次；一八六九年增加至三十四萬四千七百一十九航次；一八九九年，更是上升至九十五萬一千零七十八航次。一八六七年，旅遊業者托馬斯庫克以每人三十六先令的低廉價格，帶著英國人去參觀巴黎世博會，而且這個價格包含四天行程的全部花費。約有九百至一千一百萬人從法國其他地方和世界各地前去參觀這場世博會；一八七六年的世博會則吸引了一千三百萬名遊客；一八八九年，也就是艾菲爾鐵塔對全世界揭幕時，參觀人數更是突破了三千萬人。[24]

大眾旅遊的時代已經轟然到來。陷入這場革命性漩渦的幾個城市，都發生了難以估量的變化。從二〇〇〇至二〇一五年，全球的遊客數又增加了一倍，達到十三億人；到了二〇三〇年，每年都會有二十億人外出度假。許多城市的中心地帶，看起來並不像住宅區或商業中心，反倒更像是旅遊主題公園。你能想像沒有大批遊客的紐奧良或曼谷嗎？就連倫敦、紐約、巴黎和上海這樣的大型金融中心，也都將市中心的大部分地區拱手讓給了遊客，為他們提供酒吧、餐廳、快餐店和娛樂場所，讓他們住在旅館、青年旅社和 Airbnb 公寓裡。於是天秤的指針出現了位移，離居住在城市裡的市民再遠了一些；這群數以億計、前來尋歡作樂的觀光客，無疑是重塑現代大都市的主要力量之一。

大都市裡的流動人口高於常住人口的現象並不令人意外。擁有近千萬居民的倫敦，於二〇一四年接待了兩億七千四百萬名一日遊的國內遊客、一千一百四十萬名過夜的國內遊客，以及一千七百四十萬名國際遊客。上海每年則有三億遊客到訪，其中大部分是國內遊客，創造了三百五十億美元的觀光收入。[25]

巴黎在過去的大約一百五十年裡，率先對大都會的中心區進行了清除，讓它們成為購物和休閒的場所。法國媒體《時代報》曾於一八六七年嗤之以鼻、憤怒地指出，在奧斯曼統治下的巴黎，其地理中心竟然是歌劇院這樣一個輕挑的地方，而不是教堂、市政大廈或議會：「除了優雅和享樂的首都，我們到底還剩下什麼？」[26]

★

詩人瓦萊特在寫到奧斯曼時曾說：「殘忍的破壞者，你對我的過去做了什麼？我徒勞地尋找巴黎；我在尋找自己。」奧斯曼如旋風般的大整修期間，有三十五萬名巴黎人流離失所。從來沒有哪一座城市，曾在和平時期遭到如此快速地改造。「舊」的巴黎被征服了，但重生的巴黎卻造成了許多人的創傷。「人車恣意流動、人滿為患、無政府般的街道不再，」法國文豪雨果曾如此哀嘆道，「反覆無常不再；曲折的路口不再。」[27]

猶如油畫上裂痕般的舊巴黎街道曾為巴黎賦予了生命，讓它成為「漫遊者、閒晃的旁觀者和尋歡作樂者」的城市，如今卻被無情的幾何線條和端點消失在盡頭的林蔭大道給取代了。換言之，大道上被嚴格控管的視野，會讓人的視線固定看向前方，而不鼓勵漫遊者四處游移的目光。更多人將這種街道的規劃方式視為是專制控制的體現，是種被設計來約束民眾的大型城市軍營。[28]

若說曼徹斯特和芝加哥提出了城市的一種新趨勢，也就是城市開始裡外翻轉，把工業區和貧民窟置於市中心而郊區成為半田園式的幽靜之地，那麼新的巴黎，就是在驚人地扭轉這個趨勢。巴黎的市中心高雅潔淨，而城市外圍則是工人階級和工業區的領域。法國評論家拉扎爾曾寫道：「可以說工匠和工人被關在西伯利亞的荒原裡，那裡未鋪砌的小路蜿蜒曲折、縱橫交錯，沒有燈光、沒有商店，沒有自來水，什麼都沒有……我們在女王的紫袍上縫上了破布；我們在巴黎建造了兩座很不一樣且彼此敵對的城市：奢華的城市，被悲慘的城市給包圍著。」[29]

有幅描繪嶄新巴黎的知名畫作，名為《雨天的巴黎街道》（一八七七年），法國畫家卡耶博特描繪了奧斯曼其中一個最具特色的新設計：一個形狀有如星星的十字路口，街道則從路口向外放射出去（彩圖14）。市中心公寓的三角窗位置，看起來就像一艘遠洋客輪的船頭一樣龐大而無情，正在逼近一艘無助的救生艇。遠處有施工用的鷹架：雖然奧斯曼從一八七七年起就不再掌權了，但巴黎仍是一座不斷在被奧斯曼化的城市。路人撐起雨傘，地上的鵝卵石在雨中閃閃發光，大家在街上熙來攘往。但在這片開闊的城市裡，行人彼此卻相距甚遠。就算是在街上結伴而行的人，也不會和彼此說話。出現在街上的主要是衣裝時髦的資產階級，以及隨處可見的昂貴公寓住戶；工人們則孤零零地住在遙遠的地方，只是城市菁英的僕人，而非巴黎街頭生活的主動參與者。

在巴黎漫步的人所使用的雨傘，也為這種空間中的區隔創造了很好的藉口，因為這種裝備可以在實體空間中創造出一個個隱私的小圈圈。住在市中心、氣質高雅的夫婦將目光從接近他們的彪形大漢身上移開（而且他們只會看到那位彪形大漢一半的身軀），但他們的雨傘緊接著便會發生碰撞，讓他們必須在幾秒鐘內趕緊避開彼此、拉開距離，否則會在空間中展開角力。

梵谷的《巴黎郊外》中的場景則有所不同；他曾在一八八七年繪製了一系列作品，描繪城市與鄉村的交會處，而《巴黎郊外》就是其中一幅（彩圖13）。那裡是「鄉村的贗品」，也是巴黎的邊緣地帶。

被從市中心移除的郊區勞工居民，被畫成一個個灰色的汙漬。和卡耶博特的畫作一樣，《巴黎郊外》的正中央有個孤零零的燈柱。但在該畫的情境裡，它是一個城市的人工製品，奇怪地被錯置在這個詭異的過渡空間中。行人們走在幾條泥濘的小路上，往不同的方向前進，強調了他們彼此之間，以及與巴黎之間的疏離。卡耶博特和梵谷的這些畫作鮮明地呈現出了現代城市的孤獨感。

曼徹斯特和芝加哥因其工業和貧窮，而成為十九世紀的震撼城市。但巴黎也同樣令人震撼。奧斯曼突如其來的都市改造計畫，將內部關係緊密的舊城夷為平地，非常戲劇性表現了城市生活的疏離感。卡耶博特關於城市孤獨感的畫作，是種對現代城市生活心理的評論，但未必就是巴黎真實的再現。在大多數的書面記錄和印象派的畫作中，新的巴黎就像是個大漩渦，充滿歡樂、噪音、喧囂、人群和狂野的能量。

一位美國遊客曾將巴黎人描述為「游牧的國際大都會居民（nomadic cosmopolites）」，他們回到家只是為了睡覺，但從起床後直到深夜裡，都在咖啡館、餐廳、公園、劇院、舞廳和各種娛樂場所之間流連忘返。奧斯曼設置的煤氣路燈，讓人行道上的文化活動到了夜裡仍得以持續。巴黎的劇院、歌劇院、芭蕾舞廳和歌舞雜耍劇場，每晚可容納五萬四千人。此外，還有在咖啡館裡舉行的音樂會，以及有煤氣燈提供照明的舞會花園。根據德爾浮的說法，巴黎人「喜歡搔首弄姿，讓自己成為眾人矚目的焦點，讓其他人見證我們的生活」。[30]

印象派畫家明快的筆觸，就像都市人在被一連串感官資訊衝擊之後目光的快速移動。經奧斯曼改造後的巴黎，那些畫家如馬內、竇加、雷諾瓦、卡耶博特，以及其中的佼佼者莫內，都直接將自己連入了現代都市的神經系統。身為波特萊爾的密友，馬內將漫遊者的感知能力帶入了現代藝術。馬內不斷在街上行走，一邊走一邊速寫著城市生活，特別留心那些看似短暫而瑣碎的事物。他像個漫遊者那樣，以一個超然觀察者的身分進行觀察和繪畫，既身處人群的中心，又和人群保持距離。[31]

馬內有幅畫作叫做《咖啡館音樂會的角落》（一八七八至一八七九年），在這幅畫的前景裡，有個身穿藍色工作服的工人正一邊抽著菸斗、一邊看著舞台上的舞者，一旁就是他的酒杯。在他身旁則是一個頭戴灰色圓頂禮帽中產階級男子的背影；再遠一些，還有一個衣著高雅的女子。所有人都抬著頭看向舞台。這三名觀眾都靜止不動，而且獨自一人。但他們的周圍卻有各種活動：舞者正在表演，音樂家正在演奏。畫面中的女服務員則呼應著舞者，凍結在一個像是芭蕾舞者的瞬間裡。她身體前傾，一隻手放下一杯啤酒，另一隻手上還拿著另外兩杯。就在她剛處理完一個客人點的酒，準備繼續服務其他客人時，她仍在四處掃視，看看是否有其他口渴或想結帳的顧客，或是有沒有人打翻了東西需要清理。她下一秒就會出現在別的地方。她的注意力並不在舞台上，而是在這個擁擠的咖啡館裡，那裡充滿我們看不到、但完全可以生動想像的談話和喧鬧聲。她在傾身靠向工人時，幾乎把他包覆進了自己的懷裡，但他們分別看向不同的地方，並沒有注意到彼此。這四個主角共同占據了狹小的空間，卻都分處他們自己各自的世界裡，彼此互不相連。[32]

馬內的《女神遊樂廳的吧檯》（一八八二年），則是對現代城市生活最偉大的藝術評註之一（彩圖15）。一瓶瓶香檳、鮮花和水果被放置在大理石吧檯上引人垂涎，將我們與一位供應飲料的女服務生隔開。她身後是一面大鏡子，反射出巨大的水晶吊燈，以及女神遊樂廳這個巴黎最著名的夜總會和歌舞雜耍劇場裡的人群。在女神遊樂廳這樣的場所裡，各式各樣的顧客可以坐在桌子旁或包廂裡；他們可以和彼此互動、四處走動。這就是我們在那面鏡子的反射裡看到的景象。馬內降低了馬戲表演的重要性，只在左上角畫出空中飛人表演者的小腿。對他和顧客來說，城市裡的群眾才是真正的娛樂。馬內的筆觸將群眾變成一片混亂、有如汙漬般的大禮帽和模糊不清的面孔；但群眾的嘈雜和活力依然顯而易見。

我們和那位女服務生的關係就不太清楚了。從鏡子裡看來，有個戴著禮帽的人正在接近她。他是要點杯酒嗎？還是想向她搭訕？在當時，女服務生和酒吧裡的女侍都被認為是妓女，或是可以發生性行為的對象。但這位服務生卻堅定地向前傾；她的眼神帶著悲傷，嘴唇卻像是在冷笑。這是一位女漫遊者，正在回瞪著有偷窺癖的漫遊者。

這幅景象令人感到不安。馬內直指了現代城市的焦慮。在《咖啡館音樂會的角落》裡，顧客們雖然聚在一起，但又是彼此分離的。在《女神遊樂廳的吧檯》裡，我們則被猛然推進了一個城市世界，裡頭的人際關係同樣充滿不確定性而且難以理解。對於馬內來說，現代城市就像他的畫筆一樣，模糊了所有的確定性。

德國社會學家齊美爾曾在〈大都會與精神生活〉（一九〇三年）這篇論文中寫道：「也許沒有任何一種心理現象，能像麻木的景色那樣，無條件地專屬於城市。」對齊美爾來說，現代城市的個性，有部分是由「外部和內部刺激的快速和持續變化」所形成的。如果你必須認真看待大量訊息的每一個片段，那麼你「的內心將會完全原子化，並進入一種難以想像的精神狀態」。塑造「大都會裡的普遍心理特徵」的另一股力量，則是貨幣經濟和先進的勞動分工，這股力量讓人與人之間的關係失去人性，並瓦解了將社會凝聚起來的那些傳統紐帶。恩格斯在一八四〇年代對工業化的曼徹斯特的探究中，他也瞥見了同樣的心理危機。對人類的天性來說，「街頭的混亂情形本身」就是一件令人反感的事：「擠在狹小空間裡的人愈多，殘酷的冷漠就愈讓人厭惡和感到冒犯，每個人都無情地只關注自己的私事。」在大城市裡，資本主義所帶來的孤立作用被過度推升：「人類被分解為一個個單子（monad），每個單子都擁有自己的原則，由原子組成的世界，在此被發揮到了最極致。」

根據齊美爾的說法，這樣的結果是城市居民必須得找到方法來構建「讓內心生活不受大都市支配的保護措施」。這種保護會呈現為一種「漠不關心」的態度，以及一種預設要保持疑心，而且含蓄的舉止。齊美爾曾在一九〇八年的另一部作品《陌生人》中，提出了這種含蓄的概念，他說，這種含蓄來自於「既近又遠」的狀態，也就是城市生活的本質：「近」來自城市生活的幽閉恐懼症，「遠」則來自於匿名的陌生人。

卡耶博特筆下的巴黎，是個屬於原子化個體、沒有人味的領地，超現代的直線大道取代了古老街道的歡樂氣氛，抹去了歷史的記憶，也讓這種沒有人情味的感覺更加顯著。竇加、雷諾瓦和馬內不只出色地捕捉到了現代城市「迅速而連續的刺激……的變化」，也描繪了新巴黎商業化休閒方式的「近和遠」。馬內的人物被緊緊地壓在一起；但他們卻與身邊這齣表演的觀眾和顧客，分處於不同的世界裡。雖然他們身在擁擠的巴黎市中心，但這些場景卻又處處讓人感到孤獨。就和他們所居住的這座城市一樣，都讓人難以辨讀。現代性的力量已經抹除了這座城市及其市民的可辨讀性，讓他們成為印象派模糊不清的痕跡。[33]

城市生活中近和遠之間的張力，以及都市人冷漠矜持的態度，最好的例子莫過於馬內畫中的女神遊樂廳女服務生的臉部表情和姿態。她那彷彿在說「去你的」的臉，是城市居民在被迫與匿名的陌生人、不認識和不信任的人不斷互動時的外部防禦機制。

她也是個表達對城市女性地位深感焦慮的形象。她穿著時髦，看起來就像個出身資產階級的女士；

然而，在酒吧裡工作的她當然不可能來自資產階級。她就像一個偽裝起來的漫遊者，在遠離人群的同時卻又凝視著城市生活的景象。鏡中影像在視覺上的扭曲也強化了這一點。試圖與她交談的男性漫遊者被擠到了旁邊；他並沒有支配權。[34]

十九世紀無所不在的巴黎漫遊者帶出了一個問題：女性的漫遊者在哪裡？男性擁有融入人群、在城市中穿梭自如的特權，然而公共場所裡的女性，尤其是獨自一人在咖啡館、酒吧和街上的女性，卻總會被人懷疑她們可以任人求歡。馬內的另一幅畫《李子白蘭地》（一八七八年）裡，有個工人階級的女孩獨自坐在咖啡館裡（彩圖16）。她面前擺著一杯李子白蘭地，卻無聊孤單地坐著，指間夾著一根未點燃的香菸。她既沒有可以用來吃李子的湯匙，也沒有可以用來點燃香菸的火，這些都凸顯了她身處這個公共場所的尷尬之處。至於《咖啡廳演奏會》（一八七八至一八七九年）裡的女孩，則是拿著點燃的香菸和啤酒，若有所思地坐著。她身邊還有個衣著講究的男人。相較於女孩的躊躇不定，那個男人則散發出自信和鎮定。這兩幅畫中的女人都是孤獨而不安的。她們吸菸的動作都宣告著她們擺脫了社會的束縛。馬內並沒有透露她們是否打算出賣自己的身體。不過重點是，當她們在公共場合享受巴黎的樂趣時，大家總會預設她們是妓女。因此她們才會如此惶惶不安。真正有權感到疏離、卡在「近和遠」的困境之中的人，就是這些試圖在城市裡找尋自己位置的女性。男性就沒有這種社會焦慮。[35]

馬內畫中的女服務生並沒有展現要出賣身體的跡象。她以自己的態度和吧檯隔板作為保護，而在女神遊樂廳的工作，讓她獲得了一個有利的位置，得以進入公共領域。無獨有偶，就在馬內這幅著名的畫作問世一年之後，左拉也出版了一部現實主義小說《婦女樂園》，不過這部小說的背景設定在一八六〇年代；在這本書裡，苞杜在一家新的巴黎百貨公司擔任櫃檯小姐。和那位女服務生一樣，苞杜也在從櫃檯後面觀察人生百態。酒吧和商店的服務人員，都是這個令人興奮的商業化休閒新世界的一部分。不過勞工階層的女孩和婦女總是有機會能進入城市空間裡，尤其是在零售和娛樂的領域裡，即便這會讓她們成為男性持續關注的獵物。然而，商業化的休閒，也讓「受人尊敬」、來自資產階級的女性，開始以自己的方式重新進入城市生活之中。[36]

法國小說家喬治．桑曾說，她之所以喜歡林蔭大道，是因為她可以「把雙手插在口袋裡走上許久，既不會迷路，也不用經常問路……能沿著寬闊的人行道行走實在太幸福了。」還有個男人在造訪女神遊樂廳之後非常驚訝：「我第一次在獲准吸菸的咖啡館裡看到女人。在我們周圍的不只有女人，還有端莊的**女士**們……那些女士們在那裡看起來似乎如魚得水。女神遊樂廳的管理階層很樂意鼓勵女性顧客光顧，還曾於一八八二年在女性主義報紙《女人報》上刊登廣告。」[37]

這種大型商店成了一日遊的去處，是這座城市的縮影，或者至少是個被理想化的城市的縮影。它們提供午餐和蛋糕、茶和咖啡、閱覽室和洗手間（對於女性來說，這些設施在城市裡都供應不足），成為進行公共聚會和購物的場所，而這些行為都視為是社交活動。在倫敦，無人陪伴的女性可以在「里昂角落茶室」和「ＡＢＣ茶室」聚會。到了一九〇九年，里昂角落茶室每天為超過三十萬名顧客提供服務，其中許多是購物者，而在辦公室工作的女性人數也在攀升。里昂角落茶室也和百貨公司一樣都設置了廁所，從而解決了女性在城市中移動的一個非常基本，但卻又非常實際的障礙。[38]

縱觀歷史，購物這個行為一直都在聚攏各路人馬，使其能在城市裡進行動態的互動。從烏魯克開始，儘管形式不斷發生變化，但購物一直都是城市生活的核心。一如中東、歐洲和亞洲的部分地區，在二十世紀後期的美國，那些因犯罪、惡劣的規劃和交通狀況，以及因為難以進入市中心，而被排除在外的青少年（一如十九世紀的中產階級婦女），購物中心為他們提供了觀賞路人和交流的場所。儘管各地的環境可能與巴黎非常不同，但漫遊者的語言和目標，至今仍能告訴我們應該如何構思城市體驗。建築師傑德曾在一九八〇年代接受委任，重新思考購物中心的設計；他曾說：「住在城裡和郊區的美國人，很少像歐洲人那樣漫無目的地漫步，在人群裡摩肩接踵。我們需要一個目的地、一種到達某個明確地點的感覺。在〔聖地牙哥的〕霍頓廣場，以及〔洛杉磯的〕西區購物中心等開發案中，我的目標是提供一個既可以在公共場合裡漫步，又是社群中心的目的地。」購物中心彌補了美國城市中心的空虛感，在以汽車為基礎的廣闊郊區裡製造出焦點（在那些郊區裡**漫遊**幾乎是種犯罪行為），裡頭有商店、商品陳列、噴泉、長椅、公共廣場、綠樹成蔭、咖啡館、美食廣場、電影院和人群。[39]

對於齊美爾和班雅明等作家來說，百貨公司（和後來的購物中心）代表的是一種參與城市生活的形式，但卻是墮落而糟糕的。他們看到了城市生活在十九世紀中葉的劇烈變化，這種變化以巴黎的重新規劃作為標誌性事件，並由資本主義冷冰冰的力量所驅動。在過去，想購物的人得要穿過市中心前往專賣各種貨品的地方：這就是住在城市裡的方式。與老闆討價還價、交談的過程，都讓購物成為一種迷人的社交活動，而且老闆通常就是你想買的東西的製造者。反對百貨公司的人認為，如果我們強迫這些小店停業，並將購物行為集中在同一個地方，那麼顧客與生產行為就會漸行漸遠；現在，你得在櫃檯旁和售貨人員打交道，支付事先就定好的價格。商業化的休閒活動，同樣會讓人成為「奇觀社會」裡超然而被動的觀察者，被困在「近和遠」之間。

印象派的藝術創作高明地捕捉到了由此產生的疏離、孤獨和焦慮，而印象派本身就是超現代的一種表徵。這是一個強迫消費和情感貧乏的世界，我們處在一個城市陷入危機的時代。然而這種解讀正確嗎？

★

印象派畫家辨識出城市生活令人不適之處，這也是某種版本的巴黎症候群，但也提出了解方。透過將自己融入城市，藉此讓自己成為漫遊者或「閒晃的旁觀者」，成為解讀城市的人，以及城市生活劇場的觀察者。對都市人來說，最好的心理自衛方式不是「克制」或「漠不關心」，而是當城市在我們身邊展開時，將自己沉浸在城市的景象、聲音、情緒和感覺之中。

我們可以當個有鑑別度的漫遊者、好奇引頸的旁觀者，或漫無目的走在大馬路上的行人、被動的旁觀者，或者是積極的參與者。我們可以同時是貪吃的老饕和美食家。當我們融入匿名的、無形的人群中時，我們便可以享受「遙遠疏遠」的感覺；但我們在大都市裡，也能輕易形成社團和次文化等自行選擇的紐帶，如社區、俱樂部、酒館、酒吧、咖啡館、團隊、教會或任何你喜歡的團體，從而沉醉在「親近緊密」之中。疏離和社交性在城市裡同時並存，是一體兩面。你可以成為馬內畫中那些身處擁擠酒吧裡孤獨的飲酒者，也可以成為卡耶博特畫布上孤單的漫步者，（暫時）享受都市疏離感所帶來的隱私；但下一刻，你也可以沉浸在你自己選擇的社群之中。正如吳爾芙曾經寫道，當我們獨自走上街頭時，「我們便擺脫了朋友所認識的那個自我，成為了龐大的匿名流浪者大軍的一員」。

在英國小說家蓋斯凱爾的《約翰．巴頓》裡，當主角在曼徹斯特擁擠的街道上推推擠擠時，他幫周圍的人編了些故事：「但……你不能……辨讀那些每天在街上和你擦身而過的人。你怎麼知道他們生命中狂野的羅曼史？那些他們到現在都還要忍受、抵抗、陷入的試煉和誘惑？……憐憫的差事，罪惡的差事，你有沒有想過你每天所遇到成千上萬的人，都在往哪裡去？」

波特萊爾寫道，漫遊者「就像一個被賦予意識的萬花筒」，對他們周圍所有的行動和生活要素有所反應。他們會抓住這些片段，並告訴自己故事才是都市生活的精髓所在。卓別林曾將城市居民優美地描述為細瑣事件的收集者：「這是我童年時期的倫敦，我的心境裡，以及我所覺醒的那個倫敦：蘭貝斯*在春季裡的記憶；關於瑣碎的事件和事物的記憶：和我媽媽一起爬上一輛公共馬車，試圖觸摸那些丁香樹，在電車和公共汽車停靠的人行道上，鋪滿了許多五彩繽紛的車票，有橘色的、藍色的、粉紅色的和綠色的……關於憂鬱的星期天的記憶，以及臉色蒼白的父母和孩子，一邊保護著玩具風車和彩色氣球，一邊走過西敏橋：還有像母親般的便士蒸汽船†，會在通過西敏橋下方時降低煙囪……我相信我的靈魂就是在這樣的瑣事之中誕生的。」

城市不僅是我們想像和體驗的建構，但也是一個真實的、充滿活力的實體存在。在乘坐公車、火車、地鐵、開車或步行時，我們都會繪製出自己的城市心理地圖。如果你是搭乘公共交通工具，那麼你的私房城市可能就會由幾組彼此在地理上相距遙遠的地方所組成；除了熟識的幾小塊地方之外，城市的其他部分都是一大片空白。如果你是開車，那麼你的城市就會以一種截然不同、取決於道路系統的線性方式呈現。城市的步行者則可以更深入地了解這座城市，因為他們會離開既定的路線，發現那些將城市裡的不同區域編織在一起的結締組織，但並不為大多數人所知。

具有適應力的人類思維會意圖要控制巨大而神祕的建成環境。想在混亂之上施加秩序，讓模糊難辨的事物變得清晰。在城市裡漫步並書寫這座城市，就是滿足這種需求的重要方式。以主觀的方式構建城市地貌的歷史源遠流長。在十六世紀之前，城市的藝術表現方式千篇一律，通常以聖經意象為基礎。但到了十六世紀卻開始出現城市的鳥瞰圖，給觀看者一種俯視真實建築物和人物的印象，呈現出一種在地面上不可能產生的連貫性錯覺。小說這種文學形式，繼承了這些全景式的企圖心，但視角並不相同。這種新的形式所仰賴的是錯誤隱匿的身分、偶然的會面、交織的人生和隨機的相遇，是城市複雜性的產物。十八世紀時出現的小說，其中錯綜複雜的情節路徑，便反映了城市錯綜複雜的地形。

狄更斯成了都市生活最偉大的詮釋者之一，因為他是個非凡的步行者；在他的所有作品裡，能夠看到他與自然和人工城市地景發自內心的真誠相遇。都市文學與步行息息相關，因為步行能將你帶離熟悉的事物，正如英國詩人蓋伊於一七一六年在〈瑣事；或在倫敦街頭漫步的技藝〉這首詩裡所說的，走上「以前從未走過的漫長而複雜的小路」。與其說蓋伊的這首詩是種街頭的遊覽，還不如說是一份指南，闡述了在骯髒、危險、凌亂的城市中漫步的「技藝」，還提供了該穿什麼鞋的實用建議，並說明我們應該如何看待城市。許久之後，英國小說家馬欽則在他影響深遠的著作《倫敦歷險記；或流浪的技藝》（一九二四年）中寫道，每個人都知道城市的歷史中心；如果你不知道的話，那麼一本指南也能幫你一把。城市的真實生活以及它真正令人驚嘆的地方，位在人跡罕至的地方，只能從眼角餘光偶然瞥見生活的獨特之處。那裡就是你可以**真正**看到這座城市如何運作、如何編織起來，以及世人如何生活、生存並回應他所處的建成環境‡。

蓋伊寫作的時代和馬欽並不相同，但他們兩人都強調真正的生活發生在偏僻之處，不在繞行的小

＊譯按：倫敦一個位於泰晤士河畔的區域，位在西敏區的對岸。

†譯按：penny steamers，倫敦的河上交通船；便士指的是交通船的單一票價。

‡編按：建成環境（built environment）指為人類活動而提供的人造環境。

路，或我們生活中主要的既定路線上。十八世紀以降的倫敦和巴黎作家，編寫了大量的步行指南，它們是漫遊敘事和「間諜」故事，目的是在向渴望了解的讀者展示城市祕密的軟肋，並為他們快速變遷而動盪的大都市描繪出一幅心理地圖。

倫敦和巴黎生產了大量關於城市步行的文獻，而且這兩座城市之間也正在對話。在美國作家愛倫・坡的作品〈人群中的男人〉（一八四〇年）裡，敘事者癡迷地在倫敦的人群中跟蹤一位陌生人，而這個作品也影響了漫遊者文化（*flânerie*）的守護神波特萊爾。班雅明則將漫遊者文化變成一種理論，而他迄今依然是城市生活最敏銳的觀察者之一；他曾寫道，巴黎長久以來與街頭探索和戲劇性的關聯，教會了他「漫遊的藝術」。到了二十世紀，超現實主義者和後來的情境主義者（situationists）則接過了漫遊者文化的權杖。法國詩人阿拉貢的《巴黎農民》（一九二六年）是對歌劇走廊（一個即將遭到拆除的拱廊）和布特修蒙公園這兩個小區域的法醫檢查，裡頭的每個細節都受到了非常仔細的檢視。法國超現實主義者布勒東曾描述自己在阿拉貢陪伴下的漫步過程：「我們經過的地方……即使是最不生色的那些，也被一種迷人浪漫的創造力所積極轉變著，這種創造力不曾消散，只需要在街角的一個轉彎，或一個商店櫥窗，就可以激發出新的靈感……沒有其他人會因為這種對城市不為人知生活的沉醉遐想，而感到太過興奮。」[40]

巴黎和倫敦之所以會擁有豐富的城市文學，有部分原因是：在它們成為世界上頂尖的文化大都會之際，世人正在承受現代工業城市化的衝擊。大家希望能夠理解這些巨大無比的城市，而這些大量出現的城市文學作品滿足了他們的這項需求。

「城市的街道就像岩石中的地質記錄一樣，是可以解讀的。」美國社會學家佐博在他針對芝加哥的社會學研究《黃金海岸和貧民窟》（一九二九年）中如此寫道。從市中心步行穿過貧民窟，就可以「閱讀」那些建築物：不僅可以探究經濟史的起伏跌宕在物理空間中所留下的痕跡，也可以看見移民社群落腳、占地和搬遷，然後將社區讓給新來的移民，這讓空間的所有權和用途出現了變化。每個群體都在都市地景中留下了痕跡，等待發掘城市的人去解讀。由於城市處於不斷變化的狀態之中，經常會埋葬或抹去它們的歷史；但歷史和被遺忘的民俗仍有待重新發現。佐博是芝加哥學派的城市社會學家，他們將城市視為一個個複雜的生態系，可以用科學的方法加以研究。

佐爾博的步行範圍，長不超過二·四公里、寬不超過一·六公里。然而，在這個空間裡不僅有數十個來自世界各地的微型社群，還有極端的貧富差距；這是個有待觀察、發掘的生態系統，雖然該區域非常新，但在歷史上卻已經飽和。這是一個極其複雜的世界，會迫使你重構自己的地理感：

> 當你從德雷克飯店和湖濱大道沿著橡樹街向西走，穿過一大片公寓、進入義大利裔聚居區的貧民窟和街道時，會感受到一種距離感……不是地理距離，而是社會距離。有語言和習俗的距離。有貧富之間的距離……有視野的距離：黃金海岸享譽世界各地，而小地獄卻仍慢慢地從舊的西西里村莊中浮現……這是一個以湖濱大道為中心的世界，那裡有豪宅、俱樂部和汽車，還有它的優勢和組合體。這是另一個世界，圍繞著蒔蘿醃菜俱樂部、華盛頓廣場的肥皂箱表演舞台，以及理髮師羅馬諾的商店。每個小世界都全神貫注地專注於自己的事務。

當你層層剝開，讓裡頭豐富的歷史、神話、民間傳說、記憶和地形都顯露出來時，每一個建成環境都會產生故事，即使是相對年輕的環境亦然。當美國作家亨利．詹姆斯於一八七〇年代來到倫敦這個當時史上規模最大、力量最強大的城市時，他發現那裡「不是一個令人愉快的地方」。它是如此巨大而混沌，以至於他感覺自己像是「巨大普遍黑暗中的一個冷冰冰的黑洞」。但有種治療方法：「我常在雨中長途步行。我占有了倫敦。」[41]

詹姆斯給了我們一個重要的洞見。在城市裡走動的自由和樂趣，讓我們與城市變得更加親近。如今，有些城市裡步行太過危險，也不適宜居住。很少有人會為了樂趣而在拉哥斯、卡拉卡斯或洛杉磯散步。還有一些群體則是被排除在步行之外。那些憑藉自己的想像塑造城市的人，以及那些曾在小說、繪畫、照片和非虛構寫作中為他人傳達街頭體驗的人，他們主要都是男性，而且是中產階級或上層階級的男性。波特萊爾寫道，在大都市裡行走，就和在叢林裡或草原上探險一樣危險：在城市裡不同的社會層級和地理區之間出入，並藉此占有城市，是種具有男子氣概的行為。直到二十世紀之前，在西方城市街頭遊蕩的女性，都會被視為在勾引別人，或被別人視為獵物：在街上走路的人，基本上真的就是流鶯*，而且會被有窺淫癖的漫遊者不斷打量。英國學者希葛絲曾在二十世紀初偽裝成一個窮困潦倒的女人進行社會研究，她寫道：「我們必須實際感受男人是如何大膽而恣意地盯著窮困的女性，才能理解這是怎麼一回事。」然而問題並沒有消失：城市依然經常是危險的地方，也會讓女性獲得不想要的關注。[42]

藝術家巴什基爾采芙曾於一八八〇年代悲嘆，「我渴望的是可以獨自四處走動、坐在杜樂麗花園座椅上的自由……可以停下來看看藝術家的商店，進入教堂和博物館，以及夜裡在古老街道上漫步的自由；這就是我所渴望的。」當喬治．桑於一八三一年裝扮成男性走在巴黎街頭時，這不只是種叛逆的行為，而且還違反法律，因為女性在當時被禁止穿著褲子。喬治．桑刻劃了在不被注視的情況下四處觀看的興奮感受，這是一種男性的特權：「我從巴黎的一端到了巴黎的另一端……沒有人認識我、沒有人看我，也沒有人指責我；我是迷失在廣大人海中的一粒原子。」[43]

葳爾金森曾在一九一三年撰寫了一系列文章，她表示了解現代城市生活的真實情況的唯一方法，就是像漫遊者一樣行走。葳爾金森是一位無政府女權主義者，她試圖帶領我們來場徒步之旅來揭開這座城市的面紗。在這個時代，女性開始重新進入城市，她們成為辦公室職員、購物者和散步者；無人陪伴、獨自走在街上女性的汙名，在當時已經開始消退。但她接著質問她的女性讀者：「作為女人的你，如果決意要在這種社會的意義上獲得自由，以一個自由女人的身分走向世界，結果會怎麼樣呢？……你可能會在一段時間之內不受阻礙地漫遊，因為自由的思想而興高采烈，但很快你就會發現你不可能永遠高枕無憂。」唯一能讓你從「沉悶的灰色建築和無盡的不適」中得到喘息的，是一家「昏暗」的茶館。「你把自己安頓在一個不舒服的角落裡，啜一口難喝的茶、嚐點麵包，然後懷疑起自己想要自由的決心。」她總結道，女性不能成為像中產階級男子那樣的漫遊者，也無法像他們一樣暢通無阻地進入城市，而最重要的是，女性也無法在漫遊時失去所有的時間感。當你孤單地喝茶時，會聽到時鐘在滴答作響：「你必須在半小時之內抵達辦公室。你敢自由一天的話試試看！」對職業女性來說，以「一個自由的女人」、一個匿名的城市探險家的身分去進入這個世界是不可能的，因為她們受到時間的束縛，且不適宜的都市地景也阻礙著她們。[44]

毫無疑問，葳爾金森對步行持悲觀態度，但她依然表達出想要以亨利・詹姆斯所建議的方式來「占

*譯按：此處的流鶯，原文為 street walkers，字面上的意思就是「街上的行人」。

有」這座城市，並從中獲得同樣的樂趣。走在城市裡是一種權利；能否自由使用城市則是個政治課題。吳爾芙的〈街頭出沒〉是關於城市漫步的最偉大著作之一，其講述了她在冬天的傍晚，為了買鉛筆而步行穿過倫敦的經過。「傍晚時分……黑暗和燈光賦予了我們一種不用負責任的感覺。我們不再是我們自己了。」一九三〇年出版的〈街頭出沒〉，是一部關於漫遊者文化的一部巨作；在她寫作這篇文章的時候，對於像吳爾芙這種階層的女性來說，享受這種自由還是件相對新鮮的體驗。

在法國導演安妮華達的電影《五點到七點的克萊歐》（一九六二年）中，主角是一位美麗的歌手，她學會了以一種新的方式看待巴黎，在焦急地等待身體組織切片檢查的結果的同時也被巴黎改變了。安妮華達所拍攝的巴黎咖啡館和街道，都讓人想起從馬內畫作中偷來的生活一瞥；她把男性漫遊者和女性漫遊者的破碎視角也帶進了電影裡。在電影開頭，克萊歐是個自私自利、愛慕虛榮的女人。但透過讓自己沉浸在城市的紋理、融入人群之後，她卻出現了變化。但她得先匿名才能做到這點。作為一位表演者以及男性慾望的投射對象，她更習慣於被觀看，而不是觀看別人。她摘下假髮，把時尚的衣裝換成簡單的黑色連衣裙，接著再戴上墨鏡，藉此獲得一定程度的匿名性。這提醒了我們一件事，女人仍然需要偽裝才能穿越城市。在一九六二年時，討人厭的男性目光是個威脅，而且迄今依然如此。她必須像馬內的女神遊樂廳中的酒吧服務生那樣，擺出堅定嚴肅的表情。[45]

從吳爾芙的文章和安妮華達的電影中，我們不只可以提煉出在城市中步行的強烈樂趣，還可以看出步行在何種程度上加強了我們與建成環境的關係。和亨利．詹姆斯一樣，當我們想辦法為所居之地描繪出心理地圖時，我們就會「占有」它。人類作為一種具有領土意識、會形塑模式的生物，擅長將自己的秩序強加於環境之上，將想像中巨大的城市地景給人性化，使其變得適合居住。喬治．桑、葳爾金森、吳爾芙和安妮華達的經歷，表明了這種渴想非常強大，但也充滿了障礙和危險。女性漫遊者出現時，正好也是汽車激增、道路系統隨之出現的時代，這些發展都讓城市變得更不適合行人。

齊美爾以及無數作家和社會學家，可能都將現代城市視為一個規模驚人的巴比倫。但那忽略了人類其實有能力將巴比倫縮小，並讓那裡適合人類居住。

巴黎症候群患者所感受到的深刻疏離感，那種反高潮和孤獨的混合體，是我們所有人在城市中可能感受到的誇張版本。這也是我們所有人或多或少會虛構地方，並賦予它們意義的一種極端表現。我們能在現代都會的喧囂和瞬息萬變中繁榮茁壯，這就證明了我們的應對策略。

佛洛伊德幾乎被巴黎給擊垮了。但他依然完全沉浸在這座城市裡、為它做速寫，並在給未婚妻的信中詳細描述了它的空間樣貌，進而逐漸接受了這座城市。幾個月後，他因為對巴黎愈來愈熟悉而開始愛上它。不論是漫遊者的歷史和文學、心理地理學，還是深層地貌學（deep topography），無論你怎麼稱呼，它們都教會了我們許多如何享受都市生活和城市觀光的知識。偉大的建築物和紀念碑讓我們有種錯覺，讓我們以為城市是靜止永恆的。但觀看城市最好的方式，其實是在移動之中觀看大家的日常生活，以及將城市這個有機體結合在一起的肌腱和結締組織。步行讓城市變得適合人居，更讓城市宜人舒暢。不論你是居民還是遊客，這就是在都市裡的生存之道。

第十一章 摩天大樓的靈魂

紐約，公元一八九九至一九三九年

單簧管響起之後，畫面開始出現曼哈頓高低起伏的天際線，接著是一系列對比強烈的黑白色塊所呈現出的標誌性影像：皇后區大橋、百老匯、閃爍的霓虹燈招牌、路邊小餐車、消防梯、人群，以及主宰天際線的摩天大樓、摩天大樓、摩天大樓；白天時，這裡是大家從四面八方聚集而來的重要地方；到了晚上，則成為一個百萬盞燈光閃爍的夢幻之地。「第一章，他熱愛紐約城，」旁白開始說道，「他過度崇拜著這座城市，噢不，應該說，他過度**浪漫化**了這座城市。這樣好多了。對他而言……無論是什麼季節，這裡都依然是個存在於黑白之中、跟著蓋希文*的偉大曲調起伏的城市。」

這就是伍迪．艾倫的電影《曼哈頓》（一九七九年）的開頭。當片中的角色艾克大聲念出他紐約小說各種版本的開場白時，我們可以看見這座城市在夜裡壯觀的光芒和霓虹燈，伴隨著令人振奮的《藍色狂想曲》配樂。曼哈頓的混凝土構造雖然堅硬冷峻，卻又令人著迷。它是一座等待被攻克的堡壘。艾

*譯按：美國鋼琴家、作曲家，曲風以古典樂結合藍調、爵士樂著稱。

克擔心他的開場白太過陳腔濫調。這個城市是否被充分浪漫化了?還是說，它是「當代文化衰落的隱喻」?它是座飄渺的夢幻城市，還是個充斥著垃圾和幫派的城市?它是個高雅的城市，還是個「充滿美女和街頭精明傢伙」的城市?最後艾克決定這樣處理:他的角色將會和他所崇拜，而且塑造了他的城市非常相似，既堅韌又浪漫。

開場的鏡頭直接將我們帶回到電影剛發明的時候:打從一開始，電影的目光就集中在二十世紀高聳的建築。電影的超現代性，被高層建築的超現代性所震懾住了。對於早期的好萊塢來說，城市就是紐約，紐約就是城市，它是一切關於都市、關於未來主義的事物的象徵和比喻。

曼哈頓新的垂直建築就是攝影機完美的拍攝題材。它們能填滿螢幕。一部拍攝於一九〇二年十月八日的短片，就完美呈現出攝影機對垂直線條的熱愛。影片以第五大道的場景開場，留著八字鬍的男人們戴著圓頂禮帽和高頂禮帽，女人則穿著長裙;街上有馬車、貨車、輕軌電車和汽車，背景則是一座看似普通的辦公大樓。但接著鏡頭開始不斷地往上拉，將十九世紀遠遠拋在腦後，一層層地展示出一座屬於二十世紀、直入雲霄的摩天大樓，也就是當時甫竣工的富勒大廈。這部影片驚人地呈現出，熨斗大樓(這是富勒大廈後來更廣為人知的名字)如何誇張地充滿未來感，與下面的傳統街道截然不同，它是新世紀垂直城市的先驅。

對於一九〇二年的觀眾，特別是那些不住在紐約的人來說，這部影片肯定讓他們既不安又驚嘆:鏡頭何時才會拍到這座不可思議大樓的樓頂?從一百多年後回頭看，最有趣的或許是群眾的行為。他們都在盯著攝影機。他們可能從來沒見過攝影機。在這裡，電影攝影機和摩天大樓這兩個劃時代新科技的相遇，在這段一分鐘左右的影片裡永垂不朽。

幾個月後，愛迪生公司拍攝了另一部名為《一九〇三年五月十日，從北河拍攝紐約市的摩天大樓》的短紀錄片，呈現出一個不一樣的故事：鏡頭捕捉到的景象既有垂直軸線，也有水平軸線。該影片是在一艘移動的船上拍攝的，曼哈頓壯觀的輪廓在鏡頭前次第展開，一幢又一幢巨大的建築物，呈現出地球上獨一無二的都市景觀。不過幾年前，三一教堂的尖塔還是紐約最高的建築，此時卻被埋沒在林立的大樓間幾乎看不見。摩天大樓那宏偉的氣勢填滿了螢幕。當他們拍攝這幅全景時，每天有一百五十萬名紐約人通勤到下城區，擠滿那些辦公大樓。其中最高的是柏路大樓，樓高約一百一十九公尺*；白天，大樓裡的人數可達四千人，幾乎和一個中型城鎮相差無幾。

一九〇六年的電影《紐約摩天大樓》是最早出現的劇情片之一，在這部電影裡，我們在背景中只能看到各個高樓大廈的頂部。除了兩個室內場景外，這部電影的拍攝場景全都位於百老匯大道和十二街交叉處一幢未完工摩天大樓的裸露鋼梁上，令人看了頭暈目眩。砌磚工靈巧地穿梭在狹窄的鷹架之間；其中一個場景，是數量匪夷所思的一大群人正在抓住懸掛在畫面外的起重機上一條看不見的鍊子，從邊緣消失到虛空之中。電影的情節主要是工頭和工人之間的爭執，而這場爭執也將觀眾帶往電影的高潮，這個橋段被稱為「在紐約有史以來最高建築物上頭的驚險搏鬥」。

曼哈頓如雨後春筍般冒出的辦公大樓，是很適合這座城市的一個象徵。紐約建築物於二十世紀初的競相拔高，讓這座城市的問題顯而易見：在紐約，大家都在努力爭奪空間。這座島嶼的地理限制、蓬勃發展的成功，以及對規劃的自由放任態度，都導致人群、企業和經濟活動過度聚集到達了難以忍受的程

*譯按：亦即三百九十一英尺，原文誤植為三百九十一公尺。

度。碼頭混亂無章，大家都在爭奪河岸空間。供水也不足。到了一九二〇年，曼哈頓的居民人數已達兩百萬人，而每個上班日裡還會有另外兩百萬名通勤者，擠上落後的公共交通系統前往市中心，因為企業總部、銀行、律師事務所、工廠、血汗工坊、時尚百貨商店，都和破舊的公寓一起擠在那裡。在下東區的部分街區裡，人口密度甚至高達每英畝一千人（也就是每平方公里二十四萬七千一百五十七人），和二十一世紀孟買的達拉維不相上下。在各方壓力之下，這座城市的回應方式便是向上增長。[1]

對於摩天大樓的批評者來說，這些大樓的突然出現是件討厭的事，代表著不受限制的資本主義對公共空間不受歡迎的勝利。評論家舒依勒抱怨道：「紐約根本沒有天際線。它全是各種高度、形狀和尺寸的干擾……那些或分散、或擠在一起的大樓，彼此之間毫無關係，和大樓下方的事物一樣。」樓高十六層的摩天大樓不斷出現，讓人擔心街道將會變成「幾乎消失在垂直懸崖底部之間的模糊小徑」。[2]

紐約在投機金融活動的劫持下成了一個不斷變化的區域。一八八〇、九〇年代興建的摩天大樓，到了一九〇〇、一九一〇年代就被拆除了，以便興建更大、更好、更有利可圖的大樓。被市場、土地價值和流行樣式所支配的摩天大樓，是一種拋棄式的商品。這座新的垂直城市以及由企業組成的天際線，似乎也反映了那裡的經濟狀況：不穩定、短暫且不斷波動。[3]

在這些極其高聳的城市高樓裡，究竟是什麼景況呢？奧．亨利曾於一九〇五年寫下一篇短篇故事〈心靈與摩天大樓〉，他將自己放在故事裡，化身為一位住在摩天大樓裡的男人。如果你身處高處，「便能……俯瞰九十公尺下方的人群，視他們如蟲蟻一般。」從這個「不可能的視角」看出去，這座城市有著截然不同的樣貌，「降階為一個由扭曲的建築物所組成、難以辨識的集合體」。身處於財富和奢華的保護之中，這座城市漸漸變得微不足道。愈來愈微不足道的還有裡頭的居民：「在這座無足輕重的城市上方，是寧靜安詳、令人敬畏的宇宙；和這個浩瀚宇宙相比，下方那些黑色蟲蟻蠢動的野心、成就、瑣碎的征服和愛情，又算得了什麼呢？」

摩天大樓似乎能讓住在裡面的幸運居民（也就是金融貴族），與這座城市以及城市裡的其他居民保持距離。他們又何必關心這個被他們踩在腳底下的城市呢？

儘管有些反對的聲音，但摩天大樓仍持續拔地而起。一九〇八年，為一間縫紉機公司而興建的辛格大廈，以近一百八十七公尺的高度成為世界上最高的建築物。然而，不到幾個月之後，它就被大都會人壽保險公司兩百一十三公尺高的五十層大樓給超越；其造型乃是仿照義大利文藝復興時期的鐘樓。到了一九一三年，最高大樓的桂冠再次易主，而這次的霸主則是一幢被稱為伍爾沃斯大樓、高約兩百四十一公尺的哥德式建築。到了夜裡，伍爾沃斯大樓會被探照燈點亮；大樓租戶不乏知名企業，擁有豪華的入口大廳、餐廳、商店、世界上最快的電梯和游泳池等，是大都會迷人魅力的縮影。

辛格大廈、大都會人壽大廈和伍爾沃斯大樓，都展現了驅動垂直城市發展、極具野心的瘋狂動力。對這三家公司來說，它們的大樓就是一種巨型的金融資產和廣告。它們開始出現在全世界的報章雜誌、照片和電影中，也出現在麥片盒、咖啡包裝紙和明信片等各種東西上。[4]

一九一四年，紐約市長普羅伊對摩天大樓宣判了死刑。在新建的公正大廈的奠基儀式上，市長提及這可能是紐約建造的最後一座摩天大樓。這座全世界最大的辦公大樓占地約四千平方公尺，共有三十六層，樓地板面積超過十一萬平方公尺，可容納一萬五千名員工。雖然它不是紐約最高的建築，但卻占據了整個街區，而大樓的陰影覆蓋面積約達三萬平方公尺，讓附近樓高不到二十一層的建築物永遠陷入黑暗之中。當公正大廈於一九一五年落成時正值經濟低迷時期，辦公室的空置率很高。在這種市場下，租戶會選擇最新、最高、最明亮的辦公室。很多人認為，公正大廈不僅偷走了附近大樓的陽光和空氣，也搶走了他們的租戶。摩天大樓的投機買賣是一門殘酷的生意。5

這就是自由市場如何在資本主義的混亂中摧毀城市的最佳例子。但不論是法律，還是這座城市，都對於更多類似的高層建築束手無策。有更多像公正大廈這樣的摩天大樓在等待興建，它們將把曼哈頓的街道變成黑暗、狹窄窘迫的峽谷，而投機者們則在天空中爭奪光線和空間。在《曼哈塔》（一九二一年）這部開創性的短片當中，攝影機貪婪地消費著紐約。但那是個令人不安的體驗。架在高樓頂端的攝影機，如同從鷹巢或狙擊手的巢穴般，帶著威脅性地俯瞰著下方微小的人群。這是一座由鮮明的幾何線條、如光譜般的大樓和籠子般的鋼梁所構成的大都會。蒸汽自巨大的建築物、引擎和船隻噴薄而出；車輛看起來像玩具一般，而看起來千篇一律的人群，則像螞蟻般規律地移動著。這裡更像是一部機器，而非一座大城市，是立體派畫家夢想中的天堂，充滿了戲劇性的垂直線條和明暗對比。

如果這就是城市的未來樣貌，那麼這個未來前景黯淡。對於垂直城市理想的幻滅隨處可見。紐約似乎失去了控制，將市民埋在混凝土和鋼鐵之下。這齣戲的反派角色公正大廈，迫使這座原本自由放任、毫無計畫的城市，於一九一六年通過了第一部土地使用分區法，對城市建築的高度、大小和布局進行規範。該法阻止工廠入侵零售商業區和住宅區，也保護住宅區不受商業活動的侵襲，並禁止該市的大多數區域建造量體過大的建築物。至於在允許興建大型建築的地方，如曼哈頓下城區，摩天大樓則必須遵循新的限制。建築體只要有任何部分的高度，超過立面街道寬度的兩倍半以上，就必須向內部退縮，好讓街上的行人也能享有光線和空氣。摩天大樓於是不再高聳而單調，也不再搶走城市的陽光。

然而，這個於一九一六年通過的土地使用分區法並沒有終止垂直城市主義的實驗，反而意外地開啟了摩天大樓的黃金時代，並創造出一個持續讓電影製片人著迷的城市。

★

「紐約這個迷人、狂亂的城市，既可怕、誘人，又充滿吸引力。」這是美國導演德萬於一九二七年所執導的傑出默片《東城西城》的開場白。接著是第一個場景：黎明時分位在布魯克林大橋後面的曼哈頓高樓大廈。鏡頭展現了更多雄偉的摩天大樓，然後是這段話：「城市永遠都在建造；貪婪地需索著鋼鐵和石材、混凝土和磚塊、人類的身體和靈魂：推倒昨天的摩天大樓，在天空之下築起明天的夢想。」一鏡頭回到了水岸邊，而英俊、肌肉發達的年輕人約翰．布林（由喬治．歐布萊恩飾演）坐在那裡端詳河對岸壯觀的景色。

波光粼粼的河水，讓這座充滿摩天大樓的城市看起來生機勃勃；這是一個非常令人難以置信的錯覺。約翰是在一艘舊駁船上長大的；那艘駁船會將磚塊運往曼哈頓島的建築工地。他從地上抓起了一塊磚頭，接著螢幕便填滿了一座巨大的摩天大樓，而這座大樓的大小和磚塊完全吻合。這塊磚成了約翰夢想為紐約建造的建築。

場景變得愈來愈模糊。他以一種充滿力量的姿勢站在這座城市前面，破爛的衣服被風吹拂著。他精力充沛地沿著碼頭奔跑，曼哈頓壯麗的天際線在他的頭頂上方櫛比鱗次。

《東城西城》之所以有名，是因其以城市為主題的電影藝術非常出色。約翰的父母在一場事故中意外身亡後，他便跨過河流來到了曼哈頓，在繁榮下東區的漩渦裡打拚。他當過拳擊手和建築工人，曾在新建的摩天大樓工地裡興建地基。經過一連串努力之後，他實現了他的夢想：成為一名建築師，在這個他所崇拜的城市裡擔任建造者。電影的最後一幕攝於一座摩天大樓上；約翰的情人貝卡評論道：「蓋房子，約翰，永遠都在蓋房子。我們拆掉房子，然後又蓋起房子。這件事什麼時候才會結束？」約翰回答說：「等我們建造出完美的城市時，貝卡……我們夢想中的城市！」

一九二五年十一月，《紐約時報》評論道：「紐約的改造正在火力全開」。這句話捕捉到高譚市*當時的振奮氣氛與誇張的自信。「每隻手中揮動的電動錘都在劈開空氣。蒸汽車發出汽笛聲和尖銳的聲音。一捆捆的鋼梁上升到驚人的高度，通常會有鋼鐵工人站在船中間，把手靠在吊桿上。沒有人能計算出每天送上去的鋼材、石頭和磚塊究竟有多少，直到一座新的摩天大樓落成，取代了一些低矮的房屋。」建築熱潮為電影創造了新的可能性。像《一拳出擊》（一九二五年）這樣的電影，就是在施工中的巴克雷維賽大樓光禿禿的鋼梁上用手持攝影機拍攝的；這些電影和那些工人在數百公尺高的空中保持平衡、吃午餐、打高爾夫球的大量知名照片一起出現。這部電影講述一位常春藤盟校的畢業生，想在城市上空當個鉚釘工人來證明自己的男子氣概。「興建中的摩天大樓，是現代城市中最激動人心的景象之一，」一位記者如此寫道：「也許你看到了在裸露鋼骨裡頭和在周邊工作的人……他是一名工人，擁有特技演員的沉著、雜耍演員的技巧、鐵匠的力量，以及球員的團隊合作精神。」在這個摩天大樓建設繁榮昌盛的時代裡，新的大都會以及冒著生命危險建造這座大都會的人，都被當做是超乎人類、如天神般的存在而受到膜拜。6

世界的重心正向美國轉移。紐約不僅取代倫敦成為世界上最大的城市，也成了全世界的金融、商業和文化之都。正如二十一世紀初的中國，有數億人口正從貧困的農村地區移入城市，而當時的上海也出現了大量的摩天大樓，見證了中國快速的都市化進程；而高譚市摩天大樓的大量出現，也同樣標誌著美國都市社會的崛起：一九二〇年，有超過百分之五十的美國公民是剛在城市落腳的第一代居民。到了二十世紀末，紐約有兩千四百七十九座高層建築，比芝加哥這個同樣擁有很多摩天大樓的競爭對手還要多出兩千座。

高譚市發展的方式和一九一六年土地使用分區法的限制息息相關，因為這部法律迫使摩天大樓的建築師必須尋找有創意的方法，讓街道層也能獲得光線和空氣。正如一位摩天大樓建造者所說的，土地使用分區賦予了「高層建築的設計前所未見的最大推動力」，產生了「一個嶄新 美麗的金字塔形天際線」。一九二〇年代的摩天大樓，也就是《東城西城》裡約翰．布林夢想建造出的那種摩天大樓，開始以一連串的台階從街道面退縮，看起來就像山脈、鋸齒狀的城堡，或美索不達米亞的金字形神塔。（舉例來說，帝國大廈的底部只有五層樓，六樓以上則開始向內退縮，逐漸變細。）在美國於各領域都愈來愈強盛的那個年代裡，這種激進的風格被譽為獨特的美式風格；它「脫胎自一種新的精神，這種精神並非來自希臘，也不是來自羅馬、古典時期，或文藝復興時期，而是明顯屬於當代的」。有些人把這種新的摩天大樓稱為「新美洲建築（neo-American）」，藉此將它們與美索美洲的金字塔聯繫起來，象徵他們脫離了舊世界的奴性服從。[7]

攝影機讓紐約成為一座充滿未來感的城市，一個充滿浪漫情懷和慾望的地方，並向世界展現了大都會應該要有的樣貌。法國哲學家沙特在回憶起一九二〇年代後期時曾說，「我們在二十歲的時候聽說了摩天大樓的存在。接著驚奇地在電影裡發現它們。它們是未來的建築，正如電影是未來的藝術一般。」

＊譯按：美國漫畫中，蝙蝠俠居住的虛構城市；該名稱最早出現於一九四〇年，用來取代紐約作為故事的場景。

曼哈頓的大樓不僅僅只是建築物。摩天大樓的建築師和提倡者費里斯曾在一九二二年寫道：「我們不是在思考一座城市的新建築，而是在思考一個文明的新建築」。8

新一波摩天大樓的成功引發了一個罕見的現象：大家對於一切和城市有關的事物都抱持著樂觀的態度。費里斯在《明日大都會》（一九二九年）這本著作中，用一些插圖描繪出未來城市的樣貌，那些城市最顯著的特徵，就是均勻分布的紐約式金字塔型大樓。一九一六年以前的摩天大樓深具威脅性、可能會帶來混亂，而一九二〇年代的摩天大樓則承諾會帶來秩序和美麗；它們是二十世紀擁擠新型大都市的基石，也為人類的問題提供了解答。

一九二〇年代紐約摩天大樓崛起過程中，最大的成就就是地面層的街道和高聳的大樓間所取得的良好關係。它的壯觀外表並沒有失去和人類的連結。二十一世紀，香港和東京就是將摩天大樓與熱鬧的街頭生活成功結合在一起的例子，保留了地面層的商店和各種活動，和其他充滿摩天大樓的城市那種過於乾淨無趣、死寂的感覺，形成了鮮明的對比。

如何讓街道上的行人和新的高樓大廈之間建立起心理聯繫，是一九二〇年代許多建築師的思考核心。美國建築師沃克就是那十年間紐約最出色的摩天大樓建築師之一；他認為，現代城市裡的巨大建築應該是藝術品，不僅要與城市地景和諧地融為一體，還要讓人「身心舒暢」。他主張，他的摩天大樓不應該只是為了業主以及在裡頭工作的人，也應該要有益於每天都會看到大樓的其他數十萬人。他說道：「未來的建築師必須是一名心理學家。」9

受到費里斯那些插圖的啟發，沃克的第一個重要作品是巴克雷維賽大樓。沃克軟化了原本樸素剛硬的建築體，在上面設計了無數的浮雕，如藤蔓、捲鬚、海馬、飛鳥、松鼠和象頭。沃克後來設計的西聯大樓則由十九種不同顏色、由深至淺的磚所砌成，代表增長的意思。他於華爾街 號為歐文信託公司建造的摩天大樓，其石幕牆被雕刻得看起來就像真正的窗簾。藉由向內退縮所形成的階梯式外型，則為綠地和庭園提供了空間。建築外表的裝飾和圖案讓這座巨型建築變得更加人性化，也讓它成為整體天際線的一部分和街道上的一分子。[10]

沃克也在摩天大樓的內部設計上投注了相同的心力，讓它們成為人性化、提升情感的工作場所。曾為沃克的許多摩天大樓進行內部設計的藝術家梅耶爾寫道：「為我們設計大樓的建築師有責任滿足我們的需求，建築物應該要既美觀又有效率。」歐文信託公司大樓完工後，沃克評論道：「我們都覺得我們創造了一些東西，它們在精神和心理上都是現代的，而不是為了形體上的現代而現代……在這個機械時代裡……摩天大樓……就是唯一的生活方式。它表達並反映出了這個時代。」[11]

德國影片製作人弗里茨·朗於一九二四年造訪紐約時，曾在船上被移民官拘留了一個晚上。他當時著迷地凝視著這座城市：「這些大樓似乎是一層閃閃發光、非常輕盈的垂直面紗，也是個豪華的布景，懸掛在暗夜的天空中，令人眼花繚亂、不禁分神著迷……光是紐約的景色，就足以將這個美麗的指標變成一部電影的核心。」[12]

弗里茨·朗把他對於紐約天際線的記憶帶回柏林，和他的團隊在那裡建造了一座縮小版的城市。這個縮小版的城市後來出現在一九二七年的電影《大都會》之中，令人非常驚豔。該電影在特效上有所突破，將未來的城市（精確地說是二〇二六年的城市）搬上了大銀幕。弗里茨·朗的垂直城市，其空靈之美搭配著如火山般的能量；這座城市由殭屍般的一群無產階級奴隸大軍維持運作，他們在雄偉的摩天大樓下方單調的地下城市裡辛勤勞動。

交錯高架橋上的火車。

《大都會》在道德上的啟示，源自於歷史和人類長期以來對城市的古老批評：這是巴別塔和巴比倫故事的二十世紀版本。然而，對於一九二七年的觀眾來說，這部電影的主要吸引力在於它對紐約的未來科幻式想像以及先進的特效。這裡就是明日之城：它距離一九二〇年代的紐約僅有一步之遙。弗里茨・朗使用定格動畫*來呈現巨大的摩天大樓、飛機、多車道高速公路上的汽車、天橋，以及在大樓間縱橫交錯高架橋上的火車。

奢華的好萊塢音樂喜劇《五十年後之世界》（一九三〇年），想像的是一九八〇年的紐約。受到費里斯和另一位建築師科貝特等人烏托邦願景的啟發，一個由兩百零五名設計師和技術人員所組成的團隊，耗資十六萬八千美元，建造出一個巨大的模型城市。《大都會》展示的是都市噩夢，而《五十年後之世界》所描繪的紐約則是一個由藝術裝飾風格的大樓所組成的城市；大樓之間有道路和人行道連通，還有人乘坐私人飛機在大樓之間飛行。它將費里斯等人的城市理論變成立體的樣貌，讓人得以一瞥未來。費里斯曾寫道：「當城市的發展在未來進化完成後，紐約人將會真正的在天空中生活。」[13]無論是《五十年後之世界》，還是《銀翼殺手》裡的大城市，我們對未來的感覺都與我們對城市的想望和恐懼息息相關。

★

二十一世紀，每晚都有成千上萬的人聚集在上海外灘，欣賞河對岸的浦東陸家嘴金融區在五彩繽紛燈光下閃爍的摩天大樓；那是一幅激動人心、帶點未來主義，而且無可比擬的景象。一如曼哈頓對於前代導演的吸引力，電影導演對上海也非常感興趣。上海的超現代摩天大樓，曾出現在二〇〇六年的《不可能的任務3》，和二〇一二年《007：空降危機》中。二〇一三年的電影《雲端情人》，則使用上海超現代建築的畫面，創造出一個想像中未來的洛杉磯。

即使是上海的擁護者，在二十世紀末時仍把這座城市稱為「第三世界的落後地區」。當時的上海被汙染籠罩，因疏於整治而落魄不堪，它的輝煌時期遠在共產時代到來之前，也就是它仍被稱為「東方巴黎」的時候。一九九〇年代初期的上海，既沒有現代的高樓大廈、購物中心，也沒有高架橋或地鐵；最宏偉的建築是建於爵士時代†、擁有裝飾藝術風格的幾幢破舊大理石大樓，就連裡頭的電燈開關都還是沿用戰前的。直到一九八三年為止，上海最高的建築都是南京西路上的國際飯店，這座大樓建於一九三四年，高八十三．八公尺。[14]

但隨後在一九九一年，江澤民宣告上海將成為中國現代化的「龍頭」，以及中國和世界接觸的樞紐。幾乎在一夜之間，這座陳舊破敗的城市成了一個瘋狂的新興城鎮，在這裡的兩萬三千個建築工地裡，有一百萬名建築工人和數量占全世界總量百分之二十的吊車正不斷在作業。一片名為浦東的沼澤農地，成了地球上最美麗的都市景觀之一：一個由鋼鐵和玻璃所組成的叢林，其中包含一些二十一世紀最具標誌性的建築，如外觀呈螺旋狀、向上退縮變細的上海中心大廈。這座大樓於二〇一六年開幕，高六百三十二公尺，是世界上第二高的建築物。上海擁有超過兩萬五千幢樓高十二層以上的建築物，比地球上任何其他城市都還要多。即使是排名第二的首爾也只有一萬七千幢。上海擁有近一千幢高度超過百公

＊譯按：stop-start animation，亦即將一張張照片連續播放，從而產生影像在移動的錯覺。

†譯按：亦即一九二〇、三〇年代，也就是爵士樂在美國流行的時代。

尺的建築物；高度超過一百五十公尺的建築物則有一百五十七幢。

和之前的東京、香港、新加坡、曼谷以及杜拜一樣，上海不僅利用天際線的力量來凸顯自己崛起中的經濟主導地位，也為全球性的成功創造了條件（彩圖17）。從一九八〇年代開始，上海和其他許多中國城市都進入了摩天大樓和高層建築的瘋狂建設階段。高速的城市化，讓中國在二〇一一年至二〇一三年期間消耗的水泥量，比美國在整個二十世紀裡的消耗量都還要多。[15]

沒有什麼能夠比亞洲城市獨特的摩天大樓樣貌，更能確立全球經濟重心向亞洲移轉的進程。各個城市間全面展開了昂貴的建築大戰。這種激烈的競爭，定義了二十一世紀的城市時代，而城市則成了全球資本主義表演秀中不斷變動的舞台。正如二十世紀初的紐約，我們可以從城市的輪廓來閱讀資本主義的歷史。你看到的不僅只是辦公大樓，更是針對其他競爭城市的超昂貴導彈發射器。

亞洲城市過去曾借鑑了西方的城市建設理念，但現在反倒是西方城市變得愈來愈像亞洲。倫敦或許就是最好的例子：數十年來這座首都一直在抵抗摩天大樓的入侵，然而當城市規劃法規於二十一世紀初放寬時，為了用壯觀的天際線來重新塑造這座城市的形象，建造高樓大廈的需求依然征服了倫敦的市中心。摩天大樓和昂貴的高層住宅大樓開始在倫敦市中心大量出現，其興建速度並不亞於上海。從二〇〇一至二〇一八年期間，全球城市的超高層摩天大樓從約六百座增加到了三千兩百五十一座。現代都市正在快速向上拔高。人類想望和金融力量（更不用說陽剛的雄性氣概），都與摩天大樓、擁有開闊視野的辦公室和豪華公寓，以及拍照時城市景觀的上相程度緊密聯繫在一起。[16]

從黃浦江對岸眺望的浦東，是世界上最激動人心的景色之一，也是城市野心和激進更新的勝利案例。然而，站在這些摩天大樓之間，會讓人覺得像是身處城市邊緣那些沒有靈魂、荒涼的商業園區一般。從遠處看，可能會覺得這些大樓看起來彼此鄰近，但它們其實相距頗遠，近看時並沒有那麼壯觀。但若你進到其中一座大樓裡，乘坐電梯到觀景台上，整座城市的全景就會在面前展開，讓人難以忘懷。和世界上其他有摩天大樓的地方相比，浦東並沒有太大的不同。它們都是展演的一部分，但這場展演只有從遠處或從大樓內部才能觀賞。但從街道上看，這些大樓卻會讓城市變得死氣沉沉。現代摩天大樓通常都建在空曠的廣場上；它們的反光玻璃會將觀賞者隔絕在外。近年來全球都市迅速的「上海化」，都影響了我們在城市中居住與工作的方式，以及城市的外觀和給人的感覺。

至於紐約，這座孕育了現代全球垂直城市願景的城市則截然不同。紐約仍擁有全世界最受人喜愛的城市天際線。但曼哈頓下城區的街道，卻不像浦東或新加坡那樣乾淨整潔。之所以會這樣，這與曼哈頓的摩天大樓在一九二〇年代繁榮時期建造的方式有很大的關係。在曼哈頓，人事物和活動都彼此堆疊交錯，這和二十一世紀過度乾淨的摩天大樓都市很不一樣。紐約的天際線就像吵鬧的蓋希文：騷動而非井然有序；隨機、具有實驗性，而不是經過計劃的。

摩天大樓城市的壯麗輪廓總是讓人心跳加速。但它們可能也會讓城市看起來像是個特權階級的堡壘，讓外人難以企及。早在一九二〇年代，美國作家卡辛還是個在東布魯克林布朗斯威爾、貧窮的俄羅斯猶太移民區當中生活的小男孩；他曾寫道：「我們是城市的一部分，但不知道為什麼卻不身處其中。每當我沿著最喜歡的路線出去散步時……攀上小山丘到舊水庫去，從那裡可以直接看到曼哈頓的摩天大樓，對我而言紐約是個外國城市。那裡燦爛而虛幻，有它自己的生活，就像我們在布朗斯威爾有自己的生活一樣。」17

★

有種經濟理論認為：當一座新的摩天大樓落成並成為世界上最高的建築物時，你就能預測經濟即將崩潰。辛格大樓和大都會人壽大樓遇上了一九〇七年的金融大恐慌。而伍爾沃斯大樓則是在一九一三年的大蕭條期間落成。世貿中心和西爾斯大廈在一九七三年的石油危機以及一九七三至七四年股市崩盤期間開幕。在一九九七年亞洲金融危機前夕，吉隆坡的雙峰塔成為世界上最高的建築。次貸風暴也有自己的紀念碑，那就是二〇〇九年十月開幕的杜拜哈里發塔。上海中心大廈竣工當天，中國股市在半個小時內便暴跌了百分之七。

一九二〇年代的摩天大樓熱潮，在一九二九年的華爾街股災和大蕭條之中終結。它的紀念碑是曼哈頓銀行信託大樓；它於一九三〇年超越伍爾沃斯大樓，成為世界上最高的建築物。優雅精緻的克萊斯勒大樓在幾個月後奪走了這個頭銜，而再下一個世界紀錄的保持者則是宏偉的帝國大廈。一位記者曾寫道，一九二〇年代的摩天大樓，尤其是最後這三座，「以有形的方式體現了牛市的末期」。它們高出其他較矮小建築物的樣子，彷彿就像股價圖一般。然而，到了一九三〇年，它們卻「諷刺地見證了希望是如何崩潰的」。[18]

對建築物的投資額，從一九二五年的四十億美元暴跌至一九三〇年的十五億美元；到了一九三三年，甚至僅剩四億美元。帝國大廈竣工後，有三千五百名工人在一夜之間失業。大蕭條期間，百分之八十的營建業人員陷入失業，占總失業總人數的百分之三十。由於缺乏租戶，這座世界上最高的大樓被稱為「空屋大廈（The Empty State Building）」。隨著高層建築以驚人速度戛然而止，原本認為紐約將會成為一座完全垂直城市的信念也因此蕩然無存。到頭來，就和股市報酬的帳面收益一樣，這些大樓都是狂熱投機的產物，而不是什麼嶄新城市夢想的體現。電影也記錄下這種氣氛上的轉變。[19]

一九三三年的電影《黑夜中的尖叫聲》，其開場畫面是夜空中帶點陰鬱氣氛的摩天大樓。我們首先聽見的是一聲可怕的尖叫，接著是一位百萬富翁墜落身亡的畫面。償還的時候到了。俗話說，摩天大樓每蓋一層樓，都要奪走一名工人的性命。這些建築工人似乎注定要因這些企業的貪婪和權力慾望墜落地面，而同樣的貪婪和權力欲也讓這個國家逐漸走向衰退。

在由塞爾文執導、改編自美國小說家鮑德溫同名小說的電影《摩天大樓的靈魂》（一九三二年）裡，這種態度以強烈的暗黑方式被表現出來。這部電影的情節圍繞著一座比帝國大廈還高的虛構摩天大樓，拍出了大樓裡的工人和居民彼此交織的生活。這幢大樓的業主德懷特（沃倫．威廉飾）將他的摩天大樓形容為「工程奇跡，是凝固在鋼鐵和石材裡的時代精神結晶」，這為一九二〇年代世人的態度下了一個很好的總結。這幢大樓本身就是一座城市；大家在公共區域交流會面；裡頭有許多小商店、藥房、咖啡館、餐廳、小公司、健身房、游泳池、三溫暖和公寓。擁有自己事業的女性試圖獨立生活在公寓裡，儘管她們必須不斷抵擋男性的騷擾。

這幢大樓由狂妄自大的德懷特所統治，他利用了自己的職位來獲取想要的一切權力和性。同樣鋒芒畢露的商業合作夥伴莎拉．丹妮絲（提絲戴爾飾演）是他的助手兼情婦。然而，他卻勾引了莎拉的祕書，也就是天真的哈丁（奧莎利文飾演）。但唯一的問題是，德懷特其實並不擁有這幢大樓。正如電影中的一個角色所說的，德懷特大樓是「一座他自尊心的偉大紀念碑」；德懷特利用自己擔任大型銀行總裁的職務，挪用了儲戶的存款來為大樓籌措資金。但當三千萬美元的債務到期時，他卻拒絕出售大樓；

如果他願意的話，不僅能大賺一筆，還能拯救他的銀行和散戶投資者。出於對摩天大樓的著迷，德懷特操縱股市並策劃了一場崩盤，讓身邊的人深受其害，因為他的商業夥伴、他所勾引的女性、他的銀行、小額投資者（他們許多人都是這座大樓的住戶），全都借錢購買了他定價過高的股票。他們全數破產、人生遭到摧毀，全都只是因為德懷特想要擁有自己的摩天大樓。在接下來的末日場景裡，他們苦苦哀求、討價還價，甚至還獻出了自己的身體。

但成功卻讓德懷特變得愈來愈瘋狂。他說，當他說自己想蓋一座一百層樓高的大樓時，他們都笑了。「但我有勇氣、有遠見，這是**我的**，我擁有它！它位在前往地獄的路途中，然後直上天堂，漂亮極了。」他開始吹噓這幢大樓有多麼堅不可摧。接著他讚嘆道：「有一百萬人揮汗來建造它。礦場、採石場、工廠和森林！有人為它奉獻了生命……我實在不想提起，有多少人在上去的時候從鋼梁上掉下來。但這一切都是值得的！沒有痛苦和苦難就不會有任何創造：孩子誕生是這樣，一項事業要成功是這樣，一幢大樓要蓋出來也是這樣！」

德懷特安全地躲在他位於頂層的豪華公寓裡，遠離自己所造成的混亂局勢，認為自己是無往不利的。但最後，卻栽在被他拋棄的助手兼情婦莎拉手裡，被她開槍射殺。她制止了他對肉體和權力的瘋狂渴望，但卻又悲痛欲絕，於是她踉踉蹌蹌地走向陽台。此際曼哈頓美麗的天際線又再次出現了；以往在電影院裡，很難得看到這道天際線顯得如此美麗。此時寒風在孤零零的陽台上颳出可怕的聲響。莎拉站在高處，底下是好幾百座其他的摩天大樓。接著她徑直跨過欄杆，縱身躍下。這部電影真正可怕的時刻來了：我們看見她的身體在墜落街道時消失成一個點。狂風的呼嘯變成目擊行人的尖叫聲。

在一九三二年因大蕭條而元氣大傷的美國，《摩天大樓的靈魂》揭露了塑造城市那充滿惡意的激情

（彩圖18）。極致的美麗遇上了猖獗的貪婪和剝削。摩天大樓是一部機器，正絞碎被犧牲的人類，將他們變成野蠻人。在一九二〇年代的電影裡，如《東城西城》，登上摩天大樓的頂端意味著俗世夢想的實現。然而，五年後，在《摩天大樓的靈魂》裡，摩天大樓的頂端卻成了野心與傲慢的相遇之處。對於權力和性的慾望，使得那座大樓的創造者在為自己所打造的超凡天堂中被刺透。莎拉是一位強勁堅定的女性，不斷往上爬，登上了紐約的巔峰，但從任何意義上來說，她最後卻成為墮落的女性，因違反慣例而受到懲罰。[20]

莎拉的墜落成了一個預示，一年後上映的另一部更有名的電影裡，也出現了從摩天大樓上墜落的情景。一九三三年的《金剛》是有史以來最轟動的電影之一。曼哈頓島變成了某種山區地景，是金剛的崎嶇原生地，骷髏島的人造鏡像。金剛被捕獲並送到紐約之後便開始橫衝直撞；牠挾持了安達羅（費伊雷飾演），並爬上帝國大廈，因為牠認為那座大樓很像牠在骷髏島山頂的寶座。當金剛掙脫桎梏後，發現自己身處城區裡密集吵鬧的街道峽谷，接著又摧毀了第六大道的鐵路高架橋。《金剛》的導演庫珀小時候就曾被那些高架橋上的火車吵得睡不著覺；他甚至說過：「我曾想撕碎這該死的東西。」[21]

金剛實現了這個幻想。牠是一股原始的生命力量，被釋放到城市裡施行報復。牠的原始力量威脅到世界金融中心的結構，這也正是大蕭條的震央。金剛爬上紐約大樓，最終抵達帝國大廈頂點的畫面，至今仍令觀眾激動不已。當牠粉碎火車、搖搖晃晃地爬上凡人所建造最偉大的高塔時，牠實現了我們想要征服這些不符合人性的創造物、在人造環境中瘋狂衝撞，並征服山峰的慾望。

但就像在《摩天大樓的靈魂》裡一樣，膽敢攀上那至高位置是要付出代價的，而其代價就是死亡。就和其他想掌控這座城市的人一樣，金剛危險的攀登動作最終也以災難性的跌落作為收場。

金剛與紐約令人暈眩的相遇，說明了在一九三〇年代裡，摩天大樓的天際線令人愈來愈不安。一九三〇年代好萊塢電影圈對紐約的觀看方式（尤其是觀看那只有不到十年歷史的一排排大樓）具有多層意義。對電影史上的紐約來說，一九三三年是個很重要的年份。《金剛》這部電影一炮而紅。《第四十二街》也是膾炙人口：在這部電影裡，每個人都因經濟大蕭條而陷入貧困，卻又擁有足夠的能量讓「頑皮、淫穢、豔麗、華美的第四十二街」繼續繁榮。這座城市奠基在一個神話之上：只要努力工作，外地人也能時來運轉，而在《第四十二街》裡，導演馬什對歌舞團裡的女孩索耶爾（琪樂飾演）所說的話也印證了這一點：「你出去時只是個年輕人，但回來時就會是顆耀眼的星星！」

在令人感動的結尾曲目中，歌舞團的女孩們變成了一座座摩天大樓，創造出曼哈頓的天際線，而佩吉和男主角（迪克．鮑威爾）則洋洋得意地站在其中一座高聳的大樓上。曼哈頓由混凝土建成的峭壁是個充滿企圖心的地方、一個貪婪和殘酷的地方、一個充滿幻想的地方，也是繁盛的資本主義或社會流動性的體現，在令人筋疲力竭的一九三〇年代裡，成了好萊塢夢想投射的完美背景。紐約無法抗拒摩天大樓的誘惑，再次成為魅力和夢想之地，成為美國復甦的象徵。一九三三年三月二日，《金剛》在紐約進行首映。就在兩天後，羅斯福也宣誓就任美國的第三十二任總統。《第四十二街》則在三月十一日上映。

好萊塢喜歡描繪的還有另一個紐約：擁擠侷促的公寓、橫行的犯罪和骯髒的街道，再配上由演員所扮演的城市居民和街頭小孩，他們口若懸河、妙語如珠，而且和各種族裔比鄰而居。充滿廉租公寓的街道，成了《第四十二街》這個閃亮動人、布滿摩天大樓的夢幻之地的黑暗倒影。和摩天大樓一樣，那些廉租公寓也是適合拍攝電影的布景舞台，有居民的生活在其中上演；廉租公寓和摩天大樓都是紐約的標誌性建築，一眼就能認出來。將紐約公寓確立為好萊塢的常見場景，其中一部最有影響力的電影就是金維多的《公寓街景》（一九三一年）；該電影的主題是一個街區在二十四小時內所發生的事。和很多電影一樣，這部電影的鏡頭，也是從附近的克萊斯勒大樓和帝國大廈開始向下移動，先是掃過了密集的廉租公寓屋頂（那些公寓位於過度擁擠的下東區，擠了四十萬名居民），最後聚焦於那些在悶熱夏夜街道上玩耍的孩子們。街道充滿了居民的生活感：那是戶外的生活，大家在那裡談論八卦、吵嘴、偷情，也在那裡盡情玩耍。[22]

在此，我們再次看見了美國所面臨的問題核心。如果華爾街要為這些問題負起一部分的責任，那麼那條廉租公寓的街道也是如此。光是在一九三一年，好萊塢就製作了超過五十部的黑幫電影。那些電影似乎都在說，如果不是建築環境本身造成了當地橫行的犯罪現象，那麼它又是從何而來的呢？[23]

《死路》（一九三七年）這部電影的副標題是「犯罪的搖籃」，而這裡的搖籃指的就是被籠罩在洛克斐勒中心的陰影之下、位於東五十三街的河畔荒涼廉租公寓街（彩圖19）。那裡的孩子來自貧困的家庭、缺乏可以玩耍的地方，於是只能在街上彼此口角、打架、霸凌、賭博，成為滿口髒話的混混、未來的黑幫，和大蕭條的受害者。惡名昭著的黑幫老大「娃娃臉」馬丁（亨佛萊鮑嘉飾演）也推了一把，讓他們注定要走上犯罪的道路：那天他回到了他出生的那條街道，教導他們怎麼用刀子。《死路》裡的青少年也教壞了附近的孩子。城市裡的街道是罪犯、娼妓、酒鬼和遊手好閒的人的聚集地，也是個充滿危險且沒有希望的地方。為了逃離那裡，亨佛萊鮑嘉所飾演的角色成了一個無情的幫派分子。他兒時的朋友戴夫（喬爾麥克雷飾演）唸了好幾年的書，最後成為一名建築師，卻依然無法擺脫那裡。即使是善良的德里娜（西爾維亞西德尼飾演），也只能夢想著嫁給一個百萬富翁，把性當成是逃離貧民窟的手段。

這個街區是個人間煉獄；但正如一位警察所說的，那裡再怎麼樣都還是比哈林區好，並提醒觀眾那裡只是無數毫無希望死路的其中之一。

其中一個震撼人心的場景是，德里娜和即將成為建築師的戴夫說，她曾努力把自己的弟弟拉拔長大，但他卻掉進了街頭的泥沼之中。「他不是個壞孩子。」她說。

「哦，他們哪有機會對抗這一切？」戴夫一邊環顧公寓四周一邊回答，他的聲音因為痛苦和憤怒而有些哽咽。「你得幹一架，才有地方可以玩耍……他們習慣打架了……我這輩子都在夢想著有天能拆掉這些地方。」

「對啦，你總是在說要怎樣拆掉這一切，還有所有類似的地方，要怎樣建立一個像樣的世界，讓大家過著像樣的生活、變成好人。」德里娜低聲地說。

《死路》的首映會來了一位貴賓，紐約州的參議員老瓦格納；他所提出的住房法案主張清除貧民窟並提供公共住房，而該法將會在首映會的五天後生效。好萊塢的電影發揮了關鍵的作用，讓社會大眾能為新政的住房改革做好準備：當住房法生效的時候，成千上萬的觀眾正坐在電影院裡，聽著戴夫談論他拆除貧民窟的夢想。還有另一部極具影響力的電影也對市中心的街道發動攻擊，在《一個國家的三分之一》（一九三九年）這部電影裡，我們再次聽到西爾維亞西德尼向她殘廢的兄弟保證，這座城市將會拆除廉租公寓並建造「像樣的」新房子：「你以後再也不用在街上玩耍了。那裡會有草地、有樹木，還會有一般的兒童遊樂場、鞦韆和手球場。」[24]

廉租公寓是編劇的理想背景：它們熱鬧而有趣，適合故事開展。好萊塢當然也喜歡它們，尤其是當依附在其上的故事能夠與廣受歡迎的黑幫電影相互契合時。《公寓街景》、《死路》和《一個國家的三分之一》這些發自肺腑的電影裡，完全不存在將工人階級社區視為社群和社交場所的概念。它們是充滿惡夢的地方。儘管紐約最貧窮的街道環境既艱難且令人不快，但實際上卻是紋理豐富的多元族裔聚居地，充滿韌性和創業精神，偶爾還洋溢著歡樂的氣氛。

但你完全不會在好萊塢的電影裡感受到這點。那些電影都緊跟著改革者的腳步。那些改革者和戴夫一樣，都想把城市全部推倒、重新建造。《一個國家的三分之一》的片尾展示了正在拆除的公寓，以及一個剛完工的新住宅開發案：被綠意簇擁的多層公寓大樓就是遠離街道的綠洲。巴比倫傾倒了，而新耶路撒冷則在建造中。[25]

在這部電影於全國上映前，革命早已展開：哈林河岸住宅於一九三七年完工，而位於布魯克林的威廉斯堡住宅和紅鉤住宅也緊接著在一年之後竣工；至於Y字形的皇后橋住宅則在一九三九年竣工（彩圖20），是截至當時為止全美國規模最大的住房計畫，有六個超級街區，可容納三千一百四十九間公寓和一萬名居民。

如同任何一個社會改革者或現代主義者，電影業對現代城市的批評相當嚴厲：包括忙亂的街道、建成環境、種族混雜、骯髒的犯罪、賣淫和青少年犯罪，以及城市裡的道德狀況。黑色電影（*film noir*）裡那迴盪不去的威脅感，則進一步反映了對傳統城市的悲觀情緒。把它拆掉吧！

數十年來，紐約一直都在思考未來的願景。大蕭條讓這座城市的夢幻地景的魅力付諸東流，但這並沒有持續太久。住宅開發案的現代主義高層建築正在和市中心的摩天大樓相互競爭，看誰能成為二十世紀城市烏托邦的象徵符號。《一個國家的三分之一》的上映，以及皇后橋住宅的啟用，都適逢一九三九年的紐約世界博覽會。這場博覽會讓四千五百萬名參觀者得以一窺「一九六〇年的大都會」，而這座未來城市就是根據電影場景，由工業設計師蓋迪斯為未來世界館（Futurama）的展覽所設計的（彩圖21）。博覽會期間，每天都有三萬人乘坐纜椅橫越蓋迪斯那栩栩如生的巨大模型城市；該城市包含了五十萬座建築物、一百萬棵樹、多達十四條車道的高速公路、機場，以及最重要的，五萬輛會移動的模型汽車。

未來世界館所搭配的彩色電影《前往新的地平線》告訴我們，人類的文化進化取決於移動所賦予我們的自由。電影的旁白宣稱，汽車的發明和普及，能加速並且民主化這個進程。蓋迪斯擘劃了幾條連接美國各城市的州際公路，並藉此重塑這些城市。巨大的高速公路也將穿過城市，把住宅區、商業區和工業區連結起來。旁白誇張地說道：「超過四百公尺高的摩天大樓，將為所有人提供便利的休憩和娛樂設施。許多建築物上都有供直升機和旋翼機降落的平台。一九六〇年的城市陽光充足。空氣清新、綠意盎然的大道，還有休閒和市政中心。現代且高效率的城市規劃。令人嘆為觀止的建築。每個城市街區都是一個自成一體的單元。」混亂的街道消失了。行人匆忙地走在高架人行道上，下方則是飛馳的車流。鏡頭掃過繁忙的道路、購物中心，以及座落在扶疏綠地裡的高層建築。

這是一個為汽車時代所想像出來的城市烏托邦。這是柯比意所預見並且提倡的城市。他曾寫道：「一座為速度而生的城市，就是一座為成功而生的城市。」對他來說，傳統的城市街道是「遺跡」、「沒有機能」、「過時」、「令人作嘔的」。現代的生活有賴於速度，以及一個有序且協調的城市「純粹幾何學」。柯比意熱愛摩天大樓，但他想要的是巨大的且樣式統一的大樓，既適合上班工作，又適合生活，那些大樓在宛如公園般的環境中彼此相隔一段距離，並由滿是汽車的高架公路連接。

一九三〇年代展開的計畫，如哈林河岸、威廉斯堡、紅鉤和皇后橋的住宅案，都是位在公園裡、遠離街道的迷你塔樓。許多設計出這些建築物的建築師，如果不是歐洲現代主義的信徒，就是深受歐洲現代主義的影響。紐約公認的「總體規劃師」摩斯就是柯比意的崇拜者；他認為「城市是由交通所創造出來的，也是為了交通而創造的」，因此交通動線應該穿過城市，而不是環繞城市。《紐約時報》寫道，「他對一個充滿高速公路和高樓大廈的城市願景，影響了全國城市的規劃方式」，並讓紐約成為第一個屬於汽車時代的城市。[26]

到了未來，大多數美國人都將擁有汽車；傳統的城市及其街道和街區並不適合他們。摩斯監造了近六百七十公里長的園林大道、十三條橫穿城市的高速公路，以及十三座新橋梁。數以千計的人流離失所，而他們的社區被大量的新道路給分割孤立了。他清除了貧民窟，並讓二十萬名紐約人搬進高層公共住宅，其中大多數人都必須遠離自己出生的社區。他曾說，當你要重新設計一座城市，好讓它更符合現代，「你就得用屠夫的切肉刀來劈出一條路」。

史岱文森鎮—彼得庫珀村擁有一百一十座紅磚高層建築和一萬一千兩百五十間公寓，其建造的目的是為了讓紐約人能「住在公園裡，生活在紐約市中心的鄉村裡」，並展示城市生活的可能性和願景。這使得該社區的一萬一千名工人階級居民必須搬離，《紐約時報》稱之為「紐約史上最龐大且最重要的家庭集體移動行為」。這些位於市中心的嶄新高樓大廈、有門禁的花園郊區，目的是要讓「中等收入的家庭，可以在公園般的社區中健康、舒適並且有尊嚴地生活著」。而這裡的「中等收入」指的就是白人中產階級。[27]工人階級必須得等待他們的「公園塔樓」到來。而當它們終於到來時，其建造成本也遠低於耗資五千萬美元興建的史岱文森鎮，而且被推到了邊緣地帶。皇后橋住宅這類混凝土建築計畫，只是高層公共住房計畫的開端罷了。

垂直的汽車城正在以各種形式成形。私家車和高樓結合的產物，對世界各地的城市規劃者都很有吸引力，尤其他們是透過大銀幕的媒介看到這些東西的。紐約仍是大城市進步的標竿。

★

在一個被大型建築、交通擁塞、犯罪、社會崩潰和經濟動盪所籠罩，被異化、孤單和失範（anomie）所困擾的時代和城市裡，很幸運地，仍有一些英雄能夠克服二十世紀中葉大都市那不符人性的規模。他們並不把摩天大樓當作令人生畏的紀念碑，而是把它們當作玩物。他們無懼於混凝土森林和人群，仍然是獨立的個體，隱身在擁擠大都會裡其他居民所擁有的那種雙重身分背後。

布魯斯．韋恩和克拉克．肯特分別於一九三九年三月和四月首次登場，他們都是孤獨的男性，努力想清理他們居住的城市；高譚市和大都會，都是以紐約為範本所虛構出來的地方。這兩個人的另一個身分分別是蝙蝠俠和超人，都是逃避現實和實現願望的人物。他們是對抗城市生活中惡魔的正義使者，如大企業、犯罪組織、狡猾政客、貪腐警察和搶匪。

當超人能一躍而過、蝙蝠俠輕而易舉地爬上摩天大樓時，那些大樓便會縮小成人類的尺度。他們兩人都會在適當的時機融入人群，變成匿名的狀態。當超人以克拉克．肯特的身分出現時，他是一位為人謙遜、溫文儒雅、戴著眼鏡的專業人士，在城市中四處行走也不會引人注意。不令人意外的是，他個性中的肯特那一面，取材自哈羅德．勞埃德這位相貌平平、曾在摩天大樓上冒險犯難的默片演員。除了打擊一般的嫌犯外，超人也是一名城市戰士。他那帶有X光功能的眼睛，能看見城市裡的各種祕密，而在一部非常早期的漫畫版本裡，他可以像無所不能的城市規劃師那樣夷平貧民窟，好讓政府為勞工階級的

彩圖 17　表達至高權力的摩天大樓：上海獨特的天際線。

彩圖 18　一九二〇年代的摩天大樓，原本還被視為一種標註成功的壯觀陳述，卻在華爾街股災和大蕭條之後開始帶點威脅的意味。在《摩天大樓的靈魂》（一九三二年）裡，摩天大樓代表的是男性對權力和性如吸血鬼一般的渴求。

彩圖 19　在《死路》（一九三七年）的這幅劇照裡，破舊的廉租公寓街被描繪成犯罪和墮落的溫床。好萊塢的導演和社會改革者一樣，也想拆除密集的都市貧民窟，再用蓋在綠地上的多層公共住宅大樓取而代之。傳統的城市似乎已然失敗，是時候為二十世紀建造一個新的都市了。

彩圖24　今日的明日之城：二十世紀中葉，洛杉磯為以汽車為尊的郊區和城市擴張樹立了先例。

彩圖 25　清溪川快速道路於二〇〇二至二〇〇五年間遭到拆除，讓一條被埋在下面許久的小溪重見天日。這個首爾市中心的綠洲展示了將汽車從市中心移除出去後能得到的結果。

彩圖 26　城市綠化最了不起的案例之一：巴西阿雷格里港的貢薩洛德卡瓦略街。

彩圖 27　東京的超現代性和街道生活。

彩圖 28　東京從二戰的瓦礫堆中重建，卻成了二十世紀最成功的大都市之一。摩天大樓和鄰里間的街道生活和諧並存。

彩圖 29　哥倫比亞麥德林的第十三區曾經是世界的謀殺之都，後來在一系列極具遠見的改革之後脫胎換骨，不再是個黑暗的貧民窟。

彩圖 30　拉哥斯的雙城記：一個衝浪者正看著對岸即將成為艾科大西洋城的建築工地，那裡將會充滿耀眼的摩天大樓、昂貴的旅館和奢華的遊艇，成為非洲版的杜拜。

窮人建造更好的住宅。

蝙蝠俠和超人都在正確的時刻誕生。在物理規模和人口的面向上，這座城市都讓個體感覺到自己的渺小，而這兩個角色面對的就是二十世紀壓垮城市居民的力量。高層建築將不只成為工作場所，也將成為家居形式的常態。難怪他們會如此迅速地大受歡迎。蝙蝠俠和超人是大蕭條、組織犯罪的產物，也是城市烏托邦，以及對充滿高樓大廈的未來感到焦慮的產物。但在一九三九年，城市正面臨了更大的威脅，而這兩個角色也代表著當時大家對這些威脅所抱持的逃避主義。

第十二章　毀滅

華沙，公元一九三九至一九四五年

上海是第二次世界大戰開打的地方。一九三八年五月，詩人奧登和作家伊舍伍德參觀了傳說中上海那霓虹閃爍、炫目又淫亂的國際租界，卻發現它猶如孤島般，被「坑坑巴巴、猶如月球表面的貧瘠地景」給包圍著，而它曾是中國近期最大的城市。閃電戰、空襲、曠日持久的圍城戰、狙擊手和挨家挨戶的巷戰所帶來的恐怖情景，早在歐洲城市面臨相同的噩夢之前，就已經先降臨在這座中國的大城市了。這場戰爭開打的短短幾個月前，德國轟炸機才剛將巴斯克的小鎮格爾尼卡*夷為平地，以表達德國在西班牙內戰期間對佛朗哥將軍的支持。格爾尼卡和上海讓全世界都注意到了一件事：現代的空中戰役能夠摧毀整座城市。[1]

上海血腥的圍城戰，為早已醞釀多年的中日戰爭拉開了序幕。經過三個月的轟炸和激烈的城鎮戰後，中國軍隊被完全擊潰。法國百代電影公司的一部新聞影片裡，能看見日軍在一幢幢毀壞的房屋間向

---

*編按：在一九三七年四月西班牙內戰中，納粹德國空軍對格爾尼卡進行無差別轟炸。這激發了畢卡索創作其極負盛名的作品《格爾尼卡》。

前推進，穿過被機槍掃射得傷痕累累的上海；瓦片屋頂上冒出滾滾的濃煙；坦克強行壓過裸露的扭曲金屬和磚塊；無情的旁白敘述著，「炸彈像四月陣雨的雨滴一般從空中落下」。在《血腥星期六》這幅一九三〇年代最令人震驚的照片裡，在十六架日本軍機轟炸了試圖逃離這座城市的難民後，在上海南站的廢墟之中有個嬰兒正坐在地上哭泣（彩圖22）。這位名為王小亭的攝影師寫道，他在拍攝這場大屠殺時，鞋子都被鮮血浸透了；月台和軌道上散落著罹難者的四肢。這是對世界上第五大城，以及對住在裡頭的三百五十萬居民的一場酷刑。[2]

「國際租界和法租界成了一座孤島，在這片荒涼、可怕的荒野之中就像一個綠洲，而那片荒野所在的地方，曾經是一個中國城市，」奧登和伊舍伍德於一九三八年五月寫道，「在這座已經被征服但仍未被征服者占領的城市裡，舊生活的機械裝置仍在滴答作響，但似乎又注定有一天會停止，就像一只掉在沙漠裡的手錶。」[3]

一九三七年在上海所發生的事，應驗了第一次世界大戰結束以來不斷積蓄的恐懼。不論是小說、電影、國防報告、軍事戰略專家、學術論文還是城市規劃師，都熱中的討論著城市在下一場戰爭中的命運。這種想法的核心是：充滿科技的現代大都市在本質上是脆弱的，只要破壞城市珍貴而複雜的生活支持系統，亦即電力、食物和供水、交通、市政管理，城市很快就會陷入原始的混亂狀態。你不需要太有想像力，就能想像被剝奪了水、食物、醫療服務和住所的數百萬城市居民，將會過著怎樣如地獄般的生活。政治家正不惜一切代價，想盡辦法避免戰爭。[4]

沒有什麼能比人類試圖剷除城市的歷史，更能告訴我們城市是如何運作的。在測試城市的極限之後，便能更加理解城市。即使是面對世界末日，時鐘也依然會在城市的廢墟裡以某種方式持續滴答作響。

如何殺死一座城市，第一部：占領

早在德國入侵波蘭的很久之前，他們就已經制定了計畫，打算將華沙變成一個納粹的模範城市，供十三萬名德國的雅利安人居住。這座城市將會有木構的中世紀房屋和狹窄的街道，座落在一片廣闊的綠地之中。波蘭人將會被驅逐到維斯杜拉河東岸的郊區，那裡將會是唯一允許波蘭人進入的地方；八萬名波蘭奴隸將在那裡服侍他們的德國主人。[5]

在戰前規劃軍事行動時，一些德國將軍曾建議德方無需進攻華沙，因為一旦波蘭軍隊被擊敗，德國人就可以直接進城。然而，希特勒卻大喊，「不行！我們必須進攻華沙。」他特別厭惡這個波蘭的首都。根據一位目擊者的描述，希特勒曾詳細闡述了「天空將如何變暗、數百萬噸的砲彈將如何像雨點般落在華沙，讓人民淹沒在血泊之中。然後他的眼睛彷彿都要從頭顱裡跳了出來，像變了一個人似的，突然被嗜血的慾望給攫住了。」[6]

如果想要摧毀一座城市，該怎麼做呢？人類發明了很多方法。從一九三九年到一九四五年間，這些方法幾乎每一種都曾在波蘭的首都上演過。

第二次世界大戰的頭一天，也就是一九三九年九月一日，華沙便經歷了恐怖的空襲。在接下來的幾個星期裡，當德軍擊退波蘭的守軍，而不知如何是好的難民湧入華沙之際，這座城市也在不斷受到空襲。隨著德意志國防軍逼近首都，空襲也變得更加猛烈。不受限的空中轟炸結合了砲擊。「華沙損失慘重，」《華沙信使報》曾於九月二十八日的報導中如此寫道。「電力、管線、過濾器和電話全都無法運作。所有的醫院都被炸毀了……沒有哪一座歷史建築或紀念碑能躲過完全或嚴重損壞的命運。所有街道都不復存在了。」那天是華沙向納粹投降的日子。大家走出地窖，進入冒著煙的廢墟裡，無法理解這座城市居然已經投降了。如果讓華沙人自己決定，他們可能會選擇繼續戰鬥下去。德軍於十月一日進入並占領了華沙。十月十五日，這座城市被移交給以希姆萊*為首的納粹殖民政府。[7]

納粹發起了一場對抗城市生活的戰爭，他們把城市的心臟給挖出來，系統性地破壞華沙在文化、政治和經濟上的重要性，並在一場恐怖行動之中鎮壓一般市民。大學和學校遭到關閉；教科書、歷史書籍和外文文獻被沒收，歌劇和戲劇遭到取締，書店被迫關門，電影院只能放映「古老」的電影或宣傳片，就連印刷機也陷入沉默了。波蘭最受歡迎的作曲家蕭邦的任何音樂都被納粹禁止播放。他在瓦津基公園的銅像從基座上被炸飛，而銅像則被獻給了希特勒；至於哥白尼紀念碑上的銘文也被刪除，納粹聲稱他是德國人。[8]

華沙文化和歷史的記憶，就這樣一點一點地被抹去；德國人摧毀了部分的國家博物館和扎切塔美術館，並將遺留下來的東西沒收充公。出版商只能出版關於烹飪、保存食物、種植蔬菜和飼養家畜的書籍。波蘭人被禁止學習德語，理由是奴隸不應該聽得懂主人的語言。[9]

波蘭一被占領後，他們便隨即展開了一場針對華沙知識分子的滅絕運動，也就是所謂的「知識分子行動」。希特勒告訴波蘭總督府的首腦弗蘭克，這片他們所占領的領地是「波蘭的保留地，也是一個巨大的波蘭勞改營」。勞改營不需要知識分子或藝術家。「帶篷蓋的蓋世太保卡車為華沙帶來了不少禍害，」美國的副領事奇林斯基如此寫道，「大家一看到這些卡車在街上橫衝直撞時，都會嚇得渾身發抖。夜裡的情況變得更糟；每個人都祈禱卡車不會停在自家的門口。如果你聽到刺耳的剎車聲，那就代表你可能大禍臨頭了。」截至一九四四年，已經有一萬名華沙知識分子遭到殺害。[10]

那些在大規模逮捕和屠殺中倖存下來的中產階級專業人士，有些被迫尋找體力勞動的工作，有些則淪為乞丐。德國殖民者搶走了他們的工作。環境最宜人的區域，都被保留給德國的殖民者、官僚和士兵。華沙的新主人當中，有許多人在戰爭前的社經地位並不高，此時簡直不敢置信自己居然可以挑選最好的公寓，甚至連裡頭的藝術品、珠寶、地毯和家具都能占為己有。電車、公園、遊樂場和餐廳裡都開始出現「*Nur für Deutsche*（僅限德國人）」和「*Kein Zutritt für Polen*（波蘭人禁止入內）」的告示。[11]

在戰爭的最初幾週裡，大部分的窗戶都被打碎了，因此只能先用硬紙板封住。華沙人和難民逃往郊區，而郊區的房屋則一再地被分割成面積愈來愈小的公寓。到了一九四一年，只有百分之十五的人口居住在擁有至少三個房間的住宅裡。納粹占領後的第一個冬季異常寒冷，每日氣溫驟降至零下二十度以下，而且幾乎沒有煤炭可以用來取暖。[12]

餓著肚子的人只能靠微薄的配給勉強生存。每個人每月獲得的配給只有四．三公斤的麵包、四百克麵粉、四百克肉類、七十五克的咖啡和一個雞蛋。至於啤酒、葡萄酒、奶油、乳酪和香菸則是完全不在配給項目之中，砂糖也供不應求。飢餓的華沙人只能轉向黑市、食品走私商和伏特加的販子，但這些也都被蓋世太保無情鎮壓。他們說：「波蘭人已經吃香喝辣了二十年，現在他們得靠麵包和水生活了。」有個波蘭人還記得自己在被占領的華沙所度過的童年，當時他得從附近一家醫院的廚房收集馬鈴薯皮。「有一次……我們設法找到了一些發霉的麵包，已經被老鼠吃掉了一部分，但味道依然很棒。」[13]

＊編按：希姆萊（一九〇〇至一九四五年）是納粹祕密警察組織蓋世太保的領袖，納粹集中營指揮官，猶太人大屠殺的主要企劃者。

德國人刻意將華沙人民貶為奴隸，為他們的城市終極拆毀做好準備。那裡有各式各樣的工作機會，但他們卻在工廠裡為德軍製造彈藥，或者在機場工程、防禦工事和鐵路工程裡勞動。街上的生活變得愈來愈艱苦嚴峻。街上開始迴盪著木鞋聲，因為大家再也買不起皮革了。華沙人穿著破舊的衣服；沒有人想引起注意。大家在路邊販賣自己的家當。由於沒有私家車、出租車或馬車，很多失業的白領都成了人力車夫。

由於宵禁政策，夜裡的街道空無一人。擴音器會在白天播放德國的軍樂，並用波蘭語播放宣傳口號。蓋世太保會在城裡四處巡邏，偶爾隨機逮捕男人和男孩，將他們帶到強迫勞動營裡，好讓民眾永遠處於恐懼之中。婦女和女童會被綁架和強暴。蓋世太保還會在黎明時突襲公寓大樓，逮捕涉嫌抵抗德軍占領的人。[14]

一名十六歲的女學生被指控撕毀德國海報後，第二天就遭到了處決，而她的同學們也遭到逮捕，從此再也沒有人見過他們。還有一名十五歲的童子軍，則是因批評蓋世太保而當場遭到槍殺。有個蓋世太保軍官曾近距離開槍射殺了一名老婦人，因為那名軍官認為她對另一名年輕男子做了手勢，示意要他逃脫搜捕行動……這些只是各種日常恐懼的三個例子罷了。華沙人滿臉卑微和冷漠，像戴上了面具一般。他們別無選擇。[15]

「眾人生活在沉默之中。」波蘭作家瑙科絲卡曾如此寫道。隨著城市社會的大部分黏著劑開始瓦解，如報紙、俱樂部、學校、工會聯盟、大學和書籍的消失，華沙人陷入了沉默。許多人開始酗酒。想活下去、尋找溫暖、獲得足夠食物的慾望，都讓人身心俱疲。作家特澤賓斯基曾破口大罵：「我快要被他媽的生活吞噬了。」[16]

弗蘭克總督下令，從一九四三年九月起，他們每天都會在華沙街頭隨機處決三十或四十人。一九四一年至一九四四年八月期間，有四萬名波蘭裔華沙人在公共場合遭到槍殺，還有十六萬人則被驅逐到強制勞改營裡。華沙成了一座被恐懼統治的監獄城市，而被當作奴隸的居民則處於餓死的邊緣。但在這座城市監獄裡，還有另一座更糟糕的監獄。在占領華沙的幾個月之後，德國當局便開始強迫人數高達四十萬的猶太社群進行勞動，要他們清除轟炸所留下的殘跡；他們的積蓄被沒收，也被禁止集體禮拜。一九四〇年四月一日，納粹開始在市中心的北部建造一堵圍牆，圍牆內的面積約為三．三平方公里。他們似乎打算把那裡當作一個封閉式的猶太住宅區，但眾人並不清楚之後會發生什麼事。一直要到一九四〇年八月，他們才命令非猶太裔的波蘭人自該處撤離，接著又命令華沙的猶太人遷入。就在這兩個群體開始移動之際，這座城市也陷入了混亂之中。「到處都是歇斯底里般的恐慌情緒，」波蘭的社會主義運動者戈爾茨坦如此回憶道，「街道上擠滿了人，整個民族都在行軍。」[17]

大門在十一月十五日關上了。華沙百分之三十的人口，被關在一個只占整座城市面積百分之二．四的範圍之內；三公尺高的磚牆和鐵絲網將他們和外界完全隔絕開來。被關在猶太隔離區裡的俘虜，成了德國企業家的搖錢樹。從一九四一年五月開始，這座城中城裡便充滿了小型工廠、作坊和倉庫，為德國軍隊修理設備、生產床墊和衣服。

食物的供應量讓裡頭的居民永遠處在飢餓之中，每人每天只能獲得一百八十四大卡的熱量；而分配給非猶太裔波蘭人的食物則有六百九十九大卡（這個份額依然很少；一個人在一整天的艱苦體力勞動後，約消耗三千大卡的熱量）。為了取得補給，孩童們愈來愈擅長偷偷爬出猶太隔離區，而猶太裔和非猶太裔的企業家，則因為走私配給品的生意而賺進大把鈔票。一九四一年，猶太隔離區合法進口了價值一百八十萬茲羅提*的食品，卻接收了價值八千萬茲羅提的走私貨品。有能力負擔的人，也就是那些有生意、有工作、有儲蓄，或者有財產可以變賣的人，就能獲得更營養的食物。至於窮人、失業者、孤兒、難民和老人，則只能靠稀湯維生。[18]

一九四〇年至一九四二年間，有超過八萬人因疾病和德國人的虐待而死亡，其中包括一萬名兒童。戈爾茨坦寫道：「生病的孩子躺在那裡半死不活，幾乎赤身裸體，肚子因為飢餓而腫脹，傷口還在潰瘍流膿，皮膚就像羊皮紙一般，他們的眼神迷濛、呼吸困難，喉嚨裡不斷發出陣陣急促的聲音……他們面黃肌瘦，軟弱無力地呻吟著：『一塊麵包……一塊麵包……』」[19]

如何殺死一座城市，第二部：轟炸

華沙淪陷後不久，希特勒便訪問了這座城市。他和一群外國記者參觀了被空襲後的廢墟。「先生們，」他對他們說，「你們已經親眼看到，試圖保衛這座城市是多麼愚蠢的犯罪行為……我只希望那些似乎想將整個歐洲變成第二個華沙的政治家，能有機會像你們一樣，看到戰爭的真正意義。」[20]

從一九四〇年起，西歐的城市也成了煉獄。荷蘭鹿特丹的市中心於五月十四日被摧毀。當德國人威脅要對烏得勒支施行同樣的懲罰時，荷蘭便投降了。隔天，英國轟炸機襲擊了德國在萊茵蘭的軍事目標。他們接著又轟炸了漢堡、不來梅、埃森和其他德國北部城市的目標。

實際上，空襲對華沙造成的破壞，和砲擊所造成的不相上下。英國對德國工業和軍事基礎設施的轟炸行動嚴重不足。德國設置空軍的目的是為了支持地面上的軍事行動，而不是要摧毀城市。而英國的皇家空軍則專注於如何防禦。儘管如此，英國人於一九四〇年對德國城市進行的襲擊（雖然斷斷續續），卻仍迫使數百萬人驚恐地逃進地下室。八月二十五日當晚，英國派出了九十五架飛機轟炸柏林。希特勒被這件事激怒了：「他們宣布要大規模攻擊我們的城市時，我們就會剷除他們的城市。我們之中總有一方會落敗，但那絕對不會是國家社會主義的德國。」[21]

德國空軍對英國的攻勢，始於兩棲登陸的先遣部隊。當地面行動的可能性降低時，對英國城市的空襲轟炸便成了一項戰略行動，目的是為了摧毀工業、打擊民眾士氣，並迫使英國進行談判。倫敦首先受到攻擊：一九四〇年的九月和十月期間，有一萬三千六百八十五噸的高爆藥（high explosives）和一萬三千個燃燒裝置，如雨點般在首都倫敦落下。緊接著，英格蘭中部地區和默西塞德郡的城市也遭到了空襲。對柯芬特里的空襲行動（亦即「月光奏鳴曲行動」）造成了毀滅性的後果，一共使用了五百零三噸的炸彈，其中包含一百三十九枚重達一噸的地雷。他們的攻擊目標是製造飛機引擎和零組件的工業區；然而雲層和濃煙遮蔽了他們的目標區域，導致重型炸彈和燃燒彈最後落在住宅區、市中心和大教堂上。這場襲擊摧毀了四千三百幢房屋，以及柯芬特里三分之二的建築物，並造成五百六十八人死亡。

英軍的反擊則更加猛烈。空軍元帥哈里斯爵士曾直言不諱地表示，轟炸的目的「應該明確描述……〔為〕毀滅德國城市、殺死德國工人，並讓整個德國的文明生活崩潰。」轟炸目標應該瞄準城市的生命支持機制（也就是公共設施）和住房；它應該要能造成數百萬難民無家可歸，並削弱德國的士氣。他們

* 茲羅提（zlotys）是起源於中世紀的貨幣單位，但十九世紀中至一戰前，波蘭在多次被周遭大國瓜分後，改用帝俄的盧布與德意志帝國的馬克，一戰後再次使用茲羅提。一九三九年納粹占領波蘭後改用新貨幣取代之， 馬克換二茲羅提。

預計城市將被徹底毀滅，而哈里斯和其他戰略家認為，如此一來德國將在幾個月內退出戰爭。[22]

然而到了一九四二年，很顯然地，對城市進行轟炸並沒有帶來他們預想中的毀滅性打擊。但很多人認為，這是因為攻擊行動不夠有效。儘管空襲未能達到預期的效果，但對城市的作戰仍在升級。光是轟炸工廠遠遠不夠，英國開始刻意將城市夷為平地，藉此減少敵方的人力，並挫敗敵方士氣。這個新的政策，在戰時有個很典型的可惡代稱：「去除房屋」（de-housing）。[23]

他們於古代漢薩同盟的首府呂貝克進行了區域轟炸的試驗。但想在大都市裡獲得同樣的結果就困難多了。在五月份對科隆發動的那場行動，是他們第一次以一千架轟炸機來進行空襲，但僅摧毀了科隆百分之五·二的建築物。針對埃森和不來梅的同等規模空襲，也只摧毀了前者的十一座和後者的五百七十二座建築物。但從一九四三年三月開始，英國擁有了足夠的重型轟炸機、更大的炸彈、改良過的導航設備，以及能迷惑敵軍雷達操作員的方法，能夠對德國城市進行猛烈的空襲和區域轟炸。

他們還有美國空軍。美國人在威爾特郡的波頓唐以及猶他州的達格威試驗場建造了德國街道的模型；以模擬燃燒彈的攻勢並測試可以造成大型火災的最佳條件。不論是研究、技術改良，還是數據統計，都在試圖找到各種方法，讓這部用來毀滅城市的機器能夠變得更加精良。更重要的是，無差別屠殺平民，以及大規模破壞他們在城裡的居住地的行為，此時都已經不再會引起道德上的顧慮。一九四三年五月和六月，大型的轟炸機機隊摧毀了巴門百分之八十，以及伍珀塔爾百分之九十四的市區，並再次對科隆造成了嚴重破壞。

然而七月份的蛾摩拉行動，才完整展現了英軍轟炸城市的能力：當時英軍的目標，是德國的第二大城漢堡。這場行動的代號來自舊約聖經：「當時，耶和華將硫磺與火從天上耶和華那裡降與所多瑪和蛾摩拉，把那些城和全平原，並城裡所有的居民，連地上生長的，都毀滅了。」

夏季炎熱的氣溫和較低的溼度為轟炸機創造了理想的條件。燃燒彈在地面上造成了大火，引發沖天的濃煙和熱氣。這些熱氣以颶風的速度從周邊吸入空氣，將溫度推升至八百度。這陣強大的死亡之風如此猛烈，摧毀了建築物，還從擁擠的防空洞中吸走氧氣，將樹木連根拔起，並將所有人捲入煉獄。為期八天的攻勢結束時，已有三萬七千人死亡、九十萬人撤離，並讓漢堡百分之六十的建築遭到摧毀。

每一次明顯成功的轟炸結束後，像哈里斯這樣的軍官就會更加信服改良後的轟炸技術，並要求增加轟炸的強度；他們宣稱，只要有更多相同的行動，德國就「無可避免地」必須投降。到了一九四五年，龐大的空中機隊已經能夠將城市轟炸得宛如月球表面一般。二月十三日至十四日的夜裡，大約有兩萬五千人在德勒斯登被活活燒死，近三十九平方公里的土地成為焦土一片。隔天，英軍再次進行了無差別式的轟炸。幾天過後，佛茨海姆有百分之八十三的面積遭到焚毀，並導致一萬七千六百人死亡，而符茲堡也有百分之八十九的面積被燒毀。至於波茨坦，則是一直要到四月份，也就是戰爭即將結束之際才終於遭到摧毀。

戰爭結束時，全德國有一百五十八個城市遭受嚴重轟炸。科隆、慕尼黑和柏林等城市都曾經歷過多次空襲。這些城市歷史悠久的中心地區都成了斷垣殘壁，數百萬人無家可歸；德國人民的死亡人數達三十五萬人，而德國也有百分之五十至六十的城鎮地區被夷為平地。

城市就像一個有生命的有機體。凡是存在生命蹤跡之處，無論毀壞程度有多麼嚴重，都依然能夠存活下來。在所有摧毀城市的方法裡，區域轟炸是最沒有效果的。建築物被炸毀的歐洲城市裡滿目瘡痍，看起來非常恐怖。但城市的物理環境其實是最容易被修復的部分。戰爭爆發之前，很難想像大都市竟能承受如此大量的攻擊。柯芬特里被夷平的短短兩天之後，電力便恢復了；一個星期過後，供水和電話服務也全部恢復運作；他們甚至能在六個星期內將兩萬兩千棟房屋整修到可以供人入住的程度。到了一九四一年三月，儘管閃電戰仍在持續，但英國已把近百萬棟房屋修復到能夠居住於其中，只剩下五萬五千九百棟受損房屋仍在等待修葺。

德國的情況也是如此：儘管有三十二萬四千棟房屋遭摧毀或損壞，但仍有三百二十萬人在一九四三年底之前就獲得了安置。大火燒毀了漢堡百分之六十一的城市面積，隨即就有改裝的水罐車運來飲用水。公共服務從那天起便迅速恢復，而選擇留下來但失去一切身家的三十萬戶家庭裡，有百分之九十獲得了臨時住房。這也意味著，漢堡在遭受相當於五千噸級核彈轟炸後的僅僅四個月之後，其工業產能就恢復了百分之八十。從偵察機上可以清楚看見漢堡宛如世界末日般的城市地景，但其實在地面上，那些未被看見之處，這座城市依然充滿生機。[24]

納粹的政治人物戈林曾說：「城市被摧毀了，你還可以撤離居民，但被摧毀的工業卻很難恢復。」然而，在那些遭到區域轟炸的城市裡，工業產值大幅下降的情況並不明顯。英國的轟炸行動，迫使德國將其他地方也急需的防空資源和戰機轉移回到德國。不過「去除房屋」的行動既沒有導致士氣崩潰，也沒有明顯減少工廠裡的人力。[25]

儘管死亡人數和因此陷入貧困的程度都非常驚人，但要摧毀一座城市卻沒有這麼簡單。只要市政當局仍持續提供公共服務、便利設施和食物，城市裡的生活就能夠繼續運作。即使到了戰爭末期、德國即將潰敗之際，數百萬名的德國平民都依然能夠維持基本的生活所需。英國和德國都建立了強大的系統，以減輕區域轟炸帶來的影響。這些系統包括了防空洞設施，以及在被襲擊之後能夠立即提供緊急的基本服務。這兩個國家都召集了民防部隊來維持城市裡的生活方式。由志工擔任空襲民防員、消防員、護士、急救員、傳令兵和火災警戒員等職務。城市居民也參與了空襲演習，並接受急救、炸彈處理和撲滅燃燒彈的訓練。

這種每個人都齊心協力參與其中並在戰爭中發揮作用的感覺，也增強了他們的決心。隨著轟炸帶來的衝擊逐漸消退，戰爭剛開始時的恐懼逐漸轉變成倦怠的聽天由命。一九四一年二月間，英國的一項民意調查發現，只有百分之八的人認為空襲是這場戰爭中最嚴重的問題。當被問到戰敗的原因時，只有百分之十五的德國人認為是由於空襲。儘管建築物受損的景象非常嚇人，並不代表整個社會的凝聚力遭到損害；數千座城鎮的精神，都因其居民而得以延續。[26]

大家對於自己的城市懷抱著深刻的情感，將其視為熟悉的地方和家園。轟炸過後，居民也會希望盡快返回自己的社區。正如一九四五年戰俘營中的一名德國軍官在對手下士兵所說的：「科隆人一次又一次地被疏散，但他們依然會設法回到那些廢墟裡，僅僅因為那些地方曾經被他們稱作『家』。」人和過去的連結，比戰爭時的基本需求還要更加強大，以至於那些撤離的人不願意離開，而且會在危險消失之前就趕緊回到那裡。[27]

只要居民們持續存在，並記住且珍惜他們的城市，城市便會存續下來並再次繁榮。日本就是最好的例子：日本的城市曾在戰爭中遭到最全面的空襲。美國製造的六磅M－69燃燒彈，就是有史以來對城市最具破壞力的武器之一。B－29超級堡壘轟炸機一次能投下四十顆M－69燃燒彈，將燃燒緩慢的凝固汽油彈投向日本房屋的木造屋頂。「突然間……我看到地平線上閃現一道光，看起來就像太陽正在升起那樣，」一位美國飛行員在回憶一九四五年三月九日當晚的情景時曾如此說道，「整個東京就在我們下方，從一端的機翼延伸到另一端，烈火熊熊燃燒，還有更多燃燒彈正在從B－29戰鬥機上傾瀉而下。黑煙滾滾升起達到數千英呎高，產生的強大熱流甚至嚴重衝擊到我們的飛機，空氣中還帶有屍體燃燒的可怕氣味。」[28]

那是人類史上最具破壞性的一次空襲，東京當晚約有十萬人喪生，其中許多人慘遭活活燒死；有二十六萬七千一百七十一座建築物被燒毀、約四十一平方公里的城市被夷為平地，還有一百萬人無家可歸。從那之後一直到六月份，幾乎每座日本城市都遭到了燃燒彈的襲擊。

然而那些燃燒彈墜落的地方，正好就擁有人類史上最具韌性的城市文化。尤其是在東京，活在災難的威脅之下早已成為他們的生活方式；早在一九四五年之前，它就經常發生大火、洪水、颱風和地震，不斷在天災的蹂躪和復原之間來回循環。因此未雨綢繆以及復原的能力，就這樣融入了他們的城市文化之中。東京從未有強大的城市規劃傳統，而是一個個社區、一座座建築各自隨意發展。東京的居民在十九世紀的大火後重建了他們的社區。發生於一九二三年九月一日、芮氏規模達七．九的關東大地震，造成十四萬三千人喪生，並摧毀了東京的大部分地區；而這場地震之後，居民同樣也重建了他們的社區。地震發生的當時，東京有四百五十二個被稱為「町內會」的鄰里社團，是居民自願自發的組織，大約涵蓋了半個東京的面積。當災難來襲時，這些組織便為復原工作提供了基礎。而在關東大地震發生之後，整個東京都成立了這種町內會。[29]

災難發生之後，傳統木造建築的重建總是以驚人的速度進行。即使是在一九四五年三月可怕的燃燒彈空襲之後，無家可歸的倖存者仍持續居住在城市的廢墟裡，並建造了數十萬個脆弱的木結構建築，和他們的祖先在東京周期性大火之後的做法如出一轍。轟炸過後，許多人就住在地鐵站、隧道或地底的坑洞裡；他們將輕軌電車和公共汽車的殘骸當成家園。這些人並沒有拋棄這座城市，他們選擇留在廢墟裡開啟重建工作。

一九四五年八月六日早上八點十五分，一道末日般的光芒出現在廣島上空，六一四公斤重的鈾所釋放出的能量，相當於一萬六千公噸的TNT炸藥。攝氏四千度的高溫，讓位於爆炸核心區的建築物開始自燃，並導致數千人喪生。衝擊波以每秒約三．二公里的速度爆發，所到之處的建築物都被夷為平地；伽馬射線和「黑雨」則讓輻射物質傳到更遠的地方。爆炸和衝擊波摧毀了半徑兩公里範圍內的一切事物，四十二萬居民中有八萬人喪生；截至該年年底，另有六萬人因為傷勢或輻射中毒而身亡。成千上萬個倖存者在餘生裡都必須和身體與心理上的創傷共存。原爆點周圍的區域成了一片「原子沙漠」的焦土。

儘管有百分之七十的建築物遭到摧毀，但這座城市並沒有就此死去。雖然廣島原爆非常可怕，但醫院仍在幾個小時內便在學校和倉庫中建立起來，並組織了緊急的糧食供應體系。當城市陷入火海時，高中女生幫忙拆除建築物以建造防火帶。原爆當天，向井哲郎正在電力公司總部工作，那裡距離原爆點大約七百公尺。倖存下來的他，花了一天的時間在發電站裡撲滅大火。「現在（二〇一五年）回想起來，要逃離當時的現場並不困難，」他回憶道，「但我卻留了下來，因為當時某種責任感正驅使著我，我希望讓這座城市能恢復供電。」到了隔天，一部分的地區就恢復供電了。儘管身體承受著輻射造成的病痛，但向井仍協助在災區四處架起了電線桿。原爆後的一個半星期之內，百分之三十的家庭就已經有電可用；到了十一月，這座城市便完全恢復了供電。堀野黑是供水部門一名五十一歲的工程師；儘管他受到嚴重灼傷，卻仍在原爆當天的下午，就設法成功修復了廣島的抽水幫浦。[30]

在廣島市民非凡的努力之下，基本的公共服務逐漸恢復，生活看起來也恢復了正常。一家廣播電台在原爆發生後的隔天，便開始在郊區進行廣播放送。日本銀行在兩天內恢復營業。廣島站南側則出現了一個非正式的市場，讓居民們可以進行交易。學校在倉庫裡或街道上復課，其中許多學童因為輻射疾病而開始掉頭髮。聯繫城外的親戚也是件同等重要的事。臨時郵局在原爆後五天成立，郵差靠著自己的記憶，在廢墟殘骸之中尋找被毀房屋的位置。只要情況允許，居民會盡快在原爆地和周圍的區域建造臨時性的小屋。郵政工作人員知道通信的重要性，會將信件送到缺乏地址的臨時住所中。郵筒開始出現。「那些屹立在廢墟中的紅色郵筒，就是和平生活的象徵。」一位郵差在幾十年後如此回憶道。[31]

大家在書寫城市時，經常會引用來自莎士比亞的《科利奧蘭納斯》裡頭一句老掉牙的名言，故事裡的保民官西西尼烏斯曾說：「如果沒有居民，城市還剩下什麼？」這句話真正的含義，只有在第二次世界大戰的歷史之中才能夠顯現出來。廣島所展現的韌性在世界各地的城市裡都能看見，它揭示了大規模人類聚落所擁有的驚人力量，儘管這些力量往往被忽視或低估。

如何殺死一座城市，第三部分：全面戰爭

希特勒體認到了轟炸的局限性。但他還有其他更可怕的方法來毀滅城市。攻下一座大城市往往意味著戰爭的勝利。但你在那之後會怎麼做，則又是另一回事。對於巴黎、布魯塞爾或倫敦這些城市，希特勒並不想徹底摧毀它們：「到了最後，不論是勝利者還是戰敗者，我們都將被埋在同一片廢墟之中。」但全面戰爭和殲滅戰並不一樣。[32]

「西拿基立，薩爾貢大帝之子，曾是家奴的後代，後來成了巴比倫的征服者、巴比倫尼亞的掠奪

者；我將會把西拿基立的城市連根拔起、徹底抹去他的領地。」這些冷酷的字句出自新巴比倫王國的開國君主那波帕拉薩爾，他曾於公元前六一二年下令徹底摧毀尼尼微城。「*Delenda est Carthago*」就是「必須摧毀迦太基」的意思：在征服地中海，以取得帝國控制權的過程中，羅馬知道自己必須讓競爭對手迦太基從地球上消失。經過三年的圍攻後，羅馬將軍阿非利加努斯於公元前一四六年，有計畫地摧毀了這座舊世界的大都會。大火延燒了十七天，留下的灰燼竟有一公尺深。居民們逃離了那座城市：有十四萬名婦女和兒童遭到疏散；十五萬人在圍城戰中喪生，而五萬五千名倖存者則被賣為奴隸。這座城市所在的位址被撒滿了鹽，他們還用犁象徵性地犁過那片光禿禿的土地，讓整個城市地區都變成了農地。這座城市曾經存在的任何紀錄，都被抹除殆盡了。

由於城市實在太有韌性，因此征服者必須摧毀其生命支持體系的每個部分，連一丁點都不能留下，尤其是不能留下記憶。當時世界上第二大的城市，印度南部的毗奢耶那伽羅，在一五六五年被敵人焚毀。泰國的大都市阿瑜陀耶府曾在十七世紀盛極一時，擁有百萬人口，是世界上最大的城市之一，卻在一七六七年遭緬甸人摧毀，從此加入了消失的城市的行列之中。

一九四一年六月，希特勒發動了史上規模最大的軍事行動：巴巴羅薩行動。如果這場行動能順利完成，德國將可以獲取蘇聯的農業資源，並用以養活自己的人民。德國人估算，如果糧食供應短缺，蘇聯將有三千萬人死亡。從第一次世界大戰到一九三九年間，俄羅斯的城市地區人口增加了三千萬。因此，若能將俄羅斯的土地當做糧食和燃料的來源，那麼德國便可以消滅其「過剩」的人口，並將俄羅斯打回城市化之前的狀態。接著德國人的殖民城鎮將可取代蘇聯大都市留下的廢墟，肥沃的田野圍繞四周，成為雅利安人的「伊甸園」。

德意志國防軍有三個攻擊點：列寧格勒、莫斯科和烏克蘭。這場入侵行動從六月展開；到了秋天，德國的北方集團軍便包圍了列寧格勒，而南方集團軍則在烏克蘭大獲全勝。當攻勢主力確保無虞後，中央集團軍的一百九十萬兵力、一千輛坦克和一千三百九十架飛機，便可向東推進，為莫斯科帶來決定性的一擊。哈爾科夫約有七至八萬名市民被活活餓死，而這也是後來納粹打算在其嶄新帝國的無數城市裡進行的可怕預演。在哈爾科夫和無數其他城鎮裡，猶太人被圍捕、槍殺，或者井然有序地被毒氣車消滅（那些毒氣車被蘇聯人稱為「靈魂毀滅者」）。明斯克淪陷後，有兩萬名猶太人遭到殺害，還有十萬人被迫遷入新建的猶太隔離區。和華沙一樣，希特勒也打算要夷平白俄羅斯的首都，並為德國菁英建造一座名為「阿斯嘉特」的新城市。在北歐神話裡，阿斯嘉特是眾神的天國之城。

列寧格勒的市民預期自己將遭受直接攻擊，因此在城市周圍挖掘了巨大的防禦工事。但德國人別有計畫：他們打算圍城，用飢餓逼迫這座城市屈服。等到蘇聯戰敗後，希特勒曾說「這座大城市繼續存在沒有任何意義」。不應該給予任何寬恕，也不允許對方投降，因為納粹德國不該處理搬遷的問題，也沒有必要為無家可歸的城市居民提供食物：「我們無意維持這座龐大城市的人口，哪怕只是維持其中的一部分」。希特勒說，這座大都市和裡頭的市民「必須從地球表面上消失」。德國人預期他們很快就能獲得勝利。他們的目標是「將莫斯科和列寧格勒夷為平地，使它們再也無法讓人居住」。[33]

希特勒的命令是，任何德國人都不會在攻擊列寧格勒中毫無意義的巷戰中死去。只要像紅尾蟒蛇那樣，將列寧格勒活活勒死，他們就能取得勝利。俄羅斯人只能用船穿過拉多加湖或使用降落傘，才能將少量的食物送進列寧格勒。這座城市的食品倉庫、發電站和自來水廠都已經被摧毀了。隨著冬天逼近，三百萬人被封鎖在列寧格勒裡等待死亡。「我們回到了史前時代，」列寧格勒城內的斯克里亞賓娜如此寫道，「生活中只剩下一件事可做：尋找食物。」[34]

來自大砲和轟炸機的持續轟擊讓人精神崩潰。列寧格勒人開始吃貓，然後是鴿子、烏鴉、海鷗，接著是寵物和動物園裡的動物；壁紙煮沸後可以提煉出糊狀的東西裹腹，甚至連鞋了的皮革和凡士林都有人吃。用草做成的湯和麵包開始販售。「早上走出家門時，你會在路上遇見屍體，」斯克里亞賓娜在她的日記裡如此寫道，「它們無所不在，在街道上、庭院裡都有。那些屍體躺在地上很久很久，沒人去收屍。」大家瘋狂地尋找食物殘渣。有人從小麥磨坊的牆壁和地板上刮下麵粉屑。一般拿來在船上火爐裡燃燒的棉籽粉餅，也被拿來做成麵包。羊內臟和小牛皮被煮沸過後可以做成「肉凍」。到了十月份，工人的麵包配給量減少為每天兩百五十公克，其他人則是每天一百二十五公克。[35]

缺乏糧食供應、電力和燃料的列寧格勒，在幾個星期內便從一座正常運轉的城市，變成一個致命的陷阱。列寧格勒人覺得自己就像飢餓的狼，一心只想著要生存下來，對周圍發生的一切都漠不關心。大家對家庭生活、性，甚至是每天如雨點般落下的炸彈都失去了興趣；他們開始彼此猜疑。沒有學校可以上課、很少有工作可做，也沒有什麼娛樂可言，生活變得單調乏味，唯一能做的只剩下排隊領取麵包飲水，以及尋找食物。到了十二月，列寧格勒傳出第一起食人事件的報導。當屍體被人發現時，身上的肉已經被切下來了。在一年之內，有兩千零一十五人因為「將人肉當作食物」（這是警方的說詞）而遭到逮捕。[36]

到了一九四一年的秋天和初冬，當列寧格勒人正在挨餓之時，中央集團軍開始了「颱風行動」，對俄羅斯的首都發動全面進攻。莫斯科陷入恐慌，以為一場血戰就要臨頭，有人也猜想史達林可能會棄守這座城市。隨著空襲展開和裝甲師的推進，官員們在篝火中焚燒文件，難民也湧入了火車站，街上的治安和秩序開始崩潰。史達林下令要求共產黨和政府撤退到古比雪夫，而他隨後也會跟上。他的東西都收拾好了，火車和飛機也準備就緒，整個克里姆林宮裡空蕩得令人毛骨悚然。

接著在十月十九日，史達林做出了這場戰爭中最重要的決定之一：他宣布自己會留下來，將不惜一切代價守住莫斯科。於是四十萬名新兵、一千五百架軍機和一千七百輛坦克便從六千多公里以外的遠東地區趕往莫斯科；從後勤調度的角度來看，這是一件非常了不起的事情。儘管德軍從四面逐漸逼近莫斯科，空襲也造成了巨大的破壞，但一年一度的紅場閱兵式仍在十一月七日如期舉行；這場虛張聲勢的表演被拍攝下來，並在蘇聯各地放映。

在一九四一年至一九四二年的寒冬裡，希特勒的軍團在莫斯科城外停下了腳步。俄軍於十二月五日展開反攻。不到一個月，希特勒強大的德意志國防軍便被逼退到離這座共產世界首都約兩百四十公里的地方。儘管莫斯科仍處於危險之中，但巴巴羅薩行動已經結束了。在這場奪城殊死戰中，有七百萬人陷入了如地獄般六個月。如果說沙皇亞歷山大一世是為了從拿破崙手中拯救莫斯科，而犧牲了這座城市的建築構造，那麼史達林則是犧牲了九十二萬六千條性命。就像歷史上其他可能成為征服者的人一樣，希特勒在一座城市踢到了鐵板。

與此同時，列寧格勒的氣溫降至零下三十度，這是整個二十世紀裡最寒冷的冬季。由於營養不良、天寒地凍，再加上大量的人類糞便堆積，市民開始死於痢疾。還有些人是直接活活餓死。到了一九四二年二月，也就是圍城情況最危急的那個月裡，每天都有兩萬人死亡。孤兒在被炸毀建築物之間縫隙世界（liminal world）中倖存下來。但冬天也緩解了危急的戰況。當拉多加湖在一月充分結冰，湖面變得非常堅硬，讓他們能在湖面上打開一條「生命通道」：這是一條六線道的冰上公路，能讓他們突破德軍的封鎖。直至四月前，他們用卡車經由這條路線運送食物，並疏散了五十萬人，其中主要是兒童、婦女和老人。

儘管圍城行動、持續不斷的轟炸，和最低限度的糧食供給，一直持續到一九四四年的一月，但最糟糕的情況已經過去了。到了一九四二年底，列寧格勒的人口從三百萬減少到只剩六十三萬七千人，讓這座廢墟城市感覺就像一座鬼城。當時超過四分之三的人口是女性，她們在軍火廠和造船廠裡工作。因轟炸、疾病和飢餓而死亡的人數至少有一百萬人；一百四十萬人被疏散。在爭奪這座大都市的末日激戰中，包括軸心國和俄羅斯的戰鬥人員，以及列寧格勒市民在內，其死亡人數遠遠超過了全世界在空襲中喪生的總人數。

對於一支軍隊來說，一座決心抵抗到最後一個男人、女人和小孩的城市，或許是世界上最難克服的障礙，一個毀滅的漩渦。城市可以吞噬一整支軍隊。它們是軍事野心的墳墓。拿破崙先是於一八一二年在莫斯科戰敗，一年後又在萊比錫吞下敗仗。希特勒則是在列寧格勒、莫斯科都遭遇抵抗，而其中最慘烈的莫過於在史達林格勒的戰役。

到了一九四二年，德意志國防軍開始急需燃料。如果德國想要贏得這場戰爭，他們便必須攻下至關重要的高加索地區油田，而這場攻擊行動被稱為「藍色方案」。然而，相較於這個目標，攻占位於南方、外表醜陋的工業城鎮史達林格勒，就顯得不那麼重要了。但希特勒仍執意要摧毀這座具有重要象徵意義的俄國城市，於是便將重要的原油和軍機從高加索地區調去支援史達林格勒的戰役。許多俄羅斯城鎮在面對閃電戰時只能投降或棄守，但在這個以自己為名的城市裡，史達林寸土不讓。

由包路斯率領的德軍第六集團軍於一九四二年八月下旬抵達史達林格勒。從八月二十三日開始和接下來的五天裡，德軍第四航空隊對史達林格勒及其四十萬名居民進行了猛烈轟炸，讓這座工業城市成為一片廢墟。

這片由廢墟和瓦礫組成的地區成了史上最關鍵的戰場之一。毀滅性的快速攻擊和機動性，通常是德意志國防軍的優勢，但這些優勢在城鎮巷戰裡卻蕩然無存。閃電戰逐漸演變成德國士兵所說的「*Rattenkrieg*」，也就是「老鼠戰爭」的意思。每一寸街道、每一堆瓦礫，每一棟建築物和房間，都必須在近距離的戰役中爭奪。戰鬥甚至發生在下水道裡；德意志國防軍和紅軍雙方必須在少了屋頂的破損建築物裡逐層戰鬥。在某些地區，他們的前線就是房間之間的走廊。拖拉機工廠和穀倉塔的殘骸成了戰場中的戰場。根據史達林的第二二七號命令，史達林格勒的守軍和百姓被下令「不得後退一步」。蘇聯軍隊的一個排，在巴甫洛夫中士的指揮下，在一棟被炸毀的四層樓公寓裡強化了防禦工事，並成功地抵禦了德軍的反覆襲擊長達六十天之久。駐史達林格勒的俄軍指揮官崔可夫曾開玩笑說，德軍在奪取「巴甫洛夫的房子」時所損失的兵力，比攻占巴黎時損失的還要多。

當時士兵們說：「接近這個地方就是在進入地獄。」但在那裡待上一兩天之後，他們卻改口了：「不，這不是地獄，這比地獄還要糟糕十倍。」許多保衛史達林格勒的狙擊手、坦克駕駛、士兵和平民，以及在人造壕溝、洞穴和峽谷裡戰鬥的都是女性；她們經歷了所有戰役中最可怕的一場。由蘇聯內務人民委員部（亦即蘇聯的政治警察機構）派出的部隊封鎖了城市的郊區，並射殺那些逃離史達林格勒末日戰場的逃兵。德國人開始挨家挨戶地橫掃這座城市，直到十一月中旬為止；當時史達林格勒的大部分地區都已落入了他們手中，只剩下一小塊地區仍有俄羅斯人零星抵抗。就在德國人準備宣布占領這座城市之前，蘇聯發動了「天王星行動」，對史達林格勒進行大規模的反攻和圍城。[37]

德軍第六軍團的二十七萬兵力於是被困在城裡。希特勒早在九月就已發誓絕對不會從史達林格勒撤離。他禁止包路斯將軍嘗試突圍或投降，有段時間還曾用空運將食物補給送進城裡。但到了十二月下旬，高加索地區和俄羅斯境內的德軍已全面撤退，只剩下第六軍團仍堅守陣地。隨著食物和彈藥愈來愈少，德軍面臨著新一輪的城鎮戰。他們飽受飢餓和傳染病之苦，體驗到了他們為列寧格勒和華沙猶太隔離區居民所帶來的苦難。第六軍團的殘餘部隊最後在一九四三年一月三十一日投降。

就這樣，自稱是城市毀滅者的希特勒，最終也被城市打敗了。第二次世界大戰期間，俄羅斯有一千七百一十個城鎮和七萬個村莊成了瓦礫堆。當紅軍於一九四三、四四年迫使德軍向西撤退時，城市和平民也開始遭遇到更多的攻勢。俄國於一九四四年發起進攻（亦即「巴格拉基昂行動」）期間，一支龐大的俄國軍隊出其不意地對德軍位於白俄羅斯的中央集團軍發動了突襲。維捷布斯克這座城市首先遭到了紅軍的攻擊和包圍。城裡的德軍想要撤退，但希特勒對此非常憤怒。維捷布斯克是其中一個「*Fester Platz*」，也就是不計一切代價也要守住的要塞城市，必須戰到最後一兵一卒，以拖延俄羅斯的攻勢。然而這些城市不但無法阻止進攻，對於深陷困境、寡不敵眾的德國人來說，反而還成了致命的陷阱。在俄軍坦克和步兵的包圍，以及飛機的轟炸之下，兵力較少的德軍根本無力抵抗。最後德軍的第三裝甲集團軍在維捷布斯克被俄軍殲滅。至於在奧爾沙和莫吉廖夫這些要塞城市裡，則有成千上萬的德國人遭到俘虜或殺害。在空襲和幾場短暫而徒勞的巷戰之後，七萬名德軍在巴布魯伊斯克被俘，而當明斯克（當時這座城市剛被指定為納粹未來的「眾神之城」）被紅軍攻陷後，又有十萬名德國人被俄軍俘虜。[38]

希特勒要求士兵堅守要塞城市的瘋狂想法，在短短兩個星期之內便導致五十萬人傷亡、十五萬名士兵遭俘，其中包括十二名將軍。到戰爭結束時，白俄羅斯的兩百七十個城鎮裡，有兩百零九個已經全毀或被部分摧毀。隨著蘇聯進軍立陶宛和波蘭，更多被希特勒指定為「要塞」的城市也開始面臨到相同的命運，如維爾紐斯、比亞維斯托克、盧布林和柯尼斯堡；這些城市的市民和駐軍，都在戰線瓦解時遭到屠殺、監禁、無家可歸、貧困和強姦。

當紅軍不斷向柏林推進時，希特勒面對著這場無可避免的挫敗，他為歐洲的城鎮地區預備了一場末日劫難，讓每個城市都成為戰場。一九四四年聖誕節前夕，布達佩斯在紅軍的包圍下，成為被希特勒犧牲和摧毀的城市。位在史達林格勒和柏林之間的數千座城鎮就此陷入了戰火之中。

如何殺死一座城市，第四部：種族滅絕、驅逐、掠奪和摧毀

照理來說，廣島被原子彈轟炸過的焦土，在七十五年之內都應該寸草不生。然而，巨大的樟樹卻存活下來，夾竹桃也持續開花，這些都象徵著生命堅韌的力量。即使面對這種末日般的情景，人類似乎也總是能夠恢復活力。德國人投降之後，史達林格勒的居民便立刻回到了這座城市，住在廢墟下的地下室裡。

在華沙，這場戰爭的大部分時間裡，市民面對的並不是炸彈，而是一種恐怖的機制；它破壞了讓飽受轟炸、不斷被戰火蹂躪的城市得以凝聚在一起的東西：公民精神和團結。納粹打算摧毀華沙這座城市，但在那之前，他們得先利用華沙市民來為東部戰線製造彈藥和物資，好榨乾他們最後的一點點能量。

然而，即使是在這種情況之下，在被納粹控制的華沙裡，依然存在著另一個祕密的華沙。就在納粹關閉大學時，地下的「西方領土大學」成立了：兩百五十名教師冒著生命危險，為兩千個學生授予學

位。老師們在違法的情況下教導數以千計的中學生；被抓到的成年人會被送往奧斯威辛滅絕營，孩子們則被送往德國的工廠。在祕密的地下室裡，他們仍在持續印刷報紙，廣播電台也對外放送。祕密的劇院、詩歌朗誦、政治辯論和文學會議，讓波蘭的文化和城市的靈魂得以保持活力。大家喜歡乘坐有軌電車，因為乘客可以在車廂裡偷偷地講笑話和流通傳言。「有軌電車為我們提供了支持」，一位華沙人回憶道，「分擔了我們的仇恨和蔑視。」對一些勇敢的人來說，電車車廂裡還可以讓他們策劃武裝抵抗，以此獲得慰藉。[39]

即使華沙猶太隔離區裡充斥各種苦難和骯髒，但那裡的城市生活（不論是好的部分還是壞的部分）也逐漸恢復了生機。畢竟這是個擁有四十萬居民的城市。骯髒的生活環境以及屈辱和恐懼感，都讓許多被關在裡面的人比以往都更加堅定地想要懷抱著目標、好好地活著。市議會組織並安排了垃圾處理、水電服務、郵政服務、醫療保健、勞工、貿易和警務，並對居民徵稅來支付這些費用。許多慈善機構為社區裡最貧困的成員提供食物和福利；約有兩千個公寓和房屋委員會組織了兒童托育服務，並負責管理監督衛生情況。除了非法的學校之外，還有診所、孤兒院、圖書館、慈善廚房、日托中心、職業培訓計畫和體育館。猶太隔離區裡一度有四十七間地下報社。政治活動也沒有消失：活躍的左翼猶太復國主義青年團和工會都在祕密運作。這些團體後來演變成武裝抵抗運動。[40]

企業家創立了能照顧城市需求的公司。例如有家公司便特別建造了一片「海灘」，讓顧客在上面穿著泳裝做日光浴，入場費用為兩茲羅提。有錢人可以在咖啡館和餐館裡享用大餐，穿著由裁縫師製作的時髦衣服。音樂表演事業也蓬勃發展：猶太隔離區裡有一支編制完整的交響樂團，他們會在「美樂迪歌廳」裡演奏，還有另外幾家劇院，供三百名專業演員、音樂家和歌手演出。正如一位猶太隔離區居民所說的，「每支舞蹈，都是在對我們的壓迫者提出抗議。」41

在猶太隔離區的巨大壓力下，城市生活的極端之處在這個城中城裡被放大了。根據一位倖存者的說法，「世界上沒有哪個城市能像這個短暫存在的猶太隔離區一樣，有那麼多美麗優雅的女性在咖啡館裡提供服務，如藝術咖啡館、燦爛咖啡館、內格雷斯科咖啡館等。但就在這些櫥窗前，你也能看到可憐的乞丐成群結隊經過，他們經常因為太過飢餓而倒在街上。」犯罪和賣淫的人數激增；不平等、牟取暴利和剝削的情況隨處可見。委員會和警察不得不與納粹打交道，而這也加劇了社區裡的緊張關係。雖然許多人試圖維持城市裡的生活，但從歐洲各地被驅逐而來的人不斷湧入，也讓飢荒和貧民窟的狀況更加惡化。42

在一九四一年十二月七日至十八日舉行的會議上，希特勒明確表示猶太人將會因戰爭而受到懲罰。最終解決方案終將降臨到歐洲猶太人的頭上。一九四二年初，華沙猶太隔離區的情況迅速惡化：在該年的前六個月裡，有三萬九千七百一十九人死於飢餓和疾病。七月二十一日的一項法令要求所有猶太人都必須撤離，只有受僱於德國人或適於工作的人可以倖免。到了隔天，也就是猶太節日「聖殿被毀日」的齋戒日當天，有七千兩百名猶太人被帶到了用來集結他們的拘留站。在接下來的八個星期裡，德國人每天封鎖猶太隔離區裡的特定區域，每次都圍捕了五千至一萬人。

當這座宛如監獄一般的巨大城市在一九四二年夏天被有計畫地清理時，曾擔任希伯來文學校長的卡普蘭在自己的日記中寫道：「猶太隔離區已成了煉獄。人與禽獸無異。」負責完成德國撤離配額的猶太隔離區警察，被迫與自己的猶太同胞作戰，並將他們從躲藏之處搜捕出來，以便將他們移轉到集結站，等待前往集中營。為了逃離被追捕的命運，大家爭先恐後地翻過屋頂和牆壁；他們苦苦哀求、賄賂，甚至是討價還價；為了逃過一劫，有些女性還獻出了自己的身體。那些留下來的人在隔離區裡大肆劫掠。生存的意志變成了一場個人的戰鬥，因為社區、信仰、友誼和家庭的既存紐帶已經在這場戰鬥中徹底瓦解了。一些警察對自己必須做的事情感到厭惡，於是決定逃走或自殺。到了九月中旬，已經有二十五萬四千人人被轉移到了集結站，每天都有人被送往特雷布林卡集中營，並在那裡遭到屠殺。[43]

在這場清除行動之後，作為奴工留在華沙的三萬六千名猶太人，就像住在一座鬼城裡。他們許多人的妻兒、親人和朋友，都已經被強行帶到了特雷布林卡。他們因內疚和羞愧而痛苦不堪。在短短幾個星期之內，這整座城市的居民，就被少數德國人，以及被德國人脅迫的猶太警察助手給摧毀了。他們唯一能做的事情就是反抗。倖存者開始囤積食物。猶太戰鬥組織和猶太軍事聯盟建造了配備瓦斯、電力和廁所的碉堡和戰鬥據點。他們走私武器並製造汽油彈。當下一輪，也就是最後一輪驅逐行動於一九四三年一月展開時，德國黨衛軍意外地發現自己突然身處在一個游擊戰區裡，於是開始撤退。[44]

這些抵抗德國的戰士知道自己終將一死，但他們想要選擇自己死亡的方式，並挽救猶太人的榮譽。有些猶太人設法逃出了隔離區，並盡可能地在波蘭人的城市裡尋求庇護。黨衛隊於四月十九日捲土重來，這次他們配備了坦克、裝甲車和輕型大砲。要鎮壓猶太人的抵抗，德國人只能使用火焰噴射器逐個街區摧毀猶太隔離區、炸毀地下室和下水道，並將煙霧彈丟進碉堡裡。即使如此，這場被稱為「碉堡戰」的激烈游擊戰仍持續了一個月。

最後德國人帶走了五萬三千六百六十七名猶太人，其中大部分都被運往馬伊達內克和特雷布林卡。整個猶太隔離區成了一片斷垣殘壁。德國人在這個廢墟上建造了一個集中營，並從歐洲其他地方運來了新的猶太人，強迫他們清除廢墟裡的上千萬塊磚頭，直到這座城中城的痕跡完全消失為止。

猶太隔離區起義反抗德國人的一年之後，華沙的其他地區也開始出現抵抗行動。但此時的情況和一年前完全不同。在巴格拉基昂行動取得驚人的成功後，紅軍也愈來愈逼近這座城市，波蘭的領導階層認為，必須在國家落入蘇聯統治之前，先奪回自己對國家未來的決定權。

那些起身抵抗的波蘭士兵裝備著輕型武器、揮舞著汽油彈，於一九四四年八月一日下午五點開始起義。「在十五分鐘之內，我們城市裡超過一百萬人便加入了戰鬥。」波蘭救國軍司令伯爾科摩洛夫斯基寫道。「這是將近五年以來，華沙的大部分地區首次回到波蘭人的掌控之中。為了打擊華沙人，城裡的擴音器過去一直被用來播放宣傳口號、威脅和命令，此時卻播放起了波蘭國歌；自從一九三九年起，大家就再也沒有聽過這首歌了。波蘭國旗高高地在保誠大廈上飄揚著，那是全歐洲第三高的摩天大樓。每個人都興奮至極。不分男女老幼，所有人都爭先恐後地趕來幫忙搭建路障、製作汽油彈，並在建築物之間挖掘隧道。[45]

當希特勒得知華沙人起義時，他氣得舉起拳頭、渾身發抖。「他幾乎尖叫了起來，眼睛彷彿要掉出來似的，太陽穴上還布滿青筋。」但希姆萊讓他冷靜下來：起義也是一種「祝福」。希姆萊說道，「我們在五、六個星期之後就會離開，但等到那時，華沙……就會被平定了。」希特勒起初想撤走德軍，包圍這座城市，並將它炸成灰燼。但這在軍事上是行不通的。於是希特勒和希姆萊於八月一日發布了他們的華沙命令：「必須殺死華沙的每一個市民，不論男女老幼皆然。」華沙必須被夷為平地，才能對其他歐洲國家殺雞儆猴。[46]

接下來，他們對這整個城市進行了計畫性的破壞。

重新征服，並摧毀華沙的行動，是由黨衛軍上級領袖巴赫澤萊夫斯基進行指揮的，他曾在巴巴羅薩行動期間負責監督對猶太人的大規模屠殺，以及針對游擊隊的種族滅絕行動。希姆萊從帝國各地集結了最令人恐懼、最血腥的黨衛軍部隊，派去給巴赫澤萊夫斯基。其中包括由迪勒萬格所率領的部隊，該部隊的士兵由以下成員組成：從德國監獄釋放出來的危險囚犯、被認為對正規軍來說太過瘋狂的士兵、紅軍逃兵、亞塞拜然人，以及來自高加索地區的穆斯林戰士。迪勒萬格的部隊在東歐地區一路掠奪、強姦、折磨和屠殺，屠殺對象包括猶太人、疑似游擊隊員的人，以及無辜的婦孺，受害人數多到令人作嘔。[47]

八月五日，這些強姦犯和殺人無數的士兵被放進華沙的沃拉區，奉命殺死和摧毀一切出現在他們面前的人事物。他們先是包圍公寓大樓，並將手榴彈扔進大樓裡，讓建築物陷入火海，接著用機槍掃射從大樓裡逃出來的男人、女人和孩子。他們不斷重複類似的手段，一次處理一棟大樓。但這種方式太花時間了。於是他們改變了戰術，改將大量平民帶到工廠、有軌電車的車庫和鐵路高架橋上，在那裡將他們集體槍殺。

迪勒萬格部隊的犯罪手法是先姦後殺；他們對屠殺兒童也毫不在意。德國人占領沃爾瓦時，黨衛軍已經殺死了四萬名波蘭人。與此同時，同樣在進行種族滅絕的俄羅斯人民解放軍（RONA，由曾和德國人並肩作戰、反布爾什維克的俄羅斯人所組成的烏合之眾），也在奧喬塔地區帶來了類似的可怕場面。在居里夫人的鐳元素研究所裡，喝醉的俄羅斯人民解放軍暴徒強姦工作人員和患者。其中包括癌症末期的患者，然後在他們身上潑灑汽油，放火燒死他們。他們接著又去了其他醫院。希特勒和希姆萊的命令也正在被執行：先殺害華沙的市民，然後再摧毀他們的房子。然而，這種無差別式的屠殺最終還是停止了。納粹的領導階層決定，他們要將這座城市的所有居民都變成奴工。於是他們要求市民列隊，將他們趕出他們居住的地區，並送往集中營。48

於是迪勒萬格和俄羅斯人民解放軍從那裡撤出，但一些極具破壞性的軍事裝備卻被運了進來，部署在城裡的街道上。華沙舊城區的街道，對於坦克而言太狹窄了。成千上萬的波蘭人躲在建築物和小巷所組成的堡壘中，看似難以攻破。在希特勒的命令之下，德軍從各地運來致命的武器，準備幫忙消滅華沙。鎮壓華沙起義這件事本身的軍事價值微乎其微，但希特勒當時正在進行一場救世主般的十字軍東征，因此要不惜一切代價夷平這座大都市。於是，他從前線上撤回最好的武器裝備，送去華沙進行殺戮。

這些武器是在史達林格勒戰役之後專為城鎮戰設計的。他們運來了四門超大型卡爾臼砲，這是人類歷史上最大的攻城武器之一，發射的砲彈重達一千五百七十七公斤，足以摧毀一整座建築物。一列巨大的裝甲列車前來砲擊舊城區。此外，他們還運來了固定式火箭發射器和一批重型榴彈砲。最新型的移動式攻擊武器也被運往華沙，其中包括十輛配備短程榴彈砲的四號突擊坦克、兩架配備火箭發射器的大型突擊虎式坦克，以及九十輛可以摧毀牆體的遙控哥利亞坦克。然而，最可怕的武器還是噴煙者六管火箭砲，它能快速地連續發射大量燃燒彈。波蘭人稱這些火箭砲為「*krowy*」，也就是「母牛」的意思，因為它們的聲音聽起來像一群牛在痛苦地吼叫。納粹攻城技術的全部威力，就這樣被用來摧毀華沙的一座座建築。大砲和斯圖卡俯衝轟炸機將舊城區夷為平地。接著哥利亞坦克也前來摧毀路障，並推倒剩下的牆體。緊接而來的是突擊虎式坦克，而步兵和火焰噴射器也隨侍在後。最後到來的，則是迪勒萬格的部隊以及其他的黨衛軍部隊。

但波蘭人仍英勇作戰，幾乎讓德國人在史達林格勒慘敗的經歷重演。但沒有人能抵擋得了德國的超級大砲。華沙的整個舊城區慘遭毀滅，有三萬人被埋在數百萬塊磚頭之下。許多波蘭人從下水道逃走，但依然有好幾千人留下來，面對迪勒萬格軍隊裡企圖讓波蘭人種族滅絕的強姦犯。

此後，斯圖卡轟炸機和超級大砲便轉向市中心，迫使二十五萬名波蘭人躲進地下室裡。外頭的建築物「被敵人從上到下、一塊一塊地摧毀，或被直接擊中炸成碎片」。抵抗運動仍在持續著，並迎來了整場戰爭中最激烈的一場戰役。六十三天以來，德國人都在努力奪回這座城市。最後在十月二日，當波蘭人知道紅軍顯然不會前來救援之後，他們便投降了。當那些華沙人從掩體中走出來時，他們看了自己的城市最後一眼：「那幅景象非常可怕，好多街區都被燒毀了……在我眼前的，是一幅令人難以置信的景象，沒有盡頭的人龍正帶著行李和其他奇怪的東西，如腳踏車和嬰兒車。」[49]

起義剛開始時，還有超過七十萬人留在華沙。在這場起義裡，平民的死亡人數達十五萬，而倖存下來的人則有五萬五千人被送往奧斯威辛和其他集中營，十五萬人淪為納粹帝國的奴隸，一萬七千人以戰俘的身分遭到監禁，還有三十五萬人被送往波蘭的其他地方。根據小說家瑙科絲卡的說法，華沙成了「人類史上眾多死城之一」，而華沙的居民，則成了「新的一批落魄者（new down-and-outs）」。[50]

希姆萊命令道：「這座城市必須從地球表面上完全消失，片瓦不留。每座建築物都必須被夷為平地。」城裡所有能拆走的東西，都被裝進了四萬多節火車車廂，並運往德國。所有東西都被拿走了：從金銀財寶和藝術品，到繩索、紙張、蠟燭和金屬碎片，無一遺漏。名為「殲滅突擊隊」的專業拆除隊接著進到城裡。城裡的剩餘部分都被有條不紊地摧毀殆盡。工兵用火焰噴射器和炸藥點燃建築物，坦克則向空無一人的建築物開火。克拉辛斯基宮、扎烏斯基圖書館、國家檔案館、國家博物館、華沙大學、皇家城堡、皇宮、教堂、紀念碑、醫院、公寓大樓、學校，一切都被抹除殆盡。到了一月，已有百分之九十三的城市不復存在。[51]

對抗納粹德國的戰爭，在四月的城鎮戰末期達到高潮，當時紅軍正在柏林戰鬥，挨家挨戶地掠奪和強姦，而柏林也已經在盟軍的不斷空襲和俄羅斯的砲擊下嚴重受創。俄國人在四月三十日占領了德國國會大廈，而希特勒則於當晚在自己的碉堡裡自盡。德軍於五月二日至三日投降。一位紅十字會代表寫道：「一輪滿月在萬里無雲的天空中閃耀，所以你可以看到破壞的程度有多嚴重。這個世界性的大都會如今猶如鬼城一般，只剩下住在洞穴裡的居民。」

在這場戰爭之前，大部分人都認為城市是脆弱的東西，遇到現代武器顯得不堪一擊。任何人若在一九四五年五月當時，檢視遍布歐陸城市中被燒毀的荒廢建築物和成堆的瓦礫，可能都會想問，到底要如何修復這些被破壞的城鎮。柏林被埋在五千五百萬立方公尺的瓦礫之下；漢堡的瓦礫堆則將近三千五百萬立方公尺。但第二次世界大戰的故事告訴我們，即使是在最極端的情況之下，城市也擁有令人難以置信的韌性。

華沙所遭受的命運，是任何一座城市在現代戰爭中從未曾經歷的（彩圖23）。如果說柏林看起來像一座經歷過世界末日的城市，那麼波蘭首都所經歷的破壞，根本就完全是不同等級：華沙被埋在七億立方公尺的瓦礫堆之下。柏林有大約百分之八十一的建築物被摧毀，但其中只有百分之十一的建築物全毀，其餘百分之七十的建築只是部分損壞而已。相較之下，華沙的建築物有超過百分之八十被徹底根除。[53]

然而，即使是在建築全毀的情況之下，生命的蹤跡也依然能留存下來。當殲滅突擊隊在摧毀城裡的建築物時，在廢墟底下的深處，還有一小群猶太人和波蘭人正在隱蔽的掩體和下水道挖掘洞穴。他們被稱為「魯賓遜．克魯索*」、「洞穴人」；至於追殺他們的德國人則將他們稱為「老鼠」。某個團體甚至曾製作一本雜誌，為遊客製作了一則惡搞的廣告：「何必去埃及看金字塔？華沙就有很多廢墟了。」[54] 米德勒這位倖存者，則將「魯賓遜們」居住的地方稱為「永夜之城（the city of eternal night）」，隱藏在城市的荒地底下，居民必須冒著生命危險找尋食物或飲水。他們有許多人挨餓、凍死，或是被德國人發現後遭到射殺。當華沙被俄國人解放之後，這些為數不多的居民才終於重見光明。

波蘭鋼琴家史匹曼曾描述，自己走進街道時的感受，那裡原本曾車水馬龍。但此時卻成了一片碎磚海，他必須翻越一座座瓦礫碎石山，「彷彿它們是碎石子堆成的斜坡。斷裂的電話線、有軌電車線和碎

[illegible]或是人的衣服，不過那些人早就過世

年輕人走在後頭，頭戴皺巴巴的帽子、貝雷帽，穿著秋季大衣或雨衣，推著面前裝滿包裹、袋子和手提箱的小型厚輪胎手推車。女孩和少婦邊走邊對著她們凍僵的手指呼氣，用充滿悲傷的眼神望著廢墟。那裡已經有成百上千個廢墟。」[56]

納粹被擊敗後，華沙市民在第一時間便回到了自己的城市。他們起初在荒涼的廢墟中紮營。但他們的出現也意味著一件事：華沙就是人類企圖扼殺一座城市最極端的現代案例，但這個企圖並沒有成功。

返回華沙的人為華沙即將熄滅的餘燼帶來了氧氣。他們靠著自己的力量開啟城市的重建工作，在市中心重建房屋。他們回到城裡時，針對廢墟未來的激烈辯論正在進行。政府內部的意見分歧。有些人想放棄華沙，將首都遷往克拉科夫或烏茨，保留這片荒涼的廢墟，將其當成證明納粹對波蘭所犯罪行的永久紀念碑。有些人則認為華沙應該要依照一九三九年九月之前的樣子進行重建；這種做法既是在反抗納粹，也是為那些從戰爭中倖存下來、身心受創的華沙人，復原他們珍視、熟悉事物的一種方式。對於剛從集中營逃出來的幾位城市規劃師和建築師（如赫米爾列夫斯基）來說，華沙被摧毀的景象並沒有讓他們感到震驚害怕，反而讓他們覺得「解脫」了：這正是從頭建設一座新城市的大好機會，因為舊城市非理性的混亂狀態已經被清除了。[57]

華沙當時面臨到的兩難，和其他被摧毀或部分毀損的城市相當類似，如倫敦、東京、明斯克、漢堡、基輔和柯芬特里就是如此。就在華沙解放後的幾天之內，他們便成立了首都重建辦公室。如果說華沙被摧毀的程度在現代戰爭中前所未見，那麼華沙重建歷史古蹟的規模和速度也是如此。考量到破壞的程度非常嚴重，而華沙戰前的人口又有百分之六十遭到殺害，再加上當時的波蘭非常貧困，他們重建華沙的意志力非同凡響。他們成立基金會之後，捐款和投入重建工作的志工便從波蘭各地湧入。到了一九五二年，華沙歷史悠久的老城區裡，幾乎所有地方都已經完成了從零開始的修復。

他們不遺餘力地確保每個細節都和原狀一致。十八世紀的繪畫、素描、文件、明信片與照片，這些在世界各地找到的紀錄都被送去協助波蘭的歷史保存。除了上述這些資料之外，華沙的歷史紀錄還有另一個來源：令人難以置信的是，在納粹占領期間，一些建築師預料到納粹會摧毀華沙，於是祕密地整理了華沙歷史建築的文件並將其繪製成圖。他們冒著生命危險對這座城市的記憶進行編碼，以免這些記憶被消滅，並將這座城市的各種紀錄片段以及他們對華沙未來的願景偷偷運出去，並藏在修道院和戰俘營中。[58]

華沙的舊城區是世界上最重要的紀念碑之一，它體現了城市的復原能力，以及世人對建成環境的崇敬：當一座城市存在於被夾帶出去的圖紙碎片以及人類的記憶裡，它便永遠無法真正被摧毀。整個歐洲到處都有類似的現象。在一個又一個城市中，市中心被重建為一個個紀念碑，紀念著野蠻戰爭和種族滅絕發生之前的時代。在數百個城市裡，我們可以看見大家對於古老的、熟悉的，以及具有歷史意義事物的依戀之情。呂貝克的市中心正在慢慢且非常艱苦地恢復漢薩同盟時期的輝煌樣貌，而在法蘭克福，大家則在被炸毀的房屋原址上蓋起了半木結構的房屋。

「舉國共建首都」是這場了不起的修復工程的口號。沒有其他案例能比得上華沙的重建工程規模。但非常關鍵的是，他們選擇紀念的歷史城區，是十七和十八世紀的巴洛克式舊城區。至於城裡的其他地方，雖然大家已經開始重建家園，讓市中心縱橫交錯的美麗小巷恢復生機，但他們發現，這些城區終究會被再次摧毀。取而代之的將會是宏偉的且設計令人心生驚嘆的新建築。其中最知名的摩天大樓，原名「史達林文化科學宮」，它是蘇聯贈送的禮物。這棟大樓以莫斯科的「七姐妹」摩天大樓為範本，但結合了波蘭的設計特色，從華沙的廢墟之中拔地而起，以視覺化的方式呈現共產主義的力量。就在他們建造這些蘇聯式龐然大物的同時，一般的華沙人卻生活在它們的陰影之下，住在棚屋、如廢墟一般的建築物和違章聚落裡。

巨大的共產權力符號矗立在市中心後，華沙看起來就和其他數十個史達林主義城市沒什麼兩樣。但華沙想要變得與眾不同。首都重建辦公室的許多領導人物，都是左翼的現代主義者，他們曾在兩次世界大戰期間讓華沙成為建築激進主義的先鋒。納粹占領期間的黑夜中，他們轉入地下活動，繼續對學生授予文憑和博士學位，並祕密規劃了一個新的現代化大都市；等到德國人被趕走之後，他們就能實現這個計畫。一九四五年之後，他們希望華沙奪回它在歐洲的中心地位，成為一個國際化、進步的大都市。

在這座等待復原的廢墟城市裡，他們和歐洲各個城市的激進建築師一樣，擁有很大的權力。他們認為，這座十九世紀的城市，以及它的公寓、小巷和林蔭大道，都處於一團混亂的狀態。他們激進的都市主義將成為新世界的接生者，讓這個社會比以往都更加平等、更有共同體感。這些華沙的規劃者想要建造大型的創新示範住宅區，來取代老式的公寓和街道。

首都重建辦公室的負責人相信，一種「新的共生形式」，一個基於集體主義原則、更加民主而平等的社會，將可以透過建築來實現。大型住宅區和綠地、學校、診所、商店和各種社團，將可以打造出自給自足的勞工階級城市社區。對於波蘭建築師來說，「今日的生活、工作（和）娛樂，從搖籃到墳墓，都是在建築之中演變的。好的建築能持續傳授秩序、邏輯和因果思考，培養想像力，這些都是一切人類成就的必要元素。」現代城市的樣貌，將是座落在公園裡的混凝土高樓大廈、辦公大樓和停車場；現代城市裡必須有快速道路縱橫交錯，也必須被外環公路環繞。現代主義建築師斯爾庫斯夫婦，是華沙戰後初期許多住宅案的設計師；根據他們的說法，新形態的大都市大眾住宅，能讓都市化的工人獲得生活的基本樂趣：「陽光、綠色植物和空氣」。[59]

在短短幾年之內，歐洲的城市面貌便被戰爭的暴力，以及隨之而來的理想主義浪潮給徹底改變。它們和華沙一樣，許多沒有在戰爭中被摧毀的，後來也都被推土機給推平了。被貼上「貧民窟」或「廢棄」標籤的區域都遭到清除，而他們的社區則搬進了超現代的住宅裡。在法國，數以千計的「*grands ensembles*」，亦即用預鑄鋼筋混凝土製成的大型公寓群，開始在城鎮的郊區興建。在英國的城市裡，他們則向「反映人性醜陋和扭曲」的工人階級市中心地區，以及「十九世紀和二十世紀的混亂和惡劣環境」宣戰，並以秩序、效率、寬敞和自給自足的城市社區取而代之；這些新社區的特色，體現在新的多層混凝土大樓、大型開發案，以及在城外建造的「新城鎮」上。在經歷過人類史上最黑暗的時刻之後，這感覺就像是一場革命，令人感到振奮，充滿了可能性和樂觀氣氛。一九四〇年代末期和一九五〇年代期間，城市正處於快速激進的改造過程之中；在這段期間，就像華沙那樣，選擇特定區域並將其保存下來成為遺產，至於其他一般的街區和歷史街道，則會以進步的名義被掃除殆盡。根據比利時的社會主義建築師布拉姆的說法：「這將會是一場全面戰爭，城市主義將成為一種武器，用來實現生活框架的解放。」對於像布雷姆這樣的規劃者來說，一九三九年至四五年間的全面戰爭，將會被「全面建築」所取代，而所謂的「全面建築」，就是藉由理性、科學路線來重組社會的一種手段。[60]

華沙是一座鳳凰之城，不斷從傾頹的廢墟中重新站起。當然，包括華沙在內的整個歐洲城市文化依然存在一個缺口：曾經占華沙人口三分之一的所有猶太人口都消失了。原本將近四十萬的猶太市民裡，只有不到五千人在戰後回到了這座城市。這種傷害是無法彌補的。

華沙的歷史也給了我們其他啟示。它之所以能存續下來，必須感謝市民的精神，不論是起身抵抗的人，還是回來重建這座城市的人。雖然情況各不相同，但世界各地的城市居民都展現出這種決心。然而，才剛擺脫暴政的波蘭人，馬上又遇上了另一種暴政。這種新的現實也體現在城市的景觀之中。雖然華沙人表明他們更偏愛有著街道、小巷和公寓，古老而熟悉的舊城市，但他們得到的卻是充滿史達林主義的紀念碑，和單調、灰色的混凝土住宅區。

修復後的巴洛克式老城區的怡人街道，和簡樸的新開發區形成了鮮明對比，而這種對比也凸顯出了波蘭被夾在歐洲和蘇聯之間的困境。這種現象在世界各地都能看到，只不過華沙的例子比較誇張。在德國、英國和其他地方，人民渴望恢復熟悉的城市景觀，但政府當局對於戰後美麗新世界裡的現代城市樣貌，卻又有不一樣的想像，兩者的想望便因此出現了張力。在歷史冷光的照映下，現代主義建築的齊一性和普世性，以及其從根本上重塑社會的強烈願望，就是對於城市概念本身，以及對城市性的攻擊；現代主義建築渴望秩序，並且向都市生活所內蘊的混亂、凌亂和個體性宣戰。

相較之下，東京則有著自力更生和鄰里組織的強大傳統，因此重建工作在很大程度上都掌握在個人的手裡。住宅區的大多數新開發案，都是由各個家戶自己進行，他們會採用傳統的建築方法、具鄉土性的建築風格，和本地的建商。東京未經計劃的漸進式重建，為這座城市奠定了基礎，讓它得以從廢墟中崛起，成為二十世紀下半的國際大都會。非正式聚落和高密度臨時棚戶區成為都市成長的平台，賦予了東京高密度且差異化、那令人陶醉的城市紋理。這種紋理和其他城市形成了鮮明對比：尤其是在華沙（雖然不只是華沙），在決定城市未來的過程中，個人和城市的微型社群所能扮演的角色，都被威權主義和家父長制給否定了。[61]

第十三章 郊區之聲

洛杉磯，公元一九四五至一九九九年

到處都是碎玻璃，公共樓梯間裡散發著尿液的惡臭，老鼠和蟑螂大批出沒，小巷裡還有吸毒的人在揮舞球棒。這是嘻哈團體「閃耀大師和狂暴五人」於一九八二年發行的電音饒舌單曲〈訊息〉中的都市煉獄景象。音樂錄影帶裡的主角大可一走了之，拋下持續不斷的噪音、惡臭、幫派、警察的暴行、貪婪的討債人員，以及讓他幾近失去理智的毒品；但他別無選擇，因為他沒有錢。〈訊息〉發行三十年之後，這首歌被《滾石雜誌》評為史上最具影響力的嘻哈單曲。這首歌改變了嘻哈音樂的方向：當時的嘻哈音樂，正在走出紐約市的街區派對，並逐漸在全球主流音樂中占有一席之地。

大部分人都認為，嘻哈音樂誕生於一九七三年八月十一日的紐約市布朗克斯區的塞奇威克大道一五二〇號，當時DJ庫爾．霍克正在那棟大樓的娛樂室裡主持派對。這座不起眼的高層建築建於一九六七年，夾在八十一號州際公路和跨布朗克斯高速公路這兩條噪音如雷鳴一般的高速公路之間，座落在一片高層建築群之中。「我一從地鐵出來，就看到一個可怕的景象：一排華麗的紅磚公寓……成了一大片廢墟。外牆被燒成焦黑色，有些房子上層的牆壁已經倒塌，窗戶也被砸碎，碎片仍散落在人行道上。當我……下坡朝東走了大約八百公尺，一幅近期出現的廢墟全景在我眼前展現。」這片荒蕪的都市景觀，已經被那裡的三十萬名居民給遺棄了。[1]

上面這段話不是在描述一九四五年被炸毀的城市。這是美國哲學家伯曼於一九八〇年造訪他長大的布朗克斯時所做出的描述。布朗克斯區已成為「城市可能發生的所有災難的象徵」。跨布朗克斯高速公路橫穿過許多街區，驅散了已在此紮根的社區，並在布朗克斯的部分地區之間樹立起難以穿越、車流龐大的柏油路障。正如一九六〇、七〇年代世界上的許多城市一樣，最貧困的居民都被安置在混凝土高層住宅裡。雖然美國的城市並未受到戰爭影響，但它們和其他地方一樣，也欣然接受戰後將城市拆除重建的浪潮。從一九五〇年到一九七〇年間，美國有六百萬個住宅單位遭到拆除。這些被拆除的住宅有一半位於市中心，對租房者和非白人社群的影響尤為嚴重。雖然伯曼描寫的是布朗克斯區的居民，但這也可以是世界上所有住在城市裡的工人階級，從巴黎到蘇格蘭最大的城市格拉斯哥，從倫敦東區到華沙：「他們做好了忍受赤貧的準備，卻沒有為他們艱困世界的破裂和崩潰做好準備。」[2]

高層住宅和多車道的道路摧毀了對抗市中心貧困現象的最佳防線；這個防線就是以街道為基礎的社區。和許多其他城市的內城區一樣，布朗克斯的這些混凝土建築也開始充斥各種幫派犯罪和毒品交易。布朗克斯早已因住房計畫、貧困和失業而傷痕累累，又在一九七〇年代經歷一波由房東發動的縱火事件：為了詐領保險金，那裡的房東燒毀了他們沒什麼價值的公寓。伯曼同情地看著那些和他一起長大、一直忠於社區的那些人。「這些受害的人屬於世界上最大的影子社區之一，他們是一場無名大罪的受害者。現在讓我們為這種罪行取個名字吧：就叫它『*urbicide*』，也就是謀殺一座城市的意思。」

美國的一位退休上校情報官曾在一九六八年撰文，將美國市中心貧民區的「高層建築的水泥塊叢林」以及那裡的小巷和屋頂，和越南的叢林進行比較，想要知道美軍在城市環境中的表現，是否會比在熱帶環境中更好。他的答案是否定的。但市中心的崩潰，卻讓城市的反暴亂戰術成為軍方的緊迫課題。一九六四至一九六八年間，美國共有兩百五十七個城市爆發了大型騷亂，共有五萬兩千六百二十九人被捕。一九六八年五月，也就是馬丁·路德·金恩遇刺之後，聯邦調查局曾祕密的提出警告，美國「必須充分預期，其城鎮地區在未來幾個月裡即將面對的事情，基本上和叛亂沒有兩樣」。[3]

嘻哈音樂是當今世上最主流的文化形式之一，誕生於一九七〇年代布朗克斯的城市夢魘之中。〈訊息〉充滿熱情、抑揚頓挫的饒舌歌詞是這樣唱的：不要把我推得太遠，「因為我已經被逼到了邊緣」。這是一首關於生存與反抗的頌歌，也是一則警訊。

嘻哈嶄露頭角時，代表的是被邊緣化黑人青年的聲音，他們被困在後工業時代飽受蹂躪的荒蕪市中心。這種音樂類型是種積極的聲音，具有原創性的歌詞技法，某種程度上是對嚴峻的城市環境的熱切回應，也是在回擊那些將年輕人視為罪犯和毒蟲的人。嘻哈為他們提供了一個幫派生活以外的另一種選擇，並在原本乏味的市中心裡提供了宣洩創造力的出口。

嘻哈和饒舌原本只是街區派對和夜店裡的音樂，派對結束之後就會被人遺忘，但卻從一九七九年開始商業化。在接下來的幾十年裡，嘻哈逐漸成為主流文化的一部分，不只改變了流行音樂，並在時尚、設計和藝術之中都留下了自己的印記。〈訊息〉在嘻哈音樂史上具有重要的意義，標誌著嘻哈開始走向抗議和社會評論。這種音樂類型在世界各地的巨大成就，讓貧民區重拾尊嚴，但也將其被忽略的城市禁區的形象，烙印在公眾的意識中。

一九八〇年代皇后區的皇后橋住宅（也就是本書第十一章提到的那個創新且知名的混凝土住宅

區），已經成為貧困和破敗的都市地獄，以及快克古柯鹼的交易中心。那裡也成了幫派械鬥的場景，發生的謀殺案比紐約市的任何一個住宅區都還要多。但在知名ＤＪ馬爾的帶領之下，那裡卻成了嘻哈創新的搖籃之一。馬爾是一名電台ＤＪ，他徹底改變了嘻哈音樂，並於一九八三年協助創立「果汁隊員」；這個團體由一九八〇年代的一些新秀所組成，其中包括尚提、馬基和大老爹肯恩等人。在這個麻煩不斷的計畫當中所展現的創造力，啟發了一位名叫納斯的輟學少年，他也被稱為「皇后橋住宅計畫的詩意哲人」，也是一九九〇年代最成功的饒舌藝術家之一。納斯曾在一九九八年回憶道：「在皇后橋長大，是馬爾和果汁隊員他們，為像我這樣的饒舌黑人賦予了希望，也就是在我們的街坊之外有另一種生活……他讓我們相信，雖然我們來自那些無法無天的街頭，但我們仍有機會改變自己的生活。」[4]

嘻哈音樂根植於街頭的聲音和感受，深受地方特殊性的影響。嘻哈音樂也是多變的，包含了文字遊戲和俚語、無節制的吹噓、抒情的幻想、喜劇、社會運動，以及以自傳文學為框架的抗議行動。嘻哈音樂和地方的緊密連結，加上其多變的形式，讓它成為一種普遍的、全球性的運動，可以表達出世界各地破舊市中心所感受到的挫折感。納斯在二十歲時所發行的首張專輯《毀壞機制》（一九九四年），以第一人稱視角詳述了一個青少年在美國最惡名昭彰的住宅區裡的成長經歷。幾年後他回憶道：「當我在製作《毀壞機制》這張專輯時，我還是一個被困在皇后橋貧民區的孩子。我的靈魂被困在皇后橋住宅區中。」[5]

在納斯的意識流裡，他成了一個特定地方的詩人兼編年史家。他的歌詞和他自己的生平，以及皇后橋的物質性（physicality）糾纏在一起，不斷提到街道名稱、幫派和他的朋友；他使用的俚語是紐約這個小角落所特有的。「我想讓你知道我是誰，想讓你知道街道的味道、感覺和氣味是什麼，」納斯如此說道，「條子說話的樣子、走路的樣子、思考的樣子。也想讓你知道毒蟲都在做什麼。我想讓你聞聞看，感受一下。用這種方式來說這個故事，對我而言很重要，因為我認為，如果我不去講這個故事，沒有其他人會講。」[6]

對於世界各地人民所遭遇到的烏托邦式現代主義住房實驗，《毀壞機制》是極富說服力的譴責。與其他嘻哈唱片一樣，這張專輯不僅見證了在二十世紀下半葉城市的衰落，也見證了城市理想本身的破滅。還是青少年的納斯夢想著要逃離那裡，但他做不到。

紐約是二十世紀大都會的典範，而它當時正在走向衰敗。一九六四年的紐約世界博覽會（這場博覽會有個毫無意義的口號：「人類在不斷膨脹的宇宙中的這個不斷縮小的地球上所取得的成就」），是一次令人尷尬且代價高昂的失敗經驗，也是這座城市正陷入麻煩的的象徵。一九七〇年代的紐約正瀕臨破產。它的結構正在腐朽，街道上充斥著搶劫犯、毒販和無家可歸的街友。一九九〇年代，一項針對紐約人的民意調查顯示，百分之六十的紐約人寧願住在別的地方。

第二次世界大戰後的幾年裡，紐約的運勢急轉直下，有數百萬居民被纏繞綑綁在一片廢墟之中。過去支撐城市生活的產業外移，連帶導致數百萬人搬離紐約，讓他們過去生活的社區頓失活力。

他們離開了這座城市，前往別的地方。他們去的是一個全新類型的大都市。

★

當雷克伍德市於一九五〇年，從洛杉磯郡南部一個約十四平方公里大的青豆田中破土而出時，他們將它稱作「今日的明日之城（Tomorrow's City Today）」（彩圖24）。那裡巨大的戶外生產線上，每天

心是一個名為雷克伍德中心的巨大購物中心，周圍環繞著有一萬個車位的停車場。

這裡確實是個明日之城。年輕的夫妻正在接受現代的生活方式，其核心為隱私極佳、附帶花園的獨立家庭住宅，以及娛樂和消費主義。陽光明媚的氣候、輕鬆的氛圍，以及容易抵達的海灘、鄉村和山脈，還有好學校、美食和高薪的工作；販賣給他們的是伊甸園，而他們也熱切地接受了這個伊甸園。

加州的魅力將美國各地的家庭吸引到雷克伍德來，還有一小部分家庭來自加拿大、德國和英國等地。當時的一部紀錄片指出：「他們喜歡超現代購物中心周圍整齊排列的房屋和街道，還有好幾英畝的免費停車位。他們的整個生活、工作和購物的模式，都變成了現代郊區的模式。對很多人來說，雷克伍德就是天堂。」

雷克伍德以大型購物中心為基礎，大規模地建造房屋的模式，在整個洛杉磯郡、整個美國，甚至整個世界都被複製了。在雷克伍德於一九五〇年破土動工後的二十年裡，美國各主要城市增加了一千萬名居民，而郊區則增加了八千五百萬。人口從城市外移的現象仍在持續發生：第二次世界大戰期間，只有百分之十三的美國人居住在郊區，但到了一九九〇年代，超過總人口數一半的人也加入了他們的行列。

同樣重要的，還有這種生活方式的地理特徵。雖然美國城市和郊區的人口成長了百分之七十五，但大都會的城區和郊區的建成面積卻擴大了三倍。以汽車為基礎的城市主義創造出一種新型的城市，並在這個過程中徹底改變了居民的生活型態。美國文明的形成，是圍繞著個體家戶的私人領域，而不是以城市的公共生活為核心。8

但雷克伍德的開創性並不僅止於空間布局、生活方式和社會目標而已。一九五三年，位於雷克伍德附近的長灘市決定兼併雷克伍德這個新開發區。雷克伍德的居民擔心長灘市會將他們不喜歡的工業和住房帶進他們的烏托邦裡，於是便將他們的新開發區設立為一個自治市。

根據協議，雷克伍德將道路養護、教育、醫療和警察服務外包給了洛杉磯郡，但可以從購物中心收取一部分的銷售稅，並保留對土地使用分區的控制權。換言之，雷克伍德成了一個自治的城市，能將自己不喜歡的東西，如工業和廉價住房，以及他們不歡迎的人拒於門外。雷克伍德保留了對未來住宅開發的決定權，藉此將較有可能依靠社會福利的租房者給排除在外；此外，透過規定新住宅開發案的面積大小和設計樣式，雷克伍德也能藉此間接確認房價可以保持在夠高的水準，以維持這個社區的排他性。

這種對物質環境的控制權，加上那裡的生活方式，成了雷克伍德的主要吸引力之一。作為一個城中的工業、骯髒、犯罪、墮落的社會風氣、過度擁擠，以及各種族裔、語言混合的環境。來自紐約、芝加哥、休士頓、聖路易斯等城市擁擠地區的歐裔勞工階層和中產階級家庭，在陽光普照、棕櫚樹環繞的加州尋找充滿田園風情的生活方式，他們不希望犯罪猖獗的市中心區跟著他們來到新發現的香格里拉，於是他們門上身後的門，還在門上加了三道鎖。

在雷克伍德創建七十週年的今日，這座社區已經換上了一個新的口號，取代一九五〇年代的未來主義式口號。某個八月的早晨，我開車沿著德爾阿莫大道進入這座城市，看見人行天橋上的一個標誌牌寫著：「雷克伍德。時代會變，但價值觀不會。」當我開車穿過二十一世紀雷克伍德的住宅區街道時，這句口號化為實際。這個社區很漂亮：綠樹成蔭的幽靜大道上，座落著一棟又一棟整潔的平房，它們大多數都附有尖樁圍籬、完美無瑕的草坪，以及精心照料的茂盛植物。許多房屋外頭都掛著美國國旗；休旅車和大型的皮卡也隨處可見。從這個烏托邦夢想誕生至今已過了數十年；這種社區似乎就是美國藍領和中產階級郊區的典型代表，至今仍忠於其誕生時的精神。

★

今日我們所談論的城市生活。但事實上，對於我們大多數人來說，這其實是個由**城郊**組成的世界，一個正在向外蔓延、無序擴張的世界。

過去幾千年來被稱作「城市」的這個東西，在二戰結束之後便經歷了迅速而徹底的變化。到了二十世紀末，大家預言傳統的城市將會逐漸消失，並成為不斷擴張的超大都會。大洛杉磯這個龐大的城市群，如今在南加州占地約八萬七千九百四十平方公里，從很多方面來說，都是個飛速發展的大都會或母城（mother city）。

從空中俯瞰洛杉磯盆地的畫面是地球上最壯觀的景象之一，這裡匯集了大量的人口、活動和能量。它的面積比愛爾蘭共和國還要大，擁有一千九百萬人口；它不只是一座城市，而是一個超大的都會宇宙（metroverse），由城市群、規模過大的住宅區、工業區、購物中心、辦公園區、物流中心所組成，透過看似沒有盡頭的高速公路彼此相連。對於戰後的許多訪客來說，這個尺寸過大的都會區是個可怕、令人反感的東西；對於習慣傳統小巧緊湊的城市，並認為城市應該要有明確市中心的人來說，洛杉磯簡直不可思議。

但到了二十一世紀，這種類型的城市和這種規模的城鎮地區，在所有有人居住的陸地上卻變得非常普遍。全球經濟的動力來源不再是城市，而是二十九個由都會區組成的超大都會圈；這些複合都市（conurbations）創造了世界一半以上的財富。這些複合城市包括：人口達四千七百六十萬人、經濟產值達三・六兆美元的波士頓－紐約－華盛頓走廊（亦即所謂的「BosWash」）；人口四千萬、經濟產值一・八兆美元的大東京都會區；人口一千九百五十萬、經濟產值一兆美元的香港－深圳都會區。香港－深圳都會區也是珠江三角洲的一部分，該三角洲是一個超過一億人口的密集城市網絡。中國正計劃興建一個高速鐵路網，打算將更多的城市群連結到這個廣闊的超級都會區。二〇一四年，中國政府宣布創建「京津冀」，這是一個面積超過三十四萬平方公里的特大城市區，涵蓋北京、河北和天津，人口達一億一千兩百萬人。歡迎來到沒有盡頭的城市。

南加州率先經歷了這種去中心化的大都會現象。如果這場位在洛杉磯如茫茫大海般的住宅區裡的歷史革命有個精神發源地，那麼一定就是位於洛杉磯市中心以南約三十多公里的雷克伍德市。

據說美國詩人朵樂西．帕克曾打趣道，洛杉磯是「想要成為一座城市的七十二個郊區」。許多評論者都曾以不同形式對洛杉磯提出類似的看法。但這種說法，只有在一個前提下才能成立，那就是洛杉磯是個傳統的城市，有個商業／工業中心，並在城市發展的過程中，讓城郊一圈圈的住宅區向外擴散。然而，早在雷克伍德建成之前，洛杉磯就已經被刻意發展成一個二十世紀的新型城市：一個去中心化的城市。

洛杉磯在一八七〇年代的人口還不到一萬人，卻在科技（尤其是移動技術）重塑都市之際，迅速成長為全球性的大都會。到了一九二〇年代，大洛杉磯地區擁有世界上最發達的都會鐵路系統，超過一千七百七十多公里的路線將數百個城鎮和村莊連結起來，創造了一個區域性的城市網絡。它還將觸角延伸到了未開發的地區，如蜘蛛網般的巨大網絡成了未來城市的骨架，等待被填入血肉。屆時，洛杉磯人擁有汽車的比例將是美國其他地區的四倍。這是一個建立在流動性之上的城市，不像傳統城市那樣集中。支撐這座大都會的產業，舉凡石油、橡膠、汽車製造、娛樂和飛機製造，都需要相當大的活動空間。

這些需要空間的巨大廠房，本來就會分散各地。確實，洛杉磯的許多城市不論是外觀，還是感覺起來，都跟郊區沒什麼兩樣。但他們並沒有想要追尋一個中心城市。工作機會並沒有集中在某個地區，而是分散各地。大洛杉磯地區並不是由幾個郊區在服務一個核心的樞紐，而是由幾個逐漸融合在一起、彼此相關聯的城市所拼湊而成。位於洛杉磯市中心以南約十一公里處的南門市是個藍領郊區，那裡有通用汽車的工廠和大片的住宅開發區。南門市瀰漫著鄉村氣息，有工法粗糙的住宅與附帶養雞場和菜園的花園。工人階級居民可以利用四通八達的交通路線和大都會的道路系統通勤，在洛杉磯地區的製造業部門工作。[10]

洛杉磯爆炸性的擴張，並不是因欠缺考量的蔓延或殭屍般的郊區擴張所造成的。它的擴張不僅取決於由它所支持的產業，也為「現代城市應該長成什麼樣子」的烏托邦理念所支配。

公理宗教會的牧師巴特利特是在一八九六年來到洛杉磯的；根據他的說法，「氣候是有現金價值的」。氣候之所以擁有價值，是因為它能吸引有錢的遊客來到這個「全國的遊樂場」。「但沒有人比工人更能體會到氣候的價值。」巴特利特曾在他《更美好的城市》一書中如此寫道。南加州的氣候對工人階級來說好處多多，能讓他們身體健康、無需支付冬季高額的燃料費用，還能讓他們建造自己的廉價房屋、種植蔬菜花卉，甚至是養雞。「在這裡，就算是乞丐也過著國王般的生活。」

巴特利特的這本書寫於一九〇七年；當時的洛杉磯還很小；在他想像的未來裡，工人階級家庭可以在山區或海灘度過休閒時光。他們會擁有自己的家，而且附帶花園，並在散布於該地區的工廠裡工作。巴特利特將這種生活稱為「高貴的生活」，美感與健康可以在一個沒有壓迫感、不會過度擁擠的城市中共存。巴特利特闡述了洛杉磯應該如何發展的想法，而且很多人和他想的一樣。他深入探討了英國人霍華德所想像出來的未來城市，而霍華德於一九〇二年出版的《明日的田園城市》，就是城市規劃領域最具影響力的著作之一。在他的構想裡，一個中等規模的田園城市將被建在農村裡，周圍環繞著田野和森林，以緩解當代工業城市所帶來的毒害。二十世紀所想像出來的分散式、半鄉村的大都市，就是對十九世紀邪惡致命的巴比倫（也就是芝加哥、曼徹斯特、紐約和許多其他城市）的直接回應。

在總工程師穆爾荷蘭的主導之下，洛杉磯建造了世界上最長的引水渠，全長約三百七十公里，從歐文斯谷地將水源送進城市裡。豐富的水源讓大面積、極具生產力的農田得以開闢，而且還可以用來發電；最重要的是，它所能提供的水源遠超過城市之所需。廉價的供水讓洛杉磯得以藉兼併鄰近的社區而擴張。洛杉磯在一九〇九年取得了威爾明頓和聖佩德羅，並建立了一條從城市通往大海的陸地走廊，從而獲得了港口。它接著又在一九一〇年兼併了好萊塢，並在一九一五年吞併了聖費爾南多谷地，並在一九二〇至一九三〇年代兼併了索特爾、海德公園、鷹岩、威尼斯、瓦茨和圖洪加。一八九〇年代的洛杉磯市面積只有七十二·五平方公里，人口不到十萬；到了一九三二年，它的面積已經擴張到約一千兩百一十五平方公里（也就是增加了十五·七五倍，擴張後的面積和紐約市差不多大），並擁有一百三十萬名居民（相較之下，面積相同的紐約則住了七百萬人）。洛杉磯之所以會有這樣的面積和低密度，是因為三分之二的洛杉磯人都住在獨棟房屋裡，這個比例對於類似規模的城市而言非比尋常。在紐約，該比例是百分之二十，在費城則為百分之十五。此外，洛杉磯郡有兩百四十六平方公里的面積是郊區平房的草坪，這個數字是曼哈頓的四倍。而且洛杉磯的這個數據還不包括廣闊的鄉村俱樂部、高爾夫俱樂部和停車場。理想的生活方式需要大量的空間，而郊區化就是城市向外擴散的原因；由於大家想要住得更靠近令人嚮往的農村邊緣，因此擴張也導致了郊區化。[11]

洛杉磯於二十世紀初期樹立了未來城市的形象：一個自然與人類活動並存的城市，解決了過度擁擠這個困擾著工業城市的問題。以公共交通、汽車、高速公路、分散的工業，和獨戶住宅為基礎的大洛杉磯，似乎預示了所有大都市的未來。但這種都市卻與當時的未來都市主義概念背道而馳。明日的城市難道不應該是垂直的、是充滿閃亮動人的摩天大樓陣列嗎？顯然並非如此。城市似乎反而變得愈來愈往平面發展。

美國小說家錢德勒曾訕笑洛杉磯是「一座性格如同紙杯的城市」。當大家開始在更廣闊的範圍裡尋找工作和住處，洛杉磯的市中心變得愈來愈破敗。許多人認為這是非常糟糕、毫無特色的無序擴張，但有些人則認為這是擺脫衰敗中城市的絕佳去處。即使這座城市不斷發展，洛杉磯郡的大部分地區似乎都仍符合支持者將這座城市視為世外桃源的迷思。在第二次世界大戰之前，來到洛杉磯郡便意味著能在宜人的環境中擁有一棟獨立住宅，而這種誘惑也吸引了超過兩百萬人前來，在那裡蓬勃發展的飛機、橡膠、汽車和石油產業裡工作。

廣闊的聖費爾南多谷地，從一九一三年以來就是洛杉磯的一部分，並因穆爾荷蘭的引水渠，從一個乾旱地區變成了綠意盎然的天堂；那裡由郊區城市、灌溉農田、牧場、樹林、果園和高爾夫球場組成的地區，並透過鐵路和洛杉磯的其他地區連結在一起。谷地裡的鄉村風光、懸崖和岩石地貌，是一九二〇、三〇年代許多西部片的背景。那裡的牧場也被好萊塢的明星搶購一空。歷史學家穆赫蘭在回憶自己的童年時曾表示：「每當我想起一九三〇年代在那個谷地裡長大的經歷，孤獨感便會進入我的腦袋裡：火車汽笛孤零零的聲音總會打破鄉村的寧靜；有土狼在嚎叫，當我騎著腳踏車穿越崎嶇不平的泥土路去上學時，孤單的長耳大野兔在我面前大步跳躍。」12

★

鄉村的輝煌並沒能維持太久。從一九四〇年代起，一波郊區發展的浪潮席捲了聖費爾南多谷地，數以萬計的牧場式房舍取代了真正的牧場、泥土路和野兔。這裡成了「美國的郊區」，一個令人嚮往的夢幻世界，那裡有波光粼粼的游泳池、橘子樹、小型購物中心、汽車電影院，是加州夢的終極體現，和以汽車為基礎的青年文化中心而聞名於世。巨大的郊區孕育出了關於「谷地女孩」的刻板印象，她們被想像成崇尚物質主義、頭腦空空；這些「谷地女孩」講話時句尾語調上揚的腔調，似乎征服了全世界。

聖費爾南多谷地是美國人口增長速度最快的地區，其人口在一九四〇年代翻了一倍，接著在一九五〇年代又再次翻倍，並在一九六〇年代突破百萬大關，而當時單調的郊區房屋已經遍布了整個谷地。

英國人和美國人從來沒有像亞洲人或歐陸地區的人那樣喜歡城市。他們更傾向於盡快逃離城市，並本能地搬往邊緣的鄉村地帶。要做到這件事，首先必須變得有錢。只有負擔得起通勤費用的人，才能逃離市中心的過度擁擠、疾病、汙染和犯罪。鐵路和有軌電車於十九世紀為富人在城市邊緣創造了風景如畫、價格昂貴的郊區。

發源自英國的郊區，於十九世紀開始成長，並在二十世紀加速發展，同時也改變了城市的本質。第一次世界大戰結束後，英國開始推動「英雄之家（Homes for Heroes）」和貧民窟清除計畫，並在大城市的邊緣建造了大量的郊區公營房屋（council estates）。曼徹斯特建造了一個名叫威森肖的衛星「田園城市」，計劃為十萬人提供兩萬五千間住房。倫敦郡議會於一九二〇年代開發了八個「別墅住宅區（cottage estates）」，讓市中心「貧民窟」的大量居民可以遷移至此。達根漢姆的畢康莊園成了世界上最大的住宅開發計畫，有兩萬五千七百六十九個住宅單位（主要是半獨立式住宅）；在一九三九年的當時，可住進十一萬六千人。在倫敦的西部，大都會鐵路公司則是為鐵路沿線的中產階級打造了一系列充滿田園風情的通勤住宅。這個從倫敦輻射出去的大片郊區被稱為「都會地帶（Metroland）」，其特徵是都鐸復興風格（Tudor revival）的半獨立住宅。倫敦在兩次世界大戰間不斷發展的「都會地帶」就是最鮮明的例子，顯示出這座無法阻擋的城市，在追尋田園夢的過程中不斷擴散，貪婪地吞噬了田野和村莊。雖然一九二一年至一九三一年間，倫敦的人口只增長了百分之十，但其城市面積卻增加了百分之兩百。洛杉磯的聖費爾南多谷地也呈現出相同的現象，只不過更加極端，因為這個服用類固醇的郊區怪物貪婪地消滅了它最喜歡的事物。

對郊區生活的憧憬，也就是住在半鄉村環境的獨戶住宅裡，是整個英美世界裡大家共同的夢想。整個工業化的世界都有個根深柢固的願望，就是要逃離現代大都市這個龐然大物。不過戰後郊區的形成，是由強大且往往無形的力量所決定的。

南加州致力於製造夢想，編織出自己的神話。它是悠閒價值觀、另類生活方式和無憂無慮海灘文化的全球首都。但現代洛杉磯也是戰爭的產物。居住在雷克伍德的大多數居民都在長灘及其周邊地區的道格拉斯飛機公司工作。他們的工作內容是組裝軍用噴射機，如空中騎士戰鬥機，而其中一架就停在社區中心公園裡的混凝土尖頂上頭。此外，國防工業也集中在聖費爾南多谷。第二次世界大戰期間，洛克希德飛機公司是谷地裡最大的雇主，生產了數千架空中堡壘轟炸機和戰鬥機。該公司於戰後改為生產先進的噴射飛機，曾製造出包括U－2偵察機在內的各式飛機。

雖然看起來可能不太像，但在雷克伍德所展現的這種郊區烏托邦其實是冷戰的產物：它是個可以容納數千人的住宅區，需要靠這些居民來打造各種產品以應對現代衝突。雷克伍德的郊區拓荒者不只擁有令人嚮往的家園，他們享有的薪水也遠遠高於全國的平均水準。[13]

他們因冷戰而得益，卻也身處冷戰前線。作為高科技軍事製造和研究中心，洛杉磯就是蘇聯核導彈的主要目標。聖費爾南多谷地的郊區城市或許是一九五〇年代的想望和社會變革的代表，然而當孩子們騎著腳踏車穿過郊區、青少年去汽車電影院的同時，洛克希德公司也正在上空測試最先進的飛機，經常會有音爆聲劃破寧靜。一九五〇年代期間，配備核彈頭的勝利女神地對空導彈發射基地，正保衛著這個綠樹成蔭的伊甸園；那是大洛杉磯周邊地區的其中一個導彈基地，這些基地形成了所謂的「超音速鋼鐵圈（Ring of Supersonic Steel）」。這也使得洛杉磯成了世界上防禦設施最嚴密的城市之一。[14]

郊區的擴張也和原子能時代密切關聯。一九五〇年代的世界末日文學和電影，讓住在城市變成一件相當可怕的事，而住在近郊、遠郊和通勤城鎮裡則給人一種安全感，因為它們距離大城市未來可能的原子彈落點似乎非常遙遠。不過這個往郊區移動的過程也是由聯邦政府推動的。軍事戰略家和城市規劃師愈來愈相信，將人群和工業從脆弱緊密的城市中移出，分散在各地的政策，是種未雨綢繆的方式，可以防範核武攻擊。在民主國家，強迫居民離開城市、分散居住是不可能的事。但這個目的可以用間接的手段來達成。稅金優惠可以決定產業分布的位置。一九五〇年代的大規模道路建設計畫，讓聚落得以在過往被認為太過偏遠之處如雨後春筍般湧現。此外，聯邦政府也對房地產市場進行了控制。[15]

尋找房子的夫妻可能會認為自己是在自由選擇，但引導他們走向郊區的道路，卻早已被最高層的政府給預先確立了。擁有獨特外觀和氛圍的美國郊區，體現的並非民族品味或個人選擇；它們主要是國家的產物。成立於大蕭條之後的聯邦住房管理局，為房貸市場提供了數十億美元的擔保。在一九三〇年代之前，如果想要和銀行貸款，就必須提供大約百分之五十的保證金，而且房貸必須在十年之內還清。然而，聯邦住房管理局為投資者提供的巨大安全網卻改變了這一切。有了這個安全網，債務人只需要支付很少的保證金，甚至完全不用支付，利率也很低，而且貸款期間可以延長至三十年。房貸市場於是出現了爆炸式的增長，任何人收入只要達到四千美元，也就是一九五〇年美國的家庭收入中位數，就可以輕鬆獲得房屋的所有權。[16]

但聯邦住房管理局並不打算對所有老房子都提供擔保。它的優先擔保對象，是位於寬闊街道或位於囊底路*的新建獨棟房屋。它要求房屋必須退縮至少四．五七公尺，並且完全被花園包圍。聯邦住房管理局批准單一用途的住宅開發案，並否決擁有商店或商業空間的混合用途區域。他們偏好的是面積而非密度，也不喜歡出租房屋或中古屋的房屋存量，因為他們認為這些會「加速低階層居民入住的趨勢」。聯邦住房管理局青睞位於主幹道附近的地方，而不是公共交通路線附近。畢竟，這些是標準化、可以被同質商品取代的房貸，會在全國市場上進行交易，也因此會需要標準化的房屋，方便被同質商品給取代。[17]

換言之，你可以擁有任何你喜歡的房子，只要它是位於郊區的全新平房。你或許會想住在城市裡，但市中心的住宅很難獲得房貸。這些事情對房屋買家來說都不是顯而易見的，但房地產經紀人和房貸仲介會引導他們，讓他們購買聯邦住房管理局心目中的理想住宅，而這些住宅通常都位於城外的新開發區裡。郊區之所以會在一九五〇年代出現爆炸式增長，原因就是政府希望它如此發展，並提供了數十億美元的補貼。建造雷克伍德的公司知道他們必須為收入僅達中位數的人提供負擔得起的房屋。它的三房牧場式平房，價格為八千兩百五十五美元。只要付得起每個月五十美元的三十年期房貸，就能買下這種房子，而且還無需支付頭期款。要在這些限制條件下建造房屋，並在利潤豐厚的房貸市場中競爭，就意味著必須快速大規模生產預鑄式房屋。在開發計畫中建造樣式統一的房屋，也就是擁有相同的外觀、用具、材料和設備，便意味著建商可以達到規模經濟；比方說，雷克伍德就有二十萬扇一模一樣的室內門。當你開車到雷克伍德或聖費爾南多谷附近時，那些房屋的一致性非常壯觀。之所以會有這種現象，並不是由於大家的偏好，而是因為那些是聯邦政府補貼的住房，即使這個事實被隱瞞起來，而購屋者還

---

*譯按：cul-de-sac，亦即只通向某個房屋入口的死路。

沉浸在自己擁有選擇自由的幻覺之中。

無數電視節目和電影都在頌揚這種生氣蓬勃的郊區生活，這讓郊區生活令人嚮往，甚至讓人覺得是最理想的生活方式。但實際上郊區的美學，是由聯邦住房管理局的投資政策，以及「防禦性分散」的國家安全考量所決定的。一九五四年的《住房法》要求包括聯邦住房管理局在內的聯邦機構，必須協助降低城市在面對敵人攻擊時的脆弱程度。在實務上，這便意味著必須透過郊區化來分散居民。法律還規定，貸款只能提供給「符合城市防禦標準」的房屋。他們在內華達沙漠進行的「提示行動」中，對各種類型的房屋進行了原子彈測試，結果發現牧場式平房是最堅固的類型。此外，如果房屋裝有百葉窗，其內部受到的損壞也最少。一九五〇年代南加州所有新建的房屋中，就有九成是牧場式平房，這件事並不是個巧合。[18]

南門市帶著無政府主義色彩的藍領郊區裡，原本還有勞工階級居民自己從頭建造的家園，此時卻開始被聯邦住房管理局所支持的、風格單調的雷克伍德給取代，那裡到處都是精心修剪的草坪。郊區長得愈來愈像。但這是房地產市場和政治優先考量所要求的一致性，未必是個人的選擇。但若要說這不是個人選擇，我們恐怕也難以反駁。在郊區買一棟牧場式的三房平房，每月只需支付五十美元的房貸，這個金額比在市中心租一間破舊的公寓便宜很多。擁有自己的房子，也能讓你邁向財務安全。

政府政策的目的，明顯是要將居民從市中心移往郊區。美國在第二次世界大戰後累積的大量財富被投資於發展汽車郊區，藉此來改變大家的生活。一九五〇年代經常被形容為「白人外逃（white flight）」時期，他們從混亂、族裔混居的市中心，遷移到種族隔離的中產郊區香格里拉。但事實並沒有這麼簡單。當時的政策正刻意將居民從城市分散到郊區裡。它符合人民的真實想望：在自己的房子裡建立家庭、遠離城市，因為不斷有人告訴他們，核武戰爭和「都市衰退」的陰影，正在籠罩著城市。

聯邦的住房政策加速了都會區的快速向外擴張，並吸走了市中心的人口。一提起美國一九五〇年代的富裕生活，我們的腦海自然就會浮現綠樹成蔭的郊區街道，以及健全的郊區家庭價值觀。出現在這個畫面裡的絕大多數是白人和中產階級，而這個刻板印象也確實符合事實。就像其他正在往水平方向擴張的美國城市一樣，種族隔離的高牆在洛杉磯也隨處可見。直到一九四八年為止，新郊區的屋主都可以拒絕將房屋賣給黑人家庭；最高法院當年在「雪莉控告克萊默」一案中的判決結果，撤除了禁止屋主出售或出租房產給少數族裔的法律。但他們仍有其他方法能繼續讓郊區居民以白人為主。房屋仲介會引導潛在的少數族裔買家遠離他們的開發案。聯邦住房管理局動用其權力，支持種族和社會組成都相對同質的住房開發案，創造出居民的收入水準和族裔膚色大致相似的郊區。就算只有幾戶非歐裔血統的家庭出現在郊區裡，也足以拉低房價，因為聯邦住房管理局拒絕為族裔混合社區的房貸提供擔保。因為這個直接的經濟現實，再加上原本就已普遍存在的種族歧視，洛杉磯許多郊區的屋主都曾集結起來，對想搬往郊區的黑人或拉丁裔居民進行武力威脅，也就不足為奇了。

充滿田園風情的郊區居民呈百合花般的白色，並依階級進行隔離；那些郊區的族裔和社會組成就和裡頭的房屋一樣千篇一律。一九六〇年，雷克伍德的七萬名居民裡，只有七名是非裔美國人。雖然在一九五〇年代期間，聖費爾南多谷的人口從三十萬暴增到七十萬，但那裡的非裔人口卻從一千一百人減少為九百人。這種現象並不令人意外，因為雖然聯邦政府截至一九六〇年為止擔保了價值共一千兩百億美元的新房屋，但其中只有百分之二的房屋賣給了非白人族裔。法院或許已經禁止了種族隔離，但房地產市場卻讓這種糟糕的現象持續下去。[19]

隨著歐裔背景的中下階層家庭離棄了城市，他們的位置也被新來的移民給取代。從一九四〇年至一九七〇年代的第二次黑人大遷徙期間，有超過五百萬的非裔人口從美國南部的農村地區，遷往東北部、中西部和西部的城市。就在美國白人徹底郊區化的同時，美國黑人則是有百分之八十住進了城市裡。他們遷入的城市正處於危機爆發的臨界點。為了興建高層建築和高速公路，許多舊房子面臨拆除的命運。公共住房被塞進了以往的貧民區裡。這些地區很難獲得房貸和保險。由於工業也隨著白人居民外流而遷離城鎮地區，因此工作機會非常稀少。類似的現象也能在英國、法國、荷蘭和其他地方看見：隨著中產階級和勞工階級社群長途跋涉遷往更宜人的郊區、衛星城鎮和規劃中的新市鎮，衰敗的市中心便成了移民社群的家園。

和其他美國城市一樣，洛杉磯的非裔移民被限制在市中心的狹小區域裡，如中南區、南區和瓦茨區，裡頭充滿了老舊的建築，和品質低落的大型住宅，而當時整個洛杉磯都會區，到處都有郊區住房如雨後春筍般出現。市中心的衰落，伴隨著品質低劣的住房、失業問題和暴力犯罪，有部分是由高速增長的郊區化所造成的，而那些問題，也會反過來助長郊區的無限增長，因為有愈來愈多的人想要逃離城市。夢魘般的城市也讓雷克伍德這樣的社區居民，比以往更加堅定地想要建立虛擬的障礙和真實的柵欄，好將他們不想看到的人拒於門外，藉此保護他們所創造出來的天堂，避免被市中心的汙染影響。

★

郊區這個詞本來就充滿各種意義。在文學、音樂和電影裡，郊區是**反**城市的空間，是城市所擁有的各種刺激、自由和複雜性的對立面，也是枯燥乏味、愚蠢同質、空洞疏離、強迫性消費主義和單調的白人資產階級的荒野。但郊區的無聊和千篇一律，卻也是它其中一個最吸引人的地方：它是一個遠離混亂城市喧囂的安全空間，在這個被核武威脅的危險世界裡，它也是個沒有歷史包袱的「無境之地（Anywheresville）」。「你知道我住的那條路嗎？我說的是西布萊切利的埃爾斯米爾路。」在喬治．歐威爾的小說《上來透口氣》（一九三九年）裡，故事主角曾如此問道。「就算不知道，你也一定看過跟它長得一模一樣的其他五十條路。你知道這些街道在我們的郊區裡隨處可見。它們總是大同小異。一排排的長型半獨立式房屋……粉刷過的房屋正面、經過防腐朽處理的大門、用水蠟樹做成的籬笆，還有綠色的前門。他們有各式各樣的名字：月桂樹、桃金孃、山楂樹、我的避風港、我的棲息地、美景。」

在文學作品的傳統裡，郊區長期以來都被描繪成死氣沉沉的地方，裡頭有平庸知識分子的企圖心，和乏味的郊區價值觀：從格羅史密斯兄弟的《小人物日記》（一八九二年），到葉慈的《革命之路》（一九六一年）和厄普代克的《夫婦》（一九六八年），從庫雷什的《郊區之佛》（一九九〇年）到法蘭森的《修正》（二〇〇一年），這些作品都是例子。郊區一直是電影製作人心愛的繆斯女神，他們總會被表面上千篇一律、枯燥乏味，但背後似乎潛藏著的黑暗勾當所吸引。當我們想到郊區時，大衛．林區的《藍絲絨》（一九八六年）、山姆．曼德斯的《美國心玫瑰情》（一九九九年），以及布萊恩．福布斯的《超完美嬌妻》（一九七五年）這些電影立刻就會浮上腦海，它們都是這種類型的電影無可爭議的經典之作。恐怖片也會使用郊區作為場景，那裡散發著殭屍般的可怕氣味，比如《半夜鬼上床》（一九八四年）、《生人勿近》（一九七八年）。郊區是個潛藏家庭鬥爭、懸疑故事和犯罪的地方，比如《慾望師奶》和《黑道家族》就是這樣的故事。和城市生活不同的是，郊區生活是在關上的房門後頭發生的，因而為各種故事提供了空間，卻又同時讓這些故事難以為外界所知。那些修剪整齊的草坪背後，究竟隱藏了哪些故事呢？

郊區一再地被描述成原本是天堂但後來淪為地獄的地方。這些郊區備受批評，尤其是在丈夫通勤上班的同時，婦女便被囚禁在家務勞動之中。對於藝術家來說，郊區也提供了許多生動有趣的可能性：那些整潔的環境、嚴格的家庭位階和一致性，一定只是在掩飾他們的酗酒、嗑藥和性愛派對，甚至是更糟糕的活動，對吧？

流行音樂則對郊區提出持續不斷且直接的抨擊。美國民謠作曲家蕾諾茲於一九六二年的一首曲子，形容郊區由「廉價建材做成的小盒子」所組成。而且被「放入」這些盒子裡的人，也都擁有相似的背景、教育、工作和嗜好，就和他們的房子一樣單調。

郊區的無聊、自滿、同質化和偽善，自然也是流行音樂的抨擊對象。這不無道理。畢竟流行音樂的目標受眾是青少年，這些歌曲講述了他們在刻意被淨化消毒、適合兒童的安全環境中沉悶的日常經驗，並給予他們某種釋放感。在搖滾樂團「年輕歲月」的傑作〈郊區的耶穌〉（二〇〇五年）裡，郊區是個猶如末日般空洞的人造建築；位於某個荒涼高速公路的盡頭，一個什麼都不是的地方（Nowheresville）。這是個充滿偽善的人、療程和抗憂鬱藥物的地方；在那裡，7-11 就是世界的中心。

英國電音男子二人組「寵物店男孩」的〈郊區〉（一九八六年）講述郊區生活有多無聊：你只能沉迷於毫無意義的塗鴉行為，並藉此來紓解心情。在這首歌的影片裡，洛杉磯沉悶的牧場式住宅，和倫敦沉悶的仿都鐸式半獨立住宅並置在一起：全球郊區的體驗都是相通的。類似的還有一九八〇年的〈郊區夢〉，樂團「瑪莎與鬆餅」在這首歌裡捕捉到現代生活的普遍經驗：漫無目的地走在用日光燈照明的購物中心裡，喝著化學合成奶昔，躲避高中男生的笨拙搭訕。郊區的成人生活充滿了枯燥乏味的談話，他們談論天氣、談論誰買了新游泳池或最新型的汽車，而青少年則是虛無地聽著重金屬音樂，並在購物中心裡遊蕩。

所有青少年都想逃離家庭走向世界，而成年人卻正好相反。郊區自然成了青少年和父母之間關於價值觀和想望的衝突前線。唯一的選擇就是逃跑。但是要逃去哪呢？在樂團「拱廊之火」二〇一〇年的專輯《城郊》裡，有首震撼人心的歌，名為〈蔓延二號〉；在這首歌裡，郊區已經蔓延到各個角落，征服了整個世界。想跑的話可以盡量跑，但不管你逃到哪裡，結果都差不多。如果沒有對千篇一律和消費主義發出怒吼，搖滾就不是搖滾、龐克也稱不上龐克了。青少年就是要對資產階級的價值觀感到憤慨，而郊區就是傳統生活方式的體現；表達對郊區的不滿情緒，就是流行音樂反覆出現的主題。

儘管大家對於郊區的普遍看法仍根深柢固，但在過去的七十年裡，郊區本身一直都是個在不斷變化的地方。雖然市中心沒怎麼變，但郊區卻經歷了快速而重大的變化。打從第二次世界大戰以來，郊區就是歷史發生的地方。開車穿過雷克伍德會讓你覺得彷彿回到了一九五〇年代，那其實是個被精心打造出來的錯覺。歷史的浪潮不斷沖刷著這樣的地方，重塑了一切。若要了解現代的都市主義，了解大都會是如何發展的，你就必須離開充滿博物館或旅遊景點的市中心，進入神祕的城郊地帶。

★

雖然從雷克伍德到康普頓只要十分鐘的車程，但這段路程卻讓人感覺像是進入了另一個世界。所有的房子看起來都長得一模一樣（不過牧場風格的平房更多一些），但這是世界上最惡名昭彰的社區之一。它之所以會在全世界都如此知名，得感謝洛杉磯嘻哈團體「尼哥有態度」的首張專輯《衝出康普頓》（一九八八年）；這是一張開創性的黑幫饒舌專輯，沉迷於洛杉磯最暴力社區裡的幫派暴力和殘暴行為。雖然這張專輯沒有在任何電台上播放，也沒有在MTV頻道上曝光，但依然很快就大賣了一百萬張，成了白金唱片。

《衝出康普頓》令人難以置信的商業成功，有很大一部分是因為據說「尼哥有態度」曾經親身參與過洛杉磯野蠻的幫派戰爭，而不只是這場戰爭的記錄者。這張專輯在白人中產階級郊區的青少年族群裡非常受歡迎，根據唱片公司的統計，「尼哥有態度」的歌迷有百分之八十屬於這個群體，專輯裡的歌曲聽得到槍聲、警笛聲、露骨的歌詞，以及對警察的憤怒，這讓全美國都為之震撼。「尼哥有態度」也會炫耀自己拉風的汽車和AK－47步槍。在〈操他的警察〉這首單曲裡，名叫「冰塊酷巴」的樂隊成員抨擊洛杉磯警察局的暴行和種族主義。一名警察因為他擁有昂貴的珠寶和傳呼機，便以販毒的罪名逮捕他，於是他便藉由這首歌一吐對這名警察的怒氣，並幻想著要進行報復。這首歌的副歌，就是在不斷複誦著這首歌直接的歌名。

《衝出康普頓》之所以擁有巨大的影響力，有部分是因為它讓各個郊區裡的青少年得以一窺貧民窟的樣貌，同時也因它對洛杉磯部分地區於一九八〇年代的現況表達了憤怒。它還讓康普頓成為國際知名的城市，並成為城市崩潰和虛無主義的象徵。媒體曾將康普頓稱為「貧民窟」；那裡在《衝出康普頓》發行之後便聲名狼藉，成為大家遠遠避開的地方。

這種游擊隊式的幫派戰爭，不是在皇后橋這種令人不快的現代主義高樓裡上演，而是在曾經的郊區裡進行著。二戰期間，以及二戰結束不久之後，第二次的黑人大遷徙將成千上萬的非裔家庭帶到了南加州。他們被困在中南區和瓦茨區品質低落的房屋裡，和其他人一樣，也渴望在郊區擁有一個舒適的家。

對非裔族群來說，要實現這個夢想的障礙非常巨大，再加上中南區的生活非常不愉快，以至於他們甚至願意為了購買康普頓和克倫肖等地的房屋，而支付比白人工人階級居民更高的價格。一九四〇年代末和五〇年代的康普頓和大多數郊區一樣，居民都以白人為主。（美國前總統老布希曾於一九四九年和其家人短暫居住在這裡，當時這位未來的總統正在為德來瑟工業擔任石油鑽頭的業務員。）有些白人屋主，還曾遭到白人鄰居的毆打，因為他們將房屋委託給向黑人出售房地產的仲介。一九五三年五月，傑克森夫婦剛搬到康普頓，正要從貨車上卸貨時，遭到了一群白人暴民的襲擊，於是只能使用一對柯特點四五手槍和一把十二號口徑的散彈槍來自衛。在其他地方，白人自發組成的自治隊則會在草坪上焚燒十字架、破壞房屋，並毆打想搬進社區的非裔房屋買家。[20]

每當非裔居民搬進洛杉磯的社區，就會出現一種特殊的現象。隨著白人居民會恐慌性拋售房屋，導致非裔買家會造成房價下跌的想法，變成一種自我實現的預言。而這又為更多渴望逃離市中心的黑人家庭帶來了更多的買房機會。到了一九六〇年，非裔居民已占康普頓人口的百分之四十。驚恐的觀察者認為，隨著市中心逐漸滲透進白人的飛地，像康普頓這樣的郊區也在經歷「貧民窟的擴散」。但實際的狀況卻恰好相反：康普頓的動態代表非裔居民正在逃離市中心，和之前的白人勞工階級沒什麼兩樣。他們都是專業人士和文職人員、工匠、護士和工廠作業員。他們的孩子在兼收白人和黑人的高中裡就讀，然後進入加州大學的洛杉磯分校和柏克萊分校。他們的房子空間寬敞，還有精心整理的花園。他們和他們的白人鄰居一樣，車道上可能都停著快艇或露營車。黑人郊區居民的行為舉止原來和其他的郊區居民並沒有什麼差別，這點讓很多白人居民和訪客感到非常驚訝。一九六〇年代的當時，美國郊區有百分之九十五的居民都是歐裔族群，而康普頓則展示了族裔混居的郊區可能的樣貌。康普頓的一位非裔居民曾說：「黑人這次沒有搬進貧民窟；這次他住進了好房子。」[21]

「尼哥有態度」的幾位創始人的背景都頗令人意外。「阿拉伯王子」的父親是一位作家，而母親則是鋼琴老師。「簡單E」的母親是小學的行政人員，父親則是郵政人員。「MC仁」的父親擁有一家理髮店。「冰塊酷巴」的母親是一名醫院職員，而他本人在成為饒舌歌手之前則是建築系的學生。他們都是成功非裔美國人郊區的產物，卻在康普頓被描述為「黑人的比佛利山莊」不到三十年之後，成為幫派戰爭和社會瓦解的記錄者。究竟是出了什麼問題呢？[22]

康普頓族裔混居的現象在一九六五年戛然而止。位在康普頓附近的瓦茨發生了一起警察虐待非裔居民的事件，引發了大家對於警察粗暴執法和貧民窟狀況的不滿情緒。有三十四人在隨後發生的瓦茨暴動中喪生；這起暴動造成四千萬美元的損失，九百七十七座建築物被燒毀或破壞。這起暴力事件導致白人居民和富裕的非裔居民開始逃離。他們也帶走了自己的生意，這讓康普頓的商業區成為一座鬼城。這場災難事件發生時，工業正好也在遷移到更遠的新地點。一九八〇年代初期，多數的大型製造業者都已經離開，除了導致大量失業之外，也讓政府頓失稅收。[23]

簡單E、冰塊酷巴、MC仁和阿拉伯王子都是一九六〇年代的孩子。他們出生的時候，康普頓有一半以上的居民未滿十八歲。他們目睹自己的城市和學校陷入衰敗、父母親遭到解僱，並開始依賴政府救濟過活。公共交通的瓦解意味著大家沒有辦法出去找工作。烏托邦式的郊區很快就變成了災區，完全不可能找得到好工作。商店被木板封了起來，公共服務也一落千丈。被剝奪未來的年輕非裔男性於是加入了街頭幫派。「瘸子幫」於一九六九年在中南區的弗里蒙特高中誕生；而他們的死對頭「血幫」則起源於康普頓，他們標誌性的紅色，也源自當地高中的代表色。附屬在瘸子幫和血幫下的其他幫派開始激增，由罪犯和毒販組成，其成員總數介於七萬至九萬。他們因快克古柯鹼的流行而大發利市，而龐大的利益也導致地盤鬥爭在一九八〇年代愈演愈烈。

一九六〇年代的康普頓還是黑人的比佛利山莊，但到了一九八〇年代，卻成為洛杉磯郡激烈的幫派戰爭的中心，不論是開車掃射或槍戰都十分常見。對於饒舌歌手「冰T」來說，在一九八〇年代的洛杉磯，快克古柯鹼和金錢都讓生活變得毫無意義。嘻哈文化渲染了城市幫派的吸引力、街頭生活應該要有的魅力，以及他們與洛杉磯警察局的衝突，卻也呈現出他們的生活有多麼危險和淒涼。即使歌詞裡的故事情節都是虛構的，但音樂節奏的威脅性，以及西海岸嘻哈音樂強硬且具對抗性的歌詞，都仍反映出了康普頓生活的嚴峻現實。嘻哈音樂講述了自一九六〇年代起，便在各種充斥日常暴力的環境中長大的一代人的故事，為了生存，他們每天都必須進行野蠻的鬥爭。一九八八年的歌曲〈顏色〉便生動地譴責了洛杉磯街頭如戰場般的氣氛，以及大多數美國人無法理解的生存鬥爭。毒品和暴力會讓人變得殘酷：除了虛無主義式地訴諸暴力，還剩下了什麼呢？

像〈操他的警察〉這樣的歌曲充滿了焦慮和痛苦的呼喊，也提醒了我們，當郊區變成城市化的貧民窟時，會出現哪些現象。他們抨擊洛杉磯警察局的高壓手段，以及對幫派的武裝掃蕩。四年後，洛杉磯再次爆發了騷亂，而這次的起因是一位洛杉磯警察官被指控在聖費爾南多谷地郊區毆打了羅德尼金，最後卻被宣判無罪釋放。

這道投射在康普頓身上的暗光，凸顯了一個在一九八〇年代很少有人討論的問題。到一九八〇年，美國的郊區居民有百分之八．二（相當於七百四十萬人）生活在貧窮線以下，而這個數字又在接下來的二十年裡又翻了一倍，這意味著郊區貧困人口的數量，已經超越了市中心的貧困人口。美國城市的謀殺案件數下降了百分之十六・七，但郊區的案件數卻上升了百分之十六・九。許多郊區和康普頓一樣（雖然程度較輕），也都苦於城市裡常見的問題。郊區並不是城市的對立面；它們現在也融入了不斷擴張的大都會的紋理之中，而這點，也能從犯罪、毒品和失業率正在向郊區蔓延來獲得證明。郊區居民的族裔組成變得愈來愈多元，反映了傳統城市的發展軌跡。城市和郊區之間的差別開始消失，而這也意味著一種新型的大都會正在創建。[24]

★

電影《黑道家族》的開場片段中，托尼・索普拉諾開著車駛出林肯隧道。他的照後鏡裡映著曼哈頓的天際線。隨著托尼繼續沿著澤西收費高速公路行駛，這座城市也逐漸消失在視線範圍以外。他和所有不斷在同一條路上來回的通勤者一樣，情緒低落地從收費站人員手中一把搶走票根。就和其他通勤者一樣，他現在可能早已忘了路途上的風景：城外的商業園區、衰退的工業、螺旋狀的高速公路、機場、郊區小鎮的購物街，與一九五〇年代的郊區當中逐漸破敗的房屋。老舊的房子被一排排更現代的郊區住宅給取代，最後托尼停在自己寬敞的、充滿一九九〇年代風格的「麥克宅邸*」前，它看起來簡直就像是剛被丟進這個鄉村裡一般。

《黑道家族》的開場片段，就是城市地理學家口中的橫切面（transect），也就是從市中心到城市邊緣的切片，揭示了各種社會意義和實體意義上的棲息地（habitat）。托尼穿越都市無序擴張的過程，就是一趟穿越層層歷史的旅程。每個城市都可以被這樣解讀：地景能揭示近期歷史的演變，也能揭示我們的城市是如何處於一種持續不斷、劇烈變化的狀態之中。

我在八月份造訪了雷克伍德和康普頓，開車穿過那片在動盪的二十世紀末被塑造、被重塑出來的都市地景。雷克伍德曾是典型的白人藍領社區，現在則是美國族裔分布最平均的郊區之一：百分之四十一的居民是非拉丁裔的白人；百分之八．七是非裔美國人、百分之十六是亞裔，百分之三十為拉丁裔。

二十世紀下半葉的地緣政治形塑了雷克伍德的歷史。雷克伍德的誕生，源自一九五〇年代的經濟繁榮，其維繫則有賴於冷戰時期高額的聯邦國防支出；而柏林圍牆的倒塌卻意味著國防工業的高薪工作將難以為繼。由於蘇聯解體，整個大洛杉磯地區都籠罩在失業的暗影之下，而這種感覺在雷克伍德尤為強烈。這座城市在一九五〇年代被外界譽為郊區烏托邦。到了一九九三年，一群被稱為「馬刺幫」的高中男生因為犯下多起性犯罪和強姦案而遭到逮捕，這讓雷克伍德再次聲名大噪，只不過這次卻成了郊區反烏托邦（suburban dystopia）的符號。那些涉案的青少年開始在聳動的電視脫口秀露臉，這讓雷克伍德在一夕之間成了郊區社會崩潰現象的象徵，充斥著家庭功能失調、殘暴的青少年和性濫交等問題。[25]

雷克伍德反映了美國自第二次世界大戰以來猶如雲霄飛車一般的歷程，也反映了美國的繁榮、蕭條、去工業化、多元性和日漸磨損的郊區理想主義。洛杉磯的城市地貌就像一個不斷進化的有機體，能不斷適應地緣政治和全球化的外部刺激。它也像一片巨大的海灘，在潮起潮落之間不斷重塑海岸線，創造出由不斷變化的社群拼湊而成的大雜燴。這些強大潮汐的力量在郊區地景中顯而易見。透過車窗，可以清楚看見全球西方（global West）去工業化、蘇聯解體和亞洲崛起造成的後果。

雖然在一般人的刻板印象裡，康普頓是非裔美國人的貧民窟，但在一九八〇年代期間，康普頓的拉

＊譯按：McMansion，指鋪張豪華，但毫無品味，被大量生產出來的房子。

丁裔人口卻開始大幅增加，並在一九九〇年代後期成為該社區裡人數最多的族裔。繼續往北行駛來到杭廷頓公園，那裡的路牌標誌上寫的是西班牙文，反映出這個郊區在一九七五年至一九八五年間的劇烈轉變：那裡的居民原本幾乎都是白人的勞工階級，後來卻變成有百分之九十七都是拉丁裔。許多搬進杭廷頓公園的人，都來自東洛杉磯的貧民窟和市中心的公共住宅，他們尋求更好的生活，希望在郊區擁有自己的房子。那裡出現了各種商業活動，以迎合該市拉丁裔社群的需求，就是企業家的創業精神令人震驚的具體呈現。

這個模式是這樣的：為了改善社會經濟地位並獲得更好的生活水準，大家不斷從衰落的郊區流向新的郊區。非裔美國人從康普頓等地搬到了族裔多元、可以提供更好機會的郊區，比如聖費爾南多谷地、聖貝納迪諾或河濱市。他們在戰後市中心的位置，被一九六〇年代迄今來自墨西哥和中南美洲的移民占據；這些移民和在此之前的人一樣，都是被洛杉磯吸引而來。

這一切之所以能夠發生，要歸功於席捲全球經濟的幾個巨大變化。洛杉磯成為亞太經濟的樞紐，以及全球金融公司的總部所在地。隨著製造業的逐漸衰退，洛杉磯的服務業和高科技產業卻蓬勃發展，而洛杉磯和長灘的港口成為從中國、香港、日本、越南、韓國和台灣進口汽車、電子零件和塑膠製品的門戶。在後工業經濟中，城市的社會結構呈沙漏狀：頂層有非常多的有錢人，中間階層卻沒什麼人，而基層又有大量的低收入移民。這種新經濟需要低工資、低技能、不被允許組織工會的勞動力，如園丁、清潔工、司機、保姆和成衣廠的工人。根據二〇一〇年的人口普查，洛杉磯郡有百分之四十七．七的人口是拉丁裔，而非拉丁裔的白人僅占百分之二十七．八。[26]

這種重塑洛杉磯人口結構的改變，在其他城市也能看見。在全美各地，郊區的人口組成都變得愈來愈多元。到了二十世紀末，郊區裡增長最快速的群體是拉丁裔、非裔和亞裔人口。此外，有百分之五十的移民跳過了城市，直接進入郊區。換言之，郊區的特性正在變得愈來愈像城市，反映出全球化大都市的多樣性。

大都會的地景，是由曾經住在城市裡，後來又搬往其他地方的各種人所塑造出來的。在二十世紀後期，這個原本只是緩慢變化的過程也變得愈來愈瘋狂。從杭廷頓公園出發，只需很短的車程就可以抵達位於聖蓋博谷地的蒙特利公園。這個幽靜、低密度的地方，擁有許多美國郊區的那種小鎮魅力；不過在它令人熟悉的樣貌之下，其實隱藏著一個很重要的關鍵，能夠幫助我們理解城市是如何經歷快速變化的。蒙特利公園以及聖蓋博谷地的大部分地區，不僅是當代城市革命的縮影，也是現代全球化的縮影。

和許多其他的郊區一樣，在戰後的最初幾年裡，蒙特利公園的居民絕大多數都是白人。但在一九六〇年代期間，白人的比例卻從百分之八十五下降到百分之五十，而拉丁裔則占百分之三十四、亞裔占百分之十五。許多新來的亞裔居民都是正在向上流動的家庭，正在努力離開市中心傳統的都市飛地，如小東京和唐人街，目的是為了在郊區獲得更好的生活水準。在接下來的二十年裡，年輕的房地產投資人謝樹剛利用當時郊區的亞裔人口還不太多的特點，對打算搬來的亞洲移民進行宣傳，並把郊區稱為「中國人的比佛利山莊」。[27]

謝樹剛看到了蒙特利公園的潛力。那裡靠近洛杉磯市中心；在洛杉磯開始重新定位以適應亞太地區經濟之際，蒙特利公園提供了通往金融中心的便捷通道。謝樹剛認為聖蓋博谷地連綿起伏的丘陵和台北非常相似，還在亞洲報紙上推銷這個郊區，把住進蒙特利公園打造成為在美國功成名就的代名詞。就連這座城市當時的區域號碼（八一八）也有促銷的作用，因為在中國的數字命理學裡，八這個數字被認為能夠帶來財富。最後，這個手法成功奏效了：一九七〇和一九八〇年代期間，數以萬計來自香港、台灣、越南和中國的移民開始在那裡購置房產，他們身家不俗，而且都受過良好的教育。到了一九九〇年，它成為美國唯一一個亞裔人口占多數的城市；有些人甚至把那裡稱作「第一個郊區唐人街」。[28]

但這個綽號其實會讓人誤會。蒙特利公園和分布在世界各地的那種由單一民族組成的都市唐人街並不一樣。雖然目前那裡占多數的亞裔居民裡，有百分之六十三具有華人血統，但他們來自中國大陸各地，以及香港和台灣，而且和其他來自日本、越南、韓國、菲律賓和東南亞其他地方的家庭比鄰而居；此外，那裡的拉丁裔人口其實也不少，占整體居民的百分之三十，而白人則是百分之十二。很少有郊區變化得如此之快，或是如此明顯。許多新來的華裔郊區居民，都是受過高等教育的工程師、電腦程式設計師、律師和其他類型的專業人士，他們可以直接付現買房。[29]

和前面幾個世代的白人專業人士一樣，他們被蒙特利公園吸引而來，因為它提供了深具吸引力的生活方式、負擔得起的房價和商業機會，也有可以連結南加州所有主要的高速公路，四通八達。值得注意的是，這些企業家繞過了市中心直奔郊區，這與以往的移民社群往往都會先在港口或大城市裡落腳的歷史趨勢正好相反。

在一九七〇年代和八〇年代的美國，郊區就是創業和投資房地產的最佳地點。因人口與資金的不斷湧入，這也讓蒙特利公園迅速出現了讓許多年長居民感到不安的變化。當地一家甜甜圈店和一家輪胎店變成了華人的銀行；常見的連鎖店和購物街被亞洲商店和超市取代。老派的美國餐廳換人經營，開始銷售一些非常美味的粵菜、川菜、山西菜、上海菜和台灣菜。到了一九九〇年代初，該市將近二十平方公里的面積裡，已有六十多家中餐館；郊區的購物中心開始成為饕客趨之若鶩的朝聖地。中文招牌大量出現在該市的商業中心，也就是加維大道上，上面寫著華人會計師、律師、房地產經紀人、美髮沙龍、醫療機構、超市、旅行社的名字，當然也少不了餐館。可以肯定的是，這些企業不只在去工業化時期為當地社區提供了服務，並讓這座城市恢復活力，也為從香港、台灣和中國大陸逃離政治動盪而來的人提供了將資金從亞洲帶入美國的方式。但這裡的意義遠不止於此。

在個人生活和商業領域因為資訊科技而出現變革的當時，進口到美國的個人電腦產品中，約有百分之六十五是經由洛杉磯進口的。大多數組裝和經銷個人電腦的華人公司都位於聖蓋博谷地。在二十世紀後期，隨著人員、資本和產品的跨國流動愈來愈頻繁，谷地的郊區城市也變得炙手可熱。從表面上看，聖蓋博谷地是個不起眼的典型郊區，但它其實位處全球化的中心，不只有高科技產業，還有金融、法律和保險服務，管理著資本和消費性商品在亞洲和美國之間的流動。環太平洋地區蓬勃發展的經濟，其核心其實位於那些占地不過幾英畝的木造平房裡。我們都聽過全球城市，但全球郊區這個說法卻很少有人提到。[30]

當聖蓋博谷地於一九八〇年代和九〇年代成為電腦科技中心時，那裡的經濟活力就是整個洛杉磯都會區的縮影。從一九七五年一直到二十世紀末，大多數城市在這段期間都像一個個巨大的漩渦，每天都在吸入通勤者、金錢、商業活動和購物者。但隨著其他城市開始模仿洛杉磯去中心化的發展模式時，事情卻突然有了一百八十度的轉變。

到了一九八〇年代，超過一半的美國公司已經遷移到城市的外圍區域，而且超過百分之八十的工作都位在舊的中央商務區以外的地方。戰後的數十年間，城市發生了翻天覆地的變化。就像聖蓋博谷地裡的電腦產業，郊區也從宿舍變成了商業場所，模糊了郊區和城市之間的簡化界線。有些郊區已經演變成所謂的「科技郊區（technoburbs）」，因汽車、電話和電腦等現代科技，使得衛星郊區得以不再依賴城市母體。這些郊區變得更像城市。我們原本有許多需求，讓密集的市中心在人類歷史上不可或缺，然而這些東西在此時卻開始變得無關緊要，比如面對面的接觸、提供特殊的專業功能，以及必須將這些專業服務聚集在步行距離之內的需求。以喬治亞州的亞特蘭大為例：該城市在一九六〇年，有百分之九十的辦公空間都集中於市中心。而一九八〇年時，隨著近百個工業區在城市周邊擴散，辦公空間位於市中心的比例也驟降至百分之四十二。如今的亞特蘭大，是世界上人口密度最低的大型城市，每平方公里只有大約兩百四十三人（全世界人口最密集的城市達卡，每平方公里有四萬四千四百人左右；至於全球城市密度的中位數則是每平方公里約五千四百人）。世界各地的城市都在變得愈來愈像洛杉磯，是個無定形的地方，不是由一個中心，而是由許多中心所組成，而商業活動和城市功能四散在各地。從本質上來說，後工業化時代、全球化經濟中的企業，如高科技、研究和服務業，本來就更偏好郊區的商業園區，而不是市中心。

最著名的例子，當然就是加州北部位於聖荷西與舊金山之間、以史丹佛大學為中心的城鎮群。在過去的幾十年裡，世界上還沒有哪個地區能像那裡，對我們的生活造成如此大的影響。這一連串的郊區、研究園區和商業園區，就是谷歌（Google）、蘋果（Apple）、推特（Twitter）*、臉書（Facebook）、網飛（Netflix）、雅虎（Yahoo）、優步（Uber）、愛彼迎（Airbnb）、甲骨文（Oracle）、電子灣（eBay）和領英（LinkedIn）等企業的總部所在地。矽谷既不是城市，也不是郊區。憑藉著前所未見的全球影響力，它就是現代沒有明確形體、去中心化的城市的縮影。

回到洛杉磯，聖蓋博谷地的故事並不僅止於台灣商人和中國商人建立跨太平洋貿易連結的成功故事而已。蒙特利公園的移民既有富人和技術人員，也有窮人和非技術人員。它也出現過白人抵抗其他族裔入侵郊區的常見故事。居民團體曾試圖禁止中文標誌，並宣布英語為該市的官方語言。但這場戰役的前線其實是不起眼的加州平房。亞裔的新富階層購屋者，希望將適合小型核心家庭使用的舊木屋，改造成更大、更宏偉的住宅，藉此反映他們的財富、地位和家庭規模。為了容納單身和低收入的移民，投機者也開始在郊區建造公寓大樓。他們遇到了當地保護主義團體的抵制：這些團體希望拯救被他們視為郊區歷史遺產的東西，避免這些遺產受到亞裔「豪宅化」和城市化的破壞；為了保留這個地方的原始特徵，他們退無可退，只能奮力一搏。[31]

穿過聖蓋博谷地向東行駛，戰前時代的郊區便會逐漸被風格多元而質樸的戰前平房給取代，接著則是戰後年代風格更加統一的郊區。洛杉磯在二十世紀期間，逐漸成為美國人口最密集的城鎮地區，每平方公里約有兩千三百多人（但依然不算非常密集；相比之下，大倫敦地區和上海的密度為每平方公里五千六百人；巴黎市中心則是每平方公里超過兩萬人）。美國東部的郊區以開闊的空間為特徵，而洛杉磯的大部分地區則都已經被建築物占據，幾乎沒有公園或鄉村。隨著舊郊區變得愈來愈擁擠、愈來愈破敗不堪，周圍也有愈來愈多半鄉村、位在城市邊緣、如神話一般的新房屋，而愈來愈有錢的亞裔家庭，也和白人和非裔家庭一樣，開始穿過谷地向東前進，從一個郊區跳到另一個郊區，追逐搬到都市邊緣的夢想。

他們向東邊更富裕的郊區移動的進程，也反映了全球經濟重心再次出現了向亞洲傾斜的變化。華人

*編按：二〇二三年改名為「×」。

購屋者開始搬進洛杉磯最富裕、最具獨占性的一些郊區，如聖馬力諾和阿卡迪亞，這些橡樹扶疏的美麗小鎮位於聖蓋博山的山麓。這些地方以往很受白人企業高階主管的青睞，但自二十一世紀初以來，亞裔人口成了主要居民。這些遷入的亞裔人口，通常不是因為在洛杉磯發家致富後，收入增加而搬出舊社區向上流動的商人。他們是新致富的中國的企業高階主管百萬和億萬富翁以及政府官員，直接從上海和北京搬來阿卡迪亞。

他們正在追逐的夢想，和過去在美國郊區的前輩們一樣：在宜人的環境中，擁有一座享有盛譽的大房子，那裡的學校很好，購物中心裡也擺滿奢侈品，將資金換成美國資產也能讓他們的財富獲得更多保障。阿卡迪亞是美國典型的中上階層小鎮，每條橡樹成蔭的街道上都散發著富裕的氣息；它不再只是洛杉磯或帕薩迪納的郊區，而是這個全球化世界的郊區。許多來自一九四〇年代、附帶大花園的錯層式牧場房屋被買下拆除，並重建成巨大奢華的中國豪宅，配有水晶吊燈、大理石裝潢、大型酒窖、可以使用中式炒鍋的廚房、環狀車道，以及超級有錢的海外華人家庭可能會想要的一切東西。[32]

二〇一〇年至二〇一九年間，每年都有一百五十到兩百五十棟建於一九四〇年代、面積約五十多坪的房屋，變成面積三百多坪的二十一世紀巨型豪宅。這些龐大且閃閃發光的怪物，讓剩下的傳統房屋顯得相形失色，也象徵著中國人的品味和金錢對現代世界的影響力。它們還展現出美國郊區的力量：不論他們的背景是什麼、使用的手段為何，好幾個世代的人都在被加州郊區的生活方式吸引前來南加州。

阿卡迪亞的百萬富翁豪宅講述的是一個全球化的故事。但開著車再往東邊走，你會看到另一個故事：在這趟四十分鐘的車程裡，你會穿過一連串的郊區，一路蔓延到朱魯帕谷地一個叫做東谷的新城市，那裡到處都是令人沮喪的麥克宅第。不過幾年之前，這個像薄餅一般平坦、塵土飛揚、半沙漠的地方，還到處都是養牛場和葡萄園。而現在，這裡則是一個經過規劃的廣闊郊區。這裡已經不屬於位在其西邊七十多公里的洛杉磯，而是個內陸帝國（Inland Empire）。然而，它依然是大洛杉磯／南加州超大城市地帶向外無盡延伸的一部分。

這裡死氣沉沉的超大型郊區，就是雷克伍德的二十一世紀版本：像大盒子般的購物中心周圍，環繞近年興建的數千棟郊區預鑄房屋。東谷和一九五〇年代的雷克伍德一樣，是二〇〇〇年前後，美國和世界上其他地方正在快速郊區化的絕佳案例。房子變得愈來愈大、愈來愈深入鄉村地區。沿著高速公路和十字路口周邊，地塊也向外蔓延得愈來愈遠；百分之百的貸款比例也讓更多人買得起這些住宅。和許多地方一樣，東谷的規模幾乎和城市沒什麼兩樣，但缺乏許多可以豐富城市生活的東西，如有商店、咖啡店和餐館的市中心、適合步行的熱鬧街道，以及風格多元的建築和夜生活。

城市化和郊區化的傳統概念已然崩解。我們有「邊緣城市（edge cities）」或「隱性城市（stealth cities）」，這些聚落提供住房和就業，卻又不具有城市的特性。美國在二十世紀後期出現了「繁榮郊區（boomburbs）」，也就是人口超過十萬，且人口增長率長期維持在兩位數的廣闊郊區。它們的人口增長速度和經濟活力都超越了城市。例如，位於亞利桑那州鳳凰城的郊區梅薩，人口便超過五十萬人，比邁阿密、聖路易斯和明尼亞波里斯等城市都還要多。它有商業和工業活動，但卻沒有明確的中心。東谷也有相同的重要特徵：它是一座不想成為城市的城市。[33]

從二〇〇一至二〇一〇年間，鄉村的谷地逐漸被大量房屋淹沒，人口從六千人激增至五萬三千六百六十八人。然而，即便如此，這個默默無名的無境之地已在過往中飽和了。在美國的新住房大量出現之際，東谷便應運而生了：光是在二〇〇三年至二〇〇六年間，全美就建造了六百三十萬個低密度的住房單位，相當於整個洛杉磯都會區的面積。這種大規模的建築熱潮之所以會出現，是因為投資資金（其中大部分都來自中國）流入了美國的房地產市場，並購買了不動產抵押貸款證券。在這段信貸寬鬆的時期，就算是無力負擔的人也都買得起大型的郊區豪宅。（將阿卡迪亞的華人豪宅和東谷的麥克宅第連結起來的，不只是一條公路而已。）由於東谷的房屋是由次貸體系所建造起來的，因此在二〇〇八年美國房地產泡沫破滅時，東谷的新居民受到的打擊尤其嚴重，他們發現自己價格過高的房地產，原來實際價值不過如此而已。儘管才誕生不過短短數年，但東谷已經從一個閃亮的新郊區變為半荒廢的鬼城，有大量被銀行查封的廢棄房屋。金融危機後的幾年裡，犯罪集團紛紛進駐那裡，將那些麥克宅第變成冰毒（甲基安非他命）實驗室，和室內大麻農場。

一九五〇年代，大家前去雷克伍德為冷戰製造飛機和導彈，那是當年最現代的行業，因為政治因素而蓬勃發展。而今日東谷居民所從事的工作也同樣位處於時代前沿。他們的住處附近座落著世界上最壯觀的建築物。

這些毫無特色的巨型盒子綿延好幾公里，有的和一個小鎮差不多大，比較小的則和一個村子差不多大；在那些巨型盒子一旁，你仍然可以看到葡萄藤在努力破土生長。這些盒子的名字舉世聞名：聯合包裹服務、聯邦快遞、好市多、沃爾瑪、亞馬遜。這些占地超過兩萬八千坪的超大型配送中心，座落在倖存下來的養牛場、乳牛場和廢棄的釀酒廠之間，是位於高速公路、機場、鐵路線和郊區所組成的複雜網絡的中心。在二〇一〇年代期間，加州這一地區每年都會新增約五十六萬坪的倉庫面積被租賃。這是一個巨大的現代化內陸港口，數百萬噸來自亞洲的廉價進口商品，會先在此暫存在倉庫裡，然後再分銷至全美各地，以達成「保證次日送達」的這個重要承諾。讓這個機器持續運轉的，是數以百萬計的滑鼠或手指在智慧型手機螢幕上的點擊。瀰漫在這個區域的郊區家園感，很容易讓人忽略這個內陸港口的重要性。[34]

東谷這個郊區之所以會存在，是因它和全球市場息息相關。將數百萬墨西哥人、中南美洲人帶到洛杉磯，將數千名台灣企業家帶到聖蓋博谷，以及將數百名中國新富階級帶進阿卡迪亞的力量，也在吸引著大家前去東谷，展開郊區夢的一個新篇章。他們住在二十一世紀經濟的十字路口，就像寂靜的雷克伍德居民生活在冷戰的中心點一樣。他們和過去住在雷克伍德和康普頓的居民一樣，也很容易受到地緣政治、全球經濟和科技變化的影響：如果來到這個內陸港口的貨物量慢慢枯竭，或者自動化取代了人力，那裡的工作機會就會消失。[35]

卡車沿著高速公路湧入這個巨大的倉庫區，後頭的車廂裡運載著在兩萬公里以外之處製造的智慧型手機、塑膠玩具、內衣、汽車零件、煎鍋、工具和各種小器具。我則朝相反的方向前進，向西南方，也就是這些卡車出發的地方行駛；這趟近一百公里的旅程，會經過蔓延更廣的聚落，那裡的每一棟房屋都長得一模一樣，讓人很容易混淆。我回到了雷克伍德和康普頓，但這次我並沒有停留，而且直接前往長灘港，也就是亞洲通往美國市場的首要門戶。這趟兩百五十多公里的環狀行程（如果沒有算進繞路的距離），可以讓你在一個擁有豐富歷史和意義的地景之中走一圈：它的起點是一九五〇年代的原子時代，終點則是二十一世紀全球化的原爆點。郊區的單調、抹除歷史的千篇一律雖然掩蓋了故事的強度，卻也戲劇化了這個故事。有時候歷史就是會發生在無聊的地方。但實際上，我們最後往往會發現那些地方其實沒有那麼無聊。

在長灘，巨大的貨櫃船正在卸貨。它們將洛杉磯和南加州的超大城市地帶與全球經濟的其他重要節點連接起來，和從一九七〇年代以來便蓬勃發展的大都市進行交易：粵港澳大灣區的五千五百萬人、長三角特大城市群（上海、南京、杭州、蘇州、晉江、無錫）的八千八百萬人、首爾－仁川的兩千五百萬人，以及大馬尼拉地區的四千一百萬人。長灘的岸邊是個很好的地方，能讓我們置身於貨物和資本的流動之中，進而思考那些已經讓全世界無數地方被城市化（以及郊區化）的力量。

★

這是一個由如怪物般的龐大城市所定義的時代。雖然本章關注的是洛杉磯及其比鄰的城市地區，但在世界上所有已經演變成多核心特大都會的城市，這個故事也可以廣泛地套用。洛杉磯的歷史不是郊區化的歷史，而是郊區與城市之間的明顯界線如何逐漸消融的歷史。這關乎城市如何出現了一種新的形式，卻又處於不斷變化的過程之中。

隨著郊區變得愈來愈複雜、在經濟上也變得愈來愈重要，它們開始擴張蔓延得更遠、更快速，在一九八二年至二〇一二年間，驚人地吞噬了約十七萬四千一百五十平方公里的美國鄉村（相當於一整個華盛頓州的面積）。到了二〇〇二年，也就是房地產景氣大好期間，美國平均每分鐘會失去超過八千平方公尺的農田、森林和空地，變成都市的郊區。[36]

從洛杉磯到亞特蘭大，從鳳凰城到堪薩斯城，美國就是二十世紀後期依賴汽車、低密度都市擴張的主要典範。隨著汽車普及、不斷增加的高速公路、低息貸款、豐富的化石燃料、大量的土地、市中心的衰退、企業向外分散，以及人口的增加，大家對位於城外的低密度家庭住宅的渴望也得以獲得滿足。或許更重要的是，中央政府也挹注了巨額資金，透過稅收誘因、房貸和近十一萬公里的高速公路，來補助這種擴張。建立在汽車之上的廣闊郊區不只是二十世紀美國都市化的關鍵特徵，也成了其他正在經歷快速都市化之社會的建設藍圖。在一九八〇年代的曼谷、雅加達、馬尼拉和吉隆坡等亞洲城市，日益壯大的中產階級顯然都非常嚮往洛杉磯式的郊區開發計畫。至於在東京，不斷上漲的房價也迫使一千萬人於一九七五年至一九九五年間從市中心搬到更遠的郊外。

然而，一九八〇年代的中國，擁有汽車的家庭還很少；步行、自行車和公共汽車才是主要的交通方式，而城市規模也一直都是小巧緊湊的。大家很容易將中國的快速都市化和其引人注目的摩天大樓聯繫在一起。但事實上，中國城市的都市化不是縱向的，而是橫向的，乃是中國城市正在逐漸融進鄉村。到了一九九〇年代，隨著汽車變得愈來愈普及，郊區化的進程也正式展開。從一九七八年以來，大型城市中心的面積平均擴大了四百五十平方公里。大約百分之六十的新中產階級的住房都建在遠郊，百分之七十的廉價住房則建在近郊。中國似乎也走上了美國的軌跡，而且背後都由同樣的力量在推動著。

大規模郊區化發生在兩個面向上。北京和上海以巷弄為中心、極度密集而有活力的里弄和胡同社區的人口，被迫遷移到了郊區單調的超大街區開發區。中國經濟轉以出口市場為導向的發展，讓他們也需要出現和洛杉磯（以及世界各地的城市）一樣翻天覆地的變化。高科技產業園區和出口導向的製造業被分散到郊區的開發區；購物中心和零售園區如雨後春筍般出現。全球化和郊區化之間顯然存在關聯。另一方面，中國新興的中產階級則開始逃往豪華的低密度郊區社區。有些社區的名字表明了他們靈感的來源：北京郊外的橘郡、公園泉和長灘，或是上海的聖塔菲牧場，都複製了南加州郊區住宅的風格。美國的郊區和美國的摩天大樓一樣，它們所提供的夢幻生活方式一直都很強大，就和洛杉磯最重要的廠商，電影和電視工業一樣，都被傳播到了世界各地。[37]

圈地的浪潮、希望獲得更多空間的郊區生活，在每個地方都隨處可見。在英國，儘管人口增長並不顯著，但建成環境的面積在一九八〇年至二〇〇〇年間卻成長了一倍。那個年代的特徵就是各種形式的擴張。一九八〇至一九九〇年間，發展中國家的城市人口從九億七千兩百萬增加到了十三億八千五百萬人。在一九五〇年，當時全世界人口超過八百萬的特大城市只有倫敦和紐約，而人口超過一百萬的城市則只有八十三個。到了一九九〇年，全世界則已經有二十個特大城市，人口超過百萬的城市達到一百九十八個。許多亞洲、非洲和南美洲城市的高速發展，迫使數百萬貧窮的農村移民湧入郊區的棚屋區。和那些比較富裕的城市一樣，這種變化是向外擴張而不是向上延伸的。拉哥斯就是發展速度最快的城市之一：一九六〇年，那裡的人口還只有七十六萬兩千四百一十八人，卻在二十世紀末增加到了超過一千三百萬人。與此同時，其市區面積則是從三百二十一平方公里，增加到了一千八百三十四平方公里。

在人類歷史上，城市和城市生活還未經歷過如此重大的變化。一九五〇年代在洛杉磯出現的多中心、向外蔓延的全球性超大都會區，從那時起便席捲了全世界。在戰後資本主義的推動下，郊區大都會將城市的概念，以及人類與自然世界的關係推向了極限。

若要紀念資本主義和全球化的勝利，郊區就是個非常合適的紀念碑。它奢侈的擴張反映了我們凶猛的消費文化，這種消費文化遵循著無限增長的原則，並承諾會滿足我們的一切願望。它將自然環境轉變成受控制的人造環境。在戰後郊區的黃金時代裡，洛杉磯就是開創這個時代的先鋒，而園藝產業也出現了驚人的增長。原產於亞馬遜地區的藍花楹，因為其迷人的花朵而在雷克伍德廣受歡迎。為了替代草坪，雷克伍德還在他們的草坪上種植了馬蹄金，因為這種植物不太需要除草。除了這兩種植物之外，那裡還有來自世界各地的各種樹木、植物、花卉、灌木、草皮和水果，它們被進口到洛杉磯，在那裡大量種植，並將郊區變成靠數百萬個噴水器和大量殺蟲劑維持的完全人造地景。[38]

還有什麼比郊區花園，更適合用來表現二十一世紀初的世界呢？它具體而微地反映了我們主宰地球的方式。但都市擴張的真正危險之處，並不是因為它重組了我們周遭的環境。我們這個物種對於小巧緊湊城市的拒斥，以及對寬裕的生活空間的偏好，導致大都市永無止境地需索更多的電力、天然氣、石油、水源、混凝土和道路系統。都市擴張當然會吞噬鄉村，但它也會以驚人的規模浪費資源。建立在汽車之上的現代都市主義，剝奪了城市街道的活力，並鼓勵城市吞噬自然，進行低密度的擴張。汽車一直是城市的最大敵人。它比其他任何東西都還需要空間，在大多數城市裡占去了百分之五十以上的土地面積（在洛杉磯甚至更多）。我們對於汽車的需求重塑了我們的城市。

在幅員寬闊、分散的大都會裡，居民需要開很久的車才能到達想去的地方，而其結果就是愈來愈嚴重的交通堵塞和汙染。大都會地區就像成熟的卡門貝爾起司一樣不斷在向外延伸，而美國人平均每年駕車行駛的距離超過一萬九千三百公里，在二十世紀末的通勤時間也是一九六〇年代的三倍。與此同時，家庭收入中花在汽車上的比例也增長了一倍，達到百分之二十。研究發現，在郊區化進程如火如荼、快速擴張的時期，光是在一九九〇至一九九五年間，擁有幼童的母親花在開車上的時間就增加了百分之十一；大家坐在方向盤前面的時間，比花在為嬰兒穿衣、洗澡和餵養上的時間總和還要多。約有百分之八十七的移動行程是靠汽車完成的，而在這個汽車就是王道、由汽車統治城市的國家裡，這個數據也不足為奇。我們為此付出的代價是：每年有四萬人死於交通事故。美國人體型的變化，也是我們付出的代價之一：在一九七〇年代的美國，只有十分之一的人被歸類為肥胖；而現在美國人的肥胖比例則高達三分之一。今日死於哮喘的人數，是一九九〇年代的三倍。至於奈及利亞的拉哥斯則每天苦於交通堵塞，通勤者平均每週要花三十個小時堵在移動緩慢的交通之中；在墨西哥城，每年都有二十萬輛新車上路。拉哥斯和墨西哥城都飽受災難性環境崩解的威脅。自一九九〇年代以來，中國也已經成為一個城市無序擴張、不斷郊區化，且許多人都擁有汽車的國家，這已經是世界各地都在出現的問題。

低密度的城市擴張、以汽車為中心而建立的城市，以及隨之而來的日常生活方式，都是便宜的石油所帶來的產物，而且也必須依賴這些石油才能持續下去，也因此這是一種難以永續存在的大都會形式。但與此同時，我們對汽車的依賴也在讓現代城市成為一個個引擎，不斷製造出有毒煙霧、環境破碎化（environmental fragmentation）和氣候變遷等問題。

第十四章 超大城市

拉哥斯，公元一九九九至二〇二〇年

城市裡到處都是掠食者。這是個適合強者的環境，他們具備能夠適應且能蓬勃發展的能力。比在農村裡，這些強者在城鎮裡還更能成長茁壯。但與此同時，城市生活也馴服了他們，並為弱者提供了避風港，讓他們也能在大都會中生存下來。

這對人類來說或許確實如此；但這種現象在整個城市的生態系統之中也很明顯。土狼、狐狸、浣熊、喜鵲和蒼鷹等動物在城市裡的密度和數量，可能比在牠們的自然棲息地中還要多。城市似乎是有利於牠們的。二十五年前才被重新引入英國的紅鳶，現在很常出現在英格蘭東南部的城市裡。對於習慣棲息在懸崖上，並利用懸崖高度俯衝捕食的遊隼來說，紐約崎嶇的城市地景是很理想的棲地。一九八三年，一對遊隼遷徙到了紐約；時至今日，這座城市已經擁有最高的遊隼密度。你在世界各地的城市裡都能找到遊隼，牠們已將自己改造成一種城市鳥類。

雖然哺乳類的獵食者和猛禽的數量有所增加，但被牠們捕食的小型動物和鳥類的數量，卻也在上升。這種現象被稱為城市的「捕食悖論（predation paradox）」。那些獵食者享受著人類留下的大量食物，於是注意力便從小型哺乳動物和鳥巢，轉移到了野餐地點、垃圾桶，以及遭到路殺的動物上面。至於被獵捕的物種，如鳴禽類，也得益於人類環境中新的食物來源和被獵捕壓力的緩解。就連城市裡頭的貓，牠們的捕獵量也比較少。城市的熱島效應和捕食悖論，就像磁鐵般吸引著尋求溫暖和安全的燕子和烏鶇。從一九八〇年代以來，城市居民和郊區居民用在鳥類食品上的花費（英國每年超過兩億英鎊，美國則是每年超過四十億美元）讓鳥類數量出現增長，並吸引了新的物種進入城市的大熔爐裡。黑頂林鶯過往的遷徙路線一般是從中歐到西班牙和北非，近年來卻變得更喜歡向西飛去英國，享受郊區庭園裡的盛宴。城市鳥類的數量愈來愈多，種類也愈來愈多元。難怪站在摩天大樓懸崖上俯瞰混凝土峽谷的遊隼，會如此喜歡這個新環境。[1]

動物在城市裡的行為會變得非常不同。能適應完全不同環境的物種便能繁衍生息。這樣的物種被稱為與人共生物種（synanthropic species），也就是可以從和人類的連結之中獲得好處的物種。芝加哥的都市浣熊能在垃圾桶裡找到豐富可靠的食物來源，因此到處搜尋食物的範圍也縮小了，並能產生更多的後代。在洛杉磯，美洲獅得以將自己的活動範圍限制在大約六十五平方公里以內，而不是牠們在野外習慣的大約九百六十平方公里。芝加哥的土狼學會了如何安全地過馬路。和遊隼的情況一樣，城市也為牠們提供了庇護，讓牠們不會像在野外那樣遭到獵殺或誘捕。棲息在美國鄉村地區的土狼，其平均預期壽命是兩年半；但在城市裡牠們卻可以活到十二歲或十三歲，並養育更多的幼狼。開普敦的查克馬狒狒、久德浦爾的長尾葉猴、麥德林的白足狨猴，以及吉隆坡的獼猴，都是擁抱城市生活方式的猿猴物種；城裡有適合牠們的屋頂、有浪費食物的人類，而且沒有掠食者。紅鶴在一九八〇年代開始遷徙到孟買，被汙水造成的大量藍綠藻吸引而來；到了二〇一九年，牠們的數量高達十二萬隻，在高樓大廈之間形成一個個粉紅色的斑塊。在孟買周邊的非正式聚落，難以捉摸的豹子則會在夜深人靜的時候，利用稠密的城市叢林來獵殺野狗。[2]

人造環境帶來的挑戰，迫使動物必須學習新的行為來解決問題。牠們變得愈來愈適應城市裡的街頭生活。日本仙台市的一隻烏鴉，曾在一九八〇年代期間學會一件事：緩慢行駛的汽車輪胎非常適合用來壓碎核桃殼。於是，整個仙台的烏鴉也都有樣學樣。在維也納，蜘蛛克服了對黑暗的偏好，在使用日光燈管照明的橋梁上織網，這麼做能捕獲高達四倍的獵物。北美城市裡的浣熊比鄉村地區的浣熊更能快速解決問題，如打開門窗這個動作。在實驗室的實驗裡，從城市捕獲的雀類，比在農村環境中捕獲的更善於打開蓋子、拉開抽屜獲取食物。被城市養大的動物明顯更大膽、更好奇。由於生活環境的密度較高，有些動物的攻擊性也比較小。動物如果生活在吵雜、充滿活力的地方，如地鐵軌道附近的老鼠，便會抑制自己對壓力的反應。一項針對鼩鼱、田鼠、蝙蝠和松鼠等城市小型哺乳動物的研究發現，牠們的大腦體積比較大，就像倫敦計程車司機的大腦，因為多年來在複雜的城市迷宮裡穿梭，所以海馬迴*後部的灰質也比較大。[3]

城市以驚人而迅速的方式控制著城市動物的演化。眾所皆知，為了應對被工業革命汙染的環境，胡椒蛾變成了黑色的。倫敦地鐵裡的蚊子則是一個全新的物種，是近期在擁有大量人類血液的地下空間中演化而來的。而且這些蚊子仍在持續演化：皮卡迪利線上蚊子的基因，和貝克盧線上的蚊子並不相同。城市的熱島效應，讓烏鴉可以在冬季裡停留在城市裡而不需遷徙。牠們正在成為一種和森林烏鴉不一樣

*譯按：大腦裡主管記憶的構造。

的獨立物種：牠們的交配時間變得更早，而且因為城市裡的食物非常豐富且容易取得，因此牠們的喙也變得更短，同時也會以更高的音調鳴唱，避免自己的聲音被城市的交通噪音蓋過。在天擇的運作之下，翅膀較短、可以避開車流的鳥類和體型較小的哺乳動物、較肥的魚，以及體型較大、能移動更遠來找尋零散食物來源的昆蟲，都是更能存活下來的類型。在亞利桑那州的土桑，家雀正在演化出更長、更肥的喙，因為現在牠們主要的食物來源都來自庭園裡的鳥類餵食器。在波多黎各的城市裡，蜥蜴的腳趾則已經演化到能抓住磚塊和混凝土。[4]

★

照理來說，進化應該會以冰川前進的速度發生，需要數百萬年的時間。因此動物能適應被徹底改變的環境是個令人難以置信的故事，也是數十年來人類快速都市化對地球造成的眾多後果之一。全世界住在城市裡的人口，已從一九六〇年的十億人，激增至二〇二〇年的超過四十億人。由於低密度的城市擴張在一些地方開始變得非常盛行，城市土地面積的增長率也高於人口的增長率。從一九七〇年到二〇〇〇年間，城市消耗掉了地球上五萬八千平方公里的土地；到了二〇三〇年，它們將會再吞噬一百二十萬平方公里的土地，讓城市面積增加兩倍，而城市人口則會增加一倍。這意味著人類每天都會在地球表面上增加一個面積比曼哈頓還大的城市區域。到了二〇三〇年，世界上的建成環境，將會有百分之六十五都是在二〇〇〇年之後建造的。在這三十年間新建的全球城市加總起來，面積和整個南非差不多。我們生活在一個地球正經歷劇烈動盪的時代。[5]城市正在入侵野生動物的棲地，以及過去從未受到破壞的生態系，增加了傳染病由動物傳播給人類的可能性。新的人畜共通疾病，從不斷擴張的城市邊緣被帶進了人口稠密的大都會，並透過全球網絡傳到其他城市，並帶來嚴重的破壞。

雖然城市在地球上覆蓋的陸域面積比例依然不高，大約是百分之三，但關鍵在於被我們都市化的地區分布在什麼地方。一般來說，我們建造城市的地點，也都是其他動植物喜歡的棲地，如靠近海岸、三角洲、河流、草原和森林，而且植被茂密、水源充足的地方。今日，以及未來預計會出現的都市增長，集中在世界上三十六個生物多樣性的熱點地區，也就是生態最豐富的地方，如西非的幾內亞森林、東非山區、印度的西高止山脈、中國沿海地區、蘇門答臘，以及南美洲大西洋沿岸的森林。約有四百二十三個快速發展的城市正在向這些熱點地區蔓延擴張，嚴重威脅到三千多種瀕危物種的棲息地。[6]

超大城市和超大都會區也正在侵蝕世界上最肥沃的農地。由於都市化會導致森林遭到砍伐、損失植被生物量，因此都市化就本質上來說，就是一個大量碳排放的過程，特別當都市化發生在具有生態重要性的生物多樣性熱點，以及肥沃的農業地帶時更是如此。城市會改變鄰近地區的天氣模式和氣候；它們輻射狀的道路系統會讓當地的物種和地景破碎化。此外，一個城市的生態足跡要比城市本身的範圍大得多，因為它對於電力、食物、水和燃料的需求相當大。倫敦的生態足跡，亦即維持倫敦運作所需的土地數量，是這座大都會本身面積的一百二十五倍。[7]

像浣熊、庭園鳥類和遊隼這樣棲息在城市裡的掠食者物種，能成功繁衍生息的現象是相當少見的。在美國的城市裡，每年都有一億到六億隻候鳥因為撞上摩天大樓而喪生。牠們的命運就是城市所造成生態破壞的一個縮影。城市的迅速成長導致了氣候變遷、物種滅絕，並對生物多樣性造成了無法彌補的破壞。雖然城市容納了世界上百分之五十的人類，但所製造出的碳排放量卻占全世界的百分之七十五。洛杉磯噪音驚人的高速公路，阻礙了文圖拉高速公路附近的山貓與美洲獅群體的基因流動。高速公路其中一側的山貓，現在與公路另一側山貓的基因不同，因為在這些受限於都市擴張的群體裡，近親繁殖變得十分普遍。隨著城市逐漸蔓延到地球上寶貴的生物多樣性熱點地區，有更多的瀕危物種會遭遇到洛杉磯山貓的命運，牠們的活動範圍和基因庫，將會因為都市人（*Homo urbanus*）這個世界上最危險的入侵物種而逐漸縮小。[8]

某些動物為了努力適應新的世界，或是因棲地遭破壞而使基因構成受到影響，因此體型也出現了變化，而這就是我們突然高速都市化所帶來的衝擊的最佳體現。

我們驚喜地歡迎著這些新鄰居：活躍的遊隼、正在追蹤獵物的豹、成群的紅鶴、新的鳥類、遷徙而來的獾。儘管困難重重，大自然依然在這裡共享了人造的城市，生物在混凝土叢林之中繁衍生息。那些關於烏鶇演化、狡猾的土狼以及狐狸出現在街上的新聞，都在告訴我們一件事：城市是生態系的一部分，而非自外於生態系。最重要的是，這件事也提醒我們，儘管我們對建築環境的改造會造成破壞，但我們仍然可以和大自然共享城市。

直到近期，我們都仍將城市和鄉村視為兩種截然不同，且互不相容的事物。畢竟，在鄉村當中大自然占用的面積終究比城市要大得多。長久以來，城市一直被視為是自然的敵人，一種吞噬鄉間的破壞性力量。然而，大規模都市化以及由此產生的氣候變遷所帶來的衝擊，卻改變了這種心理認知；現在的城市正在成為大自然的主宰者。這改變了我們看待大都市的方式。令人吃驚的是，倫敦有百分之四十七的面積都是綠地，其城區範圍內擁有世界上最大片的城市森林，樹木的數量與人口一樣多（超過八百萬），而且覆蓋了城市面積的百分之二十一。此外，倫敦擁有至少十四萬種植物、動物和菌類，以及一千五百個具有生態重要性的地點，而且有百分之十的都會區域被指定為自然保護區。布魯塞爾擁有比利時一半的花卉物種，而開普敦則保留了南非一半極度瀕危（critically endangered）的植物種類。新加坡這個高度城市化的城市國家，是地球上生物多樣性最豐富的地方之一，其七百一十六平方公里的土地中，有一半是森林、自然保護區和連接棲息地的綠色走廊網絡。這座城市還渴望更多的綠葉，有數百個鬱鬱蔥蔥的綠色屋頂和垂直花園，正在摩天大樓上如瀑布般向下傾瀉綠意。[9]

我們近期才開始意識到，城市其實可以支持豐富的生物多樣性，而這種生態對我們的生存來說至關重要。一如新加坡所揭示的，如果市民做出相應規劃，那麼在地球生物多樣性熱點地區興起的熱帶城市，也能夠維持動植物物種的生存。確實，城市近期的動植物演化史可能不只預示者地球生物多樣性的未來，也預示著城市本身的未來。

在世界上最大的其中一座城市裡，每天都有六萬人漫步在城裡綠樹成蔭的溪流旁。二十一世紀初，這裡還只是一條穿過首爾的醜陋高架道路；上頭有汽車川流不息，橋面下則有罪犯聚集勾結，還成了大家傾倒垃圾的地點。這條清溪高架道路後來於二〇〇二年至二〇〇五年間遭到拆除，讓一條長期以來被埋在混凝土下的溪流得以重見天日。由於那條高架道路消失了，如今要把車開進首爾市中心也變得比以往困難。但這不是一件壞事，因為道路的消失能夠鼓勵大家搭乘和投資興建公共交通。今日的清溪川成了首爾市中心一處引人注目的綠洲，充滿綠意和潺潺流水。它減少了空氣汙染，也減輕了熱島效應：那裡的溫度比首爾其他地方低了攝氏五．九度。更重要的是，那裡的植栽也提高了生物多樣性，能改善人類在城市裡的生活品質。[10]（彩圖25）

雖然清溪川計畫所費不貲、工程造價達好幾億美元，且飽受爭議。但它仍是綠色都市更新的國際代表性案例。現代都市主義的其中一個重要面向，就是試圖以一種前所未有的方式在城市與自然之間取得平衡。一部分的原因是野生生物有益於人類的身心健康。城市確實從幾百年前開始就已經擁有公園、樹木和開放空間了。但如今的許多城市都開始逐漸認知到：大自然未必要被隔離在特定的區域裡，而是可以交織融入在整個都市的紋理之中。不是所有計畫都得像清溪川這個大型計畫一樣耗費鉅資。其實小型計畫對本地的生物多樣性更為重要。在鐵路的側線、道路邊緣、小型公園、空地、私人花園和開放區域之間創造綠色廊道，已經成為世界各地城市規劃的一部分。隨著大家對都市生態系統的意識愈來愈強，飼養蜜蜂、鼓勵傳授花粉的昆蟲，也在城市裡成了首要任務。

蜜蜂和遊隼一樣，也覺得二十一世紀的大都市是個宜人的環境，因為和盛行種植單一作物的集約耕地相比，城市裡的植物多樣性才是蜜蜂覓食的天堂。根據研究人員對蜂蜜的分析，麻州波士頓城裡的蜜蜂，會從四百一十一種不同的植物中採集花粉；相較之下，波士頓附近農村裡的蜜蜂，則只採集到了八十二種植物的花粉。還有哪些其他物種，可以在這種不斷變動的都市條件之中繁衍生息呢？這些生物將如何演化？一個大都市可以由好幾個幾乎無法察覺的微型棲息地拼湊而成，這些微型棲息地可以和面積較大的公園一起，吸引移居的生物進入城市。[11]

自二〇〇八年以來，墨西哥城已經設置了超過兩萬一千平方公尺的屋頂花園。巴塞隆納是歐洲人口最稠密的城市之一，正在打造貫穿城市的綠色廊道，建造一個將公園、花園、屋頂花園、樹木、植被牆和爬藤植物連接起來的網絡，為這座城市增加約一．六二平方公里的綠地。幅員狹小、人口稠密的新加坡，則是在天空中、屋頂、牆壁和陽台上，創造出了相當於倫敦攝政公園大小的綠地（約一．六二平方公里）。若要看一座城市如何在不切割城市紋理的情況下增加綠化面積，墨西哥城、巴塞隆納和新加坡的這些努力就是很好的例子。最驚人的城市綠化成果，或許是巴西阿雷格里港的貢薩洛德卡瓦略街。

（彩圖26）這條街上高大的紫檀樹擁有茂密的樹冠，在都市環境中劃出了一條綠色的條帶。阿雷格里港一共有七十條綠色隧道，這條街只是其中之一。[12]

貢薩洛德卡瓦略街的景色，很可能就是未來大都市的願景。我們最好希望如此。世界各地的城市正在種植數以百萬計的樹木，而這麼做不只是為了美觀，讓大眾看了心曠神怡，也不只是為了讓蜜蜂和蝴蝶受益。人類似乎會用價格來衡量事物；而在這個案例之中，這個現象可以被稱為「樹木經濟學（treeconomics）」。樹木的存在可以讓房地產價格上漲百分之二十。城市生態系對開普敦的價值，預估介於五十一億三千萬到九十七億八千萬美元之間。中國蘭州占地兩千七百八十九公頃的城市森林，估計每年可以提供的經濟效益達一千四百萬美元；樹木為紐約帶來的效益，每年估計高達一．二億美元。城市裡的樹木過往被視為是種裝飾品，現在則被視為不可或缺的存在。一棵大樹可以從大氣中吸收一百五十公斤的碳。它們能夠過濾空氣中的汙染物（百分之二十到四十之間的懸浮粒子濃度），還可以讓過熱的城市降溫攝氏二至八度，從而減少百分之三十的空調使用量。如果樹木能發揮這種作用，那麼它們的重要性不在於阻止氣候變化，而在於幫助人類度過氣候變遷的影響。由於城市溫度正在飆升，空調的使用量從二〇〇〇年以來便增加了一倍，到了二〇五〇年還會再次增加兩倍。保持涼爽所需的電力，將等於美國和德國加起來的總電力需求，也就是全球電力消耗總量的百分之十。如果墨西哥城的屋頂花園和開羅的植被牆可以降低建築物的溫度，那麼它們就提供了一種替代方案，能讓我們擺脫對空調自我毀滅式的依賴。[13]

當我們用金錢去量化大自然時，就會開始看到它的價值。如果不這樣做，我們將會慘痛地認知到城市有多麼依賴生態。紐奧良於二〇〇五年遭遇特大洪水時，就付出了失去溼地的代價。同樣是在二〇〇五年，孟買也因水災而痛失四十平方公里的紅樹林（它們是陸地和海洋之間的自然屏障）。班加羅爾在快速都市化的過程中，有百分之八十八的植被和百分之七十九的溼地遭到破壞，氣溫也上升了攝氏二・五度，而且經常發生水災。肯塔基州的路易斯維爾是美國熱應力最大的城市之一，市中心的溫度可以比郊區高出攝氏十度，主要原因乃是因為市中心的植被覆蓋率實在低得可憐，只有百分之八左右。這座城市每年需要種植數十萬棵樹以抑制急劇升高的氣溫，但截至目前為止，路易斯維爾的私部門一直都不願對此採取任何行動。

在面對未來可能侵襲的超級暴風時，現代城市和郊區廣大的不透水混凝土層很難吸收多餘的水分。芝加哥、柏林和上海正在學習（或重新學習）如何模仿自然的水文學，作為防洪的緊急策略。樹木在此至關重要，因為它們能吸收大量水分。不過，許多城市都和上海的臨港區一樣，也透過屋頂花園、城市溼地、多孔隙鋪面、生態溼地和雨水花園，將其當作巨大的海綿，吸收多餘的雨水，再緩慢釋出。水會被過濾到土壤裡的含水層和河流裡，最終蒸發到大氣之中，從而讓城市降溫。

我們的主要目的是擺脫洪災，但這麼做也能帶來更多的樹木、花壇、水景和城市溼地，這有益於人類的福祉和生物多樣性。在世界上許多發展中的地區裡，都市增長伴隨著城市農業的擴張，而這些農業行為在一定程度上也能維持生物多樣性，尤其是在農村糧食生產跟不上這些變化步伐的地區。哈瓦那有百分之九十的蔬果是由兩百個有機都市農場所生產的；這些農場是一九九一年之後建立的，當時因蘇聯解體而讓古巴的糧食和化肥進口突然中斷。這些有機都市農場的面積，約占整個都會區的百分之十二，它們通常會夾在城市人口稠密區裡醜陋的大樓之間。[14]

全世界有一千萬至兩億個都市農民，其中百分之六十五是女性；他們在各式各樣的地方從事農耕，從後院花園、廢棄地塊、建築屋頂上，到建置完善的都市農場裡。據聯合國估計，目前的糧食生產有百分之十五至二十來自都會地區。在肯亞的城市裡，有百分之二十九的家庭從事農業；而在越南和尼加拉瓜的城市裡，百分之七十的家庭都靠糧食生產來賺取一定的收入。[15]

大約從二〇〇〇年開始，在非洲、拉美和亞洲高速發展的超大城市裡，城市農業就已經成為居民生存策略的一部分。數百萬的居民之所以種植蔬果，只是為了賺錢維持生計而已。都市農場永遠無法滿足城市的需求，但它們對當地的經濟至關重要，對改善城市環境及其生物多樣性來說更是如此，因為這些農場可以為各種節肢動物、微生物、鳥類和小型哺乳動物提供棲地。

追求更綠化的城市這件事，聽起來帶點烏托邦的色彩。但這種情況其實正在世界各地以不同的方式發生，有時我們甚至根本沒有注意到。在西雅圖，入侵物種正被原生的常綠植物所取代，因為後者更善於留住雨水。從二〇〇七年至二〇一五年間，紐約市增加了一百萬棵樹。至於上海的樹木覆蓋率，則是從一九九〇年的百分之三，提高到了二〇〇九年的百分之十三，接著又在二〇二〇年達到百分之二十三；根據上海最新的城市規劃，到了本世紀中葉，樹木的覆蓋率將會增加到百分之五十。在巴西的薩爾瓦多，一個大型垃圾場正被改造成廣闊的都市森林，而且森林裡使用的肥料是來自經汙水處理系統處理過後的汙泥。樹木、花園、玫瑰花叢、堆肥機和遊樂設施，現在正在改變阿姆斯特丹過往擠滿汽車的貧瘠街道，每年都有一千五百個停車位被塗銷。從二〇一一年以來，洛杉磯這座缺乏公園的城市，已將廢棄地塊和因為繳不出貸款而遭銀行沒收的建築工地，變成一個個袖珍型的公園。當地還出現了新型態的「口袋公園（parklets）」，也就是從人行道延伸到街道上的微型綠地，將停車位所占據的空間還給行人。

洛杉磯這座圍繞汽車而建的都市，以往曾被稱為「汽車烏托邦（autopia）」，其中的口袋公園就是一個象徵性的小小勝利。汽車不會永遠是我們城市的特徵：歷史肯定地告訴我們，任何科技都會以某種方式被取代。城市已經在和汽車進行鬥爭，不只限制它們的通行權，也對通行的汽車徵收費用。樹木和植物可能會取代那些占用土地的汽車，一如阿姆斯特丹那樣。印度的清奈將高達百分之六十的交通預算分配給行人和自行車騎士。在美國，有些地方則計劃將幾條龐大的多車道都市高速公路，改造成綠樹成蔭、有公園設在路中央的林蔭大道；那些高速公路巨獸曾在一九六〇年代劈開社區，將它們與其他地方隔絕開來，最終走向沒落。關於汽車讓位給植物的這個變化，其中一個生動的例子就是「首爾路七〇一七」；它曾是首爾一條繁忙的城區高架橋，後來在二〇一五年禁止車輛通行，並被改建為一公里長的空中花園步道，種植了兩萬四千株植栽和樹木。

★

城市是個能適應變化的複雜系統。正如歷史所表明的，城市非常擅於確保自己的存續。二十一世紀城市的綠化現象，就是這種古老的自我保護、防禦機制和先發制人本能的一個面向，就像過去的城牆、瞭望塔、城堡和防空洞一樣。和民族國家相比，在應對氣候變遷這件事情上，城市更是主要的行動者。如果海平面上升一．五公尺，上海、大阪、拉哥斯、胡志明市、達卡和邁阿密等城市都會遭到淹沒。今日人口超過五百萬的大都市裡，有三分之二位於海拔高度不超過十公尺的地區。城市之所以會在對抗氣候變遷的戰役中挺身而出，因為它們恰好就位在這場戰役的前線上。

二〇一七年，全球對綠色科技的投資額高達三千九百四十億美元，對再生能源的投資額則是將近兩兆美元。舊金山、法蘭克福、溫哥華和聖地牙哥，正在往電力百分之百來自再生能源的目標邁進。美國紐華克和新加坡等城市的公司，正在實驗用電腦控制的水培農業。這些摩天大樓農場所需要的用水量，只需傳統農業的百分之十，而且幾乎不使用任何硝酸鹽類化肥和殺蟲劑。

二十一世紀城市建造者的名字對所有人來說都不陌生：谷歌（Google）、思科（Cisco）、蘋果（Apple）、微軟（Microsoft）、松下（Panasonic）、ＩＢＭ、西門子（Siemens）、華為（Huawei）。這些公司忠於自己的背景，將二十一世紀的大都市視為一種可以透過大數據和人工智慧來變得更有效率（因此更可持續）的系統。一如城市曾經適應了科技變革（比如工業革命和內燃機），這次它們也將圍繞著電腦進行重塑。

在這個未來城市的願景中，感應器將無所不在，而智慧型手機則會將更多數據傳回中央電腦，讓城市能夠即時監控和應對交通與公共交通流量、能源使用及汙染程度，並偵測犯罪和事故。在里約熱內盧，一支由四百名員工所組成的團隊，負責該市一個類似美國太空總署的營運控制中心，從監測交通堵塞、汙染情況、持續監看閉路攝影機的影像，到當地社群媒體中使用的關鍵詞等一切數據。

西班牙的桑坦德是歐洲最有智慧的城市，配置了兩萬個感應器，能持續監視人類在蜂巢般城市裡的活動。垃圾桶裡的感應器會在需要清空的時候通知垃圾車；埋在公園裡的感應器則可監測土壤中的溼度，並根據需要開關灑水器；路燈會根據行人和交通流量來調節亮度。以這種方式使用的人工智慧可以降低能源和用水成本達百分之五十。它還可以在其他方面提高城市的效率。聲音感應器能偵測到正在駛近的救護車所發出的警笛聲，並與紅綠燈連動，讓救護車一路暢通。根據統計，有百分之三十的行車時間都花費在尋找停車位上；無線感應器則可以偵測未使用的停車位，並將駕駛直接引導到那裡。

這種由數據來驅動的模式，被稱為「物聯網城鎮（IoT towns）」、「無所不在的城市（the ubiquitous city）」、「有感知力的城市（sentitent city）」，以及最常見的「智慧城市（smart city）」；在這樣的城市裡，人工智慧會不斷攫取資訊，並以此建立模型、進行預測，並建構即時應對的能力。比方說，針對智慧型手機使用狀況的元分析（meta-analysis），可以用來了解市民如何，以及何時會在城市中移動，並據此改變公車的路線。它還可以用來透過對所有城市居民進行強制性的數位監控，藉此追蹤傳染病的傳播。以效率和危機管理的名義對大城市裡的行為進行監控，勢必將會成為本世紀城市生活的顯著特徵之一。

威權主義被隱含在智慧城市當中，並且藉由對於致命流行病的恐懼而被強化，這著實令人深感不安。雖然城市正在將數位技術融入基礎設施之中，但當代都市化最引人注目和最重要的面向之一，就是我們開始將城市視為和生態系統交織在一起，而不是與大自然隔絕開來的地方。我們能夠欣賞樹木和開放空間、紅樹林和溼地、蜜蜂和鳥類，如何與城市環境相互作用，並讓城市變得更健康、更有韌性。我們除了將城市視為人造環境之外，也正在慢慢將其看作是自然環境，城市裡的方方面面，舉凡交通、廢棄物管理、住房、用水、糧食、生物多樣性、動物棲地、昆蟲、溼地、燃料需求等，都是相互依賴的複雜生態系當中的一部分。

在這個不穩定的世界裡，對於那些發展成熟的城市在都市化進程中所犯下的錯誤，其他城市愈來愈迫切地避免重蹈覆轍，尤其是發展中地區那些位於生物多樣性熱點的城市。巴西的庫里蒂巴能夠為我們提供靈感。從一九七〇年代開始，這個貧窮、快速增長、常常發生水災，且位處生物多樣性熱點地區的巴西城市，已經增添了一百五十萬棵樹木、將近四百平方公里的公園，以及幾個人工湖，並在巴里吉河沿岸建造了一條生態廊道。雖然當地的人口增加了兩倍，但每人分配到的綠地面積卻從〇．五平方公尺增加到了五十平方公尺，增長十分驚人。除了種樹之外，庫里蒂巴還發展了一項計畫，幾乎在城市規劃的每個面向都納入了永續性的政策。

在一九六〇年代和一九七〇年代，當時大部分城市都在拆除市中心的大片區域並修建道路，但庫里蒂巴卻反其道而行，保留了核心的歷史城區，並將街道變成徒步區。雖然庫里蒂巴的人均汽車持有量比巴西其他城市都還要多，但庫里蒂巴依然發展出了一個廣泛且創新的快速公車系統，百分之七十的居民都會使用。全世界有一百五十個城市紛紛仿效，快速公車系統減少百分之三十的交通流量，並明顯降低了城市裡的空氣汙染狀況。庫里蒂巴還開創了「綠色交換」計畫，讓市民用可以回收的垃圾換取公車車票和食物；如今，那裡有百分之七十的垃圾被回收再利用。城市規劃與環保主義的交織也帶來了一些經濟上的效益：庫里蒂巴的三十年期經濟成長率為百分之七．一；相較之下，巴西的全國平均成長率只有百分之四．二。此外，庫里蒂巴的人均收入也比全國平均高出百分之六十六。雖然有很大一部分人口住在未經規劃的貧民窟裡，而且比例還愈來愈高，但它的成功至少表明了一件事：具有開創性的低成本政策，可以將人造的生態系統和自然的生態系統聯繫起來，也可以改變我們的城市。

「智慧城市」不僅只是擁有數千個感應器和數位基礎設施的城市。它的設計目的是為人類和大自然提供一個有韌性的棲地。增加城市生物多樣性的首要目的，並非為了善待野生動物；它是一種生存策略。我們永遠無法精準想像未來的城市會變成什麼樣子。但從目前的趨勢來看，它可能不太像是《銀翼殺手》裡的洛杉磯，而是更像今日的新加坡，可以在摩天大樓的牆上花園看到植栽垂掛，也有都市森林、空中花園、農場、綠意盎然的街道、生物多樣性廊道、市中心的自然保護區、動物棲息區和樹冠。

它可能看起來很不錯，但那其實是我們在努力適應因人類導致之氣候變遷的直接結果。

要解決當前的危機，其中一個辦法，顯然就是將大自然帶回到城市裡。雖然聽起來可能有點矛盾，但我們也必須讓這個世界變得更加都市化。

★

沒有哪個地方的都市化程度，能比得上拉哥斯和其他擁有大量擁擠的非正式聚落的超大城市，如孟買、馬尼拉、墨西哥城、聖保羅、達卡。可以肯定的是，這些城市都是複雜的人類生態系，甚至也許是人類物種有史以來所創造出最複雜的社會。對許多人來說，它們是現代世界最知名的災難發生地，為我們展示了一個被搞砸的世界。

然而，有些人認為，這些城市反而證明了人類物種適應都市環境，並以城市為家的驚人能力，無論這些都市環境看來有多麼不適人居且令人生畏。它們揭示了人類在面對極端混亂時，自我組織、自力更生和自發生存的能力。

拉哥斯的面積只有倫敦的三分之二，卻擠進了倫敦三倍的人口。根據預估，拉哥斯將會在二十一世紀中葉成為世界上最大的城市，其人口將在二〇四〇年翻倍，達到四千萬人以上，並以驚人的速度持續增長。二〇一八年，奈及利亞的城市人口數超越了鄉村裡的人口。到了二〇三〇年，在所有可供人類居住的大陸裡，非洲將會成為最晚以都市化人口為主的大陸，而這在人類物種的歷史上，也將會是一個開創性、決定性的時刻。

拉哥斯幅員廣闊、難以理解、嘈雜、骯髒、混亂、過度擁擠、活力十足、充滿危險；這座城市體現了現代都市化最糟糕的特徵。但它也並非一無是處。

無論這些特徵是好是壞，發生在拉哥斯以及其他發展中國家超大城市的現象都值得我們關注，因為這些城市裡人口聚集的情況，在人類史上前所未見。它們將一切都推向了極限，不論是人類的耐力，還是城市在氣候不穩時代裡的永續性。

拉哥斯這個非洲的超大城市，因為四處蔓生的貧民窟、貪腐和犯罪、糟糕至極的基礎設施，以及世界上最嚴重的交通堵塞而惡名昭彰。光是看著卡車為要等待進入港口裝卸貨櫃，而在城裡坑坑窪窪的道路上排上好幾個星期的隊，這種景象就已經令人難以置信。更驚人的是，海面上還有油輪和貨櫃船在排隊等待阿帕帕港的停泊席位。許多船隻在還沒來得及獲得泊位之前就提早放棄等待了；海岸邊到處都看得到廢棄的貨輪和船隻殘骸。至於在岸上，拉哥斯最典型的聲音則是私人柴油發電機在夜裡不間斷的轟鳴。城市的擴張侵蝕了溼地、紅樹林和洪水的行水區，嚴重破壞了自然水文，導致城市裡的貧民容易受到日漸嚴重的降雨和暴風的影響。這座城市既無法穩定供電供水，也無法保證妥善處理每天生產出來的一萬噸垃圾。

在這座人口極其稠密的城市裡，很少有汽車沒有凹痕和刮痕。若以每公里道路上的汽車數量來計算，拉哥斯的汽車密度是紐約的十倍。這些傷痕累累的汽車，必須在混亂的道路上努力爭奪空間，像是在打一場永遠不會結束的戰爭，在移動之中（雖然它們很少能快速移動）體現了超大城市裡的生活壓力，以及適者生存這個根深柢固的邪惡原則，而這個原則基本上已經融入拉哥斯人日常體驗中。有次我和一個拉哥斯的朋友在凶險的道路上艱難前進，他帶點惱怒地和我道歉。他說，如果可以將這群亂哄哄的駕駛送去某個英國小鎮，那麼一切怒氣就會煙消雲散，他們也會變得更文明一些。他用苦澀和沮喪的語氣說道，是拉哥斯這座城市讓他們變得如此憤怒、如此咄咄逼人。

他的說法不無道理；拉哥斯才剛被宣布為世界上第二不適人居的城市，僅次於飽受戰爭蹂躪的大馬士革。於是我問車裡的人，他們都曾在國外工作，在美國、歐洲待過很長一段時間，為什麼還要住在拉哥斯，而且這麼喜歡這裡呢？結果他們馬上異口同聲地回答我：「拉哥斯是世界上最有趣的城市！」

當時正好是星期六的夜晚，你很難不同意他們的說法。隨著夜幕降臨、路上的車子變得愈來愈多，音樂也開始震耳欲聾，每條街上都有食物在烤盤上滋滋作響，數百萬人開始湧入這座如蜂窩般的城市，將拉哥斯變成地球上最大的派對城市。

這種對活力的渴望，無疑就是他們對這座嚴酷的城市以及其狂躁能量的反應，也是他們從中獲得喘息的方式。拉哥斯有三分之二的人口，居住在兩百個非正式聚落裡。對於所有造訪拉哥斯的人來說，其中最明顯可見的非正式聚落就是馬科科。馬科科是一座巨大的「漂浮」貧民窟，居民人數在十萬至三十萬之間，他們在臭氣熏天的潟湖裡，將木棚架在支架上。自稱「拉哥斯市長」的托尼·坎曾在他的小說《肉食性的城市》（二〇一六年）中寫道：「拉哥斯是一頭張牙舞爪、貪吃人肉的野獸。穿過這座城市的各個社區，從伊科伊和維多利亞島的門禁式社區來到萊基，再到大陸*，岸上喧鬧的街道和小巷，你看得出來這是座肉食性的城市。這裡的生活不只野蠻，還是短暫的……然而就像飛蛾撲火一般，我們依然不斷被吸引到拉哥斯來，同樣被那無視理性和意志力的離心力給驅動著。」[16]

如果把城市的名字改掉，那麼這段話其實也可以用來描寫公元前三千年的烏魯克、十世紀的巴格達，或是曼徹斯特、芝加哥，以及人類史上成千上萬個城市。龐大、殘酷而危險的城市總是像磁鐵一樣，雖然它們一點也不關心那些為城市運作提供能量的人類。奈及利亞人想住在拉哥斯的原因不難理解：它是個盛產石油的城市，是銀行、金融和商業中心，也是奈及利亞製造業的主要基地和交通樞紐，擁有三個港口以及非洲最重要的國際機場，奈及利亞百分之七十以上的外貿活動，在這座擁擠的城市中緩緩流動。如果拉哥斯是一個國家，那麼它將會是非洲第五富裕的國家。

光是拉哥斯這座城市，就創造了奈及利亞三分之一以上的國內生產毛額，其人均收入是全國平均的兩倍，當然每天都會有成千上萬的人湧入。二〇〇〇年的拉哥斯似乎正在步入一場災難，但到了二〇二〇年，拉哥斯已經不可同日而語。如今它的經濟正在蓬勃發展；它的音樂、時尚、電影產業、文學和藝術也是如此。以拉哥斯為基地的「奈萊塢」是全球第二大的電影產業，僅次於印度的寶萊塢。二〇一〇年代期間，高度創新的科技新創產業也逐漸在拉哥斯站穩了腳跟。外國投資紛紛湧入「亞巴矽谷」，得名於新創產業聚集的亞巴區。因為像谷歌和臉書這樣的公司，都將這座城市視為通向所謂「下一個十億（the next billion）」（意指較貧窮的國家裡尚未開始使用行動網路的年輕人）的門戶。這一座以年輕人為主的城市，百分之六十的人口年齡不到三十歲；它的青年文化和創業精神，都為音樂、娛樂、時尚和科技創造了龐大的市場。不管從哪個方面來說，拉哥斯都是個龐大的城市，充滿了瘋狂的能量；它的活力令人沉迷。套用一位奈及利亞記者的說法，拉哥斯標誌性的破舊黃色「丹福」小巴，是拉哥斯市民主要的移動工具，而其搭乘體驗就是拉哥斯這座城市的縮影：「瘋狂而有趣，令人嘆為觀止、引人入勝，當然也充滿了風險，甚至會危及生命安全」。[17]

＊譯按：拉哥斯的舊市區位在一座岸邊的小島上，但今日拉哥斯的都會區已經超出了該島的範圍，也蔓延到岸上的大陸一側。

只要站在拉哥斯維多利亞島南端的阿馬杜貝洛的路邊，並透過鐵絲網圍欄眺望廣闊的沙石地，你就能感覺到兩千五百萬人的重量和能量。這片沙石地才剛在大西洋的海面上填海而生，就座落在「拉哥斯長城」的後面，這座長城乃是由十萬個重達五噸的混凝土消波塊所組成，保護著這塊新生地免受海浪的侵襲。這是一座可永續發展的未來智慧城，名為「艾科大西洋城」，已經有幾座摩天大樓從沙地上拔地而起。它被宣傳為拉哥斯版的上海浦東或杜拜，非洲的曼哈頓，將使拉哥斯躍升為非洲的金融中心和重要的全球樞紐。

想像一下，閃亮耀眼的摩天大樓、豪華的度假村和停滿超級遊艇的碼頭，即將出現在這個地球上最大、最貧窮和功能最殘缺，而且多數人在非正規經濟裡維生、一天靠一美元過活的城市裡，就會有種非常超現實的感覺。如果想坐下來思考過去幾年來重塑大都市的力量，這裡就是最好的地點。艾科大西洋城就是世界各地正在發生事情的縮影，只不過是個比較誇張的版本。

二十世紀末曾有些人認為，過去我們認知裡的那種城市已然消亡，或者至少處於衰敗狀態的後期階段。郊區化已經徹底改變了城市，而網際網路將會完成這個過程，讓大家不再需要追求物理空間中的鄰近性。然而，後來發生的事情卻恰好相反。在同個時期發生的全球金融和知識經濟革命，反而鼓勵資金、資產、思想、人才和權力聚集在一小群如渦輪增壓般高速增長的全球大都市裡，而非分散開來。[18]

當然，所有這些都是為了加強城市裡本來就存在的情況。作為人類的第一座城市，烏魯克之所以能發展得如此快速，最主要的原因就是它的家庭工匠聚集在各自的街區裡，可以分享知識、專業和工具。聚集在一起的他們可以實現規模經濟，以及過去前所未聞的訊息網絡。城市生活令人費解的複雜性，導致開始使用文字來對知識進行編碼。十八世紀倫敦的咖啡館文化，為商人、工匠、科學家、探險家、銀行家、投資人和作家提供了非正式的聚會場所和知識交流平台；他們透過流動的連結，共同打造出第一個偉大的資本主義經濟體系。在二十世紀的紐約，大型銀行、小型投資公司、律師、保險公司和廣告商都集中在步行範圍之內，從而促進了市場上的激烈競爭和快速創新。在這些案例，以及歷史上和世界各地的其他案例之中，城市都以其活力、複雜性和相互交織的網絡，承擔了大型企業或大學的組織功能，為勞動力、知識共享、人際交流和規模經濟的非正式分類（以及更細的子分類）提供了框架。

二十一世紀的知識經濟也同樣和城市密不可分。為現代世界提供動力來源的公司和行業，如新創公司、科技公司、研發部門、媒體、時尚產業、金融科技、廣告業等，聚集的程度都更甚於以往；即使在這個已經有超高速數位連結的時代，這些產業仍在享用著只有城市才能提供的物理上的鄰近性。創造力主要是由自發性和偶遇所產生出來的，與工作和社交的相互作用密切相關。

如果說二十世紀期間影響都市化的力量，是讓鐵屑四散開來的離心力，那麼到了二十一世紀，這個力量則換成了強烈的向心力，將那些鐵屑直接吸回了磁鐵。分布在世界各地的幾個城市區，儘管只有不到全世界百分之二十的人口，卻創造了全球百分之七十五的經濟產出。這些城市壟斷了科技、數位和醫藥方面的新專利、軟體創新、娛樂、金融、保險和研究活動。如此大量的全球財富集中在少數幾個城市地區，這讓城市再次成為推動全球繁榮發展的引擎。

過往的城市之所以能繁榮發展，是因為它們將貿易路線納入了自己的勢力範圍之中，如里斯本、呂貝克、巴格達或阿姆斯特丹都是如此；時至今日，如果城市能吸引，並且持續吸引無形的資產，如人才、科技新創公司、金融服務、數據流和房地產投資者，它們就能取得天大的成功。二十一世紀驅動經濟的能量來自連通性：快速的網路下載速度和機場容量，這兩者都決定了一座城市能否取得利潤豐厚且瞬息萬變的全球知識、人員、資本和數據的流動。世界上其中一個最強大的地方就是矽谷：這個地方之所以繁榮，是因為才智，而不是因為物質。而使其成功的，是面對面的接觸，以及人際網絡所產生的企業家精神。儘管矽谷經營的業務與遠距虛擬通訊的製造技術相關，但網路空間並沒有就此取代城市空間。

對人才的爭奪，讓城市必須創造出一個能專門適應知識經濟的城市生態系統。它們得要有咖啡店和世界一流的餐廳，以及超高速光纖和高效率的機場。他們需要精品店、街頭美食、文化活力、農夫市集、備受矚目的體育賽事、不間斷的娛樂活動，以及令人陶醉的夜生活；城市必須要提供時尚的社區、美化的城市地景、優質的學校、高效率的交通、清新的空氣和充滿活力的大學。城市必須積極地推銷自己，將自己塑造成令人嚮往且令人興奮的生活和工作場所，並在精美的照片、宣傳影片和電影裡誇耀自己的資產，才能挖走最重要的商品：人力資本。

與其他地方一樣，現今壯觀的城市復興就展現在天際線上。中國有一系列標誌性的摩天大樓城市，正在向全世界展示這個國家由城市主導的增長速度有多麼驚人，而這些摩天大樓顯然就是一種視覺上的再現，用來講述中國城市的成功敘事。閃閃發亮的大樓正告訴全世界，他們的城市也是全球菁英俱樂部的一分子。他們就像磁鐵一樣，在那裡吸引著資本、投資和人力資源。這是中國城市從東京、吉隆坡、香港和杜拜等地學來的品牌策略，而這個策略也傳到了倫敦和拉哥斯。

艾科大西洋城興建的位置，曾經是拉哥斯最受歡迎的海灘。這個工程奪走了居民們的公共空間，並將那裡打造成一座可以容納二十五萬人的城中城。它將會是一座私有的城市，成為銀行、金融公司、律師事務所和其他跨國公司的總部，還會有超級富豪的摩天大樓公寓，以及為菁英遊客提供服務的豪華旅館，活像非洲大城市裡的一個迷你杜拜。（彩圖30）

艾科大西洋城直截地呈現出了大家想要逃離混亂不堪的城市，躲進有警衛嚴加看管的私人堡壘的想望，儘管這意味著他們必須向海洋殖民，還得祈禱海平面不會上升。有錢人和中產階級迫不及待地想要將拉哥斯變成「非洲的模範都會，以及〔一個〕全球的經濟和金融中心」。他們的首要任務，似乎是先將城市的幾個區域打造成符合這個願望的東西。到了二〇一七年，據說政府以環境和安全考量為由，已經開始清除或即將清除潟湖裡的幾個水上非正式聚落，那些聚落裡一共住了三十萬人。等到這些古老村莊的原址變成豪華的水岸公寓後，拆除聚落的真正原因也昭然若揭。喧鬧而著名的歐修第市場也同樣遭到拆除，被多車道的高速公路和交通總站給取而代之。這個市場位在機場附近，對遊客來說曾經非常顯眼；那裡向四處蔓延的各種活動，似乎體現了城市特有的那種自發性的混亂，與官方對秩序的渴望形成了衝突。窮人似乎有辱拉哥斯被塑造出來的新形象。

討論這些未必是想要批評艾科大西洋城或拉哥斯，而是要論證那裡正在發生的事情，其實是二十一世紀初一個更大圖像的一部分，為我們呈現出城市發生了哪些變化。非洲、中國和整個亞洲的都市化進程，導致中產階級迅速擴大。不論是從收入，還是從地理分布來看，城市的復興並沒有雨露均霑。城市的天際線也反映了分割當代大都市的分界線：財力雄厚的人，要不是居住在專屬的住宅飛地社區裡，就是退隱到了他們高掛天空的孤島之中。

拉哥斯還證明了現代都市主義的另一個特徵，那便是超大城市令人難以置信的勝利。一九五〇年拉哥斯的人口還只有二十八萬八千人，二〇二〇年時則已有兩千多萬，無論以何種標準來衡量，這個增長都非比尋常。這是一座由席捲全球的城市革命所塑造出來的大都市。拉哥斯表明了一件事：個人和國家的財富，與大規模的都市化息息相關。這座城市的成功改變了奈及利亞，也對於想要擺脫貧困農村的數百萬人具有革命性的意義。但和許多其他的城市一樣，拉哥斯令人目眩的增長速度，遠遠超過了他們建造必要基礎設施，或是容納新移民的能力。就在奈及利亞擺脫大英帝國的控制之後，內部動盪、軍事獨裁、貪腐和政治動盪也隨之而來，而上述的增長，就是在這之後立即發生的。今日拉哥斯的階級分化，大部分是殖民統治下的種族隔離政策所遺留下來的遺產。

無庸置疑，隔離是發展中國家超大城市的咒詛。它阻斷了血液在大都市動脈裡的流動；各個種類的流動性都會受到阻礙。在拉哥斯，日常的通勤行為被稱為「慢行（Go Slow）」。這場活動從凌晨四點就開始了，因為就算前往辦公室的路程相對較短，用蝸牛般的速度塞在車陣中，可能也要花三個小時才能抵達。根據二〇一〇年所做的估計，拉哥斯人每年因為交通堵塞就損失了三十億個小時的工時，而這個數字在十年之後可能只會更多。光是排隊就消耗了大量的能量。拉哥斯曾考慮過要用輕軌和快速公車系統來連接城市各地，但這個計畫後來不了了之。城市之所以會失去活力，背後通常存在一個更宏觀的問題，而交通壅塞就是這個問題最明顯的症狀。由於基礎設施、學校教育、醫療保健和警察體系的不足，以及基本公共服務和社會保障的匱乏，會導致大都市的發展速度放緩。不論是真實意義上的堵塞，還是作為一種隱喻修辭，城市循環系統中的堵塞都會破壞大城市的其中一個最重要的優勢：規模和密度。[19]

拉哥斯有數百萬個生意人，還有數千個在夾縫中蓬勃發展的微型經濟體。城裡到處都有人在不停做著生意，勉強過活、試圖生存下來；他們構成了一些錯綜複雜的網絡，是正規經濟難以控制和監管的。拉哥斯有百分之五十到七十的居民在非正規部門裡謀生，他們為這座地球上發展最快速的大都市提供服務，滿足各式各樣的需求。據估計，拉哥斯共有一千一百萬家「微型企業」。最明顯的例子就是街頭小販。當車流慢下來時，他們便會突然冒出來，販賣所有你想得到的東西，從立即可以使用的東西，如冷飲、花生、蕃薯、阿格格麵包、烤玉米、電話卡和充電器，到有點碰運氣，而且通常很奇怪的東西，如帽架、充氣玩具、充氣墊、熨衣板、掃把、桌上遊戲，無奇不有。拉哥斯「慢行」的交通堵塞對很多人來說是場噩夢，但對其他人來說卻是個巨大的商機，這些人有不少都是剛來到拉哥斯的移民，正在找尋賺錢的方法，嘗試要在這座城市裡立足。拉哥斯的街道就像一個得來速購物中心，有無所不在的小販，和永無止境的路邊市場、簡陋棚屋、雨傘下的小攤、售貨亭和燒烤攤在提供服務。

隨著城市吸進了數十億的新居民，世界上的勞工有百分之六十一的比例，也就是二十億人，正在微型企業裡工作或成為自僱勞工，他們靠著自己的智慧在大城市中生存下來。基爾尼曾估計，那些沒有被官方計算進去的生產活動，全球產值每年高達十兆七千億美元，占全球生產總值（global GDP）的百分之二十三。對於城市來說，影子經濟非常重要，能為新移民提供收入來源（儘管並不穩定）。即使是在社會的最底層，城市所能提供的機會也總比生活在貧困的農村還要好。DIY部門滿足了非洲城市百分之七十五的需求，也為拉哥斯提供了食物和運輸。成千上萬輛破舊、危險的黃色丹福小巴，不斷在城裡的路線上來回穿梭，以複雜的模式載運乘客，這是常規且集中控制的公車系統無法複製的。一名司機曾對奈及利亞的一份報紙說道，丹福小巴能「深入拉哥斯的內部，把人從裡頭拉出來」，並把他們帶到想去的地方。[20]

大家本來就一直都在搬進城市，並在非正式、不被認可的「灰色地帶」中勉強謀生；但今日的不同之處在於它的規模和強度。在數百萬人聚集之處，其活動和創新的規模也會出現指數級的增長。拉哥斯、孟買、馬尼拉、達卡、里約熱內盧和其他地方的貧民窟，就是地球上最具創新性和創造力的人類生態系。生存有賴於此：沒有其他人會幫助他們。

馬科科是拉哥斯最具代表性的貧民窟，那裡有簡陋的棚屋搭建在汙染嚴重的潟湖上，看起來非常糟糕，曾出現在無數關於城市反烏托邦的文章裡。但鮮為人知的是，那裡也是利潤豐厚的木材轉運市場以及許多鋸木廠的所在地。馬科科之所以會蓋在水面上，就是為了利用商機。一位鋸木工曾告訴奈及利亞的《衛報》：「我們當中有許多人都蓋了房子，把小孩送進大學，還買了吉普車。」還有許多人窮得令人難以置信，他們是這座城市的新移民；但馬科科的鋸木廠至少為他們提供了一條進入城市的路徑，以及他們負擔得起的棲身之地。[21]

令人驚嘆的歐提戈巴電腦村，這是展現非正規部門豐沛活力的最佳案例。這個電腦村是位於拉哥斯的伊科加區當中縱橫交錯的幾條街道，距離穆爾塔拉穆罕默德機場不遠；這片狹小到會引發幽閉恐懼的街區非常擁擠，面積只有大約一平方公里，裡頭擠滿了掮客、商人、騙子、技術人員、軟體工程師、自由接案的資訊科技專家、汽車、丹福小巴、小吃攤、小販，以及成堆的鍵盤、一捲捲電纜，和堆積如山的電腦螢幕。乍看之下，它和非洲其他熱鬧的非正式商品市場沒什麼兩樣。但它並卻不僅止於此。

這個熙來攘往、不受監管的科技村是西非最大的電子配件市場，有超過八千家大公司、小公司及個體企業，以及兩萬四千名商人和電腦玩家，他們販售最新的智慧型手機、筆記型電腦和各式配件，以及修復和重新利用的配備。他們能修理螢幕、升級軟體、做資料恢復，也能修理主機板。市場裡的競爭極端激烈：大型科技公司與個體商販和工匠競爭，藉由提供最優惠的價格，試圖在這個令人瞠目結舌、年營業額達二十億美元的市場裡分一杯羹。商業活動從辦公室和棚屋裡頭外溢到了街上，以富有創意的銷售方式吸引大批顧客的注意力。這裡有最先進的智慧型展示間，還有小商店、撐起陽傘的攤販，也有將設備安裝在汽車引擎蓋上的技術人員。這裡的顧客來自整個拉哥斯、奈及利亞和非洲各地；當他們在交易最新的蘋果手機或舊滑鼠時，還會激烈地討價還價。22

沒有人對歐提戈巴電腦村做過規劃，當然也沒有人能預料到它的每日營業額居然能超過五百萬美元。這裡原本是個住宅區，曾在一九九〇年代期間吸引打字機的修理工前來。這些技術人員後來在九〇年代末期轉入資訊科技領域。到了二〇〇〇年前後，大家會去那裡交易配件、軟體並交換想法，群聚效應於是快速發酵。隨著個人電腦的成長，以及全球行動通訊系統於二〇〇一年進入奈及利亞，這座市場也出現了爆炸式的增長。

全球行動通訊系統的跨國公司無法和在伊科加賺快錢的人或是那裡的本地維修商和升級行業競爭；這些行業由配備了一些工具的年輕企業家所組成，他們在行動通訊熱潮到來之際，就嗅到了巨大的商機。歐提戈巴市場賣的材料比科技業還要便宜很多，能夠確保高科技依然是街頭和市場裡的東西，而不被公司所獨占。讓歐提戈巴蓬勃發展的另一個超級動力來源，則是來自已開發國家的大量電子垃圾。如果你想知道自己舊的筆記型電腦或手機最後去了哪裡，答案很可能就是拉哥斯的電腦村。西方世界浪費成性、用完即丟的文化，讓拉哥斯進口廢棄設備的電子垃圾掮客迎來了榮景。我們不太討論這件事，但我們時髦閃亮的電子設備，儘管看似乾淨無害，卻在生產出世界上增長最快速、汙染最嚴重的其中一種廢棄物。

平均每個月有五十萬個廢舊電子設備和零件，從美國、歐洲和亞洲流入奈及利亞，其中許多是非法的。那些自學成師、自由接案的維修人員會修理它們，用他們的技術讓它們能在市場上販售。雖然其中大多數的電子設備和零件都無法使用，但廢棄的電子產品也創造了其他蓬勃發展的行業。拾荒者會購買一車車壞掉的電子產品，拆解後再把零件和材料賣給製造商。剩下的廢料接著會被傾倒在占地遼闊的歐路索森垃圾場裡（這是世界上最大的垃圾場之一），那裡還有更多的拾荒者，會在垃圾堆裡尋找可用的東西：他們會燃燒電纜，取出裡頭的銅線，並從電腦裡取出珍貴的材料。然而，這個過程也會導致大量的鉛和汞被排放到土壤和供水系統之中。[23]

雖然歐提戈巴電腦村不受政府管理，但有自己的行業公會、內部自治和司法體系。這裡的運作建立在協作之上。許多商販和技術人員在行動科技時代初期，都是在街頭做生意的流動技客（itinerant geeks），後來才買下店面和陳列間，而最難能可貴的是，這些比較有經驗的商販和技術人員會招收學徒。這些年輕學徒「畢業」之後，便會在歐提戈巴或奈及利亞的其他城鎮創立自己的事業，並招收自己的學徒。面積廣大的阿拉巴國際市場也有類似的故事：成千上萬的創業者在那裡銷售、分銷從世界各地進口的商品，而他們每天多達一百萬人的顧客則來自奈及利亞、迦納、貝寧、多哥和其他地方。這個擁擠的非正式市場每年營業額高達四十億美元，經常被描述為奈及利亞最大的雇主，以及非洲最大的商業中心之一；它有自己的管理單位、經選舉產生的理事會、衛生檢查員、維安人員、交通管理人員、受理投訴的小組、法院、公關部門和學徒制度。這個市場周邊也發展出了一個生態系，由合作的銀行和保險服務、小額信貸公司、會計師、工匠和技術人員所組成。歐路索森垃圾場的拾荒者和廢棄物貿易商也遵循同樣的原則。四千名自僱個體戶建立了自己的社區，裡頭有電影院、理髮店和餐館，還有經選舉產生的主席，管理他們自行協商出來的規則和互信機制。[24]

讓拉哥斯得以運作下去的ＤＩＹ都市主義，表明了人類有多麼擅長從零開始建立起一座城市；看似混亂的事物，往往都是以一種錯綜複雜且無形的方式自發組織起來的。非正規部門彌補了被國家遺漏的缺口。每個星期天，拉哥斯都會搖身一變，成為可能是地球上最多人盛裝打扮的城市，居民沿著坑坑窪窪的街道，一邊繞過水窪、一邊前往超大型教堂和清真寺，其中許多教堂可以容納數萬人。許多五旬節派教會都是賺進大把鈔票的創業型企業，還能把他們的超級明星牧師變成千萬富翁。當大家只能孤注一擲、靠自己打拚時，各種企業會跳出來填補這個空白，也就不足為奇了。國家的缺席確實讓牧師能從中獲益，但與此同時，教會也在一個缺乏公民凝聚力的城市裡為居民提供了社群。這些教會是由信仰和自由市場所創造出來的產物，他們提供了宗教以及其他地方所缺乏的東西，如團結、政治評論、領導力培訓、商業建議和社交網絡。

當人類聚集在一起的時候，便能以某種方式組織起運作無礙的社會。但在拉哥斯這樣充滿企圖心的城市裡，非正式聚落和非正規經濟往往被視為丟臉的事情和落後的證據，需要掃除殆盡。官方的城市和它的影子城市正處於一場持久的鬥爭當中。一份報紙就曾抨擊這座城市「明目張膽的無政府狀態」。拉哥斯有數百萬個街頭小販因其創業精神，而面臨了好幾個月的牢獄之災。技術人員和工匠聚集的臨時市場和非正式的「機械村」，則是遭到了破壞和拆除。私營的公司接手之後，數以萬計在垃圾堆裡尋找回收物、以此維生的拉哥斯人便失去了生計。讓居民得以移動，但氣味不怎麼宜人的丹福小巴，就是最能代表拉哥斯的一個非官方標誌，但這個系統現在也正在遭到淘汰，即將被一個承諾會成為「世界一流的公共交通系統」取而代之。對於拉哥斯州州長安博德來說，丹福小巴代表的就是這座混亂的城市，以及這座城市呈現給世界的形象裡他所痛恨的事物：「只要這些黃色巴士還出現在拉哥斯的馬路上，讓拉哥斯成為真正大都市的夢想就無法實現。」[25]

即使是創新色彩非常濃厚的歐提戈巴電腦村也面臨關閉的命運，因為州政府希望將電腦村的功能轉移到城外高速公路附近一個平凡無奇的商業園區裡，以符合全球化城市的形象。「非洲節奏」*的超級巨星，同時也是拉哥斯的英雄費拉庫蒂，就唱出了對奈及利亞菁英的極度不信任：「他們破壞，是的，他們偷竊，是的，他們掠奪，是的。」這種感覺今天依然存在，尤其是關於國家對拉哥斯一般人創業精神的態度。既然這個國家無法有效提供電力或供水，我們為什麼要相信它能提供公共汽車的服務呢？正如一位丹福小巴司機所說的：「我就是我自己的CEO，靠自己幹了十年；叫我在某人的手下工作，尤其是在政府裡工作，那感覺太難受了。」或者就像電腦村一位電話配件賣家所抱怨的：「我還能說什麼？政府幾乎沒有給我們想要的東西，只是在把他們的意圖和利益強加在我們身上而已。」[26]

自古以來，想要自上而下強加秩序的人，總會對那些自下而上建設城市的人抱持著深刻的不信任。彷彿在擔心，如果不加以嚴格控制，城市就會分崩離析。然而，拉哥斯熱絡的非正規經濟卻表明事實並非如此。它還展現出世界各地的大都市，如何在大規模都市化的時代裡發展茁壯。如果我們不把非正式聚落和非正規部門視為是個問題，而是把它們當作人才和創造力的寶庫時，城市就能蓬勃發展。

拉哥斯的活力和創造力，主要來自於其表面上看起來的混亂局面，以及大家透過創新來逃脫城市陷阱的智慧。拉哥斯人有句話是這樣說的：「我來拉哥斯可不是為了數橋有幾座！」這句話所指涉的對象是「剛抵達的強尼（Johnny Just Come）」，也就是來自鄉村，剛從客運巴士下車的移民，他們可能會不禁目瞪口呆地看著拉哥斯數量眾多的橋梁。這句話真正的意思是：「我可不是來拉哥斯浪費時間的，我是來賺錢的。」社會各階層對財富的不懈追求，有助於創造一個能孕育創新的城市生態系統。發動奈及利亞技術革命的是歐提戈巴的街道和市場攤位那充滿競爭的環境，而不是國家或風險投資。這座城市充滿活力的創業文化，主要源於那些早期採用者，當二十一世紀初科技和軟體一進入市場時，他們馬上就抓住機會。同樣的，還有奈萊塢在商業上的成功，奈萊塢是在拉哥斯的蘇魯雷爾的街道上誕生的，他們使用的是一些非常基本的技術，以及大量的獨創性。這座城市的市場和家庭裁縫，為拉哥斯非常成功的全球時尚產業提供了動力來源。嘻哈和舞蹈從拉哥斯大陸區域的街頭文化中，汲取了拉哥斯獨特的風格和歡快的能量，並成為一股全球性的力量，影響了世界各地饒舌樂的樣貌和風格，包括美國在內。

這種創造力，是由非正規和正規經濟之間的交互作用，以及四散在城市各地的各種活動群集之間的交互作用所製造出來的。其中一個主要問題，就是那些在阻止這些交互作用發生的各種障礙。當然，拉哥斯有交通層面的障礙，但也有其他不那麼明顯的障礙，如腐敗和缺乏公共服務，導致城市內部的流動性和連通性受到了阻礙。在所有障礙之中，最難突破的就是不安全感以及缺少所有權。若要汲取街道上的資源，就不能只是掠奪最好的東西，然後拋棄剩下的東西；它必須是雙向的。

舉凡在中國、印尼、印度、南美洲和其他地方，世界各地的超大城市和大都市都在努力應對超高速大規模都市化的問題。過去三十年來，中國由城市所主導的經濟成長率高達百分之九．五，（至今）已有近十億人脫貧，這讓許多發展中的超大城市都十分羨慕。中國的資金正在湧入非洲的基礎設施計畫。在非洲這個人類史上都市化速度最快的大陸上，中國的發展藍圖正在成為最主要的模式，各國的統治者無不夢想著將他們混亂的超大城市，變成非洲版的上海。整個非洲大陸到處都有住宅開發計畫，看起來就像是中國城市的郊區被直接搬過來了。此外，非洲也有中國出資、由中國建築師設計的經濟特區，如拉哥斯的萊基和艾科大西洋城這種高科技的城中城。

＊譯按：Afrobeat，一種奈及利亞特有的音樂類型，結合了西非的音樂風格，和美國的爵士樂及靈魂音樂。

他們確實有充分的理由從中國這個新崛起的超級大國尋求靈感。憑藉著龐大的基礎設施計畫以及強大的集權官僚管控，中國城市得以避開許多快速增長的陷阱。此外，中國還有嚴厲的戶口制度，嚴格規範人民的居住地。根據法規，上海的人口最多不能超過兩千五百萬人，而北京則是兩千三百萬人，而且都市增長的人口，也會被重新分散到群集城市和超大型的都會區。中央集權造就了整潔的城市和商業區壯觀的天際線，而商業區的周圍則是樣式統一的住宅區。

在世界史上，中國快速的經濟轉型和都市化之所以獨一無二，不只是因為其規模巨大，而是因為它的編排方式（choreography）。但擁有民主制度、私有財產制和法治的國家，根本就沒辦法像中國那樣，對大規模的都市化進行周密的籌劃（stage-manage）。不論在哪個案例裡，中央權力較薄弱而且又腐敗的國家，在嘗試系統性都市化時都受到了阻礙。

拉丁美洲於二十世紀下半葉同樣戲劇性的都市化進程，則為非洲提供了另一種模式和許多前車之鑑。眾所皆知，哥倫比亞的第二大城麥德林是一九八〇年代世界上最暴力的城市，也是全球古柯鹼貿易之都。毒梟埃斯科巴在這座城市貼著陡峭山坡的貧民窟裡壯大自己的勢力。埃斯科巴對那些被社會排除和鄙視的人承諾，會給他們一個「沒有貧民窟的麥德林」，並將他們從他們居住的「垃圾煉獄（inferno of garbage）」之中解救出來。麥德林的噩夢就是最惡名昭彰的一個例子，能告訴我們當城市的社會紋理崩解時會發生什麼事。對於許多城市裡的貧民來說，這些統治城市大部分地區的販毒集團，就是唯一能提供就業、保護和希望的對象。埃斯科巴讓非正式城市與正式城市陷入了一場可怕的內戰。即使他於一九九三年在麥德林某個房屋的屋頂上身亡之後，這種情形依然持續了很久。

在歷經多年的軍事行動後，政府已經制服了販毒集團，而這座城市如今也已經成為城市復興的典範。二〇〇四年，法哈多當選麥德林的市長；在他的領導之下，麥德林開始打破正式城市與非正式城市之間明確的分界線。市民必須對這些比較貧窮的鄰居一視同仁；政府必須獲得這些邊緣化群體的信任。貧民窟裡的居民獲得了一定程度的控制權，可以規劃和組織他們自己的社區。這座城市徹底地重新思考了公共空間，並在拆除物理空間中的障礙之時，也化解了心理上的障礙。他們在貧民窟裡建造了建築風格十分顯眼的公共建築，如圖書館和社區中心，以此作為一個強而有力的宣言，表明這些貧民窟也是城市的一分子。透過公車路線和纜車，這些邊緣的聚落也融入了城市當中。麥德林曾是世界上最危險的城市，而第十三區則是這座城市裡最危險的區域；然而今日的第十三區卻有自動扶梯通往城裡的其他地方。社區裡的年輕居民獲得了油漆，還被鼓勵用塗鴉和街頭藝術來裝飾自己的社區。麥德林還有些問題尚待解決，但它激進的「社會都市主義」與生態都市主義相結合，讓它變得更加繁榮、更加平和，並且全球知名。（彩圖29）

麥德林的成功，取決於對都市貧民的態度的改變，也取決於對新基礎設施的投資。它有賴於讓居民擁有自己的生活和社區。這對於在未來三十年得要應對失控增長的非洲城市來說，是個重要的教訓。如果南極洲不算在內的話，非洲將會在接下來的幾年裡，成為最後一個都市人口超過半數的大洲；中國曾經為了解決都市問題而投入非常多的資源，但非洲的超大城市只有中國一小部分的資源，卻又必須完成很多事情。如果非洲城市缺乏投資的資金和基礎設施，隨著非洲的增長加速逐漸失控，那麼其人口的巨大能量和創造力很可能就是它們最寶貴的資產。

中國自上而下的都市化案例讓政策制定者都感到非常震驚。但直接摧毀非正式聚落，並將居民搬遷到超級街區裡，便一定會抹殺城市生態系裡蓬勃發展的寶貴社會資本和活力，而且在歷史上屢試不爽。

不過還有另一種模式，可以讓超大城市持續發展並保持韌性。在不到三個世代前，東京都還是一片廢墟，到處都是被炸毀的建築物。但如今它卻是世界上最大的都會區，擁有近四千萬人口，也是有史以來最成功的超大城市。東京之所以能如此繁榮，主要是因為其市民在第二次世界大戰之後自我組織，並重建了他們被摧毀的城市，這種模式勝過了歐美，以及後來的中國那種自上而下的規劃方式。

二戰剛結束的東京，看起來就像一個巨大的棚屋區，只有臨時搭建的房子，而且幾乎沒有公共服務。時至今日，東京人口稠密、充滿低矮房屋的城市核心區裡，依然以住商混合使用的建築物則在迷宮般的狹窄街道上爭奪空間，儘管東京的居民比孟買貧民窟還要富裕很多倍，但大部分地區看起來都和孟買的貧民窟有些神似。對於西方的大多數人來說，以及後來像中國這樣的地方，現今的城市經驗都是井然有序、經過淨化的：工業、零售業、商業、休閒和住宅區會被規劃者分隔開來，分布在彼此不相連的不同區域裡。從某個意義上來說，就像是原本未被馴化的都市生態系，變成了一個受到人為管理的動物園，而那種由無序所帶來的活力也隨之消失。就像拉哥斯或孟買那樣，東京看起來很無序，在西方人眼裡甚至是雜亂無章的。但東京就是「非正式」都市化或有機都市化最成功且最重要的案例。[27]

這麼說的意思是：住宅、工作、商業、工業、零售和餐飲空間之間模糊的界線，可以讓街道感覺像是生機勃勃的、不斷在成長的事物。東京非正式的、未經規劃的街區，仍然受當地居民的控制，而不是如奧林匹亞諸神般、高高在上的總體規劃者的控制之下。這座城市感覺就像是幾個相互連結，卻又自給自足的村莊的集合體，同時擁有經濟、社會和居住的功能。小型公司、家庭經營的餐館、洗衣店、小型居酒屋、工匠作坊、汽車修理廠和街頭市場，都和閃亮耀眼的銀行和辦公樓比鄰而居，簡陋的房屋也和摩天大樓並存。東京從一個被戰火蹂躪的大型貧民窟，轉變成為超現代的大城市，而這個城市發展的過程是逐漸發生的，建築物一步步獲得了重建、改善和重新利用。各個自治的街區逐漸融入了整個城市，卻又沒有失去地方特色，以及街道活動的多樣性。[28]（彩圖27、28）

然而，東京並不是一個處於無政府狀態、完全未經規劃的城市。但它的發展從未像新加坡或上海那樣，受到總體規劃的支配。東京擁有世界上規模最大、最密集的市內交通系統，這個系統和其他重要的基礎設施，都是圍繞著既有的城市興建的，而不是相反。就算是勞工階層的城區也和其他城區一樣享有世界級的城市公共服務和設施。換言之，市政府提供並且維持著循環系統，為這個大都會提供了動脈、靜脈和神經系統，然後便任憑結締組織獨立發展。

西方人會將城市視為永恆之地，但在日本卻不然，日本建築物的壽命卻通常很短。這種現象造成的結果，通常可以用「快速的城市新陳代謝」來指稱：也就是城市不斷處於變形的過程之中。因此，這座大都會便被重新概念化為臨時的城市，或是重複書寫的羊皮紙：即使不斷刮除紙面、不斷重寫，原本的文字仍然清晰可辨。或者，它也可以被看作是一個在不斷進化的有機體，永遠沒有最終的形式，而是會根據外部環境的刺激而生長、收縮，並改變形狀和外觀。

隱喻的重要性，不只在於我們如何看待城市，也在於我們如何規劃、管理城市，以及如何居住在城市裡。城市總是在不斷變化的這個概念很重要。最有活力的城市，會像戰後年代裡的東京那樣，處於一種不斷蛻變的狀態。這種內在的靈活性和適應性，讓城市能應對不斷變化的經濟狀況和外部衝擊。烏魯克在經歷爆炸性成長的期間，也曾不斷拆除和重建，在舊的廢墟上興建更大、更好的建築物。羅馬和倫敦等城市也是以漸進式的方式發展，讓它們得以擁有歷史記憶的層次感，給人一種生動有趣的感覺。和其他亞洲城市一樣，東京之所以至關重要，在於它以極快的速度經歷了這個歷史進程，其三百四十九萬名居民從一九四五年幾乎被完全摧毀、可怕的貧困之中重新站起來，發展成今日帶點未來主義感的超大都會區和經濟強國。它快速的新陳代謝使其能吸收所有這些變化，卻又同時保持基本的核心不變。根據建築師黑川紀章的說法：

〔東京〕是由三百個城市所組成的集合……乍看之下那裡似乎缺乏秩序，卻存在著來自城市各個部分的能量、自由和多樣性。這個新層次的建構，是一個利用自發力量的過程。因此，最準確的說法可能是這樣的，今日的東京……介於真正的混亂，與一種新的隱性秩序之間。[29]

在都市規劃被奉為圭臬的時代裡，東京於二戰後四十年間的發展，既是過去七千年都市化歷史的重演，也能讓其他超大城市引以為鑑。無論是十七世紀的阿姆斯特丹、十八世紀的倫敦，還是二十世紀的紐約，當未經規劃、非正式的城市，與經過規劃、正式的城市存在動態互動的關係時，城市就能蓬勃發展，因為這樣的城市擁有自發性和實驗的空間。把城市比喻作新陳代謝的系統，或是正在演化的有機體，不只是聽起來有趣而已，這些比喻也提醒了我們，當經濟進入繁榮和蕭條階段、新科技出現、戰爭爆發，以及氣候變遷時，城市便會迅速變化。允許地方進行自我組織，可以為城市提供一些空間，讓它們去應對劇烈的變化，這是精確規劃所無法做到的。東京非正式社區的活力，就是經濟起飛的先決條件。[30]

在拉哥斯，非正式城市的混亂樣貌經常被視為貧窮和恥辱的標誌。但混亂是值得我們擁抱的，而且在快速發展的城市裡尤其如此：它是城市發展的一個動態特徵。試圖規範這類活動，並將它們正式化，反而可能會抑制其創造力。麥德林和東京之所以能夠成功，就是因為它們為最貧困的居民提供了條件和基礎設施，讓他們去建設自己的社區，因而讓非正式聚落融入了整個城市，並且對其社會資本進行了投資。這意味著非正規經濟和非正式聚落不再被視為問題的一部分，而且還是管理高速都市化的解決方案。若想將失能的邊緣地方轉變成實用的資產，關鍵就在於能否對這些地方提供基本的公共服務，並保障他們的所有權。[31]

東京所處的位置，是世界上最危險的地方之一。它在歷史上不只經歷過大火和轟炸，也曾毀於劇烈的地震。自力更生和自我組織的能力早已融入了東京的DNA裡。自街頭由下而上，而不是自上而下地建設城市，為他們帶來了巨大的好處。一直以來，東京的市民都能承受每一場災難並且從中復原。許多南半球的新興超大城市，可能也會在本世紀經歷類似的災難。來自基層社區的韌性，就是對抗災難最可靠的防禦能力之一。

★

我們非常擅長在城市裡生活，即使是在幾乎被摧毀或過度擁擠的極端環境裡也依然如此。歷史能給予我們許多啟示。從簡單的層面上來說，讓人類大腦和其他大腦聚集在一起，就是激發思想、藝術創造和社會變革的最好方式。我們擁有一種特別的能力，能讓我們創造出異常複雜的聚落，而這也意味著我們正在成為一個完全都市化的物種。

本書的開頭，從都市在感官上的意義談起：社交和親密人際關係所帶來的樂趣，讓城市充滿活力，並為城市賦予了集體的力量。性、食物、購物、觀看、氣味、洗澡、散步和節慶活動，都讓城市生活充滿樂趣。城市生活的儀式，發生在廣場、市場、市集和集市街道、街角、廣場和浴室、咖啡館、酒吧、公園和體育場裡。後半部分的章節，則描述了權力的集中，如何讓相對較小的城市能夠大幅改變周遭的世界。十八世紀的城市歷史展示了人類如何學會適應現代城市的生活壓力。

打從烏魯克開始，城市的生態系就一直處於不斷演進的狀態。我們建造環境，原本是為了滿足自己的需求，但在我們和建築物，以及我們層層疊疊的歷史之間的跨世代互動過程中，環境也會反過來塑造我們。烏魯克就是一個絕佳的例子。它是人類第一座城市，也是現存最悠久的城市之一，它的型態以及市民的生活，都受到了數千年來氣候變化的影響。隨著沼澤消退、降雨模式改變、氣溫上升、河流系統變得難以預測，烏魯克也適應了環境。它的持久力和適應力，以及它所創造出來的城市文化都是非常了不起的。

時序進入二十一世紀之後，氣候暖化和難以預測的暴風已經改變了城市。城市明顯變得比以前更環保，生物多樣性也更豐富了。在過去的幾十年裡，新都市運動（New Urban movement）一直都在主張，我們需要讓城市和郊區的規模變得更加小巧，改善行人和自行車的交通環境，並讓經濟變得更多樣化，藉此來對抗建立在汽車之上的都市擴張。近期的綠色運動，甚至也開始將城市視為應對氣候變遷的解決方案，而不是把城市視為敵人。圍繞街道生活，而非圍繞汽車而建，並擁有先進交通系統的城市，可以減少機動車的車流量。分散在郊區家戶的碳足跡，比稠密市中心的家戶還要多兩到四倍。都市化社區指的是可以步行，或可使用公共交通工具，而且居民不住在豪華住宅裡的地方，其居民的碳排放、消耗的水和燃料，以及製造出的廢棄物都更少，能源的使用效率也更高。隨著世界人口即將突破一百億大關，更集中的居住型態也更為合理，因為那可以減輕人類對大自然的壓力。

事實證明，更小、更緊湊、圍繞著人而非汽車所建造的城市，對人類和環境的好處更多。住得離市中心愈近，肥胖的機率就愈低，也能讓你更加快樂。根據科學研究，居住在緊湊的排屋、雙層透天和公寓大廈裡的居民，可以在住處附近步行移動，從事社交行為，他們的身心健康甚至比住在最高級郊區的居民還要好。當工業化和去工業化將城市推向崩潰邊緣時，汽車能讓我們逃離城市；然而，如今汽車卻因為其對個人、社會和環境所造成的成本，正在降低郊區的生活品質。與其說這是新都市主義，還不如說這是一種非常、非常古老的都市主義。人類會在五千年前遷居到城市裡並非沒有理由，因為它能讓大家聚在一起、提供機會和感官享受、滿足我們的社交需求；而在接下來的數千年裡，這個過程都仍在持續發生。[32]

城市會改變。但它不會在理想主義之中誕生；它的誕生是出於人類的需求。城市不僅具有韌性，而且還是一個具有適應力的系統。當資源出現短缺或發生生態災難，導致能源價格上漲時，城市也將會一如既往地繼續發生變化。如果汽車、貨車和卡車能持續減少，城市地區便可能會回復到較高密度的狀態，繁忙的街道也會回來，而這也正是城市在歷史上大多數時間裡的狀態。

但這不代表我們會突然一股腦地跑回城市，或住在節省空間的高樓大廈裡。我們也不會趕忙建造新的城市。不會的。這代表我們會把郊區變得更加都市化，提供步行和社交、購物和工作的地方。這不是美好社區的烏托邦夢想，而是在描述人和地方對變化的條件做出反應的方式。當你不能開車去城裡、購物中心或休閒中心時，你就必須把它們帶到自己的家門口。美國已經出現一種趨勢，發展出了所謂的「城市郊區（urbanburbs）」：空間緊湊的社區，能在郊區為千禧世代提供更像大都市的生活方式，那裡的街道生活、咖啡館、餐館、酒吧、公園和學校都在步行範圍之內。我們是個屬於城市的物種：我們對共同生活的渴望，將會不斷演進，並以新的型態呈現出來。[33]

新的大都市型態，將會有許多個本地的城市中心，而不會只有少數幾個；這種新的城市將會由多個自給自足的村莊組成。有點諷刺的是，其中一個最能體現這點的城市就是洛杉磯。過去的洛杉磯發展成了二十世紀典型的大都市。它不只是低密度、以汽車為基礎的，也不只是被設計來促進交通流動的，它的複雜性也還是有條理的。換言之，它被想像成一種解藥，能對付工業革命所帶來的混亂都市，而住宅、工商業、零售和休閒行為，則會被置於幾個既明確、整齊又龐大的不同區域。大都市於是圍繞著高速公路和私人住宅逐漸成形。有些人批評洛杉磯沒有個性，而這種沒有個性的樣貌，就是藉由掃除雜亂來淨化城市的趨勢所造成的結果，但這個趨勢並不只有出現在洛杉磯而已。

過去的洛杉磯是二十世紀都市化的旗手，而它如今正在以一種奇怪的方式逐漸成為變革的先驅，並對二十一世紀的城市發動攻擊。洛杉磯的許多郊區都已經變得愈來愈都市化，也愈來愈密集。這並不是由中央規劃者所頒布的法令，而是街道和社區層次的非正式活動所帶來的結果。

到了二〇一〇年代，洛杉磯的居民已經主要由拉丁裔所組成。數百萬的新洛杉磯人帶來了完全不同的城市居住概念。來自拉丁美洲的移民以及他們的後代，他們的汽車擁有率明顯低於其他族裔。他們也更加重視街頭的公共生活和社交性。他們適應了洛杉磯，卻也根據自己的需求改變了他們的社區。所謂的拉丁裔都市主義，已經將洛杉磯的部分地區轉變成具有戶外風格，且能讓人面對面接觸的公共空間，居民可以在那裡散步、交談和聚會。這種轉變就體現在家戶的前院上：那裡成了街頭社交生活的一部分，也將加州內向的平房變成一個個外向的拉美式住宅，被當作公共與私人互動的場所。這種轉變也體現在街道兩旁色彩繽紛的折扣商店、塗鴉藝術、塔可餅小販、餐車和公園派對上面。洛杉磯有五萬名非正式的小販，他們把街道和公園變成了即興的公共市場以及實質意義上的廣場，是大家會想要逗留，而不只是匆匆路過的地方。[34]

拉丁裔的都市主義打破了洛杉磯應該長成什麼樣子的既定概念，而且這種都市主義一直都被認為是凌亂不堪而必須要抵制的。但它帶來的能量卻迫使市政府重新考量都市規劃，並更加重視步行和非正式的零售行為。它讓大家意識到，街道不只是關乎交通而已，它們也是居住、玩耍和穿越的地方。街道是城市的靈魂。雖然幾乎看不見這點，但拉丁裔居民正在洛杉磯和其他美國城市的街道上，實踐新都市主義的理論原則，也就是提倡小巧緊湊的城市、高密度的社區、住商混合和熱鬧的街頭生活。他們以自己的方式回應了城市生活，而且經常無視官方的反對。由於這些轉變非常成功，就連有錢人也開始被其中一些社區所具有的城市特質與溫文儒雅給吸引而來，讓這些地方出現了縉紳化的現象。

拉丁裔城市主義就是所謂的「混亂城市主義（messy urbanism）」的一個例子，它提醒大家城市曾經有過的樣子。它還呈現了南半球超大城市的那種非正式特徵，能在全球範圍內發揮作用的方式（它們也確實正在發揮作用）。在城市和郊區裡重建微型社區，就是我們在這個世紀裡，能讓城市變得更有韌性、更具可持續性的最重要方式之一。二〇二〇年全球疫情封城期間，大家被關在家裡，或周遭狹小的半徑範圍之內，因此能否在住家附近擁有可靠的食物、藥品和日常用品來源，甚至是娛樂場所和新鮮空氣，就變得非常重要。不論從哪個意義上來說，一個人居住的社區是否健康，具有新的重要性。隨著大家重新確認了人際連結和鄰里社交的價值，即便在嚴格的社交距離條件之下，全球各地的城市都有互助性質的社團在社區內自發出現。

從只有幾千名開拓者的烏魯克，到人口超過兩千萬的拉哥斯，城市生活的基本原則並沒有太大的改變。人類在歷史上一直幻想著城市烏托邦的存在，但很多時候，這些完美城市的願景卻會變成悲劇性的實驗，而社區則在這個過程中被完全摧毀。但正如拉哥斯歐提戈巴電腦村的企業家，以及洛杉磯的拉丁裔居民為我們展示的那樣，人類非常擅長建構自己的社區，並建立臨時的秩序。歷史為我們展示了兩種人之間持續存在的緊張關係：一種是在混亂的城市裡如魚得水的人，而另一種則是想要對城市強加某種人為的一致性的人。

我們作為一個物種能否存續下去，取決於我們城市史詩的下一個章節。這個故事不會發生在閃亮動人的全球城市裡。決定結果的，不是設計出數位解決方案的技術官僚，也不是用奧林匹亞諸神的視角來重塑城市的總體規劃師。這個故事，將會由住在發展中國家的超大城市，以及快速增長的都會區裡的數十億人來書寫，也會由他們來親身經歷。大多數的人類將會住在非正式聚落裡，並在ＤＩＹ經濟部門裡工作，就像過去五千年來無數城市居民那樣。他們就是建設城市並讓城市持續運作的人；他們靠著自己的創造力和足智多謀生存下來，並對大環境的變化做出反應。那麼在能源變得愈來愈少，城市變得愈來愈熱、愈來愈嚴酷的時候，如果被允許的話，他們就會是能夠提出解方的人。

如果歷史是我們的老師，那麼它會告訴我們：這些人終會成功。

致謝

我想要感謝以下幾位人士的慷慨、洞見和無盡善意：Claire Ashworth、Clare Conville、Suzanne Dean、Chijioke Dozie、Jeff Fisher、Wade Graham、Bea Hemming、Sanjeev Kanoria、Mark Lobel、David Maxwell、David Milner、Natasha Moreno-Roberts、Birgitta Rabe、Roisin Robothan-Jones、Nicholas Rose、Charmaine Roy、Nishi Sehgal、Daisy Watt、Marney 以及 Chris Wilson。

注釋

序言

1 UN Habitat, *State of the World's Cities 2008/9: harmonious cities* (London, 2008), p. 11; UN Habitat, *State of the World's Cities 2012/2013: prosperity of cities* (NY, 2013), p. 29

2 Jaison R. Abel, Ishita Dey and Todd M. Gabe, 'Productivity and the Density of Human Capital', Federal Reserve Bank of New York Staff Reports, 440 (March 2010); OECD, *The Metropolitan Century: understanding urbanisation and its consequences* (Paris, 2015), pp. 35ff; Maria P. Roche, 'Taking Innovation to the Streets: microgeography, physical structure and innovation', *Review of Economics and Statistics*, 21/8/2019, https://www.mitpressjournals.org/doi/ abs/10.1162/rest_a_00866

3 Jonathan Auerbach and Phyllis Wan, 'Forecasting the Urban Skyline with Extreme Value Theory', 29/10/2018, https://arxiv.org/abs/1808.01514

4 A. T. Kearney, *Digital Payments and the Global Informal Economy* (2018), pp. 6, 7

5 Janice E. Perlman, 'The Metamorphosis of Marginality: four generations in the *favelas* of Rio de Janeiro', *Annals of the American Academy of Political and Social Science*, 606 (July 2006), 167; Sanni Yaya et al., 'Decomposing the Rural–Urban Gap in the Factors of Under-Five Mortality Rate in Sub-Saharan Africa? Evidence from 35 countries', *BMC Public Health*, 19 (May 2019); Abhijit V. Banerjee and Esther Duflo, 'The Economic Lives of the Poor', *Journal of Economic Perspectives*, 21:1 (Winter 2007), table 9; Maigeng Zhou et al., 'Cause-Specific Mortality for 240 Causes in China during 1990–2013: a systematic subnational analysis for the Global Burden of Disease Study 2013', *Lancet*, 387 (January 2016), 251–72

6 Karen C. Seto, Burak Güneralp and Lucy R. Hutyra, 'Global Forecasts of Urban Expansion to 2030 and Direct Impacts on Biodiversity and Carbon Pools', *PNAS*, 109:40 (October 2012)

7 Edward Glaeser, *The Triumph of the City: how urban space makes us human* (London, 2012), p. 15

第1章

1 Andrew George (ed. and trans.), *The Epic of Gilgamesh* (London, 2013), I:101ff

2 Paul Kriwaczek, *Babylon: Mesopotamia and the birth of civilisation,* p. 80; Mary Shepperson, 'Planning for the Sun: urban forms as a Mesopotamian response to the sun', *World Archaeology*, 41:3 (September 2009), 363–78

3 Jeremy A. Black et al., *The Literature of Ancient Sumer* (Oxford, 2006), pp. 118ff

4 P. Sanlaville, 'Considerations sur l'évolution de la basse Mésoptamie au cours des derniers millénaires', *Paléorient*, 15:5 (1989), 5–27; N. Petit-Maire, P. Sanlaville and Z. W. Yan, 'Oscillations de la limite nord du domaine des moussons africaine, indienne, et asiatique, au cours du dernier cycle climatique', *Bulletin de la Societe Geologique de France*, 166 (1995), 213–20; Harriet Crawford, *Ur: the city of the Moon God* (London, 2015), pp. 4ff; Guillermo Algaze, *Ancient Mesopotamia at the Dawn of Civilization: the evolution of the urban landscape* (Chicago, 2008), pp. 41ff; Hans J. Nissen, *The Early History of the Ancient Near East, 9000–2000 bc* (Chicago, 1988)

5 Gwendolyn Leick, *Mesootamia: the invention of the city* (London, 2001), pp. 2–3, 8–9, 19ff

6 Ibid., pp. 35ff, 50, 54

7 Thomas W. Killion, 'Nonagricultural Cultivation and Social Complexity: the Olmec, their ancestors, and Mexico's Southern Gulf Coast lowlands', *Current Anthropology*, 54:5 (October 2013), 569–606; Andrew Lawler, 'Beyond the Family Feud', *Archaeology*, 60:2 (March/April 2007), 20–5; Charles Higham, 'East Asian Agriculture and Its Impact', in Christopher Scarre (ed.), *The Human Past: world prehistory and the development of human societies* (London, 2005), pp. 234–63; Roderick J. McIntosh, 'Urban Clusters in China and Africa: the arbitration of social ambiguity', *Journal of Field Archaeology*, 18:2 (Summer 1991), 199–212

8 Jennifer Pournelle and Guillermo Algaze, 'Travels in Edin: deltaic resilience and early urbanism in Greater Mesopotamia', in H. Crawford (ed.), *Preludes to Urbanism: studies in the late Chalcolithic of Mesopotamia in honour of Joan Oates* (Oxford, 2010), pp. 7–34

9 H. Weiss, 'The Origins of Tell Leilan and the Conquest of Space in Third Millennium North Mesopotamia', in H. Weiss (ed.), *The Origins of Cities in Dry-Farming Syria and Mesopotamia in the Third Millennium bc* (Guilford, CT, 1986)

10 Guillermo Algaze, 'The Uruk Expansion: cross-cultural exchange in early Mesopotamian civilisation', *Current Anthropology*, 30:5 (December 1989), 581

11 William Blake Tyrrell, 'A Note on Enkidu's Enchanted Gate', *Classical Outlook*, 54:8 (April 1977), 88

12 Guillermo Algaze, 'Entropic Cities: the paradox of urbanism in ancient Mesopotamia', *Current Anthropology*, 59:1 (February 2018), 23–54; Florian Lederbogen et al., 'City-Living and Urban Upbringing Affect Neural Social Stress Processing in Humans', *Nature*, 474 (2011),

498–501; Leila Haddad et al., ‘Brain Structure Correlates of Urban Upbringing, an Environmental Risk Factor for Schizophrenia’, *Schizophrenia Bulletin*, 41:1 (January 2015), 115–22

13 George, XI:323–6

14 Leick, pp.1ff, 29

15 Geoff Emberling and Leah Minc, ‘Ceramics and Long-Distance Trade in Early Mesopotamian States’, *Journal of Archaeological Science*, Reports: 7 (March 2016); Giacomo Benati, ‘The Construction of Large-Scale Networks in Late Chalcolithic Mesopotamia: emergent political institutions and their strategies’, in Davide Domenici and Nicolo Marchetti, *Urbanized Landscapes in Early Syro-Mesopotamia and Prehispanic Mesoamerica* (Wiesbaden, 2018)

16 Hans J. Nissen, Peter Damerow and Robert K. Englund, *Archaic Bookkeeping: early writing and techniques of economic administration in the ancient Near East* (Chicago, 1993), p. 36

17 Leick, pp. 89ff

18 Ibid., p. 106

19 Kriwaczek, p. 162

20 Ibid., pp. 161–2

21 Leick, pp. 139, 146, 268

第11章

1 Jean-Jacques Rousseau, *Politics and the Arts: letter to M. d'Alembert on the theatre*, trans. A. Bloom (Ithaca, 1968), pp. 58–9

2 Victoria E. Thompson, ‘Telling “Spatial Stories”: urban space and bourgeois identity in nineteenth-century Paris’, *Journal of Modern History*, 75:3 (September 2003), 542

3 Jon Adams and Edmund Ramsden, ‘Rat Cities and Beehive Worlds: density and design in the modern city’, *Comparative Studies in Society and History*, 53:4 (October 2011), 722–756

4 Le Corbusier, *The City of Tomorrow and Its Planning* (NY, 1987), p. 244; Ebenezer Howard, *Garden Cities of Tomorrow* (London, 1902), p. 18

5 Jonathan M. Kenoyer, *Ancient Cities of the Indus Valley Civilization* (Oxford, 1998); R. K. Pruthi, *Indus Civilisation* (New Delhi, 2004); Andrew Robinson, *The Indus: lost civilisations* (London, 2015)

6 Asko Parpola, *Deciphering the Indus Script* (Cambridge, 1994), p. 21; cf. Dilip K. Chakrabarti (ed.), *Indus Civilisation Sites in India: new discoveries* (Mumbai, 2004), p. 11 and Hans J. Nissen, 'Early Civilisations in the Near and Middle East', in Michael Jansen, Máire Mulloy and Günter Urban (eds.), *Forgotten Cities in the Indus: early civilisation in Pakistan from the 8th to the 2nd millennium bc* (Mainz, 1991), p. 33

7 Robinson, p. 47

8 Liviu Giosan et al., 'Fluvial Landscapes of the Harappan Civilization', *Proceedings of the National Academy of Sciences*, 109:26 (2012), E1688–E1694; Peter D. Clift and Liviu Giosan, 'Holocene Evolution of Rivers, Climate and Human Societies in the Indus Basin', in Yijie Zhuang and Mark Altaweel (eds.), *Water Societies and Technologies from Past and Present* (London, 2018); Liviu Giosan et al., 'Neoglacial Climate Anomalies and the Harappan Metamorphosis', *Climate of the Past*, 14 (2018), 1669–86

9 Cameron A. Petrie et al., 'Adaptation to Variable Environments, Resilience to Climate Change: investigating land, water and settlement in Indus Northwest India', *Current Anthropology*, 58:1 (February 2017), 1–30

10 Arunima Kashyap and Steve Weber, 'Starch Grain Analysis and Experiments Provide Insights into Harappan Cooking Practices', in Shinu Anna Abraham, Praveena Gullapalli, Teresa P. Raczek and Uzma Z. Rizvi (eds.), *Connections and Complexity: new approaches to the archaeology of South Asia* (Walnut Creek, 2013); Andrew Lawler, 'The Mystery of Curry', Slate.com, 29/1/2013, https://slate.com/human-interest/2013/01/indus-civilization-food-how-scientists-arefiguring-out-what-curry-was-like-4500–years-ago.html

11 Will Doig, 'Science Fiction No More: the perfect City is under construction', Salon.com, 28/4/2012

12 'An Asian Hub in the Making', *New York Times*, 30/12/2007

13 William Thomas, *The History of Italy (1549)* (New York, 1963), p. 83

14 Terry Castle, 'Eros and Liberty at the English Masquerade', *Eighteenth-Century Studies*, 17:2 (Winter 1983–4), 159; Stephanie Dalley, *Myths from Mesopotamia: Creation, The Flood, Gilgamesh, and others* (Oxford, 1989), p. 305

15 Simon Szreter, 'Treatment Rates for the Pox in Early Modern England: a comparative estimate of the prevalence of syphilis in the city of Chester and its rural vicinity in the 1770s', *Continuity and Change*, 32:2 (2017), 183–223; Maarten H. D. Larmuseau et al., 'A Historical-Genetic Reconstruction of Human Extra-Pair Paternity', *Current Biology*, 29:23 (December 2019), 4102–7

16 Leick, pp. 59–60

17 James Boswell, *Boswell's London Journal* (1952), pp. 249–50, 257, 320

18 Farid Azfar, 'Sodomites and the Shameless Urban Future', *Eighteenth Century*, 55:4 (Winter 2014), 391–410

19 Randolph Trumbach, 'London's Sodomites: homosexual behaviour and western culture in the eighteenth century', *Journal of Social History*, 11:1 (Autumn 1977), 1–33; Gavin Brown, 'Listening to the Queer Maps of the City: gay men's narratives of pleasure and danger in London's East End', *Oral History*, 29:1 (Spring 2001), 48–61

20 Leick, p. 59

21 Vern L. Bullough, 'Attitudes towards Deviant Sex in Ancient Mesopotamia', *Journal of Sex Research*, 7:3 (August 1971), 184–203

22 Leick, p. 264

23 Brian Cowan, 'What Was Masculine about the Public Sphere? Gender and the coffee house milieu in post-Restoration England', *History Workshop Journal*, 51 (Spring 2001), 140

24 *The Collected Writings of Thomas De Quincey*, Vol. I, p. 181

25 H. Brock, 'Le Corbusier Scans Gotham's Towers', *New York Times*, 3/11/1935; Le Corbusier, *The Radiant City: elements of a doctrine of urbanism to be used as the basis of our Machine Age Civilization* (London, 1967), p. 230

第11章

1 'Old Oligarch', *The Constitution of the Athenians*, 2.7–8

2 Demetra Kasimis, *The Perpetual Immigrant and the Limits of Athenian Democracy* (Cambridge, 2018), p. 22

3 Edith Hall, *The Ancient Greeks: ten ways they shaped the modern world* (London, 2016), introduction, chapter 3

4 Ibid., chapter 3

5 Mogens Herman Hansen, 'The Hellenic *Polis*', in Hansen (ed.), *A Comparative Study of Thirty City-State Cultures: an investigation conducted by the Copenhagen Polis Centre* (Copenhagen, 2000), pp. 141ff

6 Ibid., pp. 146ff

7 Ibid., p. 145

8 Stavros Stavrides, 'The December 2008 Youth Uprising in Athens: spatial justice in an emergent "city of thresholds"', *spatial justice*, 2 (October 2010); Ursula Dmitriou, 'Commons as Public: re-inventing public spaces in the centre of Athens', in Melanie Dodd (ed.), *Spatial Practices: modes of action and engagement with the city* (Abingdon, 2020); Helena Smith, 'Athens' Unofficial Community Initiatives Offer Hope after Government Failures', *Guardian*, 21/9/2016

9 Hussam Hussein Salama, 'Tahrir Square: a narrative of public space', *International Journal of Architectural Research*, 7:1 (March 2013),

128–38; Joshua E. Keating, ‘From Tahrir Square to Wall Street’, *Foreign Policy*, 5/10/2011, https://foreignpolicy. com/2011/10/05/from-tahrir-square-to-wall-street/

10 Jeffrey Hou, ‘(Not) Your Everyday Public Space’, in Hou (ed.), *Insurgent Public Space: guerrilla urbanism and the remaking of contemporary cities* (London, 2010), pp. 3–5

11 R. E. Wycherley, *The Stones of Athens* (Princeton, 1978), pp. 91–2

12 Judith L. Shear, *Polis and Revolution: responding to oligarchy in classical Athens* (Cambridge, 2011), pp. 113ff; Gabriel Herman, *Morality and Behaviour in Democratic Athens: a social history* (Cambridge, 2006), pp. 59ff

13 Shear, pp. 178ff

14 Ibid., p. 50

15 James Watson, ‘The Origin of Metic Status at Athens’, *Cambridge Classical Journal*, 56 (2010), 259–78

16 Justin Pollard and Howard Reid, *The Rise and Fall of Alexandria, Birthplace of the Modern World* (London, 2006), pp. 1ff, 24–6

17 Abraham Akkerman, ‘Urban Planning and Design as an Aesthetic Dilemma: void versus volume in city-form’, in Sharon M. Meagher, Samantha Noll and Joseph S. Biehl (eds.), *The Routledge Handbook of Philosophy of the City* (NY, 2019)

18 Dio Chrysostom, *Discourses*, 32:36

第四章

1 Fikret K. Yegül, *Baths and Bathing in Classical Antiquity* (Cambridge, MA, 1995), p. 31

2 Richard Guy Wilson, *McKim, Mead and White Architects* (NY, 1983), pp. 211–12

3 Garret G. Fagan, *Bathing in Public in the Roman World* (Ann Arbor, 1999), pp. 34–5

4 Yegül, p. 30

5 Ibid., p. 32

6 Seneca, *Moral Letters to Lucilius*, 86:4–12

7 Fagan, p. 317

8 Janet Smith, *Liquid Assets: the lidos and open-air swimming pools of Britain* (London, 2005), p. 19

9 Ronald A. Davidson and J. Nicholas Entrikin, ‘The Los Angeles Coast as a Public Place’, *Geographical Review*, 95:4 (October 2005), 578–93

10 Michele de la Pradelle and Emmanuelle Lallement, 'Paris Plage: "the city is ours"', *Annals of the American Academy of Political and Social Sciences*, 595 (September 2005), 135

11 Peter Ackroyd, *Thames: sacred river* (London, 2007), p. 339; *The Works of the Rev. Jonathan Swift* (London, 1801), Vol. XV, p. 62; *The Times*, 24/6/1865

12 *Pall Mall Gazette*, 13/7/1869

13 Andrea Renner, 'A Nation that Bathes Together: New York City's progressive era public baths', *Journal of the Society of Architectural Historians*, 67:4 (December 2008), 505

14 Jeffrey Turner, 'On Boyhood and Public Swimming: Sidney Kingsley's *Dead End* and representations of underclass street kids in American cultural production', in Caroline F. Levander and Carol J. Singley (eds.), *The American Child: a cultural studies reader* (New Brunswick, 2003); Marta Gutman, 'Race, Place, and Play: Robert Moses and the WPA swimming pools in New York City', *Journal of the Society of Architectural Historians*, 67:4 (December 2008), 536

15 Marta Gutman, 'Equipping the Public Realm: rethinking Robert Moses and recreation', in Hilary Ballon and Kenneth T. Jackson (eds.), *Robert Moses and the Modern City: the transformation of New York* (NY, 2007)

16 Gutman (2008), 540; Smith (2005), p. 30

17 Jeff Wiltse, *Contested Waters: a social history of swimming pools in America* (Chapel Hill, 2007), p. 94

18 Edwin Torres, *Carlito's Way: rise to power* (NY, 1975), pp. 4–6

19 Fagan, p. 32

20 Jeremy Hartnett, *The Roman Street: urban life and society in Pompeii, Herculaneum, and Rome* (Cambridge, 2017), p. 1

21 Juvenal, *Satire*, III:190–204

22 Cicero, *Ad Attica*, 14.9; Strabo, V:III, 235; Mary Beard, *SPQR: a history of ancient Rome* (London, 2015), pp. 455ff; Jerry Toner, *Popular Culture in Ancient Rome* (Cambridge, 2009), pp. 109ff

23 Louise Revell, 'Military Bathhouses in Britain: a comment', *Britannia*, 38 (2007), 230–7

24 Ian Blair et al., 'Wells and Bucket-Chains: unforeseen elements of water supply in early Roman London', *Britannia*, 37 (2006)

25 Fagan, p. 188; Piers D. Mitchell, 'Human Parasites in the Roman World: health consequences of conquering an empire', *Parasitology*, 144:1 (January 2017), 48–58; A. M. Devine, 'The Low Birth-rate in Ancient Rome: a possible contributing factor', *Rheinisches Museum fur Philologie* (1985), 313ff

26 David Frye, 'Aristocratic Responses to Late Roman Urban Change: the examples of Ausonius and Sidonius in Gaul', *Classical World*, 96:2 (Winter 2003), 185–96
27 Yegül, p. 314
28 Matthew Kneale, *Rome: a history in seven sackings* (London, 2017), p. 40
29 Ibid., pp. 94–5

第五章

1 Regina Krahl, John Guy, J. Keith Wilson and Julian Raby (eds.), *Shipwrecked: Tang treasures and monsoon winds* (Singapore, 2010); Alan Chong and Stephen A. Murphy, *The Tang Shipwreck: art and exchange in the 9th century* (Singapore, 2017)
2 See Krahl et al., and Chong and Murphy
3 Justin Marozzi, *Baghdad: city of peace, city of blood* (London, 2014), p. 92
4 Hugh Kennedy, 'From Polis to Madina: urban change in late antiquity and early Islamic Syria', *Past and Present*, 106 (February 1985), 3–27
5 Ibid.; Besim Hakim, 'Law and the City', in Salma K. Jayyusi (ed.), *The City in the Islamic World* (Leiden, 2008), pp. 71–93
6 Marozzi, p. 92
7 Lincoln Paine, *The Sea and Civilisation: a maritime history of the world* (London, 2015), p. 265
8 Xinru Liu, *The Silk Road in World History* (Oxford, 2010), p. 101
9 Nawal Nasrallah, *Annals of the Caliphs' Kitchens: Ibn Sayyar al-Warraq's tenth-century Baghdadi cookbook* Boston, MA, 2007), p. 35
10 David Waines, '"Luxury Foods" in Medieval Islamic Societies', *World Archaeology*, 34:3 (February 2003), 5–2
11 International Labour Office, *Women and Men in the Informal Sector: a statistical picture* (Geneva, 2002); 'Mumbai Street Vendors', *Guardian*, 28/11/2014; Henry Mayhew, *London Labour and the London Poor,* 4 vols (London, 1861–2), Vol. I, pp. 160, 165
12 Omiko Awa, 'Roasted Corn: satisfying hunger returns good profit', *Guardian* (Nigeria), 21/9/2015
13 Mayhew, Vol. I, p. 158
14 Charles Manby Smith, *Curiosities of London Life; or, phrases, physiological and social of the great metropolis* (London, 1853), p. 390
15 Teju Cole, *Every Day Is for the Thief* (London, 2015), p. 57
16 S. Frederick Starr, *Lost Enlightenment: central Asia's golden age from the Arab conquest to Tamerlane* (Princeton, 2013), pp. 132ff

17 Marozzi, p. 65
18 Starr, pp. 167ff
19 Ibid., pp. 37ff, 62ff
20 Georgina Herman and Hugh N. Kennedy, *Monuments of Merv: traditional buildings of the Karakum* (London, 1999), p. 124
21 Starr, pp. 28–9
22 Ibid., pp. 162–3
23 Hyunhee Park, *Mapping the Chinese and Islamic Worlds: cross-cultural exchange in pre-modern Asia* (Cambridge, 2012), p. 77
24 Glen Dudbridge, 'Reworking the World System Paradigm', *Past and Present*, 238, Supplement 13 (November 2018), 302ff
25 Pius Malekandathil, *Maritime India: trade, religion and polity in the Indian Ocean* (Delhi, 2010), pp. 39ff
26 Paine, p. 273
27 Ibid., p. 306
28 Kanakalatha Mukund, *Merchants of Tamilakam: pioneers of international trade* (New Delhi, 2012), pp. 164–6
29 Dashu Qin and Kunpeng Xiang, 'Sri Vijaya as the Entrepôt for Circum-Indian Ocean Trade: evidence from documentary records and materials from shipwrecks of the 9th–10th centuries', *Etudies Ocean Indien*, 46–7 (2011), 308–36

第六章

1 Horst Boog, *The Global War: Germany and the Second World War*, Vol. VI (Oxford, 2015), p. 565
2 Paine, p. 332; Helmond von Bosau, *Slawenchronik*, ed. H. Stoob (Darmstadt, 1983); A. Graßmann (ed.), *Lubeckische Geschichte* (Lübeck, 2008), pp. 1–123; H. Stoob, *Lubeck* (Altenbeken, 1984)
3 Bosau, p. 304; David Abulafia, *The Boundless Sea: a human history of the oceans* (Oxford, 2019), p. 424
4 Peter Johanek, 'Seigneurial Power and the Development of Towns in the Holy Roman Empire', in Anngret Simms and Howard B. Clarke (eds.), *Lords and Towns in Medieval Europe: the European Historic Towns Atlas Project* (London, 2015), p. 142
5 Roger Crowley, *City of Fortune: how Venice won and lost a naval empire* (London, 2011), p. 66
6 *O City of Byzantium: annals of Niketas Choniates*, trans. Harry J. Magoulias (Detroit, 1984), p. 317
7 M. Schmidt, *Veroffentlichungen zur Geschichte der Freien und Hansestadt Lubeck* (Lübeck, 1933), Vol. XII, pp. 42–3; Ernst Deecke, *Der Lubeckischen Gesellschaft zur Beforderung gemeinnutziger Thatigkeit* (Lübeck, 1939), p. 33

8 Rhiman A. Rotz, 'The Lubeck Uprising of 1408 and the Decline of the Hanseatic League', *Proceedings of the American Philosophical Society*, 121:1 (February 1977), 17ff, 24

9 Ibid., 31

10 J. Kathirithamby-Wells, 'The Islamic City: Melaka to Jogjakarta, *c*.1500–1800', *Modern Asian Studies*, 20:2 (1986), 333–51

11 Johanek, pp. 146–8; Athanasios Moulakis, *Republican Realism in Renaissance Florence: Francesco Guicciardini's Discorso di Logrogno* (Lanham, 1998), p. 119

12 Manuel Eisner, 'Interactive London Medieval Murder Map', University of Cambridge: Institute of Criminology (2018), https://www.vrc.crim.cam.ac.uk/vrcresearch/london-medievalmurder-Map

第七章

1 Judith B. Sombré (trans.), 'Hieronymus Munzer: journey through Spain and Portugal', http://munzeramana.blogspot.com/2017/04/hieronymous-munzer-journey-through.html

2 Roger Crowley, *Conquerors: how Portugal seized the Indian Ocean and forged the first global empire* (London, 2015), p. 4

3 Ibid., p. 19

4 Ibid., pp. 64–5

5 E. G. Ravenstein (trans.), *A Journal of the First Voyage of Vasco da Gama, 1497–1499* (London, 1898), pp. 4[illegible]ff

6 William Brooks Greenlee, *The Voyage of Pedro Alvares Cabral to Brazil and India* (London, 1937), pp. 83–5

7 Gaspar Correa, *The Three Voyages of Vasco da Gama, and His Viceroyalty* (London, 1896), p. 295; Crowley, chapter 7

8 Ibid. pp. 131ff

9 Ibid., p. 128

10 Tomé Pires, *The Suma Oriental*, 2 vols, ed. and trans. Armando Cortesáo (London, 1944), p. 285

11 Ibid., p. 287

12 Barry Hatton, *Queen of the Sea: a history of Lisbon* (London, 2018), pp. 55ff

13 Annemarie Jordan Gschwend and Kate Lowe, 'Princess of the Seas, Queen of the Empire: configuring the city and port of Renaissance Lisbon', in Gschwend and Lowe (eds.), *The Global City: on the streets of Renaissance Lisbon* (London, 2015)

14 Annemarie Jordan Gschwend, 'Reconstructing the Rua Nova: the life of a global street in Renaissance Lisbon', in Gschwend and Lowe

(eds.)

15 Hatton, pp. 71ff

16 Michael Wood, *Conquistadors* (Berkeley, CA, 2000), p. 53

17 Georgia Butina Watson and Ian Bentley, *Identity by Design* (Amsterdam, 2007), p. 74

18 Anne Goldgar, *Tulipmania: money, honour, and knowledge in the Dutch Golden Age* (Chicago, 2007), p. 10

19 William Temple, *The Works of Sir William Temple*, 2 vols (London, 1731), Vol. II, p. 60

20 *The Philosophical Writings of Descartes: volume III, the correspondence*, trans. John Cottingham, Robert Stoothoff, Dugald Murdoch and Anthony Kenny (Cambridge, 1991), p. 32

21 Joseph de la Vega, *Confusion de Confusiones* (Boston, MA, 1957), p. 21

22 Ibid., p. 11

23 Ibid., p. 28

24 R. E. Kistemaker, 'The Public and the Private: public space in sixteenth-and seventeenth-century Amsterdam', in Arthur K. Wheelock Jr and Adele Seeff, *The Public and Private in Dutch Culture of the Golden Age* (Newark, 2000), p. 22

25 Ibid., p. 21

26 *The Travels of Peter Mundy, in Europe and Asia, 1608–1667*, ed. Sir Richard Carnac Temple (London, 1914), Vol. IV, pp. 70–1

27 Simon Schama, *The Embarrassment of Riches: an interpretation of Dutch culture in the Golden Age* (Berkeley, CA, 1987)

第八章

1 Bryant Simon, 'Consuming Third Place: Starbucks and the illusion of public space', in Miles Orvell and Jeffrey L. Meikle (eds.), *Public Space and the Ideology of Place in American Culture* (Amsterdam, 2009), pp. 243ff; Howard Schultz and Dori Jones, *Pour Your Heart into It: how Starbucks built a company one cup at a time* (NY, 1997), p. 5

2 Jee Eun Regina Song, 'The Soybean Paste Girl: the cultural and gender politics of coffee consumption in contemporary South Korea', *Journal of Korean Studies*, 19:2 (Fall 2014), 429–48

3 Seyed Hossein Iradj Moeini, Mehran Arefian, Bahador Kashani and Golnar Abbasi, *Urban Culture in Tehran: urban processes in unofficial cultural spaces* (e-book, 2018), pp. 26ff

4 W. Scott Haine, '"Café Friend": friendship and fraternity in Parisian working-class cafés, 1850–1914', *Journal of Contemporary History*,

27:4 (October 1992), 607–26; W. Scott Haine, *The World of the Paris Cafe: sociability among the French working class, 1789–1914* (Baltimore, 1998), pp. 1, 9; Barbara Stern Shapiro and Anne E. Havinga, *Pleasures of Paris: from Daumier to Picasso* (Boston, MA, 1991), p. 123

5 John Rewald, *History of Impressionism* (NY, 1946), p. 146

6 Rowley Amato, 'Brokers Are Now Opening Their Own Coffee Shops in Harlem', Curbed New York, 16/8/2014, https://ny.curbed.com/2014/8/16/10059746/brokers-are-nowopening-their-own-coffee-shops-in-harlem

7 Markman Ellis, *The Coffee-House: a cultural history* (London, 2004), pp. 7–8

8 Ibid., pp. 29–32; U ˘gur. Kömeço˘glu, 'The Publicness and Sociabilities of the Ottoman Coffeehouse', *The Public*, 12:2 (2005), 5–22; A. Caksu, 'Janissary Coffee Houses in Late Eighteenth-Century Istanbul', in Dana Sajdi (ed.), *Ottoman Tulips, Ottoman Coffee: leisure and lifestyle in the eighteenth century* (London, 2007), p. 117

9 Ellis, pp. 32–3

10 Ibid., p. 42; Steve Pincus, '"Coffee Politicians Does Create": coffee houses and Restoration political culture', *Journal of Modern History* 67:4 (December 1995), 811–12

11 C. John Sommerville, *The News Revolution in England: cultural dynamics of daily information* (NY, 1996), p. 77

12 Pincus, pp. 814–15

13 Ibid., p. 824

14 Ellis, pp. 157–8; Larry Stewart, 'Other Centres of Calculation, or, Where the Royal Society Didn't Count: commerce, coffee-houses and natural philosophy in early modern London', *British Journal for the History of Science*, 32:2 (June 1999), 133–53

15 Stewart, pp. 133–53

16 Pincus, p. 833

17 Paul Slack, 'Material Progress and the Challenge of Affluence in Seventeenth Century England', *Economic History Review*, n/s, 62:3 (August 2009), 576–603; Ian Warren, 'The English Landed Elite and the Social Environment of London *c.*1580–1700: the cradle of an aristocratic culture?', *English Historical Review*, 126:518 (February 2011), 44–74

18 Farid Azfar, 'Beastly Sodomites and the Shameless Urban Frontier', *Eighteenth Century*, 55:4 (Winter 2014), 402

19 Anon., *A Trip through the Town: containing observations on the customs and manners of the age* (London, 1735), p. 1

20 R. H. Sweet, 'Topographies of Politeness', *Transactions of the Royal Historical Society*, 12 (2002), 356

21 Ibid., pp. 355–74; Lawrence E. Klein, 'Coffee House Civility, 1660–1714: an aspect of post-courtly culture in England', *Huntington Library Quarterly*, 59:1 (1996), 30–51; Lawrence E. Klein, 'Liberty, Manners, and Politeness in Early Eighteenth-Century England', *Historical Journal*, 32:3 (September 1989), 583–605;

22 Markku Peltonen, 'Politeness and Whiggism, 1688–1732', *Historical Journal*, 48:2 (June 2005), 396–7

23 Peter Borsay, 'Culture, Status, and the English Urban Landscape', *History*, 67:219 (1982), 12; Lawrence E. Klein, 'Politeness and the Interpretation of the British Eighteenth Century', *Historical Journal*, 45:4 (December 2002), 886ff; Warren, pp. 49ff

24 'A Letter from a Foreigner to his Friend in Paris', *Gentleman's Magazine*, 12, August 1742

25 Jerry White, *London in the Eighteenth Century: a great and monstrous thing* (London, 2012), pp. 322–3

26 Ben Wilson, *Decency and Disorder: the age of cant* (London, 2007), p. 17

27 Darryl P. Domingo, 'Unbending the Mind: or, commercialized leisure and the rhetoric of eighteenth-century diversion', *Eighteenth-Century Studies*, 45:2 (Winter 2012), 219

28 White, p. 130

29 Paul Langford, 'The Uses of Eighteenth-Century Politeness', *Transactions of the Royal Historical Society*, 12 (2002), 330

30 [Robert Southey], *Letters from England: by Don Manuel Alvarez Espriella*, 2 vols (New York, 1808), Vol. I, p. 39; Helen Berry, 'Polite Consumption: shopping in eighteenth-century England', *Transactions of the Royal Historical Society*, 12 (2002), 375–94

31 Ford Madox Ford, *Provence: from minstrels to the machine*, ed. John Coyle (Manchester, 2009), p. 24

32 Ellis, pp. 205–6

33 Ibid., pp. 177–80, 212–14

第九章

1 *The Life and Opinions of General Sir Charles James Napier*, 4 vols (London, 1857), Vol. II, p. 57

2 Alexis de Tocqueville, *Journeys to England and Ireland* (NY, 2003), p. 106; Frederika Bremmer, *England in 1851; or, Sketches of a Tour to England* (Boulogne, 1853), p. 15

3 Frederika Bremmer, *The Homes of the New World: impressions of America*, 2 vols (NY, 1858), Vol. I, p. 605

4 Isabella Bird, *The Englishwoman in America* (London, 1856), p. 156; Paul Bourget, *Outre-Mer: impressions of America* (London, 1895), p. 117

5 Tocqueville, p. 108

6 Donald L. Miller, *City of the Century: the epic of Chicago and the making of America* (NY, 1996), p. 217

7 Frederic Trautmann, 'Arthur Holitischer's Chicago: a German traveler's view of an American city', *Chicago History*, 12:2 (Summer 1983), 42; Miller, p. 493; Simon Gunn, 'The Middle Class, Modernity and the Provincial City: Manchester, *c*.1840–80', in Alan Kidd and David Nicholls (eds.), *Gender, Civic Culture and Consumerism: middle-class identity in Britain, 1800–1940* (Manchester, 1999), pp. 112ff

8 Miller, pp. 301ff

9 Friedrich Engels, *The Condition of the Working Class in England* (London, 1958), pp. 61, 63, 64

10 M. Leon Faucher, *Manchester in 1844; its present condition and future prospects* (Manchester, 1844), pp. [illegible]7–8; John M. Werly, 'The Irish in Manchester, 1832–49', *Irish Historical Studies*, 18:71 (March 1973), 348

11 Miller, p. 123

12 Ibid., p. 136; Josiah Seymour Currey, *Chicago: its history and builders* (Chicago, 1912), Vol. III, p. 177

13 Miller, p. 122

14 Gunn, p. 118

15 Miller, pp. 273ff

16 Angus Bethune Reach, *Manchester and the Textile Districts in 1849* (Rossendale, 1972), p. 61

17 Andrew Davies, *The Gangs of Manchester: the story of scuttlers, Britain's first youth cult* (Preston, 2008), chapter 2

18 Ibid.; Jenny Birchall, '"The Carnival Revels of Manchester's Vagabonds": young working-class women and monkey parades in the 1870s', *Women's History Review*, 15 (2006), 229–52

19 Davies, *passim*; Mervyn Busteed, *The Irish in Manchester, c.1750–1921: resistance, adaptation and identity* (Manchester, 2016), chapter 2

20 M. A. Busteed and R. I. Hodgson, 'Irish Migrant Responses to Urban Life in Early Nineteenth-Century Manchester', *Geographical Journal*, 162:2 (July 1996), 150

21 Richard Junger, *Becoming the Second City: Chicago's news media, 1833–1898* (Chicago, 2010), p. 22

22 Miller, p. 137; Frederic M. Thrasher, *The Gang: a study of 1,313 gangs in Chicago* (Chicago, 1936)

23 Richard C. Lindberg, *Gangland Chicago: criminality and lawlessness in the Windy City* (Lanham, 2016), p. 22

24 James Phillips Kay, *The Moral and Physical Condition of the Working Classes Employed in the Cotton Manufacture in Manchester* (London, 1832), p. 72

25 Engels, p. 137

26 Zubair Ahmed, 'Bombay's Billion Dollar Slum', http://news.bbc. co.uk/1/hi/business/3487110.stm

27 Janice E. Perlman, 'The Metamorphosis of Marginality: four generations in the *favelas* of Rio de Janeiro', *Annals of the American Academy of Political and Social Science*, 606 (July 2006), 167; Sanni Yaya, Olalekan A. Uthman, Friday Okonofua and Ghose Bishwajit, 'Decomposing the Rural–Urban Gap in the Factors of Under-Five Mortality Rate in Sub-Saharan Africa? Evidence from 35 countries', *BMC Public Health*, 19 (May 2019); Abhijit V. Banerjee and Esther Duflo, 'The Economic Lives of the Poor', *Journal of Economic Perspectives*, 21:1 (Winter 2007), table 9; World Bank, 'Employment in Agriculture', https://data.worldbank.org/indicator/SL.AGR.EMPL.ZS

28 Hippolyte Taine, *Notes on England* (London, 1957), pp. 290ff

29 John Burnett (ed.), *Destiny Obscure: autobiographies of childhood, education and family from the 1820s to the 1920s* (London, 1982), p. 107; Frank Norris, *The Pit: a story of Chicago* (NY, 1920), pp. 149ff

30 Miller, p. 277

31 Emma Griffin, *Liberty's Dawn: a people's history of the industrial revolution* (New Haven, 2013), pp. 240ff

32 Faucher, p. 52

33 John B. Jentz, 'The 48ers and the Politics of the German Labor Movement in Chicago during the Civil War Era: community formation and the rise of a labor press', in Elliot Shore, Ken Fones-Wolf, James P. Danky (eds.), *The German-American Radical Press: the shaping of a left political culture, 1850–1940* (Chicago, 1992), pp. 49ff

34 City of Chicago, Department of Zoning and Planning, 'Vorwaerts Turner Hall, 2421 W. Roosevelt Rd: final landmark recommendation adopted by the Commission on Chicago Landmarks, September 3 2009', https://www.chicago. gov/content/dam/city/depts/zlup/Historic_Preservation/Publications/Vorwaerts_ Turner_Hall.pdf

35 Royal L. Melendy, 'The Saloon in Chicago (II)', *American Journal of Sociology*, 6:4 (January 1901), 433–4

36 Eric L. Hirsch, *Urban Revolt: ethnic politics in the nineteenth-century Chicago labor movement* (Berkeley, CA, 1990), p. 163

37 Sandra Burman (ed.), *Fit Work for Women* (Abingdon, 2013), pp. 100ff

38 Gertrud Pfister, 'The Role of German *Turners* in American Physical Education', in Pfister (ed.), *Gymnastics, a Transatlantic Movement*

(Abingdon, 2011); Gerald Gems, 'The German *Turners* and the Taming of Radicalism in Chicago', in Pfister (ed.); Gerald Gems, *Windy City Wars: labor, leisure, and sport in the making of Chicago* (Lanham, 1997)

39 Dagmar Kift, *The Victorian Music Hall: culture, class and conflict*, trans. Roy Kift (Cambridge, 1996), p. 1

40 Harvey Warren Zorbaugh, *The Gold Coast and the Slum: a sociological study of Chicago's Near North Side* (Chicago, 1929), p. 3

第十章

1 Caroline Wyatt, '"Paris Syndrome" Strikes Japanese', BBC News, 20/12/2006, http:// news.bbc.co.uk/1/hi/6197921.stm; Katada Tamami, 'Reflections on a Case of Paris Syndrome', *Journal of the Nissei Hospital*, 26:2 (1998), 127–32

2 Sigmund Freud, *Life and Work: the young Freud, 1885–1900*, ed. Ernest Jones (London, 1953), p. 200

3 Emma Willard, *Journals and Letters from France and Great Britain* (NY, 1833), p. 30

4 David P. Jordan, *Transforming Paris: the life and labors of Baron Haussmann* (NY, 1995), pp. 92–3; Victoria E. Thompson, 'Telling "Spatial Stories": urban space and bourgeois identity in nineteenthcentury Paris', *Journal of Modern History*, 75:3 (September 2003), 540

5 Anon., *Ten Years of Imperialism in France: impressions of a Flaneur* (London, 1862), p. 30

6 Harvey Levenstein, *Seductive Journey: American tourists in France from Jefferson to the Jazz Age* (Chicago, 1998), p. 57; David Harvey, *Paris: capital of modernity* (NY, 2006), pp. 32–3

7 Gregory Shaya, 'The *Flaneur*, the *Badaud*, and the Making of a Mass Public in France, *circa* 1860–1910', *American Historical Review*, 109:1 (February 2004), 50; T. J. Clark, *The Painting of Modern Life: Paris in the art of Manet and his followers* (London, 1990), p. 33

8 Anna Jameson, *Diary of an Ennuyee* (Boston, MA, 1833), p. 6; Shaya, *passim*

9 Christopher E. Fort, *The Dreyfus Affair and the Crisis of French Manhood* (Baltimore, 2004), p. 107; Honoré de Balzac, *The Physiology of Marriage*, Part 1, Meditation 3; Charles Baudelaire, *The Painter of Modern Life and Other Essays*, trans. Jonathan Mayne (NY, 1986), p. 9;

10 Thompson, p. 532, n.34; Shaya, p. 51; Balzac, 1:3

11 *Ten Years of Imperialism*, preface; Susan Sontag, *On Photography* (London, 1979), p. 55

12 Jordan (1995), pp. 50ff, 166–7; David H. Pinkney, 'Napoleon III's Transformation of Paris: the origins and development of the idea', *Journal of Modern History*, 27:2 (June 1955), 125–34

13 Patrice de Moncan, *Le Paris d'Haussmann* (Paris, 2002), p. 28

14 Jordan (1995), pp. 186ff

15 Colin Jones, 'Theodore Vacquer and the Archaeology of Modernity in Haussmann's Paris', *Transactions of the Royal Historical Society*, 6th series, 17 (2007), 167; *Ten Years of Imperialism*, p. 7; David P. Jordan, 'Baron Haussmann and Modern Paris', *American Scholar*, 61:1 (Winter 1992), 105ff

16 Jordan (1995), pp. 265, 290

17 Ibid., pp. 198ff

18 Donald L. Miller, *City of the Century: the epic of Chicago and the making of America* (NY, 1996), pp. 124–7

19 Jordan (1995), p. 274

20 Moncan, p. 107

21 Elaine Denby, *Grand Hotels: reality and illusion* (London, 1998), p. 84

22 Michael B. Miller, *The Bon Marche: bourgeois culture and the department store, 1869–1920* (Princeton, 1981); Meredith L. Clausen, 'Department Stores and Zola's "Cathédrale du Commerce Moderne"', *Notes in the History of Art*, 3:3 (Spring 1984), 18–23; Robert Procter, 'Constructing the Retail Monument: the Parisian department store and its property, 1855–1914', *Urban History*, 33:3 (December 2006), 393–410

23 *Galignani's New Paris Guide* (Paris, 1860), p. 13

24 Jan Palmowski, 'Travels with Baedeker: the guidebook and the middle classes in Victorian and Edwardian Britain', in Rudy Koshar (ed.), *Histories of Leisure* (Oxford, 2002)

25 London & Partners, 'London Tourism Report, 2014–2015', https://files.londonandpartners. com/l-and-p/assets/our-insight-london-tourism-review-2014–15.pdf

26 Pierre Larousse, *Grand Dictionnaire universel* (Paris, 1872), Vol. VIII, p. 436

27 Robert L. Herbert, *Impressionism: art, leisure and Parisian society* (New Haven, 1988), p. 21

28 Jordan (1995), p. 348; Clark, pp. 34–5; Herbert, p. 15

29 Clark, p. 29

30 Clark, p. 207; Herbert, pp. 33, 58, 66

31 Ibid., p. 35

32 Katherine Golsan, 'The Beholder as *Flaneur*: structures of perception in Baudelaire and Manet', *French Forum*, 21:2 (May 1996), 183

33 Herbert, pp. 50ff
34 Clark, p. 253
35 Ibid., pp. 72ff
36 Aruna D'Souza and Tom McDonough (eds.), *The Invisible Flaneuse? Gender, public space, and visual culture in nineteenth century Paris* (Manchester, 2006)
37 Clark, p. 208; Ruth E. Iskin, 'Selling, Seduction, and Soliciting the Eye: Manet's *Bar at the Folies-Bergère*', *Art Bulletin* 77:1 (Mar. 1995), 35
38 Markman Ellis, *The Coffee-House: a cultural history* (London, 2004), pp. 201–11; Krista Lysack, *Come Buy, Come Buy: shopping and the culture of consumption in Victorian women's writing* (Athens, OH, 2008), pp. 19ff
39 Anne Friedberg, 'Les Flâneurs du Mal(l): cinema and the postmodern condition', *PMLA*, 106:3 (May 1991), 42[illegible]
40 Louis Aragon, *Paris Peasant*, trans. Simon Watson Taylor (Boston, MA, 1994), p. viii
41 *The Notebooks of Henry James*, ed. F. O. Matthiessen and Kenneth B. Murdock (Chicago, 1947), p. 28
42 Rebecca Solnit, *Wanderlust: a history of walking* (London, 2001), p. 204; Mary Higgs, *Glimpses into the Abyss* (London, 1906), p. 94; Deborah Epstein Nord, *Walking the Victorian Streets: women, representation and the city* (Ithaca, 1995); Judith R. Walkowitz, *City of Dreadful Delight: narratives of sexual danger in late-Victorian London* (Chicago, 1992); Lynda Nead, *Victorian Babylon: people, streets and images in nineteenth-century London* (New Haven, 2000)
43 Janet Wolff, 'The Invisible *Flaneuse*: women and the literature of modernity', in *Feminine Sentences: essays on women and culture* (Cambridge, 1990); Jane Rendell, Barbara Penner and Iain Borden (eds.), *Gender Space Architecture: an interdisciplinary introduction* (London, 2000), p. 164
44 Lily Gair Wilkinson, *Woman's Freedom* (London, 1914); Kathy E. Ferguson, 'Women and the Politics of Walking', *Political Research Quarterly*, 70:4 (December 2017), 708–19
45 Janice Mouton, 'From Feminine Masquerade to *Flaneuse*: Agnes Varda's *Cleo in the City*', *Cinema Journal*, 40:2 (Winter 2001), 3–16

第十一章

1 Jason M. Barr, *Building the Skyline: the birth and growth of Manhattan's skyscrapers* (Oxford, 2016)
2 *Architectural Record*, January–March 1899; Henry Blake Fuller, *The Cliff-Dwellers*, ed. Joseph A. Dimuro (Peterborough, ON, 2010), p.

58

3 Nick Yablon, 'The Metropolitan Life in Ruins: architectural and fictional speculations in New York, 1909–19', *American Quarterly*, 56:2 (June 2004), 308–47

4 Gail Fenske, *The Skyscraper and the City: the Woolworth Building and the making of modern New York* (Chicago, 2008), pp. 25ff

5 Keith D. Revell, *Building Gotham: civic culture and public policy in New York City, 1898–1939* (Baltimore, 2003), pp. 185ff

6 Merrill Schleier, 'The Empire State Building, Working-Class Masculinity, and *King Kong*', *Mosaic: an interdisciplinary journal*, 41:2 (June 2008), 37

7 Carol Willis, 'Zoning and "Zeitgeist": the skyscraper city in the 1920s', *Journal of the Society of Architectural Historians*, 45:1 (March 1986), 53, 56

8 H. Ferriss, 'The New Architecture', *New York Times*, 19/3/1922

9 Kate Holliday, 'Walls as Curtains: architecture and humanism in Ralph Walker's skyscrapers of the 1920s', *Studies in the Decorative Arts*, 16:2 (Spring–Summer 2009), 50; Daniel Michael Abramson, *Skyscraper Rivals: the AIG Building and the architecture of Wall Street* (Princeton, 2001), p. 191

10 Holliday, pp. 46ff

11 Ibid., pp. 59, 61–2, 39

12 James Sanders, *Celluloid Skyline: New York and the movies* (London, 2001), p. 106

13 Ibid., pp. 105ff

14 *Shanghai Star*, 11/11/2002

15 *Washington Post*, 24/3/2015

16 Deyan Sudjic, *The Language of Cities* (London, 2017), chapter 3

17 Alfred Kazin, *A Walker in the City* (Orlando, 1974), p. 11

18 'Bull Market Architecture', *New Republic*, 8/7/1931, 192

19 Gabrielle Esperdy, *Modernizing Main Street: architecture and consumer culture in the New Deal* (Chicago, 2008), p. 53

20 Lucy Fischer, 'City of Women: Busby Berkeley, architecture, and urban space', *Cinema Journal*, 49 (Summer 2010), 129–30

21 Sanders, p. 97

22 Ibid., pp. 156ff

23 Ibid., pp. 161ff
24 Ibid., pp. 165ff
25 Ibid., pp. 161ff
26 Paul Goldberger, 'Robert Moses, Master Builder, Is Dead at 92', *New York Times*, 30/7/1981
27 *New York Times*, 3/3/1945

第十二章

1 W. H. Auden and Christopher Isherwood, *Journey to a War* (NY, 1972), p. 240
2 John Faber, *Great Moments in News Photography: from the historical files of the National Press Photographers Association* (NY, 1960), p. 74
3 Auden and Isherwood, p. 240
4 Richard Overy, *The Bombing War: Europe, 1939–1945* (London, 2013), chapter 1, pp. 19ff
5 Alexandra Richie, *Warsaw 1944: Hitler, Himmler and the crushing of a city* (London, 2013), pp. 125ff; Ancient Monuments Society, 'The Reconstruction of Warsaw Old Town, Poland', *Transactions of the Ancient Monuments Society* (1959), 77
6 Hugh Trevor-Roper, *The Last Days of Hitler* (London, 1982), p. 81
7 Joanna K. M. Hanson, *The Civilian Population and the Warsaw Uprising of 1944* (Cambridge, 1982), p. 6
8 T. H. Chylinski, 'Poland under Nazi Rule' (Central Intelligence Agency confidential report, 1941), pp. 49ff
9 Ibid
10 Ibid., p. 5
11 Richie, pp. 133ff
12 Hanson, p. 23
13 Ibid., p. 26
14 Chylinski, p. 10
15 Ibid., p. 9
16 Peter Fritzsche, *An Iron Wind: Europe under Hitler* (NY, 2016), pp. 144, 357
17 David Cesarani, *Final Solution: the fate of the Jews 1933–49* (London, 2016), p. 333

18 Ibid., p. 435
19 Ibid., p. 348
20 *Time*, 34:2 (1939), 45
21 Williamson Murray, *Military Adaptation in War: with fear of change* (Cambridge, 2011), p. 183
22 Stephen A. Garrett, *Ethics and Airpower in World War II: the British bombing of German cities* (London, 1993), pp. 32–3
23 Overy, pp. 287–8
24 Ibid., pp. 337, 433, 436
25 Ibid., p. 400
26 Ibid., pp. 172, 478–9
27 Ibid., pp. 638–9
28 Max Hastings, *Nemesis: the battle for Japan, 1944–45* (London, 2007), p. 320
29 Henry D. Smith, 'Tokyo as an Idea: an exploration of Japanese urban thought until 1945', *Journal for Japanese Studies*, 4:1 (Winter 1978), 66ff; Fujii Tadatoshi, *Kokub¯o fujinkai* (Tokyo, 1985), pp. 198–203
30 Hiroshima Peace Media Centre, 'Hiroshima, 70 Years after the Atomic Bomb: rebirth of the city, part 1 (3): "Workers labored to give the city light amid A-bomb ruins"', http://www.hiroshimapeacemedia.jp/?p=47982; part 1 (4): 'Workers take pride in uninterrupted water supply', http://www. hiroshimapeacemedia.jp/?p=47988
31 Ibid., part 1 (5): 'Post office workers struggle to maintain mail service in ruined city', http://www.hiroshimapeacemedia.jp/?p=48210
32 Grigore Gafencu, *The Last Days of Europe: a diplomatic journey in 1939* (New Haven, 1948), p. 78
33 Max Hastings, *All Hell Let Loose: the world at war, 1939–1945* (London, 2011), p. 170
34 Anna Reid, *Leningrad: the epic siege of World War II* (London, 2011), pp. 134–5
35 Ibid., p. 172; Reid, pp. 167ff, 182ff
36 Reid, pp. 176ff, 233, 288
37 Anthony Beevor and Luba Vinogradova (eds. and trans.), *A Writer at War: Vasily Grossman with the Red Army, 1941–1945* (London, 2005), p. 151
38 Georgii Zhukov, *The Memoirs of Marshal Zhukov* (London, 1971), p. 353
39 Fritzsche, pp. 18–19

40 Cesarani, pp. 340ff
41 Ibid., pp. 342, 345–6
42 Ibid., pp. 342, 487
43 Ibid., pp. 493ff
44 Ibid., pp. 605ff
45 Richie, pp. 193–4
46 Ibid., pp. 241ff
47 Ibid., pp. 44ff, 249–50, 252ff
48 Ibid., pp. 275ff, 305ff
49 Ibid., pp. 591–2
50 Fritzsche, pp. 357–8
51 Reid, pp. 617ff
52 Stanislaw Jankowski, 'Warsaw: destruction, secret town planning, 1939–44, and post-war reconstruction', in Jeffry M. Diefendorf (ed.), *Rebuilding Europe's Bombed Cities* (NY, 1990), pp. 79–80
53 H. V. Lanchester, 'Reconstruction of Warsaw', *The Builder* (1947), 296; Robert Bevan, *The Destruction of Memory: architecture at war* (London, 2006), p. 97
54 Reid, p. 639
55 Ibid
56 Beevor and Vinogradova (eds. and trans.), pp. 312–13
57 Richard J. Evans, 'Disorderly Cities', *London Review of Books*, 5/12/2013, 27–9
58 Jankowski, 79ff; Jerzy Elzanowski, 'Manufacturing Ruins: architecture and representation in post-catastrophic Warsaw', *Journal of Architecture* 15 (2010), 76–9
59 Marian Nowicki, *Skarpa Warszawska* 1 (October 1945), cited in Magdalena Mostowska, 'Post-War Planning and Housing Policy: a modernist architect's perspective', *European Spatial Research and Policy*, 12:2 (2005), 98
60 Mostowska, p. 97
61 André Sorensen, *The Making of Urban Japan: cities and planning from Edo to the twenty-first century* (Abingdon, 2002), p. 149; C. Hein, J.

Diefendorf and I. Yorifusa (eds.), *Rebuilding Japan after 1945* (NY, 2003); Matias Echanove, 'The Tokyo Model: incremental urban development in the post-war city' (2015), http://www.urbanlab.org/TheTokyoModel-Echanove.02.2015.pdf

第十三章

1 Marshall Berman, 'Among the Ruins', *New Internationalist*, 5/12/1987

2 Ibid.; Francesca Russello Ammon, 'Unearthing "Benny the Bulldozer": the culture of clearance in postwar children's books', *Technology and Culture*, 53:2 (April 2012), 306–7

3 Conor Friedersdorf, 'When the Army Planned for a Fight in US Cities', *The Atlantic*, 16/1/2018; William Rosenau, '"Our Ghettos, Too, Need a Lansdale": American counter-insurgency abroad and at home in the Vietnam era', in Celeste Ward Gventer, M. L. R. Smith and D. Jones (eds.), *The New Counter-Insurgency Era in Critical Perspective* (London, 2013), pp. 111ff

4 William Jelani Cobb, *To the Break of Dawn: a freestyle on the hip hop aesthetic* (NY, 2007), p. 142; https://web.archive.org/web/20110728100004/http://hiphop.sh/juice

5 Michael Eric Dyson and Sohail Daulatzai, *Born to Use Mics: reading Nas's Illmatic* (NY, 2009)

6 NPR interview, 'Nas on Marvin Gaye's Marriage, Parenting and Rap Genius', 20/7/2012, https:// www.npr.org/2012/07/22/157043285/nas-on-marvin-gayes-marriage-parenting-and-rapgenius

7 D. J. Waldie, *Holy Land: a suburban memoir* (NY, 2005)

8 United States Census Bureau, *Patterns of Metropolitan and Micropolitan Population Change: 2000 to 2010* (2012)

9 Martin J. Schiesl, 'The Politics of Contracting: Los Angeles County and the Lakewood Plan, 1954–1962', *Huntington Library Quarterly*, 45:3 (Summer 1982), 227–43

10 Becky M. Nicolaides, *My Blue Heaven: life and politics in the working-class suburbs of Los Angeles, 1920–1965* (Chicago, 2002)

11 Christopher C. Sellers, *Crabgrass Crucible: suburban nature and the rise of environmentalism in twentieth-century America* (Chapel Hill, 2012), p. 156

12 Laura R. Barraclough, 'Rural Urbanism: producing western heritage and the racial geography of post-war Los Angeles', *Western Historical Quarterly*, 39:2 (Summer 2008), 177–80; Catherine Mulholland, 'Recollections of a Valley Past', in Gary Soto (ed.), *California Childhood: recollections and stories of the Golden State* (Berkeley, CA, 1988), p. 181

13 Wade Graham, 'The Urban Environmental Legacies of the Air Industry', in Peter J. Westwick, *Blue Sky Metropolis: the aerospace*

century in Southern California (Los Angeles, 2012); Martin J. Schiesl, 'City Planning and the Federal Government in World War II: the Los Angeles experience', *California History*, 59:2 (Summer 1980), 126–43

14 Mark L. Morgan and Mark A. Berhow, *Rings of Supersonic Steel: air defenses of the United States Army, 1950–1979, an introductory history and site guide* (Bodega Bay, 2002), pp. 105ff

15 Robert Kargon and Arthur Molella, 'The City as Communications Net: Norbert Wiener, the atomic bomb, and urban dispersal', *Technology and Culture*, 45:4 (October 2004), 764–77; Kathleen A. Tobin, 'The Reduction of Urban Vulnerability: revisiting the 1950s American suburbanization as civil defence', *Cold War History* 2:2 (January 2002), 1–32; Jennifer S. Light, *From Warfare to Welfare: defense intellectuals and urban problems in Cold War America* (Baltimore, 2003)

16 Kenneth Jackson, *Crabgrass Frontier: the suburbanization of the United States* (NY, 1985), chapter 11; Tom Hanchett, 'The Other "Subsidized Housing": Federal aid to suburbanization, 1940s–1960s', in John Bauman, Roger Biles and Kristin Szylvian (eds.), *From Tenements to Taylor Homes: in search of urban housing policy in twentieth-century America* (University Park, 2000), pp. 163–79

17 Jackson, p. 207

18 Tobin, p. 25

19 Waldie, p. 162; William Fulton, *The Reluctant Metropolis: the politics of urban growth in Los Angeles* (Baltimore, 1997), p. 10; David Kushner, *Levittown: two families, one tycoon, and the fight for civil rights in America's legendary suburb* (NY, 2009), p. 190

20 Josh Sides, 'Straight into Compton: American dreams, urban nightmares, and the metamorphosis of a black suburb', *American Quarterly*, 56:3 (September 2004), 583ff

21 Richard Elman, *Ill at Ease in Compton* (NY, 1967), pp. 23–4; Sides, 588

22 Emily E. Straus, *Death of a Suburban Dream: race and schools in Compton, California* (Philadelphia, 2014), p. 107

23 Edward Soja, Rebecca Morales and Goetz Wolff, 'Urban Restructuring: an analysis of social and spatial change in Los Angeles', *Economic Geography* 59:2 (1983), 195–230; Sides, pp. 590ff

24 Judith Fernandez and John Pincus, *Troubled Suburbs: an exploratory study* (Santa Monica, 1982); Elizabeth Kneebone and Alan Berube, *Confronting Suburban Poverty in America* (Washington DC, 2013), pp. 8ff; 'Crime Migrates to the Suburbs', *Wall Street Journal*, 30/12/2012

25 Joan Didion, 'Trouble in Lakewood', *New Yorker*, 19/7/1993; Graham, pp. 263ff

26 Edward Soja, *Postmodern Geographics: the reassertion of space in critical theory* (London, 1989), pp. 197ff; Edward W. Soja,

Thirdspace: journeys to Los Angeles and other real and imagined places (Cambridge, MA, 1996); Mike Davies, *City of Quartz: excavating the future in Los Angeles* (NY, 1990); Roger Waldinger, 'Not the Promised Land: Los Angeles and its immigrants', *Pacific Historical Review*, 68:2 (May 1999), 253–72; Michael Nevin Willard, 'Nuestra Los Angeles', *American Quarterly*, 56:3 (September 2004), 811

27 Timothy Fong, *The First Suburban Chinatown: the remaking of Monterey Park, California* (Philadelphia, 1994); John Horton (ed.), *The Politics of Diversity: immigration, resistance, and change in Monterey Park, California* (Philadelphia, 1995); Leland T. Saito, *Race and Politics: Asian Americans, Latinos, and whites in a Los Angeles suburb* (Chicago, 1998), p. 23; Wei Li, 'Building Ethnoburbia: the emergence and manifestation of the Chinese ethnoburb in Los Angeles's San Gabriel Valley', *Journal of Asian American Studies*, 2:1 (February 1999), 1–28

28 Fong, *passim*; Saito, pp. 23ff

29 Saito, p. 23

30 Wei Li, *Ethnoburb: the new ethnic community in urban America* (Honolulu, 2009), pp. 103ff, 118, 153; Yu Zhou, 'Beyond Ethnic Enclaves: location strategies of Chinese producer service firms in Los Angeles', *Economic Geography*, 74:3 (July 1998), 228–51

31 Denise Lawrence-Zúniga, 'Bungalows and Mansions: white suburbs, immigrant aspirations, and aesthetic governmentality', *Anthropological Quarterly*, 87:3 (Summer 2014), 819–54

32 Christopher Hawthorne, 'How Arcadia is Remaking Itself as a Magnet for Chinese Money', *Los Angeles Times*, 3/12/2014

33 Robert Fishman, *Bourgeois Utopias: the rise and fall of suburbia* (NY, 1987); Joel Garreau, *Edge City: life on the new urban frontier* (NY, 1991); William Sharpe and Leonard Wallock, 'Bold New City or Built-Up 'Burb? Redefining contemporary suburbia', *American Quarterly* 46:1 (March 1994), 1–30; Robert E. Lang and Jennifer Lefurgy, *Boomburbs: the rise of America's accidental cities* (Washington DC, 2009)

34 Jim Steinberg, '2015 a Big Year for Warehouse Development in the Inland Empire', *San Bernardino Sun*, 6/6/2015

35 Robert Gotttleib and Simon Ng, *Global Cities: urban environments in Los Angeles, Hong Kong, and China* (Cambridge, MA, 2017)

36 Elizabeth Becker, '2 Farm Acres Lost per Minute, Study Says', *New York Times*, 4/10/2002; A. Ann Sorensen, Julia Freedgood, Jennifer Dempsey and David M. Theobald, *Farms under Threat: the state of America's farmland* (Washington DC, 2018); Farmland Information Centre: National Statistics, http:// www.farmlandinfo.org/statistics

37 Thomas J. Campanella, *The Concrete Dragon: China's urban revolution* (NY, 2008), chapter 7

38 Sellers, pp. 139ff

第十四章

1 Jason D. Fischer et al., 'Urbanisation and the Predation Paradox: the role of trophic dynamics in structuring vertebrate communities', *BioScience*, 62:9 (September 2012), 809–18; Amanda D. Rodewald et al., 'Anthropogenic Resource Subsidies Decouple Predator–Prey Relationships', *Ecological Applications*, 12:3 (April 2011), 936–43; Alberto Sorace, 'High Density of Bird and Pest Species in Urban Habitats and the Role of Predator Abundance', *Ornis Fennica*, 76 (2002), 60–71

2 Suzanne Prange, Stanley D. Gehrt and Ernie P. Wiggers, 'Demographic Factors Contributing to High Raccoon Densities in Urban Landscapes', *Journal of Wildlife Management*, 67:2 (April 2003), 324–33; Christine Dell'Amore, 'How Wild Animals Are Hacking Life in the City', *National Geographic*, 18/4/2016; Christine Dell'Amore, 'Downtown Coyotes: inside the secret lives of Chicago's predator', *National Geographic*, 21/11/2014; Payal Mohta, '"A Double-Edged Sword": Mumbai pollution "perfect" for flamingos', *Guardian*, 26/3/2019; Alexander R. Braczkowski et al., 'Leopards Provide Public Health Benefits in Mumbai, India', *Frontiers in Ecology and the Environment* 16:3 (April 2018), 176–82

3 Menno Schilthuizen, *Darwin Comes to Town: how the urban jungle drives evolution* (London, 2018); Jean-Nicolas Audet, Simon Ducatez and Louis Lefebvre, 'The Town Bird and the Country Bird: problem solving and immunocompetence vary with urbanisation', *Behavioral Ecology* 27:2 (March–April 2016), 637–44; Jackson Evans, Kyle Boudreau and Jeremy Hyman, 'Behavioural Syndromes in Urban and Rural Populations of Song Sparrows', *Ethology* 116:7 (July 2010), 588–95; Emile C. Snell-Rood and Naomi Wick, 'Anthropogenic Environments Exert Variable Selection on Cranial Capacity in Mammals', *Proceedings of the Royal Society B* 280:1769 (October 2013); E. A. Maguire, K. Woollett and H. J. Spiers, 'London Taxi Drivers and Bus Drivers: a structural MRI and neuropsychological analysis', *Hippocampus* 16:12 (2006), 1091–1101

4 Schilthuizen; Thomas Merckx et al., 'Body-Size Shifts in Aquatic and Terrestrial Urban Communities', *Nature* 558 (7/5/2018), 113–18

5 Karen C. Seto, Burak Güneralp and Lucy R. Hutyra, 'Global Forecasts of Urban Expansion to 2030 and Direct Impacts on Biodiversity and Carbon Pools', *PNAS*, 109:40 (October 2012), 16083–8; 'Hot Spot Cities', http://atlas-for-the-endof-the-world.com/hotspot_cities_main.html; B. Güneralp and K. C. Seto, 'Futures of Global Urban Expansion: uncertainties and implications for biodiversity conservation', *Environmental Research Letters* 8:1 (2013)

6 Seto et al.

7 Christopher Bren d'Amour et al., 'Future Urban Land Expansion and Implications for Global Croplands', *PNAS* 114:34 (August 2017), 8939–44; Mathis Wackernagel et al., 'The Ecological Footprint of Cities and Regions: comparing resource availability with resource demand', *Environment and Urbanizaion* 18:1 (2006), 103–12

8 Scott R. Loss, Tom Will, Sara S. Loss and Peter M. Marra, 'Bird–Building Collisions in the United States: estimates of annual mortality and species vulnerability', *The Condor*, 116:1 (February 2014), 8–23; Kyle G. Horton et al., 'Bright Lights in the Big Cities: migratory birds' exposure to artificial light', *Frontiers in Ecology and the Environment*, 17:4 (May 2019), 209–14; Laurel E. K. Serieys, Amanda Lea, John P. Pollinger, Seth P. D. Riley and Robert K. Wayne, 'Disease and Freeways Drive Genetic Change in Urban Bobcat Populations', *Evolutionary Applications*, 8:1 (January 2015), 75–92

9 Greenspace Information for Greater London, 'Key London Figures', https://www.gigl.org.uk/keyfigures/; London gov.uk, 'Biodiversity', https://www.london.gov.uk/what-we-do/environment/parksgreen-spaces-and-biodiversity/biodiversity; Secretariat of the Convention on Biological Diversity, *Cities and Biological Diversity Outlook* (Montreal, 2012), pp. 9, 24

10 Lucy Wang, 'How the Cheonggyecheon River Urban Design Restored the Green Heart of Seoul', https://inhabitat.com/how-the-cheonggyecheon-river-urban-design-restored-the-greenheart-of-seoul/

11 Claire Cameron, 'The Rise of the City Bee', https://daily.jstor.org/ rise-city-bee-urbanites-built-21st-century-apiculture/

12 Sam Jones, 'Can Mexico City's Roof Gardens Help the Metropolis Shrug Off Its Smog?', *Guardian*, 24/4/2014; Ajuntament de Barcelona, *Barcelona Green Infrastructure and Biodiversity Plan 2020*, https://ajuntament. barcelona.cat/ecologiaurbana/sites/default/files/Barcelona%20green%20infrastructure% 20and%20biodiversity%20plan%202020.pdf; Grace Chua, 'How Singapore Makes Biodiversity an Important Part of Urban Life', Citylab, https://www.citylab.com/ environment/2015/01/how-singapore-makes-biodiversity-an-important-part-of-urbanlife/ 384799/

13 *Cities and Biological Diversity*, pp. 26, 28; Amy Fleming, 'The Importance of Urban Forests: why money really does grow on trees', *Guardian*, 12/10/2016; International Energy Agency, *The Future of Cooling: opportunities for energy-efficient air conditioning* (Paris, 2018)

14 Andrew J. Hamilton et al., 'Give Peas a Chance? Urban agriculture in developing countries. A review', *Agronomy*, 34:1 (January 2014), 54ff

15 Food and Agriculture Organisation of the United Nations, *FAO Statistical Yearbook 2012* (Rome, 2012), p. 214; Francesco Orsini et al., 'Urban Agriculture in the Developing World: a review', *Agronomy for Sustainable Development* 33:4 (2013), 700

16 Toni Kan, *The Carnivorous City* (Abuja, 2016), p. 34

17 David Pilling, 'Nigerian Economy: why Lagos works', *Financial Times*, 24/3/2018; Robert Draper, 'How Lagos Has Become Africa's Boom Town', *National Geographic* (January 2015); 'Lagos Shows How a City Can Recover from a Deep Deep Pit: Rem Koolhaas talks to Kunlé Adeyemi', *Guardian*, 26/2/2016; 'Lagos: the next Silicon Valley', *Business Year*, https://www.thebusinessyear.com/nigeria-2018/nurturing-entrepreneurs/ interview; Oladeinde Olawoyin, 'Surviving the Inner Recesses of a Lagos Danfo Bus', *Premium Times*, 17/2/2018

18 Saskia Sassen, *The Global City: New York, London, Tokyo* (Princeton, 2001)

19 Economic Intelligence Unit, Ministry of Economic Planning and Budget, 'The Socio-Economic Costs of Traffic Congestion in Lagos', *Working Paper Series*, 2 (July 2013), 7

20 A. T. Kearney, *Digital Payments and the Global Informal Economy* (2018), pp. 6, 7; Ifeoluwa Adediran, 'Mixed Feelings for Lagos *Danfo* Drivers as Phase-Out Date Approaches', *Premium Times*, 15/9/2018

21 *Guardian* (Nigeria), 16/7/2017

22 Victor Asemota, 'Otigba: the experiment that grew into a tech market', *Guardian* (Nigeria), 15/3/2017

23 Jack Sullivan, 'Trash or Treasure: global trade and the accumulation of e-waste in Lagos, Nigeria', *Africa Today* 61:1 (Fall 2014), 89–112

24 T. C. Nzeadibe and H. C. Iwuoha, 'Informal waste recycling in Lagos, Nigeria', *Communications in Waste & Resource Management* 9:1 (2008), 24–30

25 'Lapido Market and Audacity of Anarchy', *Guardian* (Nigeria), 24/5/2019; Tope Templer Olaiya, 'Fear Grips Danfo Drivers Ahead of Proposed Ban', *Guardian* (Nigeria), 20/2/2017

26 Adediran; Ifeanyi Ndiomewese, 'Ethnic Bias and Power Tussle Surround Appointment of New Leadership in Computer Village, Ikeja', *Techpoint Africa*, 13/5/2019, https://techpoint.africa/2019/05/13/computer-villageiyaloja/

27 Manish Chalana and Jeffrey Hou (eds.), *Messy Urbanism: understanding the 'other' cities of Asia* (Hong Kong, 2016); Rahul Srivastava and Matias Echanove, 'What Tokyo Can Teach Us about Local Development', *The Hindu*, 16/2/2019

28 Matias Echanove, 'The Tokyo Model: incremental urban development in the post-war city' (2015), http://www.urbanlab.org/TheTokyoModel-Echanove.02.2015.pdf; Ken Tadashi Oshima, 'Shinjuku: messy urbanism at the metabolic crossroads', in Chalana and Hou (eds.), pp. 101ff

29 Kisho Kurokawa, *New Wave in Japanese Architecture* (London, 1993), p. 11

30 Oshima; Jan Vranovský, *Collective Face of the City: application of information theory to urban behaviour of Tokyo* (Tokyo, 2016); Zhongjie Lin, *Kenzo Tange and the Metabolist Movement: urban utopias of modern Japan* (Abingdon, 2010)

31 Echanove (2015); Matias Echanove and Rahul Srivastava, 'When Tokyo Was a Slum', Nextcity.org, 1/8/2013, https:// nextcity.org/informalcity/entry/when-tokyo-was-a-slum; Matias Echanove and Rahul Srivastava, *The Slum Outside: elusive Dharavi* (Moscow, 2013)

32 Chinmoy Sarkar, Chris Webster and John Gallacher, 'Association between Adiposity Outcomes and Residential Density: a full-data, cross sectional analysis of 419562 UK Biobank adult participants', *Lancet Planetary Health*, 1:7 (October 2017), e277–e288; 'Inner-City Living Makes for Healthier, Happier People, Study Finds', *Guardian*, 6/10/2017

33 Devajyoti Deka, 'Are Millennials Moving to More Urbanized and Transit-Oriented Counties?', *Journal of Transport and Land Use*, 11:1 (2018), 443–61; Leigh Gallagher, *The End of the Suburbs: where the American dream is moving* (NY, 2013); Ellen Dunham-Jones and June Williamson, *Retrofitting Suburbia: urban design solutions for redesigning suburbs* (Hoboken, 2009)

34 Vanit Mukhija and Anastasia Loukaitou-Sideris (eds.), *The Informal American City: from taco trucks to day labor* (Cambridge, MA, 2014); Jake Wegmann, 'The Hidden Cityscapes of Informal Housing in Suburban Los Angeles and the Paradox of Horizontal Density', *Building's Landscapes: journal of the Vernacular Architecture Forum* 22:2 (Fall 2015), 89–110; Michael Mendez, 'Latino New Urbanism: building on cultural preferences', *Opolis: an international journal of suburban and metropolitan studies* (Winter 2005), 33–48; Christopher Hawthorne, '"Latino Urbanism" Influences a Los Angeles in Flux', *Los Angeles Times*, 6/12/2014; Henry Grabar, 'Los Angeles Renaissance: why the rise of street vending reveals a city transformed', Salon.com, 18/1/2015, https://www.salon.com/2015/01/18/los_angeles_food_ truck_renaissance_why_the_rise_of_street_vending_reveals_a_city_transformed/; Clara Irazábal, 'Beyond "Latino New Urbanism": advocating ethnurbanisms', *Journal of Urbanism*, 5:2–3 (2012), 241–68; James Rojas, 'Latino Urbanism in Los Angeles: a model for urban improvisation and reinvention', in Jeffrey Hou (ed.), *Insurgent Public Space: guerrilla urbanism and the remaking of contemporary cities* (Abingdon, 2010), pp. 36ff

圖片列表

索引

人名、神名

一畫

四畫

五畫

六畫

七畫

八畫

九畫

十畫

十一畫

十二畫

十三畫

十四至十五畫

十六畫以上

文獻、影片、音樂

一至五畫

六至十畫

十一畫以上

地名、建築物

一至三畫

四畫

六畫

七畫

八畫

九畫

十畫

十一畫

十二畫

十三畫

十四至十五畫

十六畫以上

國家、民族

其他

一至五畫

六至八畫

九至十畫

十一至十三畫

十四畫

城市六千年史：見證人類最巨大的發明如何帶動文明的發展

作　　者　班・威爾森（Ben Wilson）
譯　　者　李易安
選書責編　張瑞芳
編輯協力　曾時君
校　　對　童霈文
版面構成　張靜怡
封面設計　徐睿紳
行 銷 部　張瑞芳、段人涵
版 權 部　李季鴻、梁嘉真
總 編 輯　謝宜英
出 版 者　貓頭鷹出版

發 行 人　凃玉雲
發　　行　英屬蓋曼群島商家庭傳媒股份有限公司城邦分公司
　　　　　104 台北市中山區民生東路二段 141 號 11 樓
　　　　　劃撥帳號：19863813；戶名：書虫股份有限公司
城邦讀書花園：www.cite.com.tw　購書服務信箱：service@readingclub.com.tw
購書服務專線：02-2500-7718~9（週一至週五 09:30-12:30；13:30-18:00）
24 小時傳真專線：02-2500-1990~1
香港發行所　城邦（香港）出版集團／電話：852-2877-8606 ／傳真：852-2578-9337
馬新發行所　城邦（馬新）出版集團／電話：603-9056-3833 ／傳真：603-9057-6622
印 製 廠　中原造像股份有限公司
初　　版　2023 年 10 月
定　　價　新台幣 850 元／港幣 283 元（紙本書）
　　　　　新台幣 595 元（電子書）
I S B N　978-986-262-653-5（紙本平裝）／ 978-986-262-654-2（電子書 EPUB）

讀者意見信箱　owl@cph.com.tw
投稿信箱　owl.book@gmail.com
貓頭鷹臉書　facebook.com/owlpublishing

國家圖書館出版品預行編目資料

城市六千年史：見證人類最巨大的發明如何帶動文明的發展／班・威爾森（Ben Wilson）著；李易安譯. -- 初版. -- 臺北市：貓頭鷹出版：英屬蓋曼群島商家庭傳媒股份有限公司城邦分公司發行, 2023.10
面；　公分.
譯自：Metropolis : a history of the city, humankind's greatest invention.
ISBN 978-986-262-653-5（平裝）

1. CST：都市發展　2. CST：文明　3. CST：世界史

710　　112012731

本書採用品質穩定的紙張與無毒環保油墨印刷，以利讀者閱讀與典藏。